감정은 어떻게 내 삶을
의미 있게 바꾸는가

감정은 어떻게 내 삶을 의미 있게 바꾸는가

감정을 이해하는 철학적 가이드북

Robert C. Solomon 지음

오봉희 옮김

odos

정념들을 정복하면 세계를 정복할 수 있다.

힌두 속담

정념의 노예가 아닌 사람을 내게 보내 주시오.
그러면 내 마음속에 그를 품고 다닐 것입니다.

셰익스피어Shakespeare (『햄릿Hamlet』)

사랑, 음악, 정념, 음모, 영웅적 자질 —이것들이
삶을 가치 있게 만드는 것들이다.

스탕달Stendhal

해켓판 서문

이 책은 1976년에 출판되었다. 이 시기에 감정에 관한 주제는 영미 철학에서 사실상 전혀 관심을 받지 못하고 있었고 사회과학에서도 거의 관심을 받지 못하고 있었다. 새로운 과학주의와 구조주의가 현상학과 실존주의를 가려 버린 독일과 프랑스에서도 사정은 그다지 매력적이지 않았다. 예를 들어, 막스 셸러Max Scheler와 장 폴 사르트르Jean-Paul Sartre는 한때 더 감정적이고 격렬한 삶의 측면에 대해 몹시 흥미로운 말들을 했었다. 서양 철학은 너무도 오랫동안 스스로를 "순수한" 이성의 발휘로 여겼고 감정을 "비이성적인" 것으로 치부했다. 그래서, 예를 들어, 아리스토텔레스Aristotle와 고대의 스토아 학파Stoics, 데카르트Decartes, 스피노자Spinoza, 말브랑슈Malebranche, 흄Hume 의 저작들 속에 이미 존재하는 풍부한 문헌들을 무시했다. 소크라테스Socrates는 철학을 **에로스**라고 찬미하였을지도 모르고, 철학은 여전히 "지혜에 대한 **사랑**"이라 불렸다. 하지만 철학은 전혀 에로틱

하지 않은 것이 되었다. 어떤 철학적 논쟁을 통해 생겨난 정념은 그것이 무엇이든 철학에서 전혀 중시되지 않았으며 하물며 감정은 토론의 주제가 되는 것을 정당화하지도 못했다. 철학의 중심에 구멍이 하나 있었다. 분석적 교육을 받았음에도 불구하고 실존주의자들에게 사로잡혀 있던 나는 대학원을 졸업하자마자 인생에서 하고 싶은 일이 무엇인지를 알았다. 그것은 바로 철학에서 정념의 자리를 되찾아주는 것이었다.

그러나 이 책의 핵심은 **이론**이지 논쟁이 아니다. 그것은 감정에 관한 이론이고, 아주 짧고 위험한 문구로 표현하면, **감정은 판단이다**라는 이론이다. 이 단 한 문장으로 표현된 이 책의 핵심은 무지하게 주의를 흩뜨리고 이성의 삶에 개입함으로써 품위를 떨어뜨리는 전통적인 역할에서 이성 자체의 본질적인 특징으로 감정의 자리를 옮기려는 시도이다. 나의 논제는 감정이란 그 자체로 이성적이고 (그러므로 때로는 비이성적이기도 하다는) 것이다. 감정은 세계를 보고 세계에 관여하는 방법, 정말 마음에 드는 하이데거^{Heidegger}의 비유로 표현하면 세계에 "조율되는" 우리의 방식이다. 이 이론은 아직 충분히 발전된 상태는 아니지만, 할 수 있는 한 단호하고 설득력 있는 용어들로 제안되어 있다. 만일 이 이론이 "판단"의 개념이 가진 복잡성을 지나치게 단순화하고, 생리학과 느낌의 역할을 과도하게 최소화하고, 욕망의 본질적 역할을 경시하고 있다면, 그것은 지금까지 "인지 이론"으로 명명되어 온 것을 최대한 밀고 나가기 위해서이다. 감정은 단순한 반응 혹은 본능이 아니라, 지적이고, 세련되며, 개념상 세계와 풍부하게 연동한다. 나는 형언할 수 없는 "정동"에 호소하는 오래된 입장에서 되도록 빨리 벗어나고 싶었고 감정을 흥미 없는 것으로 여겨 이론의 영역에서 기각해 버리는 입장에서 되도록 빨리 벗어나고 싶었다(심리학에서 감정은 "동기부여와 감정"이란 일반적인 논제에 그저 교육상 매달아 놓은 것에 불과하다). 철학과 사회과학에서 당시 지배적인 견해는 감정에 대해서는 말할 것이 거의 없으며 감정이 "형언할 수 없는" 것까지는 아니더라도 하찮다는 것이었다. 나는 이런 견해에서 벗어나고 싶었다. 감정을 어쩌면 말로 표현할 수 있을지도 모르고, 감정은 존재한다고 ("어쩔 도리 없이") 보고할 수도 있지만, 감정 자체는 시인들에게 맡기는 것이 최선일 것이라는 견해에서 벗어나고 싶었다.

감정은 단지 하나의 "현상," 인간의 정신생리학에서 연구되고 이해되어야 하는 진기한 대상이 아니다. 감정은 그것보다 훨씬 더 유의미하고 감동적이며 본질적이다. 그런 까닭에 정념과 "삶의 의미" 사이의 관계는 철학자들이 상당히 당혹스러워하며 대체로 회피하는 중대한 문제이다. "의미"에 관한 중대한 문제는 대학 2학년생이 느끼는 혼란으로, 세미나실보다는 만화책에 더 어울리는 철학적 농담으로 취급된다. 그러나 철학자들이 대답하지 않더라도 그들의 침묵 자체가 하나의 대답을 내놓는다. 즉 의미는 없다는 것이다. 삶은 "부조리"하다는 알베르 카뮈Albert Camus의 응답은 잘 알려져 있지만, 대다수 철학자는 그렇게 말하지 않을 것이다. 그러나 종교가 더 잘 대답할 수 있든 아니든 상관없이, 이성만으로는 그런 문제에 대답할 수 없음을 솔직하게 인정하는 것이 나을지도 모른다. 합리적 해석들과 지나친 목적론들, 과학에의 호소, 인간의 행복에 대한 공허한 공리주의적 호소는 모두 저마다의 장점을 가지고 있지만, 그 어느 것도 원하는 결과를 성취하지 못한다. 그런데, 만일 이성만으로는 그 문제에 대답할 수 없다면, 열정적으로 (그리고 결코 비이성적이지 않게) 삶을 사는 것은 어떤가? 내가 넌지시 말하고자 하는 바는 감정들이 삶의 의미라는 것이다. 삶이 의미를 갖는 이유는 바로 우리가 감정을 일으키기 때문이고, 우리가 느끼기 때문이다. 순수 이성의 냉정한 삶이 아니라 열정적인 삶이 유의미한 삶이다. (이성의 열정적인 삶은 변장한 열정적 삶이다.)

이런 견해는 고대의 (그리고 근대의) 어떤 스토아학파 철학자들이 내놓은 대답들과 정면으로 배치된다. 그들에 따르면 감정과 의절하고 "감정을 꿰뚫어" 보는 한에서만 삶은 의미가 있다. 그리고 세계에 대한 철학자의 적절한 반응은 초연함, 냉정한 관조, **아파테이아**apatheia 즉 무관심이다. 이 견해는 적어도 외견상으로는 "해탈"이라는 불교의 이상과도 배치되는데, 해탈의 이상은 우리에게 정념들로부터 자유로워지라고 촉구한다. 두 견해 사이의 이런 명확한 차이 이면에는 감정과 애착, 의미의 관계에 관한 더 깊은 유사점이 있기는 하지만 말이다. 물론, 어떤 감정들이 삶을 유의미하게 만드는가는 해결되지 않은 문제로 남아 있지만, 그 문제에 대한 대답의 일부가 이 책 속에 함축되어 있다. 한편으로는, 니체^{Nietzsche}가 너무 소심하게 삶을 향상시키는^{lebensbejahend} 정념들이라고 부른 웅대한 감정들이 있다. 때때로 나는 그것들을 장엄하거나 친밀한 음악 반주를 곁들일 만한 가치가 가장 큰 감정들이라고 생각한다. 이런 감정들이 삶을 잘살게 이끄는 추진력이다. 삶을 예술작품으로 만들 듯이 살아가게 하고, 의미와 의미들로 가득 차 있는 삶을 살도록 이끄는 힘이다. 다른 한편으로는, 니체가 삶을 망치는^{lebensverneinend} 정념들이라고 부른 감정들이 있는데, 이것들 때문에 우리는 어리석음에 질질 끌려가게 된다. 이런 감정들은 우리의 삶을 하찮고 결함 있는 것으로 규정한다. 만일 누군가가 이런 감정들을 위한 배경 음악을 작곡하고자 한다면, 그것은 **키치** 스타일의 음악일 것이다. 그렇지만 시기와 원한처럼 삶을 망치는 정념들은 대단히 영리할 수도 있다. 그것들이 어리석어지는 것은 지능이 없어서가 아니라 삶의 비전이 철학적으로 제한되어 있기 때문이다. 이 책에서 나는 모든 감정이 삶을 유의미하게 만든다고 썼다. 그렇지만, 어떤 의미들은 품위를 떨어뜨린다.

"정념들"에 관한 책은 필연적으로 개인적인 것이다. 내가 쓴 책 중에서 내가 가장 좋아하는 책이 내가 가장 좋아하는 출판사에서 나오게 되어 매우 기쁘다. 이것을 가능하게 해 준 제이 훌렛^{Jay Hullet}과 그의 동료들에게 아주 특별한 감사를 드린다.

주의사항: 이 판본에서 나는 더블데이^{Doubleday} 판본과 노트르담^{Notre Dame} 대학교 판본에 나오는 더 사변적인 현상학을 빼버림으로써 감정의 본성과 삶의 의미에 관한 논의의 중심 줄기를 더 강조했다. 나는 또한 원한과 자기기만, 자아실현을 다루는 마지막 장들을 삭제했다. 왜냐하면 더 최근에 나온 출판물들이 그것들을 대체했기 때문이다. 그 결과, 더 짜임새 있고 더 좋은 책이 되었다.

로버트 C. 솔로몬
텍사스, 오스틴
1992년 9월

서문

"삶은 부조리하다."

아니, 그렇지 않다.

그러나 우리의 반박은 설득력이 없다. 우리의 반박에는 지적인 확신이 없다. "삶은 부조리하다"라는 불평은 인간의 이성 전체에 의해 뒷받침되는 것처럼 보인다. 반면에 우리의 반응은 그저 본능적인 반응에 불과하다. 다시 말해서, 삶이 아니라, 자신이 부조리하다는 것을 깨달은 그 삶이 뭐라고 꼬집어 말할 수는 없는 어딘가가 잘못되었다는 직감에 불과하다. 우리 자신이 그런 불평을 할 때조차도, 종종 그렇듯이, 그 불평은 우리에게 간신히 들여다보이는 사기와 자기기만의 불쾌한 느낌을 준다. 그러나 현대의 감수성을 표현하는 경구에 가까운 그 불평 자체의 지적인 정직성은 도전받지 않는다. 고집스럽게 지속되는 우리의 일상생활과 그 속에서 계속

이어지는 습관들에 의해 무시되거나 가장자리로 밀려나기는 하지만 말이다.

문제는 우리 자신에 대한 오해다. 이 오해는 우리로 하여금 "삶은 부조리하다," "인간은 쓸모없는 정념이다," "궁극적으로, 그 어떤 것도 아무런 의미가 없다"라는 겉보기에는 반박할 수 없는 결론을 내리게 한다. 최고의 철학자들이 다양한 정도의 설득력과 절망을 담아 이런 결론을 표명했다. 그러나 이것은 독특하게 현대적인 오해는 아니다. 이것은 정확히 똑같은 부조리 의식을 피하고, 삶 자체의 외부에 있는 어떤 신적이거나 초역사적이거나 유토피아적인 인간 삶의 "의미"를 입증하거나 상정하려는 시도의 중심에 놓여 있다. 이런 시도들은 마찬가지로 자기 자신을 비하하는 것으로 2천 년 동안 시도되어 왔다.

문제는 우리의 "비이성," 이따금 터무니없고 항상 헛된 우리의 욕망과 기대들, 때로는 마음을 밝게 하지만 혼란스럽게 하고 파괴적일 때가 더 많은 우리의 기분과 감정들이라고 말하는 경우가 자주 있다. 요컨대, 문제는 우리의 **정념들**, 근시안적이고 제멋대로 굴어 객관성과 리얼리티에 관한 지식에서 인간 이하의 수준으로 퇴보하는 그런 정념들이다. 다른 한편으로, 이 문제에 대한 해답은 항상 "이성"이라 불리는 "신성한 불꽃"이라고 여겨져 왔다. 이성은 인간을 동물과 구분하고, 잘난 체하면서 시시한 것에 탐닉하고 우쭐대며 허식을 부리는 개인의 감정을 초월하게 해준다. 그러나 문제는 우리가 항상 해답을 찾았던 바로 그 영역에 있다. 즉 우리가 찾고자 하지만 결코 성공한 적이 없는 의미들을 항상 우리의 삶에 제공하는 척하여 온 거만하지만 유약한 이성이란 개념에 문제가 있다. (실제로는 "문제"를 분해해 버리는 것이지만) "해답"은 바로 아직 적절하고 지적으로 훌륭한 옹호를 받지 못한 본능적인 느낌들에 있다. 요컨대, 해답은 이해받는 경우가 너무도 드물고 그 진가를 거의 인정받지 못하는 우리의 정념들 속에 있다.

이 책의 주제는 아주 간단히 진술할 수 있다. 즉 정념은 우리 삶에서 중추적이고 결정적인 역할을 하는데, 너무도 오랫동안 지속적으로 부정당해 온 그 역할을 정념에게 돌려주는 것이다. 또한 소크라테스 이후로 계속해서 서구의 철학과 종교와 과학을 전적으로 지배해 온 "객관성"과 자신을 비하하는 이성의 허세를 제한하는 것이다. 우리의 정념들은 너무도 오랫동안 철학에서는 그저 주석에나 속해 왔고, 심리학에서는 괄호 안에 넣어지기만 해 왔다. 마치 정념들이 주제넘게 나서 방해하고, 기분 좋게 주의를 딴 데로 돌려줄 때도 있지만 "더 고상한" 용어로 이해**되어야 하는** 삶들을 배반하지는 않더라도 당혹스럽게 전복시키기나 하는 것처럼 말이다.

우리의 정념들이 우리의 삶을 구성한다.

우리의 삶에 의미를 제공하는 것은 우리의 정념들이고, 오로지 우리의 정념들뿐이다.

그러나 이 논제를 옹호하기 위해서는 정념 자체의 본성을 새로운 시각으로 들여다봐야 하고, 정념은 이성에 정반대되는 것이라는 주장도 새롭게 들여다봐야 한다. 우리의 정념은 항상 동물적 요소의 난입이고 생리 기능에 기초하여 생겨나는 교란으로 여겨져왔지만, 사실은 그렇지 않다. 정념은 그렇지 않다면 유의미하고 매우 "이성적인" 삶 속으로 산발적이고 비이성적으로 끼어드는 것도 아니다. 정념은 우리를 이쪽 혹은 저쪽으로 미는, 바라건대 "다정한 이성의 빛"에 의해 통제되어야 하는, 위협적이거나 저항할 수 없는 "힘"이 아니다. 정념 자체는 (따라서 우리의 삶은) 언급되지 않고 비밀에 부쳐지는 것이 최선일, 불결한 작은 비밀이기나 한 것이 아니다. 이런 접근법은 그 자체가 매우 직접적이고 거침없이 "삶은 부조리하다"라는 결론을 내리게 되는 바로 그런 부정과 무시 시스템의 본질적인 부분이다. 나는 이것을 뭉뚱그려 "정념의 신화"라고 칭한다.

모든 신화처럼 정념의 신화는 자기 잇속만 챙기고, 우리 자신의 자아상을 위해 극적으로 표현된다. 그것은 수동성의 신화다. 우리가 빈번하게 정념들 때문에 괴로워하고, 그것들에 굴복하고, 그것들 때문에 제정신을 잃고 어리석게 행동한다는 사실은 자기 잇속을 차리기 위해서 하는 말로 일부만 맞다. 이 신화의 목적은 분명하다. 즉 우리 안에 있는 강력하고 비이성적인 힘들과 싸우는 무력한 순교자의 역할을 우리 자신에게 배정하는 것이다. 아서 쇼펜하우어Arthur Schopenhauer의 염세철학은 우리 내부에 있는 전능하고 비이성적인 의지에 희생되는 것이 우리의 운명이라고 예언한다. 이 철학은 철학자이든 아니든 모두가 2천 년이 넘도록 신봉해 온 주제의 극단적이고 쓰라린 변형에 불과하다. "정념들"이 우리를 "수동적"으로 만드는 한, 삶에서 가장 중요하고 꼭 필요한 태도들과 행위들은 우리가 스스로 행하고 책임을 지는 범위를 넘어선다. 그래서 우리는 우리의 느낌과 품행, 자아를 위한 정교하고 편리한 변명 시스템을 마련한다. "어쩔 수 없었어요. 화가 났거든요." "그녀 책임이 아니에요. 그녀는 사랑에 빠져 있거든요." "그를 비난하지 마. 그는 당황했어." 이런 말들은 인간 본성에 관한 단지 불완전한 이론보다 훨씬 더 깊은 상처를 주는 질병의 증상들이다. 이것들은 무책임한 자기기만의 산물이고, 실은 가장 우리 자신의 것이라고 내가 주장하고자 하는 것에 대한 비난과 책임을 우리 너머에 전가하려는 시도이다. 우리의 정념들, 구체적으로 말하면 우리의 감정들과 기분들, 욕망들이 우리를, 우리의 자아들을, 우리가 사는 세계를 규정한다.

정념에 대한 우리의 언어와 사유는 이런 수동성의 신화투성이다. 호랑이 덫이나 늪에 빠질 수 있는 것처럼 우리는 사랑에 "빠진다." 우리는 강력한 약을 접종받거나 한 것처럼 무서움 때문에 "마비된다." 파리나 모기에게 괴롭힘당하듯이 우리는 자책에 "괴롭힘당한다." 우리는 자동차에 부딪히거나 한 것처럼 질투에 "부딪히고" 나무가 도끼에 베어져 쓰러지듯이 수치심에 "쓰러진다." 타악기 부분에서 트롬본 때문에 산란해지듯이 슬픔 때문에 마음이 "산란해진다." 유령이 출몰하듯이 죄책감이 "출몰한다." 막대기 몰이를 당하듯이 화에 "휘둘린다." 우리가 가지고 있는 가장 시적인 은유들은 수동성의 이미지들인데, 이것들은 지나치게 사용되어서 이제는 진부하다. 우리는 정념 때문에 "비탄에 잠기고," "으스러지고," "강타당하고," "압도되고," "넋을 잃고," "파멸한다." 정념들은 심장에서 나와서 혈관을 타고 흐르는 영적인 동물의 체액이라고 말해진다. 우리의 의지가 미치는 범위를 벗어나 있는 심장은 "머리"와 대조된다. 후자는 냉정을 유지하려고 애쓰는데, 전자는 희생자의 운명을 겪는다. 우리의 심장은 둘로 쪼개져 있다. 멍들고 피 흘리는 육체이고, 뜨거웠다가 차가워지기도 하고, 쿵쾅거리고, 고동치고, 깨지고, 터지고, 분출하는 사랑이고, "기뻐하는 육체"이고, 돌처럼 딱딱하기도 하고 아픔으로 부드럽기도 하고, 찔리고 부딪치고, 찢어지고 손상되기 쉽다. 시인은 "나에게 말하라, 오 나의 심장이여!"라고 말할 수 있지만, 철학자는 그의 머리에 무슨 말을 해야 할까? 우리의 생각과 달리 감정은 "본능적"인 것으로 속이 울렁거리게 하고 흥분하여 홍조를 띠게 할 뿐만 아니라 그런 것들에 가깝다. 원한은 담즙 때문에 생기고, 격노는 비장에서 생겨난다. 우리는 슬픔이나 무서움으로 메스꺼워지고 우리의 영혼은 격노로 부풀어 오른다. 화는 야생마를 타는 것과 같다고 호라티우스^{Horace}는 말했다. 호라티우스 이후로 (그리고 그 이전에도) 이런 묘사는 변하지 않고 그대로 남아 있다. 정념들은 우리가 영혼의 더 원시적이고 동물적인 부분으로부터 받은 유산이다. "신성한" 기원에서 나왔으며 "인간이 신들에게서 받은 선물"인 사유와 이성과 달리, 이 원시적이고 동물적인 부분은 육체에서 생겨난다.

일반적으로 정념들은 원시적이고 "자연 그대로이며," 혼란을 조장하며 비이성적이고, 판단력과 목표나 이성을 결여하고 있으며, 거리낌이 없고, 때로는 지독하게 취향이 부족하다. 호라티우스는 또한 "화는 짧은 광기다"라고도 썼다. 반면에 그와 동시대에 살았던 살루스티우스^{Sallust}는 "필멸의 인간은 그 누구도 자신의 정념과 이익을 동시에 만족시키지 못한다"라고 주장했다. 우리는 모두 "사랑은 맹목적이다"라고 배웠다. 1940년대의 한 대중가요는 "만일 내 욕망이 나를 조금 미치게 만든다면 내 잘못인가요?"라고 푸념했다.

현대 우리 시대의 태도는 프로이트의 후기 정신분석학 이론에 나오는 유명하고 조금은 전문적인 용어로 잘 요약된다. 즉 이성의 자리는 "에고" 혹은 "나," "자아"인 반면에 정념의 집은 "이드"라고 불리는 이질적인 에너지들이 담겨 있는 솥이다. 이드는 글자 그대로 "그것"을 뜻하는데, 우리 자신의 일부가 아니라 오히려 자아 혹은 에고와 그것들의 사회적 동맹자인 "초자아"에 가해지는 외부의 위협이다. "우리" 대 "그것," 이성과 문명 대 정념의 기괴한 욕구들과 일탈들 사이의 싸움이 인간 정신의 삶을 규정한다. 이런 야생의 짐승들을 통제하는 것이 인간 사회와 종교, 이성의 목적이다. 우리는 성숙해지면 아무리 어렵더라도 그러한 통제의 책임을 져야 한다고 여겨진다. 그렇지만 우리가 정념들 자체에 대해서도 또한 책임을 져야 할지 모른다고 암시하는 말은 전혀 없다. 우리가 정념들은 애초에 우리 자신이 만든 것임을 깨닫게 된다면 그것들은 "통제"를 전혀 필요로 하지 않을지도 모른다.

나는 이런 정념의 신화 대신에 택할 수 있는 대안을 추구해 왔다. 어쩌면 이것은 기존의 것을 대체하는 또 하나의 신화에 불과할지도 모른다는 점은 인정한다. 하지만 체계적으로 오해받는 이런 현상들에 대한 통제와 책임에 대한 인식을 우리의 자아에게 되돌려주어 자기 자신을 확증하는 장점을 가진 신화일 것이다. 나는 자기를 부정하는 정념의 신화를 자기 자신을 존중하고 감정들을 우리 자신의 **판단들**이라고 주장하는 설명으로 대체하고 싶다. 이렇게 설명함으로써 우리는 세계를 우리 목적에 맞게 구축하고, 우리 자신의 생각대로 우주를 조각하고, 리얼리티의 사실들을 측정하고, 궁극적으로 우리의 세계뿐 아니라 우리 자신을 "구성한다." 이런 감정들과 정념들 일반은 교란과 침입이라기보다는 오히려 우리 존재의 바로 그 핵심이고, 우리의 삶이 발전하고 성장하거나 굶주리고 침체하는 의미들과 가치들의 체계이다.

정념들은 우리 존재의 바로 그 영혼이다. 정념이 이성의 통제와 합리화를 필요로 하는 것이 아니다. 오히려 바로 이성이 정념에 의해 지탱되고 정념의 세속적 지혜를 필요로 한다. 정념은 비이성적이지 않다. "마치 모든 정념이 특정량의 이성을 포함하고 있지 않기나 한 듯이"[1]라고 니체가 썼듯이, 정념은 바로 그 본질에서 "이성적"이다. 정념은 판단력이 없거나 적어도 좋은 판단력은 없다고 사람들은 말하지만, 나는 그와 반대로 정념들 자체가 가장 중요한 종류의 판단들이라고 강력히 주장하는 바이다. 정념은 목적이 없고, 우리의 야망과 충돌하고, 우리의 주의를 목표에서 딴 데로 돌려놓고, 우리의 현실 감각을 왜곡하고, 환상을 만들어 내고, "맹목적"이라고 사람들은 말한다. 그러나 정념은 우리의 관심사와 목적이 생겨나는 바로 그 **원천**이다.[2] 요컨대, 정념은 원시적인 부랑자도 아니고 우리의 정신적 삶의 찌꺼기도 아니다. 항상 서구 이성주의는 살짝 가린 혐오감을 품고서 정념을 경계하라고 우리에게 경고해 왔지만 말이다. 정념은 의식의 고등법원으로 다른 모든 것들이, 심지어 이성조차도 그것에 경의를 표해야 한다. 정념들은 침입이나 교란이 아니라, 오히려 우리 존재의 본질적인 구조물들이다. 정념들은 판단들, **구성적** 판단들로서 그것들에 준하여 우리의 현실에 형태와 구조가 부여된다.

우리가 (삶에서 단순히 의미들을 발견할 뿐 아니라) 우리의 삶을 의미들로 채우는 것은 바로 정념들을 통해서이다. 이 의미들은 "삶의 부조리" 철학자들이 항상 간과하거나 부정해 온 것과 똑같은

---

1. *Will to Power*, para. 387.
2. 예를 들어, 흄은 정념만이 우리를 움직이고, 이성은 그런 힘을 가지고 있지 않다고 말한다.

감정은 어떻게 내 삶을 의미 있게 바꾸는가

것들이다. 그러나 모든 의미가 동일한 가치를 가지고 있지는 않다. 너무도 친숙한 우리의 부조리 의식은 의미의 결여 문제가 아니라 우리 자신이 잘못된 의미들, 잘못된 정념들을 선택한 것이다. "삶의 부조리" 철학은 이런 부조리 의식을 합리화한 것이다. 그러한 가치 개념들을 사용하는 것은 정념에 관한 논의에서 전적으로 부적절한 것으로 보일지도 모른다. 그렇지만 이것 또한 정념의 신화를 나타 내는 징후이다. 마치 정념은 단지 자연 발생적인 힘일 뿐이고, 그것 에 "옳다"와 "그르다"라는 평가를 갖다 붙이는 것은 요점을 벗어난 것이기나 한 것처럼 말이다. 그러나 모든 감정은 하나의 전략, 즉 우리의 개인적 존엄성과 자부심을 극대화하는 방식으로 우리의 세 계를 구축하려는 목적이 있는 시도이다. 그리고 전략으로서 우리 의 감정들은 더 성공적이거나 덜 성공적이고, 더 직접적이거나 덜 직접적이고, 잘 고안되거나 덜 고안되고, 효과적이거나 자멸적일 수 있다.

정념을 공격하는 사람들뿐만 아니라 옹호하는 사람들까지도 "정념들"을 하나의 단일한 종류이자 동등한 가치를 지닌 것으로 여 기는 것은 드물지 않다. 그런 까닭에 "이성은 정념들의 노예이고 노 예이어야 한다"라고 흄은 말한다. 그런데 **어떤** 정념들인가? 사랑 과 공감과 존경이라는 것에 우리는 아마 동의할 것이다. 그렇지만 원한과 미움과 시기는 어떠한가? 어떤 정념들은 얻고자 애쓰는 것 으로 되어 있지만, 다른 어떤 정념들은 피하거나 극복하려는 것으로 되어 있다. 그러나 우리로서는 겉보기에 대립적인 이런 이원론이 어떤 개인적으로 선호하는 것들에 근거할 필요는 없다. 그것은 감정들 자체에 고유한 것이고 우리 개개인의 세계관에 고유한 것이다. 우리는 각자 존엄성과 존중에 대한 동일한 감각을 추구하고, 상호 존중과 바라건대 고통이 없는 상호 친교에 대한 동일한 감각을 추구한다. 감정들의 전략에서 나타나는 차이들은 정확히 보편적으로 공유되는 이런 목표와 필요에 따라서 평가되어야 한다.

모든 정념은 우리 삶에 의미를 부여하지만, 모든 의미가 궁극적으로 유의미한 것은 아니며, 우리의 존엄성과 자부심을 극대화하고 우리가 바라는 상호 존중과 친교를 가능하게 하는 데 궁극적으로 성공하는 것도 아니다. "삶의 부조리"는 단지 우리 자신의 불만족스러운 선택에 불과한데, 전형적으로 우리가 정말로 선호하는 것이 사랑의 신뢰와 친교, 상호 존중, 협력과 공유하는 취지에 대한 의식일 때 방어와 원한, 경쟁과 "무의미"한 판에 박힌 일들을 선택하는 것이다. "삶의 부조리"는 우리 자신이 자초한 불만족을 감추는 철학적인 위장이다. 하지만 역시 그 위장을 꿰뚫어 보고, 그 불만족을 꿰뚫어 보고, 우리가 항상 우리 자신에게 가해 온 손상을 원상태로 되돌리는 능력을 우리에게 제공하는 것도 바로 철학이다.

이 책은 감정에 관한 에세이에서 시작되었다. 그런데 확실히 그것보다 훨씬 더 좋은 결과물이 나왔다. 아마 이것은 "삶의 철학"일 것이다. 비록 그렇다고 자부하는 것이 나를 민망하게 만들기는 하지만 말이다. 나의 방식은 영미의 "분석적" 훈련과 최근 유럽 철학에서 나타나는 내가 뚜렷하게 선호하는 주제들과 기질들을 혼합하는 것이다. 예를 들어, 내 방법은 내가 특히 좋아하는 유럽 철학들의 논쟁 방식과 훨씬 더 공명한다. 이 방법의 핵심은 나를 방어하기 위해서 끌어들일 수 있는 모든 주장과 은유, 문학적 인유와 철학적 인유, 아이러니, 풍자를 무기로 활용해서 나의 중심 주제를 가차 없이 거듭 강조하는 데 있다. 나는 근래의 철학을 괴롭혀 온 더 특수하고 전문적인 문제들을 최소화하면서도 계속 포함시키려고 애썼다. 그런 전문적인 내용들에 집중적으로 주목한 (바라건대 몇 안 되는) 부분들을 읽을 때 철학을 전공하지 않은 독자들이 나를 참아 주기를 바란다. 이 책에서 나의 목적은 학구적이거나 최종적인 것이 아니다. 하물며 여러 세기 동안 정념의 문제들을 계속 무시해 온 동일하고 종종 지엽적인 문제들만 논하는 것은 더더욱 아니다. 나의 목적은 너무도 질서 정연하고 자기기만적인 "이성"과 "정념"의 범주들을 뒤집어엎는 것이다. 이런 기존의 범주들에서 정념은 항상 부차적인 위치에 있으며 아무런 문제 제기 없이 비평적으로 매도된다. 정념의 신화는 단순히 철학자의 실수 혹은 강단 심리학자의 구성물에 그치는 것이 아니다. 그것은 우리가 우리 자신에 대해 품는 일상적인 생각들 속에 깊이 들어와 있고 우리의 가장 흔한 개인적인 복잡한 특성들의 핵심에 놓여 있다. 그것은 우리의 가장 강력한 잘못된 이상들과 가장 공허한 가치들의 출처이다. 정념의 신화는 "냉정하고" 사랑이 없는 합리성을 향한 억제할 수 없는 페티시즘을 암묵적으로 정당화하는 것이다. 그것은 비개인적인 탐욕을 부추기고 가짜 자부심을 무의미하게 추구하도록 만드는 이데올로기적인 자극제에 불과하다. 그런데 가짜 자부심은 참으로 많은 우리 시대의 고민들을 규정하는 특징이다. (나는 이 모든 것에 대해서 과도하게 복음주의적이지 않으려고 노력하고 있지만, 항상 성공하지는 못한다는 것을 고백한다.)

저자의 말

철학 연구의 효용은 논리에 관한 난해한 질문들 등
에 대해서 당신이 어느 정도 그럴듯하게 이야기할 수
있도록 해주는 것이다. 철학 연구가 당신을 위해서
해줄 수 있는 것이라곤 그것이 전부라고 해도 말이
다. 그리고 만일 그것이 일상생활에 관한 중요한 질
문들에 대해 당신이 하는 사유를 향상시키지 못한다
고 해도 말이다.

루트비히 비트겐슈타인Ludwig Wittgenstein**3.**

이 책은 여러 해에 걸쳐 "삶 일반에 관하여" 한 강연들과 전문적인
글들, 더 중요하게는 내가 수행한 교육과 친구들과의 대화들, 그리
고 나 자신의 개인적이고 사적인 생각들과 걱정들에서 조금씩 조
금씩 형성되어 나온 일반적인 철학을 모으려는 나의 첫 시도이다.
따라서 나는 이 책을 개인적인 고투의 일부로, "이론"이라기보다는
세계관 형성의 일부로, 일종의 "냉정한 낭만주의"의 일부로 여긴다.
이 책의 원천은 나 자신의 관심사들, 내 학생들과 친구들, 동시대

---

3.   N. Malcolm, Wittgenstein, A Memoir(London: Oxford University Press, 1966), p. 39.에서 재인용.

사람들의 관심사들임을 부인할 수 없지만, 나는 그 원천에서 나온 것이 훨씬 더 보편적이고 체계적인 의미를 갖기를 희망한다. 타당하게도, 나는 양쪽으로부터 상당히 매도당할 것이라 예상한다. 같은 전공의 동료들에게는 비개인적이지 않고 (같은 말인데) 충분히 "전문적"이지 않다고 매도당할 것이고, 다른 사람들에게는 "진솔하게 개인적"이지 않고 오히려 나의 내밀한 관심사들을 추상적인 철학의 장막으로 덮어 버렸다고 매도당할 것이다. 마치 이런 주제들을 다루는 저자는 비평가들이 즐길 수 있도록 영혼을 적나라하게 드러내어 상당한 익살의 대상이 되는 것이 당연하거나 한 것처럼 말이다. 그렇지만 아무리 자기 자신을 드러내더라도 다음에 나오는 신조들에 관한 내용에서 자전적인 것은 전혀 없다. 그 밖에 무엇이든, 그것들은 전적으로 나의 것만은 아니다.

어떤 일이든 이 정도의 범위와 야심을 가진 일을 수행할 때는 개인적인 빚과 전문적인 빚을 많이 지게 마련이다. 가장 먼저, 나 자신이 세운 이론에 참으로 명백하게 영감을 불어넣고 방향을 제시해 준 연구와 "영향"을 남긴 저자들에게 은혜를 입었다. 특히, 아리스토텔레스, 프리드리히 니체, 장-폴 사르트르와 알베르 카뮈, 필립 슬레이터Philip Slater, 존 바스John Barth, 앙리 베일Henri Beyle, 그리고 여러 사람들이 있다. 그들 중에서 내가 지금까지 직접 만났거나 만날 수 있었던 사람은 거의 없다. 만일 내가 이 책에 나오는 견해들을 나의 것으로 제시했다면, 그런 허세는 종종 말을 하지는 않았지만 명백하게 과거의 그리고 현재의 철학 동료들에게 내가 진 신세들과 항상 대조하여 평가되어야 한다. 그다음에 이 기획을 가능하게 만들어 준 여러 기관들이 있다. 텍사스 대학은 내가 집필을 할 수 있도록 넉넉한 휴가를 제공해 주었다. 미시간 대학은 내가 철학에 착수할 수 있게 해주었으며 이 책을 쓰는 동안에 나를 지원해주었다. 파리 대학의 국제 대학 센터, 앤 아버에 있는 델 리오, 오스틴에 있는 레 아미스, 뉴욕에 있는 리비에라는 나에게 자유롭게 사유할 수 있도록 편의를 제공해 주었다.

그러나 이 책을 가능하게 만들어 준 이런 조건들보다 훨씬 더 중요한 것은 이 책의 집필을 보람 있고 꼭 필요한 일로 만들어 준 많은 친구들이다. 바로 그들을 위해서 나는 이 책을 썼다. 나는 그들이 이 책에서 여러 해 동안 우리가 함께 논쟁하고 헤쳐 온 많은 것들을 알아보기를 바란다. (니체의 유명한 견해와는 반대로, **최고의** 독자들은 항상 글쓴이의 친구들이다.) 바로 그들이 이러한 생각들을 불어넣어 주었고, 나를 참고 받아들여 주었으며, 어려울 때 나를 끌어올려 주었다. 또한 바로 그들이나 자신의 그럴듯한 이지적인 분석이 나를 아는 사람들에게는 너무도 명백한 정념들을 착각하게 만들 때는 나를 억눌러 주었다. 이 책은 다른 누구보다도 그들을 위한 것이고, 그래서 나는 이 책을 바로 그들에게 헌정하는 바이다.

씨앗을 뿌려준 프리툐프 베르그만Frithjof Bergmann. 단 한 번도 만난 적이 없지만, 오랫동안 철학적이고 개인적인 참여의 모델이 되어 준 장-폴 사르트르. 내가 알고 있는 가장 훌륭한 편집자이자 가벼운 글이었던 것을 아주 개인적인 책으로 발전시키도록 격려해 준 로레타 배럿Loretta Barrett. 그리고 베니다Benida와 론 그랜트Ron Grant, 절반쯤 짓다 만 상태에 계속 머물러 있는 그들의 집에서 이 생각들이 첫 형태를 갖추었다. 매우 귀중한 조언과 비판을 해 준 데이비드David와 린다 옵스트Linda Obst. 나에게 안식처와 훨씬 더 많은 것을 준 지나 스테인버그Zina Steinberg. 정말로 필요할 때 친구가 되어 준 빌Bill과 샌드라 마한Sandra Mahan. 보통 과도한 나의 비꼼에 맞서서 심리학의 명예를 옹호한 주디스 샌더스Judith Sanders. 보통 지루하고 전문적인 원고 결과물을 상당한 파티 같은 것으로 바꿔 준 몰리 프리드리히Molly Friedrich, 루이자 로렌스Louisa Lawrence, 클로디아 헤이글러Claudia Haigler. 앤디Andy와 존 솔로몬Jon Solomon. 내 부모님. 팻 스테어Pat Steir, 로버트 로젠블룸Robert Rosenblum, 멜리사 잭슨Melissa Jackson, 닉 파트리지Nick Partridge, 낸시 하트Nancy Hart, 데이비드 짐머만David Zimmerman, 존 스토릭John Storyk, 캐롤라인 마셜Caroline Marshall, 잰Jan과 샌디 웨이머San-dy Weimer, 엘리너 맥로그린Eleanor McLaughlin, 에드윈Edwin과 조안 올레어Joan Allaire. 미치Mitch와 이본 긴즈버그Yvonne Ginsberg, 래리

Larry와 리시 스클라Lissy Sklar도 있다. 이 책의 목적은 아니라 하더라도 이 책을 쓰게 된 이유인 K. 마지막으로 항상 나의 첫 독자이자 가장 비판적인 독자가 되어 준 엘크Elke.

R.C.S.
뉴욕시
1975년 8월

목차

머리말

이성과 정념

1. 철학?

똑같은 철학이 마구간에 있으면 좋은 말이지만
여행에 나서면 악명 높은 쇠약한 말이 된다.
올리버 골드스미스Oliver Goldsmith, 『선량한 사람The Good-natured

Man』

줄리엣 같은 여자를 만들어 낼 수 없다면
철학은 그만두세요!

셰익스피어, 『로미오와 줄리엣Romeo and Juliet』

정념을 다루려는 철학의 시도는 역설의 분위기로 에워싸여져 있다. 그 일에 관해서, 삶의 의미라는 논제를 다루려는 철학의 시도를 둘러싸고 있는 어떤 반어의 분위기가 있다. 두 경우 모두에서, 문제는 철학이 아닌가? 정념의 폭풍 같은 맹렬함으로부터 가장 멀리 떨어져 있는 것처럼 보이는 것은 바로 철학의 냉정한 추상 작용이다. 정념을 이해하려고 시도하는 철학자는 사랑에 빠진 두 사람이 느끼는 것들을 이해하려고 시도하는 냉소주의자인 듯 보일 것이다. 그리고 많은 사람들이 만일 철학이 없다면 삶의 의미라는 문제도 없을 것이라고 주장할 것이다. 만일 그렇다면 질문이 하나도 없을 것이고, 그러므로 부정적인 답도 전혀 없을 것이다. 결국 문제는 철학자들의 고안물이고, 몇 세기에 걸친 회의론과 단순한 믿음과 단순한 느낌에 만족하지 않을 사유의 산물이다. 왜 정념들을 심리학자들과 시인들에게 맡겨 두지 않는가? 그리고 왜 있는 그대로 놔두지 않는가? 이렇게, 철학의 첫 번째 문제는 철학 그 자체이다. 철학은 무엇을 할 수 있는가? 철학은 누구를 위한 것인가?

터무니없이 **철학은 중요하다**고 역설하고자 한다. 철학은 문제들과 수수께끼들로 구성된 자족적인 시스템이 아니며, 추론들과 논박들로 이루어져 있으며 자가 생식을 하는 전문 직업도 아니다. 철학은 존경할 만한 광인들로 구성된 기묘한 학파만이 양육하고 감상하는 진귀하고 은밀한 딱정벌레 같은 것이 아니다. 『라미아"La-mia"』에서 키이츠^Keats는 철학을 다음과 같이 묘사했다.

> 냉정한 철학에 단지 닿기만 해도
> 모든 매력이 순식간에 다 사라지는 것이 아닌가?

그러나 철학은 이런 초연하고 냉소적인 회의론이 아니다. **우리는 모두 철학자다.** 우리가 공유하는 문제들은 철학적인 문제들이다. 그러나 "철학"으로 정당화되고 신성시되는 것은 타고난 자질은 비범하지만 관심사들은 평범한 사람들의 정신에서 추려 내서 응결시킨 최고의 사유에 지나지 않는다. 지금까지 철학의 "전문 직업화"

보다 더 철학에 해로운 것은 없었다. 철학의 전문 직업화는 한편으로는 철학 종사자들의 능력과 기술을 굉장히 증대시켰지만, 다른 한편으로는 철학을 점점 더 비개인적이고 전문적이며 철학자 이외의 모든 사람으로부터 분리되고 그들에게는 허용되지 않는 분야로 만들어 버렸다. 따라서, 학식 있는 미국인 대부분이 살아서 활동하고 있는 철학자 한 명의 이름을 대는 것을 몹시 어려워하고 현대 철학이 무엇을 다루는지 전혀 모른다는 것을 아무런 부끄럼 없이 인정할 것이다. 그렇지만 이런 상황은 비극적이다. 철학은 삶에 대해 사유하는 것, 피할 수 없는 우리의 기대들과 구상들을 일상 세계에 맞게 조정하려는 시도일 뿐이다. "우리는 왜 이것을 하고 있지?" "왜 이런 일이 일어났을까?" "이것은 어떤 가치가 있는가?" "나는 누구인가?" 우리는 모두 철학자다. 어떤 사람들은 훈련을 더 잘 받아서 더 명확하게 표현할 수 있고, 어떤 사람들은 긴박감을 더 느끼고, 어떤 사람들은 정직을 더 의식한다. 그렇지만, 유일한 진짜 구분은 인내하며 계속하는 사람들과 그렇지 않은 사람들 사이의 구분, 옆길로 빠지거나 주의를 딴 데 돌리는 사람들과 삶을 구축하면서 계속 사유하는 사람들 사이의 구분이다.

지성을 인간의 영혼 중에서 가장 허세 부릴 뿐만 아니라 가장 무용한 것으로 여기는 사회에서, 돈 계산과 방해받지 않는 능률을 우상화하고 사유보다 "오락"을 그리고 문제보다 프로그램을 선호하는 사회에서 "철학자"로서 사람은 무엇을 하는가? 누군가는 세속에

물들지 않은 4년제의 지적인 격리 구역의 안에서 괴상한 교양 교과목을 가르치는 "교수" 놀이를 그저 오랫동안 할 수 있다. (이 격리 구역의 공기는 한 번에 4개월 동안만 그리고 8학기 동안만 들이마시는 것으로 되어 있다.) 누군가는 철학의 "수수께끼들"에 완전히 빠져, 한두 개 성공을 거두고 "전문직" 철학의 핵심층으로 기꺼이 받아들여지고, (문제들에 대해서가 아니라 철학 직업에 대해서) 최대한 진지함을 가장하고, 마치 철학이 곡해한 것들과 들춰낸 것들이 그 사람의 삶에 아직 스며들지 않거나 한 것처럼 평범한 사람인 척 할 수 있다. 그렇지만 내부에서는 아무리 보람이 있다고 하더라도, 전문성을 가장하는 것은 철학이 맞서 싸워야 하는 반대, 구체적으로 말해서, 철학은 일상적인 관심사에 "부적절하고," 지성을 갖춘 평범한 사람들이 가까이하기 어렵고, 철학 종사자들만이 즐길 수 있는 진귀하고 색다른 분야라는 비난을 강화할 뿐이다. 직업상의 "수수께끼들" 전부 다는 아니라 하더라도 아주 많은 것이 직감 수준의 평범한 질문들에서 나왔고, 17세기나 18세기에 어떤 천재에 의해서 현재의 수준으로 추상화되었고, 그 이후로 계속해서 거창한 그 궤도 안에 남아 있다는 사실에 대해서는 좀처럼 논하지 않는다. 마치 그렇게 하는 것은 동업자 간의 예의를 어기는 것이거나 한 것처럼 말이다. 그 주된 이유는 노동자 계급의 질문들과 정교한 전문어로 이루어진 대답들 사이의 소통을 재건하려고 힘들게 애쓰는 사람이 아무도 없었다는 것이다.

그러나 그토록 꽉 닫힌 전문직 시스템 속에 균열이 있다. 다시 말해서, 바로 그 게임의 심장부로 계속해서 풋내기들이 흘러들어 온다. 이 전문직을 계속 살아 있게 해주는 것은 바로 우리의 학생들이다. 누군가는 그들을 "교수로서 가르치려고" 시도할지 모르지만, 그 대신에 그들이 철학이란 동떨어져 있는 전문적인 수수께끼들의 집합이 아님을 가르쳐 준다. 오히려 철학이란 혼란스러운 삶을 바로잡는 데 간절히 필요한 학문 분야이다. (이따금 나는 우리의 교육 시스템이 우리가 새우를 청결하게 다듬기를, 즉 생산물을 더 맛나게 만들기 위해서 힘줄을 제거하기를 오히려 기대한다고 생각한다.)

아마도 유럽에서는 철학의 중요성을 주장할 필요가 없을 것이다. 여러 혁명과 파시즘 독재가 장 자크 루소Jean-Jacques Rousseau와 프리드리히 헤겔Friedrich Hegel에게서 자양분을 얻는 것을 보았기 때문에, 철학과 정념, 혹은 철학과 인간 존재의 흥망성쇠가 본질적으로 연결되어 있다는 것에 이의를 제기할 유럽인은 아무도 없을 것이다. 미국은 그러한 교훈을 배운 적이 전혀 없다. 미국의 학생들은 사유하지 않는 법과 걱정하지 않는 법을 19년 동안 배우고 난 다음에 대학에 들어온다. 마치 "자기 자신이 되는 것"은 배워야 하는 것이 아니기라도 한 것처럼, 마치 자기 자신은 이제 **창조해야** 하는 것이 아니기라도 한 것처럼, 학생들은 그저 "자기 자신이어야" 한다는, 성장을 저해하는 조언 때문에 이미 멍청해져 있다. 그 얼굴들,

간단한 질문들에 터져 나오는 당혹감, 사소한 역설이 초래하는 혼란, 그들의 건전한 환상들과 서투르게 억눌린 걱정거리들이 최소한도로 흔들릴 때 동반되는 번뜩이는 원한과 감사와 가끔 받는 미움과 "감사" 편지들을 지켜보면서 철학자로서 무엇을 해야 하는지 알게 된다. 과학이나 종교보다 철학의 경우 스스로 내놓은 대답들에 대한 확신이 더 약하고, 심지어 질문들에 대한 확신도 더 약하다. 그렇기 때문에 철학은 그저 항상 그래왔던 그대로일 수밖에 없을 뿐이고, 철학자도 그저 항상 그래왔던 그대로일 수밖에 없다. 철학자는 꾸준히 끈질긴 골칫거리, 콕콕 찌르고 슬쩍 미는 소크라테스 같은 "잔소리꾼"이다. 그는 잠행성이 더 강한 정념들을 설명하고 문제들을 (심지어 틀린 문제들까지도) 제기하면서 습관의 외피를 떨쳐내고, 텔레비전에 현혹된 미국의 학생들과 말다툼에 지친 어른들의 지성을 마구 자극하여 활기를 띠게 만든다. 만일 정교한 언어학과 논리학의 언어들이 이렇게 하지 않는다면, 또는 만일 독일 형이상학이나 프랑스 현상학의 모호한 어법들이 이해되지 못한다면, 철학의 언어는 우리의 언어이어야 할 것이다. 그런데, **우리의** 언어는 철학보다는 영화 교육을 더 잘 받은 문화의 언어이고, 이런 문화는 "존재"의 언어보다는 침실의 언어에 더 친숙하다. 철학은 원래 소크라테스가 철학을 했었던 장소인 거리에 다시 속해 있다.

철학적 "방법"에서 일어난 중요한 진보는 모두 그 방법을 가져와 풀려고 했던 문제들로부터 한 걸음 더 멀어짐을 시사한다는 것

은 아이러니하다. 철학은 점점 더 추상화하고 가까이하기 어려워진
다. 철학의 문제들은 무시되고 그것들을 다룰 능력이 가장 없는 사
람들의 손에 내맡겨진다. 구체적으로 말하면, 그 사람들은 사랑하
는 법을 배우고 부모에게서 벗어나는 청소년들, 그들이 자기 자신
을 이해하는 것을 금하는 사회로부터 도망치는 우울하고 좌절당한
사람들, 자신들이 추방되었음을 깨닫고 마지막에는 이제 과거를 회
상하면서 어쩔 수 없이 의미에 관한 질문들에 직면하게 되는 노인
들이다. 철학은 우리의 일상생활과 아무런 관련이 없다는 주장은
난센스로 시작되었는데, 이 난센스가 이제 진리가 되어 있다. 가장
호감 가는 내 동료들 중에서 많은 사람들이 자존심을 걸고 철학의
정교한 무관련성을 자주 옹호한다. 무슨 논쟁을 할 수 있을까? 싸
움은 그들과 하는 것이 아니다. 해야 하는 일은 철학이 삶으로부
터 분리될 필요가 없고, 오히려 삶에 도움이 되고, 그들이 하는 일
에 대해 똑같이 확신이 없는 다른 사람들이 끈덕지게 우리에게 주
입하는 어수선한 내용들을 조정하고 종합한다는 것을 논증하는
것이다. 철학은 본질적으로 예술이다. 그것은 삶의 예술이고, **지혜**
추구이다. (다른 글에서 나는 철학을 "개념 조각"이라고 불렀다. 우
리는 지적인 구조들 내부에서 우리의 삶을 살아가는데, 개념 조각
이란 그런 구조들의 형태를 만들고 발전시키는 것이다.)

　"나는 지적으로는 그것을 알지만, 감정적으로는……" 이렇게 우
리는 지성을 우리의 정념과 대조시키는 데 익숙해져 있다. 잘못은

정념을 단지 삶의 부차적인 **내용**으로 생각하는 데 있다. 정념들은 우리의 존재를 정의하는 **구조들**이고, 사실상 지적 구조들과 **동일하다.** 이 말이 이상하게 들리는 이유는 단지 우리가 이 동일성과 함께 출현하는 이상적인 조화로부터 아주 멀리 떨어져 있기 때문이다. 그리고 이 조화를 가능하게 만드는 것을 돕는 것이 내가 이 책에서 추구하는 철학의 요점이다. 우리의 역설들에 대한 해답이 여기에 있다(혹은 있을 것이다). 철학과 정념들은 궁극적으로 우리 존재의 **동일한** 구조들을 제공하고, 서로가 서로를 보강한다. 삶의 의미는 철학에 의해 고안된 문제가 아니라 철학의 근원이 되는 바로 그 문제이다. 그리고 그 문제는 바로 지성과 정념들 사이에 조화가 부족하다는 것인데, 이것이 이 책의 중심 주제가 될 것이다.

어떻게 철학이 길을 잃고, 심지어 소크라테스 자신의 철학에서조차도 그 기원들로부터 분리되었을까? 인간 삶의 의미, 구체적으로 말하면 그것에 의의를 부여하는 형식들과 가치들은 삶 "바깥에서," 순전한 관념들의 영역에서 발견될 것이라고 잘못 믿어진다. 철학의 많은 문제들이 궁극적으로는 간신히 말로 표현할 수 있는 단 하나의 혼돈으로 요약된다. 그것은 "**왜?**"로 요약될 수 있을지 모른다. 이것은 라파엘^{Raphael}의 〈부활"Resurrection"〉에 나오는 머리가 둔한 양치기 소년의 말이고, 고야^{Goya}의 〈전쟁의 참화"Horros of War"〉에 나오는 잔인무도한 "왜?"이다. 그것은 순식간에 시작된다. 우리는 지금 하는 일을 왜 하고 있는지 의아해 하면서, 사람들이 서로에게 그토록 심술궂은 것에 당혹해 하면서, 명확한 이유도 없이 뛰어다니고 있음을 깨닫게 된다. 그러나 이런 철학적 태도가 생겨나자마자 갑자기 비약하는 변증법이 사유로부터 가장 멀리 떨어져 있는 곳으로, 몰이해와 난센스의 경계로 우리를 데려가 버린다. 무수히 많은 사소한 세속적인 "왜"라는 질문들은 "무엇인가 왜?"라는 모든 것을 아우르는 단 하나의 장대한 질문으로 통합되어 버린다. 이 질문은 다시 말하면 "왜 아무것도 없지 않고 무엇인가가 있는가"라는 질문이다. 이 불가능하면서도 불필요한 질문에 직면할 때, 명목상으로는 대답으로서, 그렇지만 사실은 물론 철학적인 꼼꼼함과는 별도로 이미 용인된 결론으로서 신을 끌어들이는 경우가 빈번하다. 그렇지 않으면, 이 지점에서 어깨를 으쓱하거나 아마도 눈살을 찌푸리면서 "무의미함"에 대해 뭐라고 중얼거리고는 계속되는 판에 박힌 일상사로 무신경하게 되돌아간다. 그러나 어느 경우이든 철학적 사유를 이해 할 수 없는 질문들을 제기하는 것과 혼동하는 실수를 범한다. 이해 할 수 없는 것이 되지 않고서도 철학적일 수 있다. **철학의 직무는 인간적인 것을 초월하는 것이 아니라 그것을 조명하는 것이다.**

단순화의 위험을 무릅쓰고, 나는 두 종류의 철학적 사유가 있다고 말하고자 한다. 한편으로는 가브리엘 마르셀^{Gabriel Marcel}이 "구체 철학^{philosophy of the concrete}"이라고 부른 것이 있고, 다른 한편으로는 모든 것에 대해 한꺼번에 생각하는 **총괄 사유**^{denken überhaupt}가 있다.

물론, 구체 철학은 아주 빨리 보편화된다. 예를 들어, 정념에 대한 구체적인 질문들, 이성의 작용, 자아, 우리와 다른 사람들의 관계는 곧 "인간이란 무엇인가?"라는 질문에 대한 대답을 형성하는 구조들이 된다. 그러나 "인간이란 무엇인가?"라는 것만으로는 정말로 아주 매혹적인 질문이 되지 못한다. 이 질문은 보통 단 하나의 구절로 이루어진 대답을 듣고 그 대답을 들을 만한 가치가 있을 뿐이다(그 대답은 "이성적 동물," "사회적 동물," "생각하는 동물," 사랑하고/생각하고/옷을 입고/말을 하고/당황하는 등등을 하는 유일한 동물이라는 것이다). 구체적인 사유는 그런 사유를 시작하게 하는 경험에 여전히 충실하다. 그것은 "그녀에 대해 나는 왜 이렇게 느끼지?"와 같은 사소한 질문들을 내려놓기를 거부한다. ("작은 것들이 무한히 가장 중요하다는 것이 오랫동안 나의 원칙이었다" ― 셜록 홈즈$^{Sherlock Holmes}$, 아서 코난 도일 경$^{Sir Arthur Conan Doyle}$의 「신원 도용 사건$^{"A Case of Identity"}$」.)

이와 반대로, 총괄 사유, 즉 추상적 사유는 그러한 질문들에서 벗어나면 오히려 너무 행복해 할 따름이다. 물론 추상적 사유는 사례와 예증을 필요로 할지 모르지만, 그런 것들은 어디에서나 끌어낼 수 있다. 자기 자신의 경험, 특히 고통스럽거나 혼란을 불러일으키는 경험들은 되도록 제외하고 말이다. 추상적 사유는 다른 철학자들에 의해 오랜 시간에 걸쳐서 잘 정의되고 면밀하게 범위가 좁혀진 아주 특수한 문제에 초점을 둘지도 모른다. 그렇지만 그렇다고 해서 덜 추상적인 것은 아니다. 전통적인 형이상학적 질문들은 이런 종류의 것이다. 그것들은 아주 특수하지만, 조금도 구체적이지 않다. 사실, 형이상학자들은 항상 삶의 구체적인 혼란들을 떨쳐내고 자유로워지는 그들의 능력을 자랑스럽게 떠벌려 왔다. 이 능력을 옹호한 옛 철학자들 중 한 명의 말로 표현하면, 이것은 언제나 "철학이 주는 위안들" 중 하나였다. 매혹적이면서도 당혹스러운 질문들은 종종 우리가 불행한 결혼과 불쾌한 오후, 경력과 헌신에 대해 느끼는 괴로운 혼란, 사라지지 않을 슬픔이나 추상적 사유의 그늘에 가려 고찰되지 못한 사납게 날뛰는 화로부터 탈출할 수 있도록 해준다.

구체 철학의 열쇠는 정념이다. 정념들을 이해하는 것은 인간 경험의 본질적 구조들을 이해하는 것이다. 철학 혼자서는 그러한 구조들을 단 하나도 제공하지 못한다. 철학은 동기를 부여하는 힘을 전혀 가지고 있지 않다. 우리가 어떤 의미에서든 우리 자신을 이해하는 것은 바로 특정한 정념을 이해 할 때이다. 정념들은 선택되고 구성적인 등등의 판단력이라는 나의 명제를 받아들여도 좋고 거부해도 좋다. 그렇지만 처음에 유도한 대로 그 명제를 특정한 **이** 사랑과 **이** 화, **이** 양심과 **이** 슬픔에 적용하는 것은 몹시 어려운 문제이다. 이렇게 정념들은 철학의 영역 너머에 있지 않고, 오히려 철학에 주제를 제공해 준다.

삶의 의미에 관한 질문이 "무엇인가 왜?"라는 추상적 형태로 제기되는 한, 그것은 우리의 경험 안에서 시도되는 모든 대답을 벗어날 것이다. 시도되는 그런 대답들 모두에 대해서 "왜 그것인가?"라는 후속 질문이 제기될 것이다. 다음 장에서 논할 이런 "부조리의 추론"은 어쩔 도리가 없는 것이거나 조금은 종교적인 개종으로 미끄러지는 것에 대한 단순한 변명이다. (이것은 종교나 신에 반대하는 무언가를 주장하는 것이 아니라, 단지 그 주장의 풍부한 역사에도 불구하고 **이것은** 그런 종교적인 믿음들로 가는 길이 아님을 강력하게 주장하는 것일 뿐이다.) 우리의 삶에 의미를 부여하는 것은 우리의 삶 **너머에** 있는 어떤 것이 아니라 우리 삶**의** 풍요로움이다. 그리고 그 풍요는 지배적으로 정념의 산물인데, 그렇게 함으로써 이 말은 삶의 의미를 묻는 질문에 대한 우리의 대답이 된다. 철학의 직무는 초월적인 의미를 찾아내거나 창안하는 것이 아니라 **삶 속에** 들어 있는 의미들을 조명하는 것이다.

그런데 왜 그것들을 조명하는가? 만일 철학이 의미들을 찾아낼 필요가 없다면, 만일 우리가 이미 의미들을 얻었다면, 무슨 소용이 있는가? 우리는 지금 이미 답이 주어져 있는 철학적 "수수께끼들"의 집합을 하나 더 만들어 내고 있는 것은 아닌가? 철학의 목적은 무엇인가? 이미 우리의 삶에 의미들이 풍부하게 주어져 있다면 왜 우리의 삶은 "조명"을 필요로 하는가? 철학은 기껏해야 이미 예정된 사실에 대한 지적인 주석에 불과한 것은 아닌가? 보고하고 개인적 견해를 말할 수 있을지는 모르지만 무언가를 덧붙이지는 못하고, 어쩌면 주의를 흩뜨리거나 성가시게 하고, 냉소적이고 흥을 깨는, 무능한 관찰자인 것은 아닌가?

이 책에서 옹호하는 철학의 열쇠는 바로 다음과 같다. 이성과 정념 사이의 궁극적인 구별은 없으며, 이성과 정념 모두 세계를 단순히 이해하는 것이 아니라 "구성하는" 수단들이다. 그리고 이것은 하나의 정념을 이해한다는 것은 그것을 변화시키는 위치에 있다는 것을 뜻한다. 정신의 더 어두운 통로를 "조명하는 것"은 안개에서 햇살로, 끓어오르는 원한에서 환한 사랑으로, 분위기를 바꾸는 것이다. 나는 모든 정념이 똑같이 수용 가능한 것은 아니며, 반성하면 그것들 사이의 차이가 분명해진다고 주장하겠다고 이미 밝혔다. 이 책에서 나의 목적은 과격한 것이다. 즉 사람들을 이해하는 것뿐만 아니라 그들을 바꾸는 것, 더 정확히 말하면, 사람들로 하여금 "그들이 되려고 하는 사람이 되도록" 해주는 것이다. 그리고 사람들에게서 변화가 생기면, 의심할 여지 없이, 세계도 또한 변할 것이다. 마르쿠제Marcuse가 말하기를, "의식에서 일어나는 근본적인 변화는 사회의 근본적인 변화로 가는 데 꼭 필요한 첫걸음이다."

우리 모두에게는 터무니없는 정치적 논쟁의 한 가운데에서 조심하면서 "난 이 모든 것들보다 뛰어나야 해"라고 생각해본 경험이 있다. 우리 모두에게는 이것과 유사한 경험이 있다. 우리는 혼잡한 아침 출근 시간대에 뉴욕에 있는 포트 오소리티 버스 터미널의 중앙 로비에 앉아서 졸린 상태의 통근자들이 들볶이면서 떼지어 밀러드는 모습을 관찰하고 있다. 통근자들은 출근하기 위해서 언짢은 기분으로 버스를 향해 달려가거나 버스에서 달려 나오고, 말없이 서로에게 그리고 세상에게 욕을 퍼붓고 능숙하게 서로를 제치고 나간다. 그들을 지켜보면서 우리는 이렇게 생각한다. "인간은 이것 이상이어야 해!" 좌절과 옥신각신, 실망과 시시한 성공, 자포자기한 애정의 급변과 서로 방어적인 태도를 불쾌하게 드러내는 모습으로 이루어진 이런 동물원보다는 더 나은 모습이어야 해.

고찰되지 않은 정념은 가질 만한 가치가 없을지도 모른다. 그렇지만 고찰된 정념은 우리의 인격에서 한 자리를 **차지해야** 한다. 사회에서 일어나는 변화는 정념들 또한 변화시킬도 모른다. 재화가 평등하게 분배되고 계급이 없는 사회에서, 그러한 자포자기와 방어 자세는 불필요할 것이다.[4] 불필요하지만, 어쩌면 불가능하지는 않을지도 모른다. 우리 대부분은 우리의 작은 유토피아들 — 친교와 우정, 연애와 가족 — 이 일상적인 사회적 압력과 경제적 압력의 도움을 받지 않고서도 무너지는 것을 봐왔다. 단지 정치경제학의 상부구조들만이 아니라 바로 우리 삶의 하부구조들도 변화를 필요로 한다. 그 하부구조들은 정념인데, 정념들은 사회학에 의존하

---

4. 의식의 모든 형태와 산물은 정신적 비판에 의해서가 아니라, 결심에 의해서가 아니라 … 오직 그것들을 생기게 하는 현실의 사회 관계들이 실질적으로 전복됨으로써만 "자의식"으로 분해될 수 있다. (칼 마르크스Karl Marx, 『독일 이데올로기The German Ideology』, 28쪽). 하지만 만일 이런 "현실의 사회 관계들"이 여전히 유효하다면 이 혁명적인 태도 자체가 어떻게 가능해질까? (그리고 만일 그것들이 유효하지 않다면, 그것들을 전복하는 것은 불필요하다.) 오로지 주관론자인 반역자의 "반대!"를 통해서만 그렇게 될 수 있다. 이 반대는 자율성에 대한 낭만주의적 요구이다.

지 않는다. 그것들은 우리가 살고 있는 세계가 어떤 것이든 ―사회 주의 사회이든 자본주의 사회이든 민주주의 사회이든 권위주의 사 회이든 ―그 세계의 개념적 구조인 철학에 의존한다. 탐욕과 소외 를 가르치는 것은 자본주의가 아니다. 자본주의 이데올로기의 토 대를 구축하는 것은 바로 우리 자신에 대한 탐욕스럽고 소외된 개 념들이다. 우리는 사회를 바꾸기 전에 우리 자신을 바꿔야 하고, 바꾸기 위해서는 우리 자신을 이해해야 한다.

> 중요한 것은
> 당신 자신을 대대적으로 바꾸고
> 새로운 시선으로 전 세계를 보기 위해서
> 자력으로 해내는 것이다.
>
> 페터 바이스[Peter Weiss], 『마라/사드[Marat/Sade]』

2. 신화: 이성 대 정념

일찍이 서양의 사유가 시작된 이래로, 인간 존재의 의미는 우선 합 리성의 차분한 반성에서 탐구되었다. 아리스토텔레스는 다음과 같 이 말했다.

인간의 기능은 합리적 원칙을 따르는 영혼의 활동이다 ……. 만일 인간에 비해 이성이 신성하다면, 그것에 따르는 삶은 인간의 삶에 비해 신성하다. … 그 무엇보다도 이성이 인간**이다.**

셰익스피어는 다음과 같이 말했다.

인간은 무엇인가,
만일 시간을 팔아서 얻는 최고의 이득이
먹고 자는 것뿐이라면? 짐승, 그 이상이 아니다.
우리가 그토록 풍부한 담론 능력으로
앞뒤를 잴 수 있도록 해주신 그분께서
그 능력과 신과 같은 이성을 사용하지 말고
썩히라고 우리에게 주신 것은 분명 아니다.

괴테^{Guethe}는 "희미하게 빛나는 신성한 빛 ─인간은 그것을 이성이라 부른다"라고 말했다. 그리고 임마뉴엘 칸트^{Immanuel Kant}는 다음과 같이 말했다.

우리의 존재는 다른 그리고 훨씬 더 고귀한 목적을 가지고 있다. 타당하게도 이성은 행복이 아니라 그 목적을 위한 것이다……. 이성은 단호하게, 성향에게 그 어떤 것도 약속하지 않고, 말하자면 충동적인 성향의 주장들을 무시하고 경멸하면서 명령을 내린다.

다른 한편으로, 정념은 항상 위험하고 파괴적인 힘으로서 명석한 이성을 가로막아 우리가 정도에서 벗어나도록 하는 것으로 취급되어 왔다. 알렉산더 포프Alexander Pope는 『인간에 관한 에세이*An Essay on Man*』에서 "이성이 엮는 것은/정념에 의해 풀어지지 않는다"라고 말한다. 또는 햄릿은 "네 정념의 바로 그 분출, 폭풍우, 그리고 아마도 소용돌이"라고 말한다. 심지어 사랑조차 이런 판단으로부터 자유롭지 않다. 그와 반대로, 『메데이아*Medea*』에서 현재에 이르기까지 모든 비극 작품은 "각각의 남자는 (또는 여자는) 그(녀)가 사랑하는 것을 죽인다"라는 오스카 와일드Oscar Wilde의 잔인한 주장을 입증한다. 아리스토텔레스에서 정념들은 그들의 자리를 허락받기는 하지만, 항상 이성에 굴종한다. 『윤리학*Ethics*』에서 아리스토텔레스는 "정념에 그토록 지배당하기 때문에" 젊은 남자가 "좋은 삶"을 영위할 가능성을 사실상 배제했다. 대부분의 기독교에서 정념들은 일반적으로 심지어 종속적인 자리조차 인정받지 못했다. 그것들은 신앙으로부터 주의를 딴 데로 돌리게 하는 것이었고, "육체의 유혹"이자 죄를 짓도록 자극하는 것이었다. 선택된 어떤 정념들은 물론 살아남았는데, 그것들은 당연히 믿음과 현저히 쇠약해지고 널리 확장된 "사랑"의 개념이다. 예를 들어, 아우구스티누스는 『고백록*Confessions*』에서 이 경우를 다음과 같이 요약했다. "당신께서는 혼자서 우리를 창조하셨습니다. 당신에게서 응답을 찾을 때까지 우리 마음은 평온해질 수 없습니다." 1500년 후에, 니체는 이 말의 요점을 풍자적으로 다음과 같이 재현했다. "그러므로 오로지 쇠약해진 사람만이 선한 사람이다."(『우상의 황혼*Twilight of the Idols*』) 칸트의 철학에서는 심지어 믿음과 사랑조차도 정념에 맡겨지지 않는다. 그의 두 번째 비판 저작에서 믿음은 "실천 이성"의 한 종류가 되고, 그가 성서에서 뽑아내서 지지하는 사랑은 정념의 "병리적" 사랑이 아니라 "합리적 사랑"으로 명확하게 구별된다. 심지어 정념을 옹호하는 몇 안 되는 사람들 중 한 명인 데이비드 흄David Hume조차도 순진하게 낙관적이고 축약된 인간 본성론을 옹호하는 것이 필요함을 알게 되었다. 그가 호소한 "정념들"은 "동정"과 "정감"이다. 그리고 원한과 시기, 탐욕과 미움, 격노와 질투로 인해 생기는 폭력에 관해서는 거의 언급하지 않는다.

정념의 배신과 유혹에 맞서는 이성의 지혜는 지금까지 계속 서양 철학의 중심 주제였다. 그것은 아리스토텔레스와 칸트의 "합리주의" 이론들에서부터 이들과 정반대되는 데이비드 흄과 존 스튜어트 밀John Stuart Mill, 버트란드 러셀Bertrand Russell, 그리고 논리적 실증주의자들의 "자연주의적" 이론들과 "감정주의적" 이론들에 이르기까지 윤리학 이론들을 규정지어 왔다. 그렇지만 그 주제의 근저에는 너무도 빈번히 당연한 것으로 여겨지기 때문에 논의되는 경우가 더 적은 또 하나의 주제가 있다. 그것은 바로 이성과 정념 사이의 **구분**인데, 이런 구분은 인간의 영혼에 관한 낡은 "능력" 심리학에 토대를 두고 있다. 이성은 영혼에서 가장 우리 자신에게 속해 있는 부분, 완전히 우리의 통제하에 있는 유일한 부분이다. 그러나 정념들은 영혼을 구성하는 부분들 중에서 동물에게서 물려받은 바로 그 부분, 정복되어야 하는 "열등한" 능력에 속한다. 침입해 들어오는 이 힘들은 악마의 밀사 또는 따분해 하거나 복수심에 불타는 악령들이 저지르는 악의적인 요술로 저지되어야 한다. 항상 우리를 신들과 연결시켜 온 것은 사고 능력이다(풍자적인 러셀 경은 이 능력을 일컬어 "우리가 계산할 줄 안다는 사실"이라고 빈정거린다). 항상 우리를 짐승들에게 묶이게 하고 신성한 지혜에 가까이 가지 못하게 해온 것은 정념들을 통제하지 못하는 우리의 무능이었다. 따라서 우리로 하여금 "아래로부터" 생겨나는 맹렬한 힘들을 통제할 수 있도록 해주는 이성의 능력들을 계발하는 것이 항상 철학의 주된 임무로 여겨져 왔다. 그러한 것이 소크라테스와 플라톤, 아리스토텔레스, 아우구스티누스, 아퀴나스^Aquinas, 칸트, 스피노자, 쇼펜하우어^Schopenhauer의 대망이었다. 사변적 사유는 현재 많은 더 "냉정한" 철학자들에게 조롱당하는 상상력의 자유로운 유희이기는커녕 정념의 홍수와 폭풍, 소용돌이에 휩쓸려 가지 않도록 우리를 구해 주는, 손이 닿는 곳에 있는, 단 하나의 고정 장치였다.

이성이 정념을 통제한다는 이런 억압적인 개념에 반대하여, 본성의 분출을 막는 "부자연스러움"을 지적하는 "대항문화"가 항상 있었다. 플라톤^Plato과 아리스토텔레스는 그러한 "낭만주의자들"을 참고한다. 그리고 힘의 균형은 억압의 편에 유리하다는 것을 깨달은 모든 역사 시대는 유사한 반항을 하며 응수해 왔다. 계몽주의의 과도한 이성주의에 반대하여, "복고 운동"의 지루한 일상의 "평소와 다름없는 일"에 반대하여, 아이작 뉴턴Isaac Newton에게서 나타나는 기계적인 우주 개념과 현재 과학기술의 이중사고에서 나타나는 기계적인 인간 개념에 반대하여 나타나는 예측 가능한 반응은 정념들과 비이성적인 것들을 새롭게 강조하는 것이다. 그러나 "낭만주의자들"조차도 이성과 정념은 단호하게 대립한다는 합리주의의 근본적인 가정과 의견이 다르지 않았다. 심지어 단연코 최고의 낭만주의조차도 정념의 신화에 희생되어 정념과 "풀어 주기"를 동일시하고, 본성이 우리 내부에 일으키는 강력한 힘들에 빠져들었다. 외젠 들라크루아Eugène Delacroix의 그림을 보거나 바그너 오페라의 서곡을 들어 보라. 만일 들라크루아가 루소Rousseau를 따랐고 바그너Wagner는 쇼펜하우어를 따랐다 하더라도, 그 결과는 똑같다. 그 결과는 인간의 이성이 비이성적 의지의 격렬한 동요 속에 가라앉았다는 것이다. 〈사르다나팔루스의 죽음Death of Sardanapalus〉에서는 파괴적인 불과 붉은 핏빛의 살인이 소용돌이치고, 〈네덜란드 유령선The Flying Dutchman〉의 시작 부분은 소리로 우리의 마음을 빼앗아 버린다. 따라서 낭만주의 예술가들은 천성에도 불구하고 그들의 "천성적으로 타고난 신비한 재능"의 본성을 극대화하고 "통제"와 "교육," "훈육"이라는 너무도 고전적인 개념들을 최소화하는 경향이 항상 있었다. 그들은 내면에서 타오르는 광포한 창조적 에너지들을 찬양하고 그들의 천성에 꼭 필요한 소모적인 노동과 계획 짜기를 당연시한다. 낭만주의는 내가 공격하고 있는 이성과 정념 사이의 본질적인 구분을 합리주의의 억압들과 공유한다. 낭만주의자들은 신화를 바꾸지 않고, 단지 우선 사항들의 순서만 바꾸었을 뿐이다.

3. 삶의 의미

> 그것은 무엇을 위한 것인가? 그것은 무엇으로 귀결되는가? 나에게 이 질문들은 처음에는 이렇다 할 목적이 없고 부적절한 것처럼 보였다. 그것은 아주 잘 알려져 있다고 나는 생각했다. 그리고 만일 내가 그 해답을 구하고자 한다면, 그다지 많은 노력을 하지 않아도 될 것이라고 생각했다……. 그렇지만 그 질문들은 빈번하게 반복해서 나타나고 점점 더 끈덕지게 대답을 요구하기 시작했다. 그리고 항상 한 곳에 떨어지는 잉크 방울처럼 그것들은 합쳐져 하나의 검은 얼룩이 되었다.
>
> 레오 톨스토이Leo Tolstoy, 『고백록A Confession』

삶은 무의미하고, "부조리하다"라는 관념. 이 관념은 어디에서 생겨나오는가? 사유와 철학에서, "이성"이라 불리는 바로 그 신성하고 신과 같은 빛에서 생겨 나온다. 그렇지만 사유의 "선물" 그 자체가 인간 존재의 의미, 인간 존재의 결정적인 속성, 모든 미덕의 근원이라고 여겨진다. 이 역설은 무엇을 뜻하는가?

우리 대부분은 그렇지 않다면 의미 있었을 일들, 판에 박힌 집안일과 과제들, 격식 없는 대화들과 유쾌한 게임들에 몰두하고 있을 때 그 위로 어두운 그림자를 드리우는 부조리성^{absurdity} 의식을 알고 있다. 이 의식은 종종 느낌으로 나타나지만, 항상 사유에서 생겨 나온다. 그것은 반성에 의해 만들어지는 불쾌감으로, 사소한 의미들로 가득 차 있는 삶으로부터 우리를 떼어 내어 그것들을 모두 재고찰하게 한다. "왜 이것이 있지?"와 "왜 저것이 있지?" 그리고 궁극적으로는 "왜 무엇인가가 있지?" 우리는 대답을 기대하지만, 침묵만이 있다. 무언의 전제에서 "아무것도 없다!"는 추론이 나올 뿐이다. 이것이 알베르 카뮈가 "부조리"^{the Absurd}라고 부른 것이다. 카뮈가 말하기를, 이것은 우리 시대를 정의하는 감수성이다. 이것은 무자비하고 "부조리의 추론"을 한 끝에 나오는데, 그 추론의 마지막 단계는 "그러므로" "삶은 살 만한 가치가 없다"이다. 그러나 "그러므로"로 이어지는 단계들은 따라가기 어려울 때가 빈번하다. 그 단계들의 수가 거의 무제한이기 때문만은 아니다. 하나의 "왜"가 또 다른 왜로 이어지고 이 왜는 또 다른 왜로 이어지고, 불가피하게 대답들에는 끝이 있을 수밖에 없기 때문이다.

이 "부조리의 추론"은 추상적 사유의 사례들 중에서 가장 극적인 것이다. 비록 이것이 모든 것을 한꺼번에 포함하려고 시도하지만 말이다. 부조리의 추론은 인간 경험의 궁극적인 정당화를 추구하는 것, 그 경험의 바깥에 놓여 있는 의미를 탐색하는 것이다. 그리고 물론, 우리의 경험 안에서 그런 의미를 발견할 수 없다. 이 지점에 이르면, 믿음의 문제로서 경험 너머로 "비약하고" 싶은 유혹, 처음에 우리를 이 절망적인 벼랑으로 데려온 합리적 요구를 거부하고 싶은 유혹을 느낀다. 카뮈는 이 "비약"에 "철학적 자살"이라는 꼬리표를 붙이고, 그것을 자기기만과 용기 부족의 형태라고 적절하게 질책한다. 혹은, 누군가는 우리를 이 심연으로 이끌고 온 사유의 흔적을 숨기려고 시도하면서 우리가 종사해 온 일상의 일들 그리고 그것들과 관련된 일들에 대해 새롭게 생겨나는 충동적인 활력을 느끼며 "뒤로 물러날"지도 모른다. 그렇지만 이것 또한 자기기만의 형식으로, 이미 인지한 진리를 의식적으로 부정하는 것이다. 그렇다면, 어떻게 그런 지식에도 아랑곳하지 않고 사는 것이 가능한가? 카뮈의 대답은 그가 거부했던 대답들과 마찬가지로 만족스럽지 못하다. 그것은 **냉소**와 **무시**, **반항**과 **오만**이다. 우리는 무의미에 굴복하기를 꺼리면서 그렇지만 동시에 그것을 부정하기를 꺼리면서 완강하게 살아남아 있다. 카뮈가 주장하기를, 우리는 **정념들** 덕분에 여전히 살아 있지만, 그것들은 대체로 잘못된 정념들, 자기 격하와 원한, 악의의 정념들이다. 그렇다면, "부조리"에 대한 우리의 반응은 무엇이어야 할까?

부조리를 단순히 부정하는 것이 아니라 반박하기 위해서는 그것이 구현하는 종류의 철학적 사유, 즉 **추상적 사유**를 거부하기만 하면 된다. 그렇게 함으로써 철학이나 사유를 거부할 필요는 없다. 인간의 사유는 경험의 한계에서 벗어나고, 일상생활의 책임들과 정념들에서 탈출하여 "순수" 관념과 "순수" 이성의 추상적 영역을 추**구할 수 있다**는 것을 알았다. 이런 이유로 인해서, 그것은 지금까지 접근할 수 없었던 이런 영역들이 사유가 뒤에 내버려 둔 경험과 정념으로 쪼개진 삶보다 "더 진짜이고" 유의미하다고 유치하게 가정하면서, 통제로부터의 자유를 원하는 대로 할 수 있는 자유와 혼동해 왔다. 칸트가 가장 좋아하는 직유법을 차용하여 말하면, 이것은 더 가벼운 공기 속에서 나는 것이 훨씬 더 쉽기 때문에 공기가 전혀 없다면 더욱 날기 쉬울 것이라고 생각하는 비둘기와 같다. 이런 "순수 이성"의 개념 작용, 즉 **추상적 사유**에 맞서서 우리는 살아 있는 사유의 한계들을 배워야 한다. 사유는 경험에 정박해 있어야 한다. 의미 추구는 의미의 근원, 즉 우리의 정념들에 맞게 조정되어야 한다. 우리의 정념들을 상술하면, 우리의 감정들과 기분들, 욕망들이다. 이성은 정념으로부터 벗어**날 수 있다**는 사실이 이성은 정념으로부터 벗어**나야 한다**는 결론을 수반하지는 않는다. 순수 수학의 영역에서 그런 사유는 즐거울지도 모른다. 하지만 구체 철학의 질문들에 답할 때, 그런 사유는 엄청난 손실을 초래한다. 그것은 이성의 위기로, 최고의 논의들에 따르면 삶은 무의미하다

는 결론으로 귀결된다. 이런 부조리한 결론에서 우리는 낭만주의
자들과 쾌락주의자들, 파시스트들, 광신자들, 그리고 온갖 종류의
바보들이 새롭게 침략해 오리라는 것을 예상하는 것도 당연하다.
이들은 모두 이성이 창출해 낸 의미의 공백을 종종 비인간적인 그
들만의 난센스로 채우려고 한다.

4. 새로운 낭만주의: 정념과 삶에서의 의미

> 삶은 살만한 가치가 있는가? —이것은 생활자의
> 질문이다.
>
> 익명, 『펀치Punch』, 73권

> 열정적인 상태는 당신에게 도움이 될 수도 있지만,
> 정념이 당신을 사로잡는다면 어떤 이로움도 없
> 을 것이다.
>
> 윌리엄 블레이크William Blake, 『순수의 노래Songs of Innocence』

내가 옹호하고 싶은 입장의 논제는 인간 삶의 의미는 우리의 정념
속에 있고 그 밖의 다른 그 어디에도 없다는 취지를 담고 있다. 따
라서 이것이 낭만주의의 새로운 변형으로 해석되는 것도 당연할 것
이다. 그렇지만 나는 "옛" 낭만주의와 "새로운" 낭만주의의 명확한

구분을 역설하고자 한다. 의미의 원천으로서 정념이 담당하는 역할은 똑같을지도 모른다. 하지만 정념들의 본성은 상상할 수 있는 만큼 변화했다. 나의 논제에서 정념들은 이성과 분리되어서는 안 된다. 오히려 정념들과 이성은 함께 결합하여 하나의 단일체가 되어야 한다. 셸리Shelley가 꿈을 그렇게 본 것처럼, 나는 우리의 모든 행위를 "정념의 날개를 달고 있는 사유의 성직자들"로 보고 싶다. 아이리스 머독Iris Murdoch은 사르트르의 철학을 기술하기 위해서 "낭만주의적 합리주의"라는 적절한 용어를 만들어 냈다. 누군가는 이 용어를 뒤집어서 내 철학을 "합리적 낭만주의"라고 부를지도 모르겠다.

이 "합리적 낭만주의"의 핵심은 **감정이란** 우리를 희생시키는 맹목적이거나 비합리적인 힘이 아니라 **판단력**이라는 명제이다. 감정은 영혼의 생명력, 우리의 가치들 대부분의 (모두가 아니다. 허기와 갈증과 피로가 항상 있다.) 원천, 대부분의 다른 정념들의 토대이다. 기분은 단지 일반화된 감정에 불과하다. 그리고 야망과 의무감, 소망들과 희망들, 심지어 사랑과 색욕처럼 전적으로 인간만의 것으로 간주되는 욕망들을 모두 포함하여 많은 욕망들이 감정에 토대를 두고 있다. 사람들은 감정들이 우리의 현실을 왜곡한다고 말한다. 그러나 나는 감정들이 우리의 현실을 책임지고 있다고 주장하는 바이다. 사람들은 감정들이 우리의 관심사들로부터 우리를 떼어 내어 길을 잃게 만든다고 말한다. 그렇지만 나는 감정들이 우리의 관심사들과 목적들을 만들어 낸다고 주장하는 바이다. 감정들은, 그리고 결과적으로 정념들 일반은 삶 속에 들어 있는 이성들이다. "이성"이라 불리는 것은 반성 과정에서 계몽되고 조명되며, 긴급한 상황일 때 감정들이 배제하는 명민한 심의를 거쳐 지지받는 정념들이다.

우리의 세계, 우리가 다른 사람과 맺는 관계들, 그리고 결과적으로 우리의 **자아들**을 구성하는 것은 우리의 이성이 아니라 (그리고 확실히 "본성"도 아니라) 바로 정념들이다.

나의 주의를 끄는 것은 다양한 감정들 사이의 **차이들**, 자아와 대단히 정교한 일단의 판단력들이 지닌 세계관들을 구별하여 분석하는 것이다. 이 정교한 판단력들은 우리의 세계를 장래가 촉망된다거나 비관적이라고 정의하기도 하고, 행복하거나 부조리하다고 정의하기도 하고, 위협적이거나 우호적이라고 정의하기도 하고, 품위를 떨어뜨리거나 품성을 함양한다고 정의하기도 하고, 세계에서 살 만한 가치가 있거나 세계를 위해 죽을 만한 가치가 있다고 정의하기도 한다. 그런데 그런 차이들을 분석하기 전에, 처음에는 새로운 세계관처럼 보일지도 모르는 것을 소개하고자 한다. 모든 것이 심지어 똑같은 상태 그대로 남아 있으면서도 다르게 보이는 역설을 소개하고자 한다. 이것은 모든 정념이 공유하는 관점이고, 사실상 우리 모두가 살아가면서 아주 많은 순간에, 특히 아마 여러분이 짐작할 수 있을지도 모르겠는데 정념들에 의해 정의되는 순간들, 사

랑과 두려움, 화와 시기심, 자긍심과 수치심, 희망과 허영에 의해 정
의되는 순간들에 채택하는 관점이다.

5. 나의 세계와 리얼리티: "주관성"

> 사람들은 어떤 것들에 대해서는 웃음거리가 되
> 는데, 그런 것들이 그들이 분별 있게 믿는 것들
> 보다 덜 실제적이고 덜 진실하다고 당신은 생각
> 합니까?
>
> 쇼G. B. Shaw, 『캔디다Candida』

나는 사랑에 빠져 있고, 나의 세계는 반사되는 사랑의 빛으로 빛난
다. 전화기는 소리가 울리기 훨씬 전부터 그녀가 전화할지도 모른
다는 기대를 소리치고 싶을 정도로 품게 한다. 오래된 포도주 잔
은 뿌옇게 얼룩진 외관에도 불구하고 반짝거린다. 그녀가 저 잔으
로 마시곤 했지. 나의 주변 세계는 매 순간 그녀의 부재를 알린다.
심지어 백일몽 속에서라도 그녀가 가장 짧은 순간이라도 나타나면
그녀가 있는 것 같다는 그 마법과도 같은 사실에 현혹되어 세계의
하잘것없는 사실들을 망각한다.

　물론 그녀는 오지 않을 것이다. 나의 세계는 환영들과 그릇된
희망들, 과장된 의미들과 위조된 기억들이 한데 묶여 있는 다발이

다. 나는 "나의 현실 감각"을 상실했다. 나는 "접촉을 잃었다." 나의 감정이 "나를 도취시켰고," 나의 세계관을 왜곡했으며, 나를 일시적으로 무해한 광기의 상태로 밀어넣었다. 그런데 내가 잃어버린 "리얼리티"는 무엇인가? 어찌하여 내가 보는 광경들은 "환영들"이고, 나의 희망들은 "그릇된" 것들인가? 왜 사랑으로 빛나는 나의 세계는 리얼리티의 따분한 잿빛 세계보다 덜 실재하는가? 왜 내가 행복할 때마다 누군가가 나의 세계를 수축시키고 나에게 리얼리티를 보는 "더 진실한" 견해를 제공하려고 시도하는 것일까? 내가 회사에 지각하거나, 업무가 밀리거나, 배와 머리가 모두 아프거나, 지하철을 타려고 급히 달려가는 암울한 월요일 아침들 중 어느 한 아침에 누군가가 그렇게 하려고 시도한 적이 있나? 그것이 리얼리티의 패러다임인가? 왜 더 행복한 나의 세계는 또한 리얼리티의 패러다임이 아닌가?

리얼리티는 무엇인가? 실재하는 모든 것이라고 당신은 말할지 모른다. 그러나 나의 세계는 행복한 세계이고, 당신의 세계는 화가 난 사람의 세계이다. 그의 세계는 냉소주의의 단조로운 세계이다. 그 행복은 실재하는가? 또는 당신이 화를 내는 대상들은 실재하는가? 또는 그의 냉소주의의 단조로운 투명성은 실재하는가? 어떻게 리얼리티가 동시에 행복하고 불쾌하고 단조로울 수 있으며 우리 각자에게 그럴 수 있는가? "리얼리티는 그것들 중 어느 것도 아니다" 라고 당신은 말한다. 리얼리티는 바로 있는 것, 즉 "사실들"이다. 나머지 다른 것들은 "우리 안에" 있다. 그렇지만 행복한 것은 단지 나만이 아니다. 나의 **세계**는 반짝반짝 빛나고 즐거우며, 노래하는 새들과 선명한 색채들이 있다. 그리고 당신의 세계, 그 안에서 가장 실질적인 것은 불쾌, 당신의 화를 불러일으키는 모욕 아닌가? 당신의 세계에서 새들의 노래는 방해가 되는 소음이고 주의를 산만하게 하는 것이다. 하지만, 그의 세계에서는 똑같은 노래가 그저 음조와 도수는 있지만 가락은 없는 소리, 무의미한 휘파람이 단조롭게 반복되는 것에 불과하다. 이것들 중에서 어느 것이 "사실들"이고 어느 것이 우리가 부과한 거짓이고 환영인가? 어떻게 당신은 기쁨과 의미가 없는 냉소주의자들의 세계가 "실재한다"고 말하면서 나의 행복과 당신의 화는 "환영"이고 왜곡이라고 말할 수 있는가? 그리고 만일 당신이 옳다면, 누가 "리얼리티"를 필요로 하겠는가?

"리얼리티"에 관한 이런 견해를 주장하는 것은 철학자들만이 아니다. 모든 종류의 "리얼리스트"들도 리얼리티에서 가치들과 의미들을 떼어 내는 데 동참한다. 마치 열성이 지나친 십 대가 낡은 캐딜락에 엉성하게 입혀 놓은 너무도 불필요하고 어수선한 크롬 도금이기나 한 듯이 말이다. 가치들이 없는 "사실들의 총체성"을 제외하면,[5] "리얼리티"가 하나만 있다는 생각은 우리 사회에서 거의 보편적으로 받아들여지는 견해이다. 그것은 형이상학에 대한 어떤 재

---

5. 20세기 초반에 『논리철학논고Tractatus Logico-philosophicus』에서 루드비히 비트겐슈타인은 이 견해를 명백히 옹호했다. 그의 결론은 필연적으로 가치들이 실재하지 않는다는 것이었고, 이렇게 해서 그는 가장 냉정한 사유, 다시 말해서 논리적 실증주의(즉 윤리적 부정주의)의 기초를 세웠다.

간도 필요로 하지 않고, 단지 리얼리티가 "저기 바깥에" 있다는 쉽게 접근할 수 있는 견해만을 필요로 한다. 그것은 단지 우리의 경험과 다른 어떤 것이 있으며, 이것은 그 리얼리티를 상당히 정확하게 표현한다는 견해만을 필요로 한다. 즉 우리가 우리의 지각들이 정념들에 의해 왜곡되도록 놔두고, "정말로" 중요하지 않은 일들에 마음을 쓰고 "사실은" "그저 모든 것이 있는 그대로 있는 것"일 뿐인 형편없는 상황에 말려들게 되는 때를 제외하고 말이다. 물론, 우리 각자는 리얼리티에 대한 저마다의 견해를 가지고 있으며, 이 견해들은 우리 자신의 관심사들과 관련 상황들에 의해 왜곡되어 있다. 그러나 리얼리티는 리얼리티이고, 우리 모두에게 동일한 것이다. 사실, "우리를 위한" 것이든 그렇지 않은 것이든 동일한 것이다. "진리들은 많지만, 절대 진리는 오로지 하나뿐이다"라고 프리드리히 실러Friedrich Schiller는 썼다. 그래서 우리는 "하나의 절대 진리"를 내가 사랑에 빠져 있는 상태에 수반되는 환상과 대조시킨다. 나의 사랑은 "실제로" 있는 것처럼 보이지만 왜곡이고 백일몽이다.

　모든 논쟁을 중재하는 요소로서 "절대 진리"와 "리얼리티"라는 활기 없는 개념은 감정을 올바르게 이해하는 것을 불가능하게 만든다. 리얼리티는 타고난 모든 힘들에도 불구하고 무력하다. 리얼리티는 어떤 가치도 가지고 있지 않다. 따라서 "리얼리스트"는 모든 관심사들을 "관념적이고" 바보 같다고, "사실은" 가치 없고 "그저 있는 그대로 있을 뿐이라고" 공격할 수 있다. 나는 그런 것으로서의 리얼리티에 반대하는 주장을 펼치지는 않을 것이다. 왜냐하면 그 것은 난센스에 불과할 것이기 때문이다. 그러나 리얼리티가 대답을 제시할 수 없는 문제들이 있다. 그것들은 의미와 가치의 문제들이 다. "유일한 하나의 리얼리티"가 있다는 것은 부정할 수 없다. 하지 만 그 리얼리티의 근원은 단순히 우리의 경험만이 아니며, 단순히 우리의 가치들과 해석들로부터 자유로운, 우리 앞에 있는 세계만도 아니다. "리얼리티"는 아주 특별한 종류의 사유와 함께 출현한 대 단히 정교한 개념이다. 그 아주 특별한 종류의 사유란 "과학적 사 유" 혹은 "객관성"을 말한다. 대부분의 사회 분야에서 이런 사유 방 식이 "합리성"을 규정하는데, 이 방식을 채택한다는 것은 리얼리티 는 하나뿐이라는 견해를 따르는 것이다. 리얼리티를 안다는 것은 모든 개인적인 환상들과 공상들, 신화들과 편견들을 깨끗이 제거 한다는 것이다. 객관성을 증명하는 특징은 "과학적 방식"이다. 이 방식의 목적과 규칙은 되도록 특색을 제거하고서 모든 주장들을 평가하는 것이다. 이것은 "리얼리티의 본질"에 관한 결론에 도달하 기 전에 되도록 비개인적인 자료들과 통제된 실험들로 모든 다양한 관점들과 경험들을 평가하고 비교대조하려는 시도이다.

"객관적 관점"은 인간 지식의 특징이고, 가장 위대한 과학적 업 적들의 뼈대이고, 무지와 어리석음에 대항하는 인류의 가장 강력 한 무기이다. "낭만적" 신념을 지닌 그토록 많은 최근 작가들이 그 렇게 해야 한다고 느끼는 것처럼, 엄밀한 의미의 객관적 관점을 공격하는 것은 기괴한 실수가 될 것이다. 필요한 것은 그것이 하나의 "관점"이고 인간 경험 전체가 아니라는 것을 깨닫는 것뿐이다. 뉴턴 과학을 열광적으로 옹호한 칸트조차도 "믿음을 위한 자리를 만들기 위해서 지식의 요구를 제한하는 것"을 철학에서 그가 맡은 가장 중요한 임무로 받아들였다. 마찬가지로, 나의 논제는 리얼리티와 **"그 세계"**라는 바로 그 개념은 "객관적" 관점의 산물이라는 것이다. 이 관점은 인간의 경험 전체를 망라하도록 허용**되어서는 안 된다**는 것을 제외하면 명백한 이점들을 가지고 있다. 만일 이 관점에 **모든** 것을 포함하는 영역이 주어진다면, 우리의 정념들은 진정으로 왜곡처럼 보일 것이고, 우리의 가치들 ─우리의 가치들 모두─ 은 리얼리티의 무관심하고 수동적인 구조들에 덧붙여진 그토록 많은 과장된 허영들로 보일 것이다. "부조리의 추론"을 작동시키는 것은 바로 모든 것을 망라하는 이 객관성이고, 이 "부조리의 추론"은 세계와 우리의 삶을 무의미하게 만들고, 단지 무한한 우주에 있는 모래알에 불과한 것으로 만들어 버린다.

"객관성"이란 이 개념에 정반대되는 것으로서 나는 "주관성"의 개념을 도입하고자 한다. 주관성은 유일한 리얼리티가 가진 허영을 전혀 품지 않고, 모든 인간다운 삶 ─특히 **나의** 인간다운 삶─을 영원에서 찰나의 순간에만 지속하는 무가치한 점으로 축소해 버리는 객관적인 겸손은 말도 안 된다고 생각하는 세계관이다. 그것은 가치들이 실재하는 관점이다. 다시 말해서, 주관성의 관점에서 보면 가치들은 단지 "우리의 마음속에"만 있는 것이 아니라 우리가 사는 세계 속 "저기 바깥"에도 있다. 바로 이 주관적 관점에서 정념들이 핵심적인 역할을 한다. 주관적 관점은 차이들과 지극히 중요한 **자기** 관심$^{self-concern}$을 용인하고, 존재와 관련하여 **나의 삶**을 강조하고(그 삶이 먼 행성에 있는 객관적인 관찰자에게는 어떻게 보이든), 가치 있는 것에 관심을 가진다. 객관적 입장에서 보면, 정념들은 그저 왜곡된 것들이고, 뭐랄까 "병리적"이다. 그렇지만 어떤 객관적인 지위를 가지고 있는 체하는 경우들도 이따금 있지만(이것에 대해서는 나중에 더 다룰 것이다), 정념들은 독특하게 주관적이다. 정념들은 **그** 세계가 아니라 **나의** 세계에 관심이 있다. 그것들은 "실제로 있는 상황"과 "사실들"이 아니라 오히려 **중요한** 것에 관심이 있다. 물론, 그렇게 개념화된 주관성이 사실들을 **부정하지** 않으며, 리얼리티를 **부정하지** 않는다는 것을 명확히 보여 주어야 할 것이다. 이상적으로 말한다면, 주관성은 리얼리티의 유일한 사실들을 모두 인정한다. (물론, 실제로는 우리는 항상 무엇인가에 대해 무지하다.) 주관성과 객관성을 구분하는 것은 객관성의 사실들을 주관성이 부정한다는 것이 아니다. 오히려 주관성은 리얼리티에 개인적인 관점과 가치들을 **추가한다**. 나는 이런 추가의 결과를 (프랑스어를 글자 그대로 사용하여) **쉬르리얼리티**^{surreality}, 즉 "추가된 리얼리티"라고 부르겠다. 가치들을 나르는 운반꾼인 정념들은 **우리의** 세계, 우리의 **쉬르리얼리티**를 구성한다. **리얼리티**는 이 책에서 관심을 두는 세계가 아니다. 나는 우리가 **살고 있는** 세계에 관심이 있다. 최고의 과학 교재들에서 정념의 흔적 없이 그토록 우아하게 기술되고 있는 활기 없는 사실들과 가설들로 이루어진 복합체에는 관심이 없다.

이 머리말에서조차 "주관성"의 관점은 1인칭 **단수형**을 조금도 필요로 하지 않는다는 점을 강조하는 것은 중요하다. 정념들은 본질적으로 주관적이고 **자기**에게 관심을 둔다는 것은 그것들이 필연적으로 "이기적"이거나 제멋대로 군다는 말이 아니다. 사실, 거의 모두는 아니더라도 우리의 감정들 대부분은 대상으로서뿐만 아니라 가치들을 제공하는 공급원으로서 그리고 **상호 주관성**이라고 불리는 것에 같이 참여하는 공유 주체로서 다른 사람들을 **본질적으로** 포함한다. 정념들은 반사회적이고 다른 사람들의 느낌은 안중에 두지 않는다고 사람들은 자주 말한다. 그러나 그와 반대로 정념들은 사랑과 미움뿐만 아니라 화와 원한에서도, 원한과 상호 불신과 불안의 방어적인 교착상태뿐만 아니라 온화하고 친밀한 우정에서도 우리를 다른 사람들에게 맡기고 그들과 묶는 바로 그 구조들이다.

내가 옹호하는 "주관성"의 논제는 "현상학"에서 진행되어 온 연구들에 많은 것을 빚지고 있다. 현상학 연구는 20세기 전반기에 참으로 왕성하게 수행되었는데, 특히 체코계 독일 철학자였던 에드먼드 훗설Edmund Husserl(1859-1938)과 그가 가르친 학생들 중에서 가장 뛰어났던 마르틴 하이데거^{Martin Heidegger}(1889-1976)의 엄청난 노력 덕분이었다. 하이데거의 이름은 내가 논의를 전개하는 과정에서 많이 나올 것이다. 그렇지만 나는 현재 대단히 곤란할 정도로 다루기 힘든 현상학 학파의 전문 용어들을 피하고 나 자신이 직접 고안한 "주관성" 개념을 대신 사용하려고 애썼다. 이것은 현재 현상학과 관련되는 많은 논쟁들과 반론들을 피하고 새롭게 연구를 시작하기 위해서이다.

6. 반성과 순수

너 자신을 알라

델포이의 신탁(유베날리스^{Juvenal})

지식을 늘리는 사람은 슬픔을 늘린다.
("무지는 더없는 행복이다.")

『전도서』

만일 정념들이 양배추로 만든 음식을 먹고 난 다음에 배에 차 있다가 나오는 가스처럼 우리의 내부에 있는 비개인적인 "힘들"이라고 한다면, 정념들에 관한 자기 지식은 어쩌면 즐거워하거나 당혹스러워하면서 어떤 일들을 설명하지만 그 일들에 확실히 아무런 영향을 주지 않는 의사의 논평에 지나지 않을 것이다. 반면에 만일 우리의 정념들이 주관적 판단들이고, 우리 자신과 세계에 관한 해석의 형태들이라면, 우리가 그것들에 **관하여** 해야 하는 말들은 정말로 차이를 만들어 낼 것이다. 생리 기능들과는 달리 우리의 판단들은 우리가 우리 자신에 대해 알고 있는 것들의 영향을 틀림없이 받는다.

정념의 신화에 "순수의 신화"라는 또 하나의 신화가 수반되는 경우가 종종 있다. 이것은 전형적인 낭만주의적 환상으로 아이들의 잔인함과 가학성, 순진함과 무지, 둔감함과 방종에서 감탄할 만하고 심지어 부럽기까지 한 것을 많이 찾아낸다. 만일 정념들이 "자연스러운" 것이라면, "성장"하고 "문명화"되는 즉 억압되는 과정에서 그것들을 제한하고 위축시키는 것은 억압적이고 "부자연스럽다"는 주장이 있다. 절망감을 넌지시 비추는 것 이상으로 프로이트 Freud는 특히 『문명과 그 불만Civilization and Its Discontents』에서 이러한 신화를 그의 사회 철학의 핵심으로 사용했다. 프로이트 이전과 이후 여러 세대의 반항적인 낭만주의 사상가들은 프로이트가 느꼈던 복잡한 감정을 느끼지 않으면서도 "본성"과 "자유"의 이름으로 유사한 주장들을 표명했고, "자유로운" 것은 어디에도 없다는 취지로 칸트가 했던 설득력 있는 주장들을 망각했다. 순수의 신화에서 자기 자신을 반성하고 자신에 대한 지식을 얻으려는 시도들은 기껏해야 쓸모없는 가식일 뿐이고, 훨씬 더 나쁜 경우에는 "문명화된" 사회의 자의적이고 모멸적인 관습들을 위해서 인간의 "타고난 선량함"을 속박하는 해로운 구조들이자 인위적인 시도들이다. 순수의 신화를 옹호하는 사람들은 유년기에 창피한 줄 모르고 방종하게 굴었던 것들을 꿰뚫어 보고 부끄러워하는 반성적 자기 인식을 지독한 억압, 다시 말하면 "본성에 반하는 범죄"로 간주한다. 그들은 잔인함과 둔감함을 살펴보거나 적어도 규탄하는 것을 거부하고, 그들이 잃어버렸다고 가정하는 "자유"에 대해 몹시 걱정한다.

"교육"과 "교양 있는 품행"의 힘들이 자부심의 요구사항들과 너무도 맞지 않는 사회에는 당연히 정념을 옹호하는 반발이 틀림없이 있다. 그리고 정념은 강요된 모멸과 어리석음에 맞서 자부심을 옹호한다. 그러나 이 갈등의 해결이 루소가 주장하는 "순수로의 회귀"이어서는 곤란하다. 순수로의 회귀는 (정념과 삶과의 접촉이 없을 때에만 억압으로 변질되는) 반성의 요구사항들과 (반성하면서 면밀하게 살펴보기 이전에는 "자연스럽지"도 않고 "자유롭지"도 않은) 전반성적 정념들의 요구사항들을 조정하려는 시도를 다시 반복하는 것에 불과하다. 반성과 교육을 남용하여 잘못 끌어낸 추론이 소규모의 감정 (예를 들어, 루소의 "타고난 공감") 집합을 적대감과 탐욕, 시기, 악의, 미움, 원한의 모든 형태를 포함하는 정념 전체로 일반화하여 찬미하는 것과 연결된다. 이런 혼동은 익숙한 것이다.

반성은 정념을 주시하는 무능한 관찰자를 필요로 하지 않고 정념들을 전부 제압하려고 시도하는 억압적인 독재자를 필요로 하지도 않는다. 반성은 정념의 본질적인 부분으로 정념이 우리의 세계를 구성하는 데 참여한다. 그리고 반성은 정념들이 즉각적이고 참지 못하는 특성 때문에 자체적으로는 가지고 있지 않을 조언과 방향을 그들에게 제공해 준다. 이와 대조적으로 순수는 무책임하고 자기 비판적이기를 거부하는 것에 지나지 않는다. 순수는 때로는 자멸적이고 때로는 방어적이고 적대적인 태도들을 "자연스럽다고"고 찬양하면서 그것들의 기원이나 목적들을 묻지 않은 채, 이미 확인된 정념들, 마음의 현재 상태를 비호하는 경향을 보인다. 순수는 무지일 뿐 아니라, 자기 자신을 알기를 거부하고 변화를 거부하는 것이다.

짝인 정념의 신화처럼 순수의 신화는 그것만의 매력을 가지고 있다. 그렇지만 그것은 또한 자기 잇속만 차리는 **변명** 시스템이기도 하다. 순수에서 정념은 비판 없이 심문 없이 승인되는 정념이다. 오로지 반성함으로써만 우리는 우리 자신의 태도를 무서워하고, 우리 자신의 화를 창피하게 여기고, 우리 자신의 죄에 죄책감을 느끼고, 우리 자신의 사랑에 당혹해 한다는 것을 깨닫는다. 순수에서, 종종 괴로운 반성은 부적절한 것으로 치부된다. 나의 것이기는 하지만 그런 정념들은 나의 책임이 아니다. "당신은 지금 나를 있는 그대로 받아들여야 할 것입니다"(방어적이고, 적대적이고,

째째하고, 터무니없이 화를 내고, 불공정하고, 즐겁지 않고, 무례한).

순수의 신화는 또 하나의 관련된 이점을 가지고 있다. 즉 자의식이 없으면, "삶의 의미"를 묻는 것은 전적으로 불가능하다. 부조리의 관념 자체가 부조리가 된다. 비판적인 자기 반성에 앞서 "나는 누구인가"라는 질문도 없고, 선택의 문제나 가치의 문제가 없다. 내가 하는 말은 꾸밈없이 나에게 모습을 드러낸다. 모든 정념은 정언명령이고, 모든 의견은 의문의 여지가 없는 진리이다.

삶이 싫어지고 방종한 유혹들과 냉정한 양심의 명령 사이의 갈등들에 낙담하고 혼란을 느끼는 사람이 어떻게 이 신화에 이끌리는지를 이해하기는 쉽다. 하지만 어쨌든 순수로의 회귀는 불가능하다. 일단 자의식이 생기고 나면, 그것을 억누를 수 없다.[6] 정념에 관하여 명확하게 "이미 알려진 것들"이 이제 자기 자신의 자아상을 확인해 주는 것이 되도록, 자의식이 **철저하게** 작동되어야 한다. 누군가는 여전히 계속해서 잔인하고 가학적이고, 둔감하고 방종할 수 있지만, 간단히 말해서 "어린애 같을" 수 있지만, 이제 그 사람은 **선택에 의해서** 그런 것이다. 계속 원한과 악의를 품고, 시기하고 정

---

6. 『공리주의Utilitarianism』라는 그의 유명한 소논문에서 자신의 주장을 펼치면서, 존 스튜어트 밀은 불만에 차 있는 소크라테스주의자의 삶과 돼지의 삶을 비교하려고 시도한다. 밀에 따르면 전자가 더 바람직하다. 왜냐하면 소크라테스는 두 종류의 삶을 다 경험하고서도 전자를 **선택하기** 때문이다. 그렇지만 사실은, 돼지에게 선택의 여지가 없었던 것과 마찬가지로 소크라테스에게는 선택의 여지가 없다. 일단 그의 비판적 반성의 능력이 활기를 띠며 작동하게 되면, 돼지가 『프로타고라스Protagoras』의 주장들을 평가할 수 없는 것처럼 그는 돼지의 순수한 돼지다움을 발휘할 수 없다.

당하게 분개하고, 미워하거나 화를 내고, 질투하거나 죄책감을 느낄 수 있지만, 이런 정념들은 이제는 그 자신에게 책임이 있는 것으로 다루어져야 한다. 세계에 대하여, 자기 자신에 대하여, 다른 사람들에 대하여 어떤 태도들을 채택함으로써, 그 사람은 이런 방식으로 행동하는 것을 **선택한** 것이다. 사람을 불쌍하게 여기는 이유들은 많아도, 그 사람의 정념들이 그 이유에 포함되지는 않는다. 사람이 "느끼는" 것은 그 사람이 선택하고 받아들이는 것이다. 어떤 상황이든 간에, 그 어느 것도 그 누구도 아닌 바로 자기 자신에게 책임이 있다. "이질적인 그 어떤 것도 우리가 느끼는 것, 우리가 살아가는 것, 혹은 현재의 우리 모습을 결정하지 않기 때문에 불평을 생각하는 것은 의미가 없다." ─사르트르 『존재와 무*Being and Nothingness*』

7. 요점은 …

… 항상 이 단단한 보석 같은 불꽃으로 태우고 …

월터 페이터^{Walter Pater}, 『르네상스*The Renaissance*』

정념은 단지 강화된 관능적 융합일 뿐만 아니라
신비주의에서처럼 삶 전체를 황홀하게 의식하게

해주는 삶의 방식이라는 점을 모두가 잊고 있다.

아네스 닌$^{Anaïs Nin}$, 『일기$Diary$』 5권

"삶의 의미" 문제를 진지하게 받아들이기 어려운 경우들이 빈번하다.[7] 그 이유를 파악하기는 어렵지 않다. 일반적으로 제기되는 그 대로의 질문은 엉터리 대답이 아니라면 대답할 수 없는 것이기 때문이다. 더 중요한 것은 사람이 삶의 의미를 이미 **알고** 있지 않다면 철학이 그에게 말해 줄 수는 없는 것이 아닌가 생각된다는 점이다. 어떤 점에서는 그렇다. 철학과 반성적 사유의 허세에도 불구하고, "삶의 의미"는 그런 고상한 곳에서가 아니라 철학 아래에 있다고 가정되는 정념의 늪 속에서 발견될 것이다. 만일 정념들이 우리의 삶에 의미를 제공해 주지 않는다면, 반성적 사유의 터무니없는 생각들 속에서 무엇을 얻을 수 있겠는가? (여기에 다시 정념의 신화가 있다. 정념들은 반성의 영향을 받거나 심지어 반성에 의해 결정되거나 창조될 수 없기나 한 것처럼 말이다.) 그러나 이것만큼은 사실이다. 삶의 의미는 우리의 정념들 속에서 찾아야 한다. 그렇지 않으면 어디에서도 찾을 수 없다.

삶이 무의미하다는 느낌은 정말로 문제인 것은 아니고, 단지 구체적인 정신적 질병을 보여 주는 추상적인 징후에 불과하다. 겉보

---

7. 7년 동안 찾아 헤맨 끝에, 젊은이는 마침내 유명하지만 높은 산속에 은둔하고 있는 현자의 집 앞에 도착했다. 그는 7주 동안 밖에서 기다려야 했지만, 인내하고 버텨 드디어 현자를 접견할 수 있었다. "삶의 의미는 무엇입니까?" "뭐라고?" "삶의 의미는 무엇입니까?" "삶은 밀밭과 같다……." "삶은 밀밭과 같다구요?" "너는 삶이 밀밭과 같지 **않다**고 말하려는 것이냐?"

기에는 격렬한 그 느낌은 사실 정념의 **결여**에서, 종종 "지혜"로 통하는 시들고 쓸쓸한 사기꾼이 영혼을 질식시키는 데에서 생겨나는지도 모른다. (그래서 프랑스의 재담가였던 니콜라스 샹포르^{Nicolas} ^{Chamfort}는 "사람의 정념들이 그를 살아 있게 하고, 지혜는 단지 그를 존속하게 할 뿐이다"라는 경구를 말했다.) 정념이 없는 사람들에게 유혹당한 우리들 중 일부는 그들에게 속아 넘어가 우리 자신의 정념들이 갖는 중요성을 무시한다. 니체가 말하는 "나쁜 양심을 가진 사람"처럼 사람들은 그들 자신에게서 가장 좋은 것을 경멸하고 자기 경멸의 근원인 바로 그 무능을 찬양하고 심지어 숭배하는 법을 배운다.

무의미하다는 의식은 **품위를 떨어뜨리는** 어떤 정념의 인정받지 못한 지배에 근거하고 있을지도 모른다. 이런 정념은 우리를 끌어 내리고 자기를 비하하는 미묘한 차이의 거리를 두고 방어 자세를 취하는 상태로 우리의 세계를 구성한다. 따라서 나의 목적은 "삶의 의미라는 문제"에 답하는 것이 아니라 이 문제가 생겨나는 근원이 되는 질병을, 우리 세계와 우리 자신에 대한 명백하고도 때로는 열정적인 불만과 환멸을 분석하는 것이 될 것이다. 당신이 사랑에 빠져 있을 때 삶은 결코 "무의미하지" 않다. 하지만 당신이 우울할 때 삶은 종종 무의미한 것처럼 보인다. 어떤 의미에서는 모든 정념과 모든 삶이 동등하게 유의미하다고 말할 수 있을지도 모른다. 그렇지만 사랑의 삶은 시기의 삶과 동일하지 않고, 영웅적인 야망의 삶은 자신을 망치는 원한의 삶과 동일하지 않다. 문제는 삶에 의미가 없다는 것이 아니라 어떤 의미들은 **품위를 손상시킨다**는 것이다.

심지어 "합리주의"와 이성 숭배의 오랜 역사까지도 정념의 절대적인 중요성을 분명히 인식하는 사유의 저류에 침윤되어 있다. 아리스토텔레스에게 지혜와 좋은 삶의 이상은 정념이 없는 상태가 아니라 정념이 이성과 조화를 이루고 있는 상태다. 보통 대단한 이성주의자로 알려져 있는 헤겔은 "위대한 그 어떤 것도 정념을 수반하지 않는 것은 없었다"라는 글귀로 유명하다. 덜 알려져 있는 것은 그가 이 글귀를 극상의 이성주의자인 칸트에게서 거의 글자 그대로 차용해 왔다는 사실이다. 칸트는 『역사History』에서 "위대한 그 어떤 것도 열광을 수반하지 않는 것은 없었다"라고 썼다. (이 글귀는 반복해서 나타나는데, 예를 들어, 벤자민 디즈레일리Benjamin Disraeli는 "사람은 정념에서 행동할 때만 진정으로 위대하다"라고 쓰고 있다.) 그러나 모든 경우에 이원론은 여전히 남아 있고, 정념들은 그것들이 없으면 없는 대로 해나갈 삶의 개념 속으로 뒷문을 통해 슬그머니 들여보내진다.

나는 남자와 여자는 반쪽은 불멸의 사유이고 반쪽은 짐승 같은 정념들로 분할된 영혼들이 아니라는 명제로 정념의 신화를 대체하고 싶다. 그런데 이렇게 두 개로 분할된 영혼의 이미지가 그리스도Christ와 파우스트Faust 그리고 자기 안에서 단순히 인간적인 것 "이상의 어떤 것"을 찾으려고 시도해 온 모든 사람들을 따라다니며 괴롭

힌다. 이른바 "삶의 무의미"를 제거하기 위해서 나는 우리 삶 **속에** 의미를 제공하는 정념들을 상세하게 고찰할 것이다. 사람들이 추정하는 정념들의 수동성에 반대하여, 나는 우리의 정념들은 우리 자신의 **행동**이고, 따라서 우리 자신의 **책임**이라는 이론을 옹호할 것이다. 나는 흔히 그렇듯이 구별 없이 정념은 모두 동등한 가치를 지니고 있다고 여기는 대신에, 내가 믿기로는 사람들이 **가장 잘살** 수 있게 해주는 정념들을 밝힐 것이다. 나는 그런 정념들을 반성하고 그런 정념들에 의해 우리 스스로 만들어 내고 있는 세계에 대한 책임을 주저하지 않고 받아들일 것이다.

다른 말로 하면, 나의 목적은 이성과 정념 사이에 발생하는 심신을 쇠약하게 하는 불필요한 갈등들을 깨부수고 파괴하여 우리의 "이성"을 부정하지 않고서도 정념들의 진가를 인식할 수 있게 보강하는 것이다. 나의 목적은 "지혜"라고 불리곤 했던 조화로운 힘의 개념을 이해하는 것일 뿐만 아니라 그것을 우리 자신 속에 실현시키는 것이다. 그 지혜의 이상은 플라톤이 『공화국*The Republic*』에서 제시하고 있는 "정의"에 대한 설명에서 가장 잘 표현되고 있다.

> 단순한 힘뿐만 아니라 조화로운 힘과 욕망들과 사람들도 지성과 조직을 구성하는 그 질서에 들어간……. 더 강한 자의 권리가 아니라 전체의 조화로운 화합.

1장

삶이라는 문제

1. 부조리

영화조차도 없다.
아무것도 없다 … 정말 아무것도 없다.
어쨌든 지옥의 "진심"은 무엇인가?

펠리니^{Fellini}, $8\frac{1}{2}$ (분수 입력)(1963)

"내츄럴 씨, 그것은 다 무슨 뜻입니까?"
"아무런 뜻도 없다네."

잽ZAP 만화책 (1972)

삶은 살 만한 가치가 있는가? 반성하지 않은 삶은 살 만한 가치가
없다. 익숙한 이 말은 소크라테스를 오역한 것이다. 그렇지만 반성
하는 삶은 살 만한 가치가 있는가? 살 만한 가치가 없다고 대답하
는 것은 무엇을 뜻할까? 살 만한 가치가 있다고 대답하는 것은 어
떤 것일까?

일단 우리의 삶을 반성하기 시작하면—일단 "의미"에 관한 철학
적인 질문이 제기되면—우리는 달갑지 않은 대답을 들을 각오를
해야 한다. 누군가는 이해 할 수 있는 대답을 기대하지 않은 채 심
연 속을 향해 소리친다. 그래도 우리는 한때, 다시 말해서, 물어볼

때까지는 대답을 확신했다. 언급한 질문을 듣고 나서야 우리는 알았다. "물론 삶에는 의미가 있다 ─행복과 동료들, 사랑, 삶의 작은 즐거움들, 예술과 오락, 이번 주말에 시내에서 열리는 파티 … 가 있다." 그러나 질문할 때 우리는 사랑에서 한 걸음 물러나기라도 하는 것처럼 사는 일에서 한 걸음 물러난다. 몸에 꼭 조이게 맞춘 천의 솔기가 터지는 것과 같은 조용하고도 불길한 소리가 있다. 무슨 짓을 했는지를 우리는 즉시 인지한다. 질문하기 전에는 한때 우리의 질문에 대답하는 데 도움이 되었던 그 친밀함이 우리가 뒤로 물러나자 끊어져 버렸다. 우리는 폭약을 머리에 빙 둘러 끈으로 단단하게 묶고 불을 붙이고 나서야 마음을 바꾼 미치광이 삐에로^{Pierre le Fou}를 닮았다. 마지막의 "왜"라는 질문은 모든 것의 토대를 훼손한다. 우리가 연루된 상황은 유치한 놀이처럼 보이고, 우리의 몸부림은 헛된 몸짓처럼 보인다. 모든 것이 여전히 이전 그대로이지만, 약해지고 의미 없이 텅 비어 있다. 세계는 더 이상 우리의 것이 아니다. 우리는 그것을, 우리가 만들어 낸 구름 때문에 흐려진 생명력의 빛깔을 냉소적으로 관찰한다. 오랜 습관 때문에 우리는 로봇처럼 생활 속도를 따라 계속 움직이지만 온전히 거기에 있지는 않다. "왜"라는 질문에 대한 대답은 단 하나도 없다. 그것이 지금 우리의 존재를 정의하는 단 하나의 사실이다. 그 사실은 "부조리"라고 불린다.

"부조리"는 제이차세계대전 초기에 알베르 카뮈에게서 표준이 되는 체계적인 진술을 부여 받았다. 부조리는 여전히 우리 시대의 우세한 철학적 개념이라고 나는 믿는다. 그것은 한 명의 철학자가 발명한 것이 아니다. 사정없이 따져 보면, 그것은 가장 평범한 사유에서 나온 결과이다. 공정함에 대한 기대와 이해 요구, 가차 없는 실용주의와 끈질긴 합목적성 주장 —이 모든 것이 다소 직접적으로 우리를 부조리로 이끈다. 극적인 그 이름으로 불리든 아니든 간에, 부조리는 우리 모두에게 잘 알려져 있다. 그런데도 우리는 여전히 그것을 이해하지 못했고, 그것의 통상적인 체계적 진술은 —심지어 카뮈가 우리에게 제공해 준 것조차도 —너무 오해하기 쉬워서 우리 대부분에게는 치유할 수 없는 것으로 묵인되고 용인되어 왔다. 별난 의미의 철학적 진실성과 반항의 이름으로 카뮈는 심지어 우리가 "부조리를 계속 살아 있게 한다"라고 주장하기까지 한다. 그러나 요점은 그것을 넘어서는 것이다. 철학이 우리를 부조리로 데려왔는데, 마찬가지로 철학은 우리가 그것을 헤쳐 나가게 해 줄까?

2. "카사블랑카에서 삶은 싸구려다"

현실은 나의 가장 좋은 환상들에 결코 부응하
지 못하는 것 같다.

모건Morgan

진홍색의 바퀴벌레가 방향을 잃고 허둥대며 내 집 마루를 가로질
러 달려가고 있다. 그 바퀴벌레의 삶에는 의미가 없을 수 없을 것
이다. 특징 없는 바퀴벌레가 조그마한 음식 찌꺼기를 지키기 위해
서 모서리로 허둥지둥 달아날 때, 그것의 삶은 내 눈에만 무의미해
보인다. 부조리하다! 하지만 나 자신의 허둥지둥과 바퀴벌레의 허
둥지둥을, 나 자신의 음식 찌꺼기와 바퀴벌레의 음식 찌꺼기를 대
조하면서 내가 판단하는 것으로 바로 **나의** 삶이다. 명백히 비교할
수 있는 요소들이 있기 때문에 이렇게 대조하는 것이고, 그런 요소
들은 내 주의를 끈다.

나의 고양이는 그녀의 삶에 의미들이 풍부하게 주어져 있음을
안다. 바로 지금 그녀는 너무나 더워서 내가 상냥하지만 적의가 깃
든 시기심에서 그녀를 지켜보고 있다는 것에 호기심을 느끼거나

알아채지 못한다. 그녀는 녹은 초처럼 내 책상 위에 축 늘어져 있다. 살짝 배가 고프지만 만족하고 있고, 8시간 후에는 명령에 따라 먹이를 먹을 수 있으리라는 것을 확신하고 있다. 그녀는 모르고 있지만, 오늘 밤에 약물 목욕을 당하게 될 것이다. 그녀는 극히 마음이 상할 것이고, 젖지 않았던 그녀의 세계는 축축해지고 혼란스러워질 것이다. 그러나 그녀의 삶에 의미가 없지는 않을 것이다. 그녀의 삶은 단지 잠깐만 불쾌해질 것이고 그녀는 그것을 우아하게 견딜 수 없을 뿐이다. 오직 나만 차갑고 축축하고 살균력 있는 무의미의 느낌 때문에 괴로워한다. 그 느낌을 나는 어느 정도 조용히 품위 있게 견딜 수밖에 없다. 나는 나 자신에게 그렇게 했다. 사유는 나에게서 그것이 필요로 하는 바로 그 의미를 빼앗아 버렸다. 나를 위해서 철학은 내가 어느 정도 만족스러워하는 삶에 희망이 없음을 논증했다. 따라서 철학을 옹호하는 것은 삶을 옹호해 줄 필요가 있는 사람들을 위해서 삶을 옹호하는 것이 된다.

부조리는 불시에 뒤로 꺾인 손톱만큼 아프지는 않지만, 그 손톱과 어느 정도는 유사하게 견딜 수 없을 만큼 아프다. 사유가 부조리를 만들어냈다는 것을 부정할 수 없기 때문에, 부조리에 대한 흔한 반응은 사유를 적대시하고 순수와 정념들에 호소하는 것이다. 철학적 질문들은 농담으로 일축되거나 나중으로 미루어진다. (그것들은 우리의 현재 마음 상태에서 고찰하기에는 "너무 무겁다.") 삶이라는 문제는 삶의 사소한 문제들로 대체된다. 관료주의적인 불합리한 언행들이 부조리를 대체하고, 법률상의 정식 절차들이 새롭게 동기화된 "진지함"을 띠게 된다. 채소 가격 상승이 이전에는 범죄 행위들에 대한 것이었던 도덕적 의분을 자극한다. 마치 우리가 우리 자신을 진지하게 받아들이기 위해서 너무 열심히 노력하고 있거나 한 것처럼 우리 주변에는 필사적인 분위기가 있다. 그사이에 지성은 다음과 같은 부차적인 질문들에 다시 주의를 집중한다. 우주 공간에서 발산되는 물질을 어떻게 설명할 것인가? 라이프니츠Leibniz의 논리에서 나타나는 모순을 어떻게 해결할 것인가? 이것저것을 어떻게 향상시킬 것인가? 만일 부조리에 대한 답을 찾을 수 없다면, 부조리를 회피하면 된다. 혹은 우리는 (즉 사유하지 않음으로써) 그렇게 생각하고 싶어 한다.

만일 "부조리"가 단지 철학자가 떠드는 소리, 단순한 관념에 불과하다면, 그것은 플라톤에서부터 비트겐슈타인에 이르기까지 사상가들을 괴롭혔던 많은 인상적인 난제들보다 더 우리의 관심을 받을 만한 가치는 없을 것이다. 하지만 비록 사유에서 만들어지긴 했지만, 부조리는 자기 자신을 "관념"으로서 담고 있지는 않을 것이다. 부조리는 우리의 일상성에 해독을 끼치고 우리의 모든 경험에 절망의 기미를 준다. 사르트르는 이것을 "구토"라고 부른다. 우리의 농담들은 으스스한 농담이나 주의를 산만하게 하는 희롱, 혹은 기꺼이 받아들여지는 심술의 색조를 띤다. 우리는 필사적으로 더 빨리 움직이려고 애쓰지만 실패하고 있음을 깨닫는다. 아니면 우리는 "즐기면서" 느릿느릿 기어갈 정도로 속도를 늦추려고 시도한다. "부조리를 계속 살아 있게 하기"라는 카뮈의 개념은 어쩌면 우리의 새로운 세대들에게서 가장 잘 예증될 것이다. 이 세대들은 대항문화의 돌연변이 괴짜들로 텔레비전과 마약 사이에서 우리가 그들에게 받아들이도록 강요한 교훈을 배웠다. 그 교훈이란 궁극적으로 할 만한 가치가 있는 것은 아무것도 없다는 것이다.

3. 위대한 유산: 부조리의 계보학

"그 어떤 졸업반도 이토록 전도유망한 미래를 안
적이 없다."

리처드 닉슨[Richard M. Nixon] (1956년 6월, 1957년 6월, 1958년 6월,
1959년 6월, 1960년 6월, 1969년 6월, 1970년 6월,
1971년 6월, 1972년 6월, 1973년 6월, 1974년 6월)

"우리는 세계를 원하고, 게다가 지금 세계를 원
한다."

무명, 버클리[Berkeley](1964)

부조리는, 많은 도덕주의자들이 말하듯이, "인간 조건"의 한 측면
이 아니다. 아마 그것은 **우리의** 조건이고, 우리의 행동들과 느낌들
을 합리화하는 독특한 방식들에 수반하여 생기는 위협이다. 항상
그랬던 것은 아니었고 그럴 필요도 없다. 부조리의 시대가 전통 종
교와 가족 구성, 도덕 원리, 국가에 대한 충성의 붕괴에 뒤이어서
온 것은 우연이 아니다. 사실, 부조리의 시대는 곧 지나갈지도 모
르고, 우리의 후손들에게는 곧 역사상의 골동품이 될지도 모른다.

감정은 어떻게 내 삶을 의미 있게 바꾸는가

그들에게 "삶의 의미"는 질문이라기보다는 또다시 전제 조건일 것이다. 하지만 그 사이에 우리는 그 질문을 살아야 하고 우리의 삶에서 그것이 하는 기묘한 역할을 이해해야 한다.

우리가 알고 있는 대로의 부조리는 불과 지난 150년 사이에 출현했다. 물론 항상 부조리한 것들이 있었다. 과거에 종교 때문에 자행되었던 대학살들을 되돌아볼 때, 우리가 그것을 부조리로 이해하는 것도 무리는 아니다. 하지만 부조리는 현대의 세련된 지성과 숙련된 상상력의 산물이다. 이 지성은 사람들에게, 신에게, 우주 자체에게 정의를 요구하지만 찾지는 못한다. 부조리는 모든 것을 문제시하고 회의론을 건강한 지식인의 표지로 이해하고 냉소주의를 지혜와 세속성의 등가물로 이해하는 도도한 반항 정신을 필요로 한다. 물론 그러한 태도를 지닌 고립된 개인들이 항상 있었지만, 오늘날에는 사회 곳곳에 그런 개인들이 존재한다. 이들은 소심해서 괴롭고, 부조리의 요구사항들로부터 움츠러들고, 그것이 무엇이든 회의론을 억제하고 냉소주의를 희망으로 대체할 아편을 맹목적으로 그리고 필사적으로 찾고 있다. 그 아편은 어떤 종류의 종교일 수도 있고, 어떤 희생도 마다하지 않는 민족주의, 영웅 숭배, 쾌락주의, 다양한 "물신 숭배"—인간성을 말살하는 우상—부조리한 토템과 모든 기괴하고 친밀한 형태의 마법 의식일 수도 있다.

거의 깜짝 놀랄 정도로 정확하게 부조리 시대의 시작 지점을 확인할 수 있을지도 모른다. 19세기로의 전환기에 프랑스 **철학들은**

인간과 이성에 중심을 둔 새로운 이데올로기 창조를 완성했다. 이 이데올로기는 권위주의를 민중 정치로, 사회 불평등을 적어도 명목상의 평등주의로, 신의 법과 인간의 운명을 뉴턴 물리학의 원리들과 신흥 중산계급의 능률과 이익의 법칙들로 대체했다. 프랑스 혁명은 그 이데올로기를 실증했다. 왕은 "민중"으로 대체되었고, 신은 "이성"의 이름으로 노트르담에서 쫓겨났고, "자유와 평등과 박애"라는 보편적 약속은 한계를 모르는 혁명의 열정을 불러일으켰다. 이것은 완전히 인간의 세계였고, 인간은 자기 자신과 인간의 제도들과 희망들, 인격과 우주를 모두 일거에 완전히 바꿀 수 있다는 것이 그 당시에는 누구에게도 비합리적으로 보이지 않았다. 무한한 희망과 공포의 시대 초기에 영국의 시인 윌리엄 워즈워드William Wordsworth는 그때까지 그러한 시대는 단 한 번도 없었고, 그런 기대들과 그러한 약속들은 단 한 번도 없었다고 말했다. 프랑수아 르네 샤토브리앙François René Chateaubriand은 "살아 있는 것은 더없는 행복이지만 젊은 것은 바로 천국이다"라고 말했다. 노후한 군주와 중세의 관습 아래에서 여전히 버둥거리며 억압받는 유럽 국가들은 안전한 거리에서 프랑스에서 일어나는 급격한 변화들을 지켜보면서, 경외하고 찬미하고 상당히 부러워하면서도 그만큼 두려워했다. 그다음 시기에는 프랑스에서 정신적 외상을 줄 정도로 불확실한 공백기에 나폴레옹Napoleon이 등장했다. 외국인이었던 나폴레옹은 프랑스에게 유럽을 위한 신성한 모델의 역할을 부여했다. 유럽 사람들에게 나폴레옹은 위협이 아니라 약속으로 등장했다. 약속을 이루어 줄 인물인 나폴레옹과 함께, 프랑스의 혁명정신과 기대들이 유럽에 침입했다. 전쟁과 대학살은 비극적이었지만 보편적인 인간의 자아실현을 위해서는 꼭 필요하고도 영웅적인 수단이었다. 세속적인 기대와 희망과 공포가 그토록 과도하게 부추겨진 적은 일찍이 없었다. 옛 생활은 이미 묻혔고, 새로운 모든 행동이, 심지어 가장 단순한 일상적인 일까지도 혁명적인 행위가 되었다. 모든 것이 가능했다!

　그러나 과도한 기대들은 바로 그 과도함 때문에 파멸하게 되어 있다. 사람들은 하느님에게서 정의를 기대하곤 했는데, 하느님의 "불가사의한 방식이" 세계의 불의를 참는 것을 가능하게 했다. 하지만 새롭게 "계몽된" 이 사람들은 마치 우주가 그들에게 자연스러운 조화와 행복을 **빚지고** 있기나 한 것처럼 눈에 보이고 즉시 이루어지는 정의를 기대했다. 뚜렷하고 즉시 이루어지는 정의를 기대했다. 그렇지만 프랑스 혁명은 곧 살인과 혼돈으로 무너졌다. 나폴레옹은 기대에 어긋났고 (그에게 헌정했던 영웅 교향곡을 찢으면서 베토벤 Beethoven 은 "뭐라고? 그도 그저 평범한 인간이란 말인가?"라고 소리쳤다.) 결국 패배했다.

　25년 동안 이어진 전쟁이 끝난 다음에, 메테르니히 Metternich 가 지시한 유럽의 정치적 목적은 어떤 대가를 치르더라도 평화를 유지하고 옛 방식과 불평등을 복구하는 것이었다. 마치 유럽 전역에서 그토록 극단으로 치달은 혁명의 기대들을 억누르기 위해서인 것

같았다.

이것은 "반동"의 시기였는데, 이 시기에 프랑스 민중과 독일의 공국들, 이탈리아, 스페인, 오스트리아, 프러시아는 새롭게 자극받은 그들의 욕망들과 희망들이 옛 현실에 의해 검열당하고 억압받고 있음을 깨달았다. 많은 억압받는 혁명가들을 위한 유일한 출구는 공상 속에서나 나올 법한 모호한 스타일의 예술적 표현, 즉 "낭만주의"였다. 낭만주의는 그 시기의 저속하고 억압적인 정치적 현실에서 벗어날 수 있는 탈출구를 제공했다. 그리고 반체제의 상상력 숭배가 되어 유럽의 희망과 상상력이 꺼지지 않도록 했고, 혁명가들이 다시 정치적 실체가 될 수 있을 때를 대비하여 혁명의 요구들과 기대들을 저장했다. 하지만 다음에 일어난 혁명은 (프랑스에서는 15년 후에, 독일과 이탈리아에서는 예측하기가 더 어려웠다) 심지어 정치적으로 성공했을 때조차도 1세대쯤 전에 발생하여 확대된 희망을 충족시키기 위해서 사실상 아무것도 하지 않았다. 비록 그 누구도 그 시대가 되풀이되기를 원하지는 않지만, 돌이켜 보면 나폴레옹과 혁명의 시대는 황금기로 간주될 수 있다. 그때 삶은 희망과 생존의 문제였지만, 이제는 절망과 권태의 문제이다. 혁명으로 인해 인간의 기대들은 어마어마하게 높아졌고, 혁명이 완전히 실패하자 그 기대들은 약속이 빠진 채로 리얼리티^{Reality} 속에 남겨졌다. 이렇게 해서 예로부터 내려오던 신의 중재에 대한 희망 없이, 어마어마한 기대들과 리얼리티가 분리되었다. 나폴레옹 이후의

"낭만주의"와 "반동"의 시기에 부조리의 시대가 시작되었다고 말하는 것이 적절할지도 모른다. 일찍이 사람들이 그토록 많이 기대했던 적이 없었고, 그토록 실망했던 적도 없었다.

오늘날의 불안과 절망이 생겨난 유래를 추적해 보면 계몽주의와 혁명에 뒤이어 일어난 종교 제도들과 신앙의 붕괴로 거슬러 올라갈 수 있다는 점은 역사가들과 종교인들 사이에서는 진부한 견해이다. 그러나 사실은 그것이 전부가 아니다. 우리가 부조리성을 느끼는 것은 신의 은총에 대한 믿음의 상실 때문만은 아니다. 동시에 인간의 정의와 인간의 노력이 갖는 잠재력에 대한 믿음이 엄청나게 커졌다는 점 때문이기도 하다. 우리는 종교의 상실을 한탄할지 모른다. 하지만 종교를 대체한 우리의 자신감이 커져서 종교의 상실을 보상해 주는 것을 유감스러워하는 것은 비인간적이라고 할 수는 없어도 어렵다. 부조리는 종교의 상실이 아니라 휴머니즘의 증진 때문에 생겨났다. 우리가 우리 자신에 대해 더 많이 생각할수록 우리의 리얼리티에 대해서는 덜 생각하게 된다. 다른 그 누구의 탓도 아니다.

19세기 유럽에서 부풀었다가 꺾인 기대에 미국 자체에서 생겨난 "꿈"이 더해졌다. 상세히 말하면, 무한한 욕망과 야망, 끊임없는 불만족이 끝없는 진보를 자극했다. 가장 먼저 자유, 그다음에 "개척자들," 그다음에 힘, 세계, 하늘 순이었다. 우리는 모든 것을 기대하고 어떤 것에도 만족하지 않는 법을 배웠다. 몇 분 안에 음식을 해동해서 저녁으로 먹을 수 있는 세계에서 자라면서, 우리는 하룻밤 사이에 혁명이 일어나고 몇 주일 사이에 인간의 본성 자체가 바뀌기를 기대하는 법을 배웠다. 지난 10년 동안의 격변과 실망은 프랑스 혁명과 그 영향 앞에서 무색해지지만, 그 현상학과 형이상학은 동일하다. (비록 그렇게 규정된 적은 없지만) 꿈이 무너짐에 따라 우리는 새로운 "반동," 새로운 냉소주의, 새로운 낭만주의의 흐름 속에 있음을 깨닫는다. 이런 흐름은 고딕풍의 공포 이야기들과 방향을 잘못 잡은 정치 테러리즘, 온갖 종류의 은밀한 종교들 (심지어 새로운 기독교) 로 되돌아가고, 신비로운 것과 불가사의한 것, 이국적인 것, 초월적인 것을 새롭게 찬양하는 것으로 마무리된다. 우리 자신에 대한 확신은 끝모르게 커졌다. 알고 보니 우리는 스스로 만들어 낸 세계에 살고 있고, 만족하지 않고, 희망이 없고, "자아실현"과 "향락"을 미친 듯이 추구하고 있다. (그런데 자아실현과 향락은 똑같은 결과로 이어지는 경우가 빈번하다.) 알고 보니 우리는 자신의 권력 이외에는 다른 어떤 목적도 없는 무자비한 실용주의와 자신의 기분 전환 이외에는 다른 어떤 목적도 없는 절망적인 쾌락주의를 추구하고 있다. 우리는 독선에 빠져서 정부 내부의 부패에 대해 불평을 늘어놓고 부정행위를 한 주범이 공개 망신을 당할 때 뻔뻔하게 고소해 하며 지켜본다. 하지만 변화를 위해서 노력하지도 않고 변화에 대한 진지한 희망을 품지도 않는다. 허사임을 알고 있다는 사실을 무시하려고 애쓰면서, 우리는 점점 더 고립되고 절망적인 삶을 개척하려고 한다. 우리는 자식들에게 똑같은 것을 하고 그 이유를 묻지 않도록 가르친다. 우리의 철학은 절망의 합리화, 그럴듯한 "부조리"의 철학이다. 그러나 물론 우리는 그 철학을 진지하게 받아들이지 않는다. 왜냐하면 우리는 여전히 기대하고 있기 때문이다.

우리는 모두 응석둥이다. 안락하게 성장한 사람들도 있고, 사치 속에서 성장한 사람들도 있고, 가난과 폭력을 전혀 겪지 않은 사람들도 있다. 그렇지만 우리는 모두 비슷하게 응석둥이로 자랐고, 똑같은 부조리와 똑같은 무제한의 희망과 똑같은 무한한 가능성의 감각을 배웠다. 명령만 하면 자신이 만든 물건들을 거저 내주는 매력적인 야만인이라고 할 수 있는 자연은 이미 정복되었다. 우리의 미래는 약속의 연속이었고, 많은 것들이 보장되어 있었다. 우리는 모두 야망을 갖도록 부추겨졌고, 성공에의 약속을 주입 받았고, 우리는 그것들을 믿었다. 몇 사람은 성공한 것처럼 보였다. 하지만 우리가 더 많은 성공을 거둘수록, 이 신화는 더욱더 조성되었고, 우리의 희망과 기대들은 더욱더 커졌다. 그리고 당연히 몰락도 더욱더 커졌다. 바로 가장 "혜택받은" 아이들, 가장 "유망하고"―그러므로 가장 "촉망받는" 아이들이 때로는 가장 맹렬하고 격분하는 혁명가들이 될 때 누가 놀라겠는가? 부조리의 시대 내내 그래 왔다. 1840년에 위대한 냉소주의자 쇼펜하우어는 다음과 같이 투덜거렸다. "세계가 제공해 줄 수 있는 것이 많다는 생각을 근절하는 법을 일찌감치 교육받는다면 젊은이들에게 크게 유리할 것이다. 그러나 교육을 통해 얻고자 하는 결과는 그 망상을 강화하는 것이다." 이 투덜거림은 당시의 부모들에게 한 말이었다. 세계는 우리 것이라는 것을 우리는 어릴 때 배웠다. 프랑스 혁명의 철학자들은 그것을 중년이 되어서야 배웠는데 말이다.

4. 카뮈의 신화

시시포스의 신화

신들은 시시포스^{Sisyphus}에게 산꼭대기로 바위를 굴려서 올리고 그 바위가 제 무게 때문에 아래로 굴러떨어지면 다시 산꼭대기로 굴려 올리는 일을 끊임없이 하라는 벌을 내렸다. 신들은 당연히 무익하고 가망 없는 노동보다 더 두려운 벌은 없다고 생각했다.

시시포스가 부조리한 영웅이라는 것을 사람들은 이미 이해했다. 그의 고뇌만큼이나 그의 정념 때문에 시시포스는 부조리한 영웅이다. 신들에 대한 멸시와 죽음에 대한 증오, 삶에 대한 열망 때문에 그는 이루 말할 수 없는 형벌을 받았다. 그 형벌을 수행하는 데 온몸과 마음을 다 쏟아부어도 그는 아무것도 달성하지 못한다. 이것은 이 세계의 정념들을 얻기 위해 치러야만 하는 대가이다.

만일 이 신화가 비극적이라면, 그것은 이 신화의 주인공이 의식하고 있다는 점 때문이다. 만일 한 걸음을 옮길 때마다 성공하리라는 희망이 그를 떠받쳐 준다면 그의 고뇌가 어디에 있겠는가? 현대의 노동자는 살면서 매일 똑같은 고된 일들을 하고 있고, 이런 운명도 마찬가지로 부조리하다. 하지만 노동자가 이것을 의식하는 극히 드문 순간에만 이것은 비극적이다. 신들과의 관계에서 무력하지만 반항하는 프롤레타리아인 시시포스는 그의 비참한 처지를 완전히 다 알고 있다. 산꼭대기에서 내려오는 동안 그가 생각하는 것은 바로 그의 비참한 처지이다. 이런 명료함이 그의 고뇌를 구성하는 동시에 그의 승리를 완성한다.

카뮈, 「시시포스의 신화"The Myth of Sisyphus"」

현대의 부조리 의식은 카뮈가 최신 용어들로 바꿔 이야기한 고대의 우화 속에 가장 잘 포착되어 있다. 같은 제목의 책에서 "시시포스의 신화"는 우리 모두의 대표가 되어, 우리의 과도한 욕망과 기대들과 리얼리티의 냉담한 "무관심"과 무의미 사이의 어마어마한 불일치를 보여 준다. 시시포스의 헛된 고역은 우리 자신이 버둥거리며 하는 노력의 무익함을 표현한다. 그의 비극적인 의식은 삶이 무의미하다는 것에 대한 우리 자신의 인식이다. 그의 멸시와 반항은 우리의 유일한 희망이자 유일한 행복이며 유일하게 정직한 정념이다.

이 웅대한 부조리성에 대한 의식은 일상생활에서 목격되는 특정한 부조리한 일들과 혼동되어서는 안 된다. 예를 들어, 콧수염이 있고 운동화만 신은 채 뉴욕 증권 거래소를 달려서 통과하는 증권 중개인, 길거리에서 총에 맞아 쓰러진 젊은 대통령, 천 명의 벵갈인들을 죽인 무분별한 대학살이 후자에 속한다. 이러한 부조리한 사건들은 아무리 비극적이라 하더라도, 거저 주어지는 합당한 희망과 기대들과의 대조를 전제로 한다. 그러나 **부조리는** 우리의 삶 전체를 연루시킨다. 부조리의 관점에서 보기에 좌절된 희망과 기대들은 어떤 특정한 사례들이 아니라 바로 우리의 존재 그 자체에 관련된 것들이다. 카뮈의 마지막 소설인 『전락*The Fall*』에는 아주 존경받고 성공한 변호사이자 호색가인 "장 바티스트 클라망스"John the Baptist Clamence가 나온다. 그는 건강과 부, 업적, 사회적 지위에서 상상할 수 있는 모든 이익을 누리지만, 너무도 많은 위선과 거짓 때문에 그 모든 것이 무의미하다는 것을 꿰뚫어 본다. 철학자 쇼펜하우어도 또한 그와 유사하다. 쇼펜하우어는 근사한 저녁 식사를 먹고 좋은 포도주를 마시고, 완전히 만족스러운 것은 아니지만 드문드문 연애도 하고, 다소 뒤늦게 엄청난 문학적인 성공을 거두면서 오래 살았지만, 그 모든 것이 "무의미하다"고 한탄했다. 신들의 프롤레타리아인 시시포스이든 신들 자신이든, 탁월한 클라망스이든 리용에 있는 르노 조립 공장에서 차축을 조립하는 프롤레타리아든, 자의식이 있는 사람이라면 누구나 모든 것을 아우르는 이런 부조리성을 의식하기 쉽다. 순간순간 우리는 시시포스의 노역과 또 한 명의 "부조리한 영웅"인 돈 후안^{Don Juan}("스페인에서는 1,001명의 여성과 잤다")이 수행한 똑같이 반복되는 고역을 구별하는 것보다 더 큰 차이를 상상할 수 없다. 그렇지만 우리의 삶에는 의미가 있어야 한다는 철학적 관점에서 보면, 돈 후안의 색정적이고 화려한 연애들은 시시포스가 매일 하는 수고와 매한가지다. 즉 그것들은 무의미하다.

부조리는 이런 철학적인 대가, 전체를 보는 관점, 따라서 살면서 누리는 어느 정도의 여유, 얼마간의 거리가 주는 호사로움을 필요로 한다. 그러므로 부조리는 부르주아의 질병으로 추정되어야 한다는 것은 맞다. 부조리는 배고픈 사람들이나 위협받는 사람들이나 자포자기한 사람들에게는 영향을 주지 않는 질병이다. 멕시코의 농부에게 삶은 부조리하지 않고, 잔인할 뿐이다. 도망자에게 삶은 부조리하지 않고 불길할 뿐이다. 유럽에서 부조리가 생겨난 시기는 나폴레옹이 침략 전쟁을 벌이고 있던 때가 아니다. 그 이후, 지루한 "반동"의 시기에, 목숨은 안전하지만 삶은 지루했던 시기에 유럽에서 부조리가 생겨났다. 그리고 부조리가 재탄생한 시기는 1960년대 열광의 시기가 아니라 그 이후에 "할 일이 아무것도 없는 것"처럼 보이는 지독히도 평온했던 시기였다. 이 시기에 노골적이면서 텔레비전으로 방송되는 그 모든 부조리한 일들이 생겼다. 부조리는 우주 법칙에 따라 예상되는 일이 중단되는 것이고, 삶에서 삶을 보는 관점으로 비약하는 것이고, 세계의 일들에서 "세계의 세계성" 그 자체로 비약하는 것이다. 삶의 부조리성은 그렇지 않다면 평온하고 분명히 유의미하며 재빠르게 계속 연이어서 나타나는 작은 무수한 의미들로 가득 차 있는 삶의 표면을 깨뜨리는 단일한 뜻밖의 사건이 아니다. 부조리는 우리를 무의미한 난기류 속으로 내던지는 소용돌이가 아니다. 오히려 부조리는 그 절대적인 침묵과 평온 그 자체, 카뮈가 겉만 "우주의 무관심"으로 묘사한 균일하지만 끈적이는 반투명이다.

"어느 거리 모퉁이에서 부조리성의 느낌이 한 남자의 얼굴을 때릴 수 있다"라고 카뮈는 쓰고 있다. 우리의 일상적인 몸짓과 모험들이 순간적으로 중단되는 것 ― "일어나기, 전차, 사무실이나 공장에서 4시간 동안 일하기, 식사, 전차, 4시간 동안 일하기, 식사, 잠,

그리고 똑같은 리듬에 따라 보내는 월요일, 화요일, 수요일, 목요일, 금요일, 토요일 —… 하지만 어느 날 '왜'라는 질문이 생기고, 그러자 모든 것이 경악의 기미를 띤 따분함과 함께 시작된다." 일단 '왜'라는 질문이 생기면, 모든 철학의 특징인 "명징함의 순간"이 생기면, 우리는 일상적인 업무와 성공, 우리의 의무와 실패, 우리의 당혹과 업적에서 똑같이 몸을 비틀고 떨어져 나와, 마치 다른 방이나 멀리 떨어져 있는 성운에서 바라보거나 하는 듯이 지켜본다. 우리는 다른 부부가 사랑을 나누는 것을 초연히 관찰한다. 이것은 부조리한 행위이고, 외설한 행위다. 심지어 우리가 하는 사랑의 행위조차도 부조리하고 외설한 것처럼 여겨진다. 카뮈는 유리 칸막이 뒤에서 전화 통화를 하는 남자를 다음과 같이 묘사한다. 우리는 그가 하는 말을 들을 수 없지만, "그의 이해 할 수 없는 무언극을 본다. 당신은 저 사람은 왜 살아 있는가 하고 생각한다." 우리는 정치적 논쟁을 하고 있는데, 여전히 말을 하면서 멀리서 우리 자신을 바라본다. 우리는 우리가 하는 말들을 듣지만, 그 말들에는 확신이 부족하다. 그 행위는 순전히 공허하고, 우리는 논쟁의 흐름을 끊지 않으면서도 우리는 왜 살아 있는가 하고 생각한다. 이와 비슷하게 우리는 우리 자신의 행위를 포함하여 인간의 모든 행위로부터 우리 자신을 떼어 내고, 우리의 느낌들과 생각들로부터 그리고 심지어 우리의 생각에 대한 생각들로부터 우리 자신을 분리해 낸다. 세계는 의미가 없는 무색의 움직임들과 소리들을 보여 주는 화면이 된다. 그리고 모든 행동은 마르셀 마르소Marcel Marceau의 무언극 같은 것, 유일한 뜻은 의미 없는 몸짓들의 말로 표현되지 않는 친숙함에 들어 있는 코미디가 된다.

이런 자초한 의미 상실에 대한 반응은 무엇일 수 있을까? 우리는 어쩌면 자진해서 엄청나게 지루하고 강박적인 일들에 전념하면서 이전처럼 다시 일상적인 일들에 몰두하려고 애쓸지도 모른다. 그렇지만 우리는 비판적인 거리에서 바라보고 있기나 한 것처럼 항상 우리 자신을 지켜보고 논평하고 조롱한다. 우리의 반응은 가짜이고 거짓이다. 우리는 단지 주의를 딴 데로 돌리고 있을 뿐이다.

5. 부조리의 형이상학[8.]

"신사 여러분, 제가 철학적으로 이야기하는 것을
너그럽게 봐주셔야 합니다."

도스토옙스키[Dostoevski], 『지하생활자의 수기Notes from

Underground』

카뮈에 따르면, 부조리는 "인간과 우주의 대결"이고, 우리의 기대들
과 "이성"이 리얼리티의 무한한 무관심과 "비인간적인 침묵"에 대항
하는 것이다. 하지만 **왜 이러한** 기대들인가? 그러한 대결이 정말로
있는가? 카뮈의 형이상학에서 한편에는 인간과 그의 이성이 있고,
다른 한편에는 엄연한 물리적 현실이 있다.[9.] 그런데 그 문제에 그

---

8.   이 고려 사항들 중에서 일부는 허버트 호크버그[Herbert Hochberg]가 해명했다. "Albert Camus and
the Ethics of Absurdity," *Ethics*, 1964-65.

9.   우리는 이것이 데카르트의 형이상학임을 인지한다. 그러나 데카르트가 신은 자비롭게 둘 사이
를 중재하는 존재라고 믿었고 그것을 증명하려고 시도했던 반면에, 카뮈는 신을 부정하고 따라
서 화해의 희망을 버린다. 데카르트가 확언할 때, 카뮈는 부정한다. 데카르트처럼 카뮈는 극단
적인 이성주의자로서 완전히 플라톤과 스콜라철학의 전통에 속해 있다. (이것이 이상하게 들리
는 이유는 오로지 너무 오랫동안 불가해한 "비이성주의자들"과 "실존주의자들"의 부류에 속하
는 것으로 분류되어 왔기 때문이다. 카뮈는 이 두 집단을 모두 단호하게 거부했다.) 이 무자비
한 이성주의에 따르면, 이성의 후원을 받는 경우를 제외하고는 그 어떤 확언도, 그 어떤 의미도

러한 "편들"이 있는가? 혹은 인간과 인간의 우주는 단일한 통일체로서 하나가 다른 하나를 정의하는 것은 아닌가?

"우주의 비인간적인 침묵"은 —확실히 이것은 우리의 경험이 아니다. 리얼리티는 1초마다 우리에게 **고함친다**—의무와 경고, 위험과 욕망을 명령하고 지시한다. 들을 수 있는 것이라고는 침묵뿐이라면, 카뮈는 무엇을 **들으려고** 귀를 기울이고 있는가? 마치 리얼리티는 가치로부터 자유롭고 투자로부터 자유롭고 에고로부터 자유로운 상태로 그저 우리에게 **주어져** 있기나 한 것처럼, 카뮈의 "우주"는 우리에게서 그토록 멀리 떨어져 있고 "무관심"하다. 시시포스에게는 그의 바위를 가지고 해야 하는 노역만 있다. 이것은 우리의 삶과 유사한 것인가? 분명히 그렇지 않다. 그렇지만 이성적인 의식의 형이상학과 차갑고 잔인하지는 않지만 무관심한 세계 사이의 대결은 어디에서 생겨나는가?

시시포스의 세계는, 처음에 보이는 것처럼, 그의 바위와 산과 무익한 고역이 아니다. 카뮈가 우리에게 말하기를, 시시포스의 구원은 "신들에 대한 멸시"다. 마찬가지로 카뮈는 **반항**의 미덕을 찬양한다. 그런데 무엇에 맞서는 반항인가? 그는 무신론자다. 그에게는 멸시할 신들이 없다. 혹은 『전락』에서 클라망스는 (아마도 훔친 물건을 받는 것을 제외하면) 어떤 중대한 범죄도 저지르지 않는다.

있을 수 없다. 플라톤과 데카르트는 의미를 발견하는 반면에, 카뮈는 찾지 못한다. 카뮈에게 부조리는 엄밀하게 **이성적인** 결론이고, 바로 이성의 **이름**으로 그는 이 부조리를 부정하거나 초월하려고 시도하지 않을 것이다.

그런데도 그 또한 "유죄 판결을 받는다." 무엇 때문에? 카뮈는 "희망을 품지 말고 호소하지 말고" 살아야 한다고 우리에게 말한다. 그렇지만 왜? (클라망스처럼) 카뮈에게는 희망을 품을 충분한 이유가—알제리와 유럽에서의 평화, 화창한 날, 새로운 사랑, 나치 점령에서 해방된 프랑스에서 구현된 어느 정도의 정의—있는 것처럼 보일 것이다. 하지만 그래도 카뮈는 자신을 무의미한 세계에 사는 희망이 없고, 유죄 판결을 받은, 비극적인 ("부조리한") 영웅으로 생각한다.

　이제 진단—형이상학자의 진단—이 드러나기 시작한다. 여기에서 말하는 형이상학은 정신적인 것과 육체적인 것으로 구성된 이원론만이 아니다. 더 중요한 것은 이것이 죄와 구원이라는 전통적인 기독교의 형이상학이라는 점이다. 카뮈가 언급하는 "호소"는 기독교적 의미에서의 "호소"이다. 그의 멸시 대상은 사실 우리를 버린 신—또는 신의 가호—이다. 더 정확히 말하면, 카뮈는 신을 버렸지만, 수난, 죄와 죄의식, 유죄 선고와 구원의 기독교 체제는 전부 그대로 유지했다. 하지만 이제는 죄의식과 유죄 선고는 여전히 남아 있지만, 구원은 불가능하다. 그래서 "장 바티스트 클라망스"는 "그 누구도 순수하지 않다"는 것을 깨닫고는 한때 대단히 성공했던 삶을 포기하고, 암스테르담의 초라한 술집에서 네덜란드산 진을 진탕 마셔 댈 뿐 그 맛을 음미하지는 않는다. 그는 심판관을 거부하지만, "회개하는 심판관"으로서 스스로 판결을 떠맡고, 방어적으로 자신의 죄의식과 원한을 인류 전체에게 투사한다. "우리는 모두 무언가에 불복하여 항소하기를 원한다! 비록 인류 전체와 하느님 자체를 비난해야 할지라도, 우리 각자는 무슨 수를 써서라도 무죄임을 강력하게 주장한다." **이 사람을 보라!**

카뮈는 (카뮈만이 아니다) 정신적 외상을 입은 무신론자이고, 신이 내리는 판단의 무게를 돈키호테 같은 어깨 위에 스스로 짊어진다. 이제 우리는 신에게서 얻을 수 있기를 희망했던 것을 우리자신에게 기대한다. "부조리한 영웅"은 ─카프카^{Kafka}의 조셉 K처럼─더 이상 면죄가 없는 세계에서 명시되지 않은 죄의 사면을 부조리하게 추구하는 아주 기독교적인 영웅이다. 기독교가 한 것이 무엇이든 간에, 기독교는 목적이 없고 자기 자신을 비하하게 만드는 죄의식, 우리가 존재한다는 바로 그것으로 인한 죄의식의 의미를 우리에게 가르쳤다. 또한 지금까지는 우리에게 구원의 희망도 제공해 주었다. 하지만 그 죄의식과 그 희망의 토대는 아주 똑같다. 희망을 포기함으로써 우리는 죄의식도 포기할 수 있었다. 그렇지만 우리는 죄의 책임을 스스로 떠맡았고, 그러므로 죄의식도 계속 간직했다. 부조리의 형이상학 근저에는 훨씬 더 오래된 형이상학의 유령이 누워 있다. 그것의 근저에는 친숙하지만 진단되지 못한 정념의 질병, 쓰라리고 방어적인 세계관이 있다. 그런데 이 세계관에서는 자기를 비하하게 만드는 죄의식과 절망의 정념들이 선도적인 역할을 한다. 부조리는 단지 그런 정념들을 합리화한 표면에 불과

하다.[10.]

부조리를 **구성하는** 것은 바로 이런 원한의 신드롬, "시시포스의 정념들"이다. 카뮈는 이 정념을 부조리의 "결과"로 간주했고, "반항"이란 명칭을 부여했다. 이런 교묘한 술책은 철학에서 드물지 않다. 누군가는 중립적인 입장에서 "객관적으로" 설득력 있게 주장하고, 이 반박의 여지가 없는 토대로부터 왜곡된 선입견들을 끌어내어, 그의 편견들을 "합리화한다." 그러나 "객관적인" 주장들은 그것들을 뒷받침하는 부조리의 정념들을 수반하는 것이 아니라 그 정념들을 전제로 한다. 부조리주의자는 인간에 관한 열정적이고 억울해 하는 관점으로 시작하는데, 이런 인간관에 따르면 인간은 열등하고, 무기력하고, 박해받고 부당하게 취급받고 있다. 그다음에 부조리주의자는 철학적으로 적합한 방식으로 그의 원한을 진전시키고 체계적으로 진술할 수 있는 "객관적인" 관점을 발견한다. 그는 삶을 모멸적이고 무의미한 것으로 보는 관점으로 시작해서, 그다음에 어느 정도의 자부심을 지키려는 필사적인 욕구 덕분에 균형을 잡고서 무의미하다는 그 자신의 인식을 우주 전체에 투사한다.

---

10. 부조리는 종교적 사유에는 없는 개념이 아니라는 점을 강력하게 주장하는 것이 중요하다. 비록 그렇다고 설명되지만 말이다. 이 개념에 핵심적인 것은 어마어마한 죄의식과 우주의 거대함 그리고 우리의 왜소성에 대한 의식이다. 이것은 카뮈에서 만큼이나 기독교에서 친숙한 의식이다.

6. "부조리의 추론"

지금까지 모든 위대한 철학은 무엇이었는지가
서서히 나에게 명확해졌다. 즉 모든 위대한 철학
은 창시자의 개인적인 고백이자 일종의 본의 아
닌 무의식적인 회고록이다. … 철학자에게는 어
떤 것이든 개인적이지 않은 것은 아무것도 없다.
그리고 무엇보다도 철학자의 도덕성은 그가 어
떤 사람인지를 확실하게 그리고 결정적으로 증
언한다.

니체, 『선과 악을 넘어서*Beyond Good and Evil*』

카뮈는 "우리 시대에 광범위하게 퍼져 있는 부조리의 감수성"을 언
급하면서 『시시포스의 신화』를 시작한다. 그렇지만 그가 우리에게
제공하는 것은 "부조리의 추론," 즉 가차 없이 논리를 통해 추적하
는 것이다. 카뮈의 서투른 데카르트주의에서 사실 "논리"는 자주
실종된다. 하지만 그 주장들은 충분히 익숙하다. 사실 우리는 아
마도 대학원에서 그것들을 되풀이해서 말했을 것이다. 그 주장들
은 체계적이며 제대로 밝혀져 있어서 아마도 논박할 수 없을 것이
다. 그것들은 할 말을 잃게 한다. 그렇지만 우리가 자고 있는지 깨

어 있는지를 결코 확실하게 알 수 없다고 우리를 확신시키는 그러한 철학적 수수께끼들처럼 그 주장들도 또한 부적절하다.

그러한 주장들로 구성된 집합이 적어도 두 개가 있다. 두 집합 모두 무한성의 관념을 중심 주제로 하며, 두 집합 모두 카뮈에게서 어느 정도 발견된다. 첫 번째 주장은 아주 단순하다. 왜소한 인간을 무한한 우주와 비교해 보라. 또는 우리의 짧은 일생을 영원이란 시간과 비교해 보라. 또는 은하계 충돌의 문맥에서 우리의 빈약한 행위들을 생각해 보라. 또는 우리의 극미한 유한성을 신의 무한성과 비교해 보라. 또는 무엇을 하든지 간에 우리는 죽게 되리라는 것을 반성해 보라. 결과는 명확하다. 우리는 사실상 아무것도 아니고, 우리의 행위들과 느낌들은 무의미하다. 하지만 그 주장을 반박하는 것이 불가능한 만큼이나 다음과 같이 본능적으로 반응하지 않을 수 없다. "나 자신에게는 아니다. 나는 아니다." (불멸의 신은 단지 끝없이 지루하기만 할 뿐일지도 모른다.)

두 번째 주장도 첫 번째 주장만큼이나 익숙하다. 모든 인간의 욕망에는 정당화의 "이유"가 있다는 것이 두 번째 주장이다. "왜 당신은 그것을 원하는가?" "그것이 당신에게 무엇을 얻게 해줄까?" 등등. 모든 대답에는 또 하나의 "왜"가 추가되고 그런 다음에 또 하나의 "왜"가 추가되고, 이것이 계속 무한히 부조리하게 계속된다. 마지막의 "왜"라는 질문에는 어떤 대답도 없다고 니체는 경고한다. 물론 그렇지 않다. 왜냐하면 최후의 "왜"라는 질문은 결코 없기 때문이다. 정당화의 연쇄 고리는 결코 완성되지 않으며, 결코 완전히 이어 붙여지지 않는다. 그래서 우리의 모든 욕망과 가치들은 뒷받침되지 못하고, 정당화되지 못하고, 그저 헛된 것으로 남아 있고, 그리고 —부조리한 것으로 남아 있다. 하지만 바로 전의 경우에서만큼 이 경우에서도 유치한 반응이 적합하다. 구체적으로 말해서, 그 반응이란 "**나에게는** 그렇지 않다"는 것이다. 다음 장에서, 그리고 이 책의 나머지 부분에서 문제는 심지어 반대자들의 정교한 반박 불가능성에도 아랑곳없이 그 순수한 반응에 철학적인 신빙성을 어느 정도 부여하는 것이다.

우리는 다음과 같은 말로 시작할 수 있을지 모르겠다. 문제는 삶의 **의미**다. 그런데 "의미"란 무엇인가? 다른 많은 사람들에게 뿐만 아니라 카뮈에게도 그리고 위에서 살펴본 두 집합 모두에서도, "의미는" "그 자체 너머를 지시하는 것," 외부의 "호소"(카뮈의 용어)를 뜻한다. 그래서 미국의 논리학자이자 카뮈와 동시대인이었던 모리스 코헨$^{Morris\ Cohen}$은 "의미"를 다음과 같이 정의했다. "… 만일 무엇이든 그 자체 너머에 있는 어떤 것과 연결되거나 어떤 것을 나타내거나 지시한다면 의미를 획득한다. 그러므로 그것의 완전한 본성은 그런 지시 관계를 가리키고 그런 지시 관계 속에서 드러난다(『논리학 서문$Preface\ to\ Logic$』)." 그 너머에서 우리가 발견하는 것이 신이든 아니든, "삶의 의미"에 대하여 카뮈가 염두에 두고 있는 것은 바로 이런 뜻의 "의미"라는 것은 분명하다. (다른 후보군들이 무엇일 수 있을지는 불분명하다.) "호소하지 않고 사는 것이 가능한가?" —즉 의미 없이 사는 것이 가능한가? 마치 삶의 의미가 삶 그 자체의 바깥에서만 발견될 수 있기나 한 것처럼 말이다. (삶은 살아가기 위한 것이라고 생각하지 않는가? "삶을 가지고 그밖에 무엇을 할 것인지를 생각하기는 어렵다" — 노엘 카워드$^{Noel\ Coward}$)

그러나 그 요구는 일관성이 없다. 철저한 "이성주의자"로서 카뮈는 우리의 경험 **내부의** 의미들만이 우리에게 허용된다고 강력하게 주장한다 —부적절한 그 어떤 "비약"도, 신비주의적인 그 어떤 "통찰"도, 외부의 그 어떤 "호소"도 허용되지 않는다. ("내 규칙은 즉시 찾을 수 있는 증거와 잘 어울리는 것이다.") 하지만 **물론** 의미에 관한 그의 개념, 즉 우리의 삶 너머에 있는 의미를 부여하는 어떤 근원과의 지시 관계와 결부되어, 우리의 삶은 명백히 무의미하다는 것, 다시 말해서, 부조리하다는 것이 드러난다.

주장보다는 유추에 근거하여, 위에서 언급한 의미의 개념은 그 이후로, 특히 비트겐슈타인의 후기 작업 이후로, 많은 위대한 철학자들과 언어학자들, 비평가들, 시인들에게 버림받았다는 점에 주목할 만하다. 결정적으로 그렇지는 않다고 하더라도, 의미를 "그 자체 너머를 지시하는 것"으로 특징지으려는 시도는 —가능하다고 한다면 —의미론 체계 **내부의** 아주 작은 단위에만 적용할 수 있다. 하지만 그 체계 자체는 "의미를 갖고" 있지 않으며, 그렇다고 해서 무의미하지도 않다. ("loquacity"라는 단어는 영어**에서** 의미를 지니고 있다. 하지만 그 영어 단어가 의미를 지니고 있다고―혹은 지니고 있지 않다고 말하는 것은 어떤 뜻일까?) 마찬가지로, 자신의 어리석음을 드러내는 카뮈의 삶의 의미 추구는 (위에서 주장한 대로) 삶이 더 큰 어떤 체계―자연이나 신의 창조물―의 일부로 여겨지는 경우를 제외하면 삶은 어떤 의미도 없다는 명제로 맞받아칠 수 있다. 하지만 주관적으로, "우리 자신을 위해서," 우리는 삶이 이렇다고 생각하지 않는다. 이런 뜻에서, 삶 자체는 어떤 의미도 없다. 그렇지만 그래서 뭐가 어쨌다는 말인가? **"우리의 삶에서 의미는 무엇인가?"**가 유일한 질문이다.

삶에 대한 공정한 판단은 삶 자체의 내부에서만 얻을 수 있다. 마치 현미경으로 세균을 검사하고 있거나 한 것처럼 우리 삶의 의미를 고찰하는 척할 때, 철학자들과 과학자들은 결론으로 도출해내는 척하는 인간 존재에 대한 경멸을 검사의 일부로 이미 짜넣은 상태이다. 인간 삶의 포괄적인 무의미를 강력하게 주장할 때, 카뮈는 이미 아무것도 없다는 외관상 끔찍한 판결을 우리에게 내린다. 따라서, 그는 유의미한 삶과 무의미한 삶의 구분을 일축하고, 심지어 삶에서 유의미한 순간들과 무의미한 순간들의 구분까지 일축한다. ("단지 양적인 차이들만 있을 뿐이다. … 20년 동안의 삶과 경험을 대체할 수 있는 것은 아무것도 없을 것이다.") 알렉산더 같은 사람의 선택―짧은 삶이냐 영웅의 삶이냐―이나 솔로몬 같은 사람의 선택―평범한 삶이냐 현명한 삶이냐―을 위한 여지는 전혀 없다. 바로 이 지점에서 우리는 부조리가 아니라 카뮈의 부조리한 형이상학에 반대할 수밖에 없음을 깨닫는다. 우리는 삶에는 의미가 있다고, 삶**의** 의미가 아니라 삶 **속에** 의미가 있다고 강력히 주장하고 싶다. 우리의 정념들을 통해서 우리가 이런 의미들을 구성한다고 강력히 주장하고 싶다. 우리의 삶을 살 만한 가치가 있는 것으로 만들어주는 것은—혹은 만들어주지 않는 것은—바로 이러한 의미들이다.

7. 시시포스의 정념

카뮈의 신화는 왜 그토록 많은 독자들의 심금을 울려 감응하게 하는가? 최소한의 철학적 고찰만 해도, 성긴 편견들과 개념들이 그저 그림자에 지나지 않는 것이 됨에 따라서 전제들은 사라지고, 주장들은 해체되고, 결론들은 증발한다. 왜 독자들은 "부조리성"과 "호소," "도전"과 "반항," "유죄 선고"와 "영웅주의"라는 이러한 공허한 개념들에 그렇게 감명을 받는가? "이성"이 무기력하지만 우아한 시의 허울을 쓰고 나쁜 주장들과 개인적인 혼동들을 뒷받침하는 권위의 특질에 지나지 않을 때, 카뮈 안에 그리고 우리 안에 있는 그 무엇이 우리를 그의 유혹에 잘 넘어가게 만드는가?

이따금 그런 척함에도 불구하고, 카뮈는 흠잡을 데 없는 추론을 함으로써 독자를 확실한 전제에서 시작하여 한 걸음씩 이끌어 주는 그러한 철학자들 중 한 명이 아니다. 그런데도 독자들은 그의 오류들을 공유하고, 그와 함께 근거가 불충분한 비약을 하고, 무심결에 논리를 고려하지 않는 것 이외에도 또 다른 무엇을 공유한다. 물론 "또 다른 무엇"은 그럴듯한 오류들 이면에 있는 열정적인 세계관, 형이상학—한때는 라틴어로 기록되던 냉담한 개념들의 구성체—뿐만 아니라 우리가 또한 공유하는 정념 혹은 일련의 정념들이다. 우리는 또한 "부조리"에 직면하여 "호소 없이 살 수 있는지를" 알고 싶어 한다. 그런데 왜 우리는 우선 "호소"의 필요성을 당연히 느끼는가? 또한 왜 우리는 "삶은 부조리하다"라는 결론에 그토록 보잘것없이 매달리는가? 그 증거는 정념들 속에 있는데, 정념들은 우리가 삶에서 발견하는—혹은 발견할 수 없다고 주장하는—반성 이전 단계에 있는 의미의 근원이다. 그리고 이 점은 카뮈 자신의 글 속에서 가장 뚜렷하게 나타난다. 시시포스는 궁극적으로 그가 받은 형벌이나 그가 한 복종에 의해서가 아니라, 그의 정념들에 의해서 특징지어진다. "그는 극심한 고통을 겪는 만큼 정념을 경험한다."

시시포스의 정념들은 무엇인가? "신들에 대한 멸시, 죽음에 대한 증오, 삶에 대한 열정⋯⋯." 그는 희망이 없고, 힘이 없고, "비참하고" 그렇지만 "반항적"이다. 그럼에도 그는 "무언의 기쁨"을 느끼고, 그래서 시시포스는 "행복하다"고 간주해야 한다고 카뮈는 말한다. 참으로 이상한 "행복"이다.

시시포스는 그의 정념들 때문에 부조리한 영웅이다. 그러나 영웅적이라고 추정되는 문맥에서 떨어져 나온 이 정념들은 너무도 친숙한 방어 신드롬을 보여 준다. 바로 정확히 이 신드롬이 부조리의 관점에서 세계를 기획한다. 이것은 큰 기대와 그 결과로서 생기는 쓰라림, 무력감과 그 결과로서 생기는 원한, 절망과 그 결과로서 생기는 멸시의 신드롬이다. 무언의 반항과 그 결과로서 생기는 "신 포도"라는 자기 만족의 신드롬이기도 한데, 이런 자기 만족은 "행복"으로 통하려고 한다. 또한 이것은 "신을 부정하는" 악의가 있는 기쁨, 절망적이고 무익한 삶을 **받아들이고** 심지어 찬양하기까지 하는 최후의 필사적인 전략의 신드롬이다. 인간 존재를 비하하는 이런 상세한 묘사에 단 하나의 요소가 **빠져** 있는데, 바로 클라망스가 술집 설교단에서 제공해 주는 **죄의식**의 정념이다. "비하하는 것은 우리의 임무나 실수가 아니라 바로 우리의 실존 그 자체이다. 우리를 유죄로 만드는 것은 우리의 죄가 아니라 바로 우리의 존재 그 자체이다." 시시포스는 신들에 의해 "유죄 선고를 받는 것"이 주는 감정적인 이점을 가지고 있다. 반면에 우리는 우리 자신에게 유죄를 선고한다. 문학적인 비범한 재능 덕분에 카뮈는 이런 섬뜩한 시나리오를 영웅적인 색채로 표현한다. 하지만, 우리는 그것을 있는 그대로 봐야 한다. 그것은 기독교적인 인간 폄하의 한 변형태로 모멸적이고 악의가 있으며 희망이 없다. 이 변형태에서 인간은 하찮고 무력하며, 죄와 형벌의 무게 때문에 사실상 으스러져 있으며, 원한과 멸시와 무언의 반항을 (그렇지만 거부는 아니다) 통해서 마지막 남은 자존감을 우쭐대며 지킨다. 이것은 쇠퇴기에 있는 인류이고, 최악의 상태에 있는 인간이다. 이런 상태에서 인간은 이미 그를 패배시킨 우주에서 열등한 존재의 역할을 맡는다. 하지만 인류는 그 어떤 것도 한 적이 없다. 다시 말해서, 인간은 권력을 행사할 신이 더 이상 없는 우주에게 압도적인 판단력을 투사하는 것을 제외하고는 어떤 것도 한 적이 없다. 결코 "무관심하지" 않은 카뮈의 우주는 투사된 도덕적 판단력에 의해 생기를 부여 받았다.

시시포스는 왜 "행복한가"?[11] 우리는 "부조리한 영웅"이라는 그에 대한 묘사뿐만 아니라 그의 마지막 소설 작품에 왜 그토록 공감하여 깊은 감명을 받는가? 왜냐하면 우리는 모두 완전한 소멸 직전에 최후의 수단으로 몸을 사리면서 표리부동하게 하는 복종에 동반되는 도착적인 형태의 환희와 자기 만족을 알고 있기 때문이다. 거의 모든 것 ㅡ자존심, 존엄성 의식, 명예, 사랑하고 웃고 심지어 미워하거나 화를 낼 수 있는 능력 ㅡ을 잃고서, 우리는 사냥개에 몰려 궁지에 빠진 몹시 지친 다람쥐처럼 몸을 돌려 이를 드러내며 절망적으로 저항하고, 놀랍게도 그 싸움에서 승리한다. 비록 단

---

11. 전형적으로 죽음과 관련되는 이 행복이라는 이상한 개념은 카뮈의 모든 소설에 스며들어 있다. 『이방인The Stranger』은 뫼르소Meursault가 죽음을 기다리면서 "우주의 자애로운 무관심에 마음을 열고" 행복해 하는 순간에 끝난다. 『페스트The Plague』의 마지막 구절은 적절하게도 "행복한 죽음"이다. 영어로는 1972년에 출판된 카뮈의 첫 소설에는 『행복한 죽음A Happy Death』이라는 제목이 붙여져 있다. 클라망스만이 계속 버티지만, 그조차도 독백의 말미에서 원한이 깃든 행복을 고백한다. 이것은 유죄 판결을 받은 시시포스에게서 발견되는 것과 동일한 원한이 깃든 행복이다. 그리고 거기에는 우리가 설마 이해 할 리가 없는 의미가 있다. (우리가 이해하는 의미가 있다는 것이 더 비극적이다.)

지 강한 상대가 싸움에 흥미를 잃었을 뿐이기에 우리가 승리하는 것이기는 하지만 말이다. 원한의 행복은 존엄성의 마지막 남은 조각을 구하자마자 느끼는 안도감이다. 시시포스의 기쁨, 카뮈의 행복, 카뮈가 그의 가엾고 유죄 판결을 받은 등장인물들 모두와 그리고 이제는 우리와 공유하는 행복은 어린애나 품는 유치한 앙심이 주는 쓰면서도 달콤한 원기회복제이다. 왜냐하면 이런 유치한 앙심은 우쭐한 만족의 효과만을 가져오기 때문이다. 이런 앙심은 어떤 한계도 없는 ("어떤 행동 규칙도 없는") 복수심이다.

일단 시시포스의 거짓 영웅주의가 가면을 벗고 뒤틀린 원한의 얼굴을 드러내고 나면, 카뮈의 쓰라린 부조리 개념은 설득력이 훨씬 약해진다. 멸시하고 반항하면서, 시시포스와 카뮈는 신들을 저주하고, "인류 전체를 비난할 수" 있다. 클라망스는 "마음속에서 다른 사람들을 기소하는 일"을 계속한다. 그렇지만 원한이 본래 심술궂다고 한다면, 원한은 또한 본질적으로 무능하고, 제어할 수 없는 광포한 앙심은 그것의 완전한 무능력에 의해 상쇄된다. 그래도 카뮈의 순수한 반항에서 사드 후작Marquis de Sade의 신나고 도착적인 잔인성까지의 거리는 아주 짧고, 단지 하나의 기질과 농도만 더하면 된다. "시시포스의 신화"가 나오기 1세기 반 전에, 그 악명 높은 후작은 똑같은 무관심한 우주를 투영하고 저주했다. 그러나 시시포스가 말없이 순종하면서 멸시하기만 한 데 반하여, 사드 후작은 자신이 실제로 저지른 그리고 허구로 꾸며 낸 강간과 살인, 수간, "사디즘"의 행동들을 감정에 관한 동일한 전제들에서 나온 논리적인 결과로 보았다. 사르트르는 카뮈를 프랑스의 위대한 도덕가 중 한 명으로, "도덕성이란 확실한 분야를 떠나기를 거부한 부조리의 데카르트"로 기술할 수 있었다. 그러나 니체가 한때 주장했듯이, 잔인성뿐만 아니라 도덕성도 원한의 결실일 수 있다. 우리가 카뮈의 영웅적인 부조리의 표층 밑을 더 파면 팔수록, 원한과 "멸시와 반항"의 정념들은 더욱더 기본 쟁점이 된다. 따라서 "삶의 의미"와 "부조리"의 문제로 시작하는 이 책의 주제는 정념의 철학이 된다.

카뮈의 "삶에 대한 열정"은 절망적인 정념이고, 유죄 판결을 받았거나 죽어 가는 사람이 삶의 견실한 정념들—사랑, 미움, 화, 심지어 슬픔까지도—을 모두 상실했을 때 생겨나는 정념으로 그런 사람은 이 정념을 마지막으로 꽉 붙잡는다. 이 "삶에 대한 열정"은 마지막으로 막 문밖으로 나가고 있는 연인에게 느끼는 감정의 격발과 유사하다. 심지어 카뮈도 다음과 같이 시인한다. "나는 요즘에 곳곳에서 울려 퍼지는 둔탁한 반향 소리를 분명히 알고 있다. 그런데도 내가 할 말은 단지 이 한마디뿐이다. 즉 그것은 꼭 필요하다." 하지만 우리에게 이것으로는 충분하지 않다. 그토록 오랜 세기 동안 인류를 정의했던 모멸적인 형이상학을 꿰뚫어 보는 법을 배웠기에, 우리는 이제 자신들을 "부조리"로 합리화하는 더 세속적이고 자초한 비하 행위들을 꿰뚫어 보는 법을 배울 수 있다. "요점은 사는 것이다"라고 카뮈는 우리에게 말한다. 그렇지만 삶에서 환영 받지 못하는 손님처럼 완고하게 반항하며 사는 것으로는 충분하지 않다. 우리의 이미지는 멸시하는 시시포스의 것이어서는 안 되고, 마찬가지로 오래된 전설로 니체가 "영원한 반복"이라고 부르는 것이어야 한다. 그것은 절망의 반복을 과장하지 않고, 도리어 유의미를 분석하는 최종 검사로 반복을 활용한다.

가장 극심한 압박. 만일 어느 낮 혹은 어느 밤에 악마가 가장 쓸쓸한 외로움 속으로까지 당신을 몰래 뒤따라와서 당신에게 다음과 같이 말한다면 어떻게 될까? "당신이 살아 왔고 지금 살고 있는 이 삶을 당신은 한 번 더 그리고 무수히 반복해서 살아야만 할 것이다. 당신의 삶에 새로운 것이라곤 아무것도 없을 것이고, 단지 모든 고통과 모든 기쁨과 모든 생각과 한숨 그리고 측정할 수 없을 정도로 작거나 큰 모든 것이 —모두 똑같은 순서대로 그리고 똑같은 결과로 —당신에게 되돌아올 것이다. 심지어 나무들 사이에 있는 이 거미와 이 달빛조차도 그리고 이 순간과 나 자신조차도 똑같이 되풀이될 것이다. 영원한 존재의 모래시계가 계속 반복해서 거꾸로 놓이게 되고, 그것과 함께 먼지 중의 먼지 한 알인 당신도 계속 그렇게 될 것이다." 당신은 드러누워 이빨을 갈면서 이렇게 말한 악마를 저주하지 않겠는가? 아니면 당신은 "그대는 신이고, 나는 그대가 한 말보다 더 신의 말 같은 것을 결코 들어 본 적이 없다"고 대답하는 굉장한 순간을 한 번 경험했을까? 만일 이런 생각이 당신을 사로잡는다면, 이 생각이 있는 그대로의 당신을 변화시키거나 어쩌면 으스러뜨릴지도 모른다. 모든 것에서 "이것을 한 번 더 그리고 무수히 더 원하는가?"라는 질문은 가장 극심한 압박으로 당신의 행동들을 짓누를 것이다. 아니면 당신은 이 최종적인 영원한 확증과 보증보다 **더 열렬하게 아무것도 갈망하지 않기** 위해서 당신 자신에게 그리고 삶에게 얼마나 호의를 가져야만 할까?

『즐거운 학문*Joyful Wisdom*』

2장

새로운 낭만주의

1. 정념과 부조리

모든 정념에는 그저 처참한 단계, 어리석음의 무
게로 희생자를 끌어내리는 단계가 있다. … 정
념 속에 들어 있는 어리석음의 요소를 고려하
면, 정념 자체에게 전쟁이 선포되고, 그것을 파
멸시키려는 음모가 꾸며진다. 늙은 도덕의 괴물
들은 모두 이것에 동의한다. 정념들을 죽여야
한다. … 단지 어리석음을 막으려는 예방책으로
서 정념과 갈망을 파괴하는 것 ―오늘날 우리는
이것 자체를 단지 또 하나의 극심한 어리석음의
형태로 여긴다. 우리는 더 이상 아프지 않도록
이를 "뽑아 버리는" 치과의사들을 더 이상 칭찬
하지 않는다.

니체, 『우상의 황혼』

부조리에 대한 대답은 정념이다. 물론 항상 부조리한 것들이, 우
리의 기대들과 리얼리티 사이에 씁쓸한 간극들이 있을 것이다. 예
를 들어, 젊은 친구의 죽음, 대통령 살해, "짝"사랑, 좌절하게 만드
는 관료제의 실책들이 있을 것이다. 우리가 가치들과 기대들을 가
지고 있는 한 ―그리고 사는 것은 가치들과 기대들을 가지는 것이

다 —"스토아철학"이나 기독교, 불교의 선, "사실주의," "침착함," 또
는 쇼펜하우어의 냉소주의가 내세우는 많은 기치들 중 하나의 기
치 아래에서 부조리한 것들의 중요성을 부정하려고 아무리 애써도
이러한 부조리한 것들로부터 전혀 벗어날 수 없을 것이다. 하지만
부조리, 즉 삶**의** 부조리성은 피할 수 있다. 그것은 우리의 삶에 의
미를 부여하기에 충분할 만큼 정념과 주관성을 받아들이기를 거부
하는 것이다. **부조리**는 모든 정념들 너머로, 주관성 너머로, 그러
므로 삶 너머로 가겠다고 고집하는 냉혹하고 필사적인 "객관적" 추
론의 산물이다. 그것은 **다른 무엇**이 삶의 의미를 제공해야 한다고
요구한다. 심지어 "구체 철학"을 주창한 가브리엘 마르셀조차도 이
런 요구의 희생자가 된다. 그는 "모든 내재성의 철학은 한물 갔다"
라고 주장한다.[12] 그러나 오로지 내재적인 의미들만이 있고, 심지
어 부조리 —즉 의미의 부재에 대한 깨달음—조차도 "내재적으로,"
우리 삶의 **내부에서, 주관적으로** 설명되어야 한다. 삶의 유의미성
이 문제가 될 때, 문제가 되는 것은 삶 속에 있는 의미들 —우리의
정념들 —에 대한 우리의 개인적인 불만족이다. 그밖에 아무것도
아니다.

하이데거에 따르면 정념들은 (특히 **기분들**은) "세계로 변모되는"
우리의 방식이다. 이것은 리얼리티는 결코 단순히 우리를 위해 거
기 있는 것이 아니라 항상 잡일과 임무들, 사람을 끄는 것들과 밀

---

12. "What Is a Free Man?" in *Man Against Mass Society*(Chicago: Regnery, 1962).

감정은 어떻게 내 삶을 의미 있게 바꾸는가

어내는 것들, 중요한 문제들과 가치 있는 사물들로 가득 차 있음을 다시 강조하는 적절한 어구다. 우리도 또한 **단순히** 거기 있는 것이 아니라, 전기에 비유하여 말한다면, "켜져" 있다. 나의 정념들은 나를 삶의 순간들에 결합한다. 즉 나는 정념들을 가지고 ― 확실하지만 순간적인 영속성에 대한 의식을 가지고 ― 나 자신을 삶의 순간들에 묶는다. 4시간에 걸쳐 있든 40년에 걸쳐 있든, 그러한 것들이 삶의 의미들이다. 그러한 결속들을 비틀어 떼어 내거나 끊어 내는 것, 삶의 일시적인 유의미성을 잘라내는 것은 그러한 의미들은 대체되지 않을 것이라는 위협에 ― 잠깐 동안이라 하더라도 ― 직면하는 것이다. **미지의 것**은, 구체적으로 말해서, 일어날지도 모르는 것이 아니라 오히려 일어나지 않을지도 모르는 것은, 우리 삶의 가장 무시무시한 전망이다. 나는 지루한 파티에서 나와서, 내 차가 있는 곳으로 가다가 갑자기 되돌아가고 싶은 유혹을 느낀다. "내 앞에는 무엇이 있지?" 이것은 일시적으로 약해지는 것이고, 이런 상태는 곧 지나간다. 부조리의 유령은 그런 순간들에 자주 나타난다. 나는 지난 몇 시간 동안 관련되었던 일들을 깎아내린다. 돌이켜 보니, 그것들은 무의미하다. 새벽 한 시에 보도 위에서 의미들 사이에 끼어 있는 어딘지도 모를 곳에 서서, 삶은 무의미하다고 생각한다. 그래서 우리는 그런 순간들을 피하기 위해서 갖은 애를 쓴다. 우리에게는 야망과 계획, 쓸 책, 할 일들이 있다. 우리는 우리 자신을 "집"으로 만드는데, 이 집에서 우리는 자질구레한 일들과 가치들과 끊임없는 의미 공급과 마주하게 된다. 우리는 아무리 불만족스럽다 하더라도 의미와 정념들 —심지어 시기와 원한, 미움과 분노—로 가득 찬 관계 속에 여전히 있다. 아무리 해도 의미가 전혀 없는 것보다는 있는 것이 더 낫다. 우리는 약속과 일정으로 우리의 삶을 꽉 채워서, 예약된 경우(철학 수업, "새 물결" 영화, 이따금 저녁에 술집에서 혼자 술 마시기)를 제외하고는 무의미가 모습을 드러낼 시간이 없다.

우리의 삶이 부조리하다고 깨달을 때, 문제의 부조리성은 카뮈의 원대한 부조리 개념도 아니고 삶에서 발생하는 부조리한 것들도 아니다. 전자는 한 철학자의 신화이고, 후자는 살아 있다는 것의 대가이다. 우리가 살면서 깨닫게 되는 부조리성은 어느 쪽인가 하면 분리의 순간들, 깨어진 과거의 유대 관계들이지, 미래의 것과는 아무런 관련이 없다. 하지만 그것들은 정말로 "분리의 순간들," 의미가 없는 순간들인가? 아니면, 그것들은 파티에서 소외를 경험하는 순간들, 의미가 없는 것이 아니라 아주 특수한 종류의 의미를 가진 순간들과 더 닮았는가? 이때 특수한 종류의 의미란, 예를 들어, 배제되었다는 느낌, 어쩐지 "열등하다"거나 아예 존재하지 않는다는 느낌, 완전히 "없어질 가능성"의 느낌을 말한다. 돌이켜 생각하면 속박처럼 보이는 유대 관계들을 끊어 내고 난 다음의 순간들이 있는데, 이 순간들은 어떤 구체적인 미래의 전망이 없음에도 불구하고 대대적인 안도감과 기쁨으로 특징지어진다. 부조리성은 그러한 긴밀한 유대 맺기의 순간들에, 대단한 정념을 느끼는 와중에, 격렬한 분노를 느끼거나 광포한 소동이 일어나는 중에, 슬픔을 느끼는 시간에 나타나는 경우가 빈번하다. 그래서 우리는 부조리의 근원이 무의미가 전혀 아니라 어떤 **종류**의 의미라고 의심하기 시작한다. 카뮈는 이런 의심을 하지 않았다. 부조리의 대상은 "무관심한 우주"나 전화박스에서 소리 내지 않고 말하는 사람과의 "조우"가 아니다. 부조리의 대상은 우리의 자아다. 부조리는 우리 자신을 스스로 비하하는 것이다. 부조리는 사랑에서는 전혀 나타나지 않고, 거의 항상 우울과 원한에서 나타난다. 모든 것이 똑같이 "유의미하다." 사실은, 우울과 원한은 평온한 사랑과 우정보다 훨씬 더 몰입하게 만드는 경우가 종종 있다. 차이는 의미들 **내부에** 있고, 삶의 무의미함은 사실 무가치하다는 우리의 느낌을 세계에 투사한 것이다. 우주 전체에 투사된 카뮈의 부조리는 자기 자신을 받아들이지 않으려는 **거부**이고, 비난하고 멀리서 안전하게 경멸할 수 있는 힘들에 맞서는 반항과 가짜 고결함으로 자신의 열등감을 벌충하려는 시도이다.

"삶에 대한 열정"이라 불리는 독특한 정념이 있다. 대체로, 이 개념은 어디에 있든지 간에 그들이 하는 모든 일에 대한 열정과 전염되기 쉬운 활기를 가진 행복하고 언제나 환영 받는 사람들을 묘사하는 데 사용된다. 그렇지만 부조리를 공격할 때 카뮈가 사용한 다른 의미의 "삶에 대한 열정"이 있는데, 이것은 삶에 대한 열광에 바로 정반대되는 것이다. 그것은 유죄 판결을 받거나 죽어 가는 사람의 절망적인 태도인데, 이런 사람은 모든 열렬한 목적에도 불구하고 자신이 이미 죽었다고 느낀다. 카뮈의 이방인이 "우주의 자애로운 무관심에 마음을 열면서," 이 정념을 발견하는 순간은 바로 사형당하기 전이다. 하지만 그 이전에는 우주가 그에게 "무관심한" 적이 단 한 번도 없었고, 지금 그가 묘사하는 독특한 행복은 카뮈의 철학 전체에 스며들어 있는 **生活**의 상실을 나타내는 징후이다. 사람은 죽음에 접해 있는 삶의 끝자락에 이르러서야 "행복할" 수 있다. 이른바 이 삶에 대한 열정은 사실은 잃어버린 사랑에 대해 —사랑이 아니라 상실에 대해—느끼는 정념처럼 이미 잃어버린 삶에 대한 갈망이다. 부조리의 문제는 오직 일상생활의 정념들과 의미들을 받아들이기를 거부하기 때문에 생겨난다. 카뮈는 부조리에 삶에 대한 열정으로 대답했는데, 이런 독특한 "삶에 대한 열정"은 똑같은 불만족과 거부를 부조리의 문제와 공유한다. 문제와 답 모두 출처가 유사하다. 둘 다 삶에 대한 **경멸**을 공유한다. "삶 자체를 사랑하지만" 삶의 내용들이 유의미하다고 생각하지 않는 것은 공허하고 생기 없는 철학이다. 이런 철학은 모든 가능성들을 거부하는 것으로 시작하는 헛된 의미 추구이다. 그것이 부조리다. 그것에 맞서 반항하는 것은 이미 문제를 놓친 것이고, 부조리가 사실은 공허함을 내면으로 투사한 것일 뿐인데도 부조리를 자기 **외부에** 있는 어떤 것으로 취급하는 것이다. 카뮈의 "무자비한 이성주의"는 이제 질색이다. 나는 표면상으로는 카뮈의 이성주의가 반대하는 "낭만주의"를 오히려 선호한다.

> 마라: 시민 후작이여
> 당신 자신에게 없는 연민의 결핍은
> 당신이 자연의 무관심이라고 부르는 것이오.
>
> 바이스^{Weiss}, 『마라/사드 *Marat/Sade*』

2. 낭만주의

정념은 그 안에서 우리가 사는 요소이다.
이성적인 존재인 인간은 도취되어야 한다.
삶에서 가장 좋은 것은 단지 도취에 불과하다.

바이런^{Byron}, 『돈 후안^{Don Juan}』

옛 낭만주의에 관한 논문들만큼이나 낭만주의를 특징짓는 특색들은 많다. 그런데 그 논문들 중에서, 심지어 가장 학구적인 논문조차도, 열렬한 당파심으로부터 자유로운 것은 거의 없다. 낭만주의 운동에 관한 고전적 연구―아니면 "분석"이라고 말해야 할까―에서 어빙 배빗^{Irving Babbitt}는 "가짜 영성을 … 폭로할 때 이기주의에서 관념적 기만을 벗겨내는 것"이 그의 목적이라고 말한다. 아놀드 하우저^{Arnold Hauser}는 마르크스주의의 관점에서 현실도피와 유치함, 무책임, 비이성의 요소들 때문에 낭만주의 운동을 비난한다.[13.] 괴테는 낭만주의가 "병약하다"라고 말했고, 도미니크 앵그르^{Dominique}

---

13. "낭만주의는 비이성적이고 현실에서 도피하고 … 현재를 두려워하며 … 유치하고 … 유토피아와 동화로, 무의식과 환상으로, 친숙하면서도 기괴한 것과 신비한 것으로, 유년기와 자연으로, 꿈과 광기로 도피한다. 이 모든 것은 똑같은 느낌을, 무책임에 대한 그리고 고통과 좌절이 없는 삶에 대한 똑같은 열망을 위장하고 다소 승화시킨 형태들이다."(Arnold Hauser, *A Social History of Art*, Vol. 3)

Ingres는 낭만주의를 "추함을 숭배하는 것"이라고 불렀다. 스탕달은 낭만주의를 옹호하면서, 낡은 것에 반대되는 당대의 것이란 측면에서 그 특성을 묘사했다. 빅토르 위고Victor Hugo는 낭만주의를 자유에 대한 사랑과 같다고 생각했다. 더 최근에 자크 바준Jacques Barzun은 낭만주의를 다름 아닌 "낡은 것의 폐허 위에 새 세계를 창조하려는 욕구"라고 불렀다. 위고처럼, 허버트 리드 경Sir Herbert Read은 낭만주의를 자유와 동일하다고 봤다. 낭만주의와 그것의 최대 경쟁자인 "고전주의" 사이의 다툼은 항상 격렬했다. 1830년대 파리에서 테오필 고티에Théophile Gautier는 일부러 "속물들을 몹시 화나게 만들기" 위해서 화려한 붉은 색의 흡연용 재킷을 입고서 당당하게 돌아다녔다. 열정적인 적수들 사이에 오가는 거친 언쟁들과 때로는 몸싸움으로 시작하는 연극 개막은 일반적으로 무대를 비추는 각광의 뒤편에 있는 관객석에서 볼 때 더 흥미진진하다.

낭만주의는 무엇인가? 그것은 예술 분야에서 일어난 운동으로 가장 잘 알려져 있다. 어떤 학자들은 그 기원을 중세의 기독교로까지 거슬러 올라가 찾는다. 고대 그리스인들에게로까지 소급하여 그 기원을 찾는 학자들도 여럿 있다. 하지만 자의식이 강한 태도와 명쾌한 철학으로서, 낭만주의는 근대, 특히 19세기 유럽(그리고 미국)으로 한정된다. 이 당시에 음악과 문학, 회화와 시 분야의 "낭만주의 학파들"이 가장 뚜렷했다. 당장 윌리엄 블레이크와 바이런 경, 퍼시 비시 셸리Persy Bysshe Shelley, 테오도르 제리코Théodore Gericault,

외젠 들라크루아Eugène Delacroix, 빅토르 위고, 알렉산드르 뒤마Alexandre Dumas, 엑토르 베를리오즈Hector Berlioz, 요하네스 브람스Johannes Brahms, 리하르트 바그너Richard Wagner, 존 컨스터블john Constable, 조셉 터너Joseph Turner, 노발리스Novalis, 카스파르 다비트 프리드리히Caspar David Friedrich, 아우쿠스트 슐레겔August와 프리드리히 슐레겔Friedrich Schlegel, 랄프 왈도 에머슨Ralph Waldo Emerson과 헨리 데이비드 소로Henry David Thoreau를 떠올릴 것이다. 그러나 모든 문화 운동들처럼 낭만주의도 사상과 철학에 가장 깊이 뿌리를 두고 있었는데, 낭만주의가 뿌리를 두고 있는 사상과 철학에서 당대의 근본적인 태도들이 표현되었다. 철학의 측면에서 낭만주의의 할아버지는 장 자크 루소라는 것이 보편적인 견해이다. 루소의 감상적 자연주의는 프랑스의 정치뿐만 아니라 철학과 예술에서 혁명을 고무했다. 그는 칸트에게, 그리고 그 결과로서 피히테Fichte와 헤겔, 독일 낭만주의의 여러 세대들에게 단일 철학자로서는 가장 큰 영향을 주었다. 그는 괴테가 가장 좋아하는 저술가들에 속했다. 막시밀리앙 드 로베스피에르Maximilien de Robespierre 와 나폴레옹, 베토벤, 들라크루와 모두 루소를 열렬히 좋아했다. 비록 루소에 대한 낭만주의의 해석이 그의 사상을 심각하게 훼손했지만, 다음과 같은 핵심 논지는 변함없이 그대로 남았다. "인간은 자유롭게 태어나지만 모든 곳에서 속박당한다." "자연 그대로의" 인간은 자립심과 미덕의 관념을 가지고 있지만, 당대 사회의 자의적인 방식들과 관습들이 인간에게서 그것들을 앗아가 버렸다. 부자연스러운 이성이 아니라 타고난 감정을 믿어라. 이 메시지는 곧 과장되었고, 이성과 정념 사이의 전쟁이 되었다. 이 전쟁에는 이데올로기적인 따라서 정치적인 함의들이 있었는데, 그것들은 프랑스 혁명에 뒤이은 여러 해 동안 매우 분명해졌다. 하지만 내가 계속 옹호하려고 하는 낭만주의의 진리는 바로 이렇게 정념들을 강조하는 것이다. (그렇다고 해서 이성을 배제하지는 않는다.) "새로운 낭만주의"는 우리의 삶에 의미를 부여해 주는 것은 바로 정념들이라는 논제이다.

비록 낭만주의는 미학적이고 철학적인 이론으로서 가장 뚜렷하게 떠올랐지만, 주로 광범위한 인간의 태도이자 시대에 대한 반응, 당대의 인생관으로서 존재했다. 외견상으로 낭만주의는 당시의 소설과 연극에서 번드르르한 감상벽, "멜로드라마"와 과장된 연극, 억지 주정주의, 가망 없는 연애, 불행한 자살, 행복한 결말에 대한 요구, 모험으로 나타났다. 심지어 빅토르 위고의 친구들조차도 그의 몇몇 작품들의 "멜로드라마"에 당혹해 했다. 많은 점에서 낭만주의자인 하인리히 하이네Heinrich Heine는 낭만주의 색채를 띠는 괴테의 『젊은 베르테르의 슬픔Werther』에 대해서 "나약한 몽상, 무익한 감상벽"이라고 불평했다(이 작품은 감상적인 자살을 유행시켰다). 행복하고 희망이 없는 결말들은 깊이 있는 느낌을 자극한다는 동일한 목적을 달성하는 데 도움이 되었는데, 깊이 있는 느낌만이 삶을 가치 있게 만들었다. 중세의 모험들과 마법 같은 연애들은 해당 집단에 속하는 사람들 모두가 상상하는 환상이었다. 영국에서는 월터 스콧 경^{Sir Walter Scott}이, 프랑스에서는 빅토르 위고가, 독일에서는 괴테와 프리드리히 폰 실러와 다른 많은 작가들이 그런 환상의 내용을 제공해 주었다.

이런 외양은 여전히 "낭만주의"에게 오명을 씌우고 그 주변에 병적으로 달콤한 냄새를 풍기게 하는 경향이 있다. 그러나 이런 외양 아래에서 피히테와 프리드리히 셸링^{Friedrich Schelling}, 헤겔, 쇼펜하우어의 복잡한 형이상학에서뿐만 아니라 누구나가 하는 평범한 생각에서 철학적인 관점들의 정교한 체계들이 서서히 발전했다. 1세기가 넘도록, "계몽주의"가 질서와 메커니즘, 보편 이성, 평화적인 진보를 강조하면서 인간의 태도들을 지배했다. 프랑스 혁명과 "공포정치"와 함께, 나폴레옹 전쟁의 폭력과 프랑스의 최종 몰락과 함께, 계몽주의의 사고방식은 신빙성을 잃었다. 만일 이성이 그토록 많은 유혈 사태들을 초래한다면, 낭만주의에서 나타나는 상상의 비약, 자살은 고사하고 결투로 끝나는 경우조차도 드문 열렬한 사랑의 삼각관계, 이따금 외국에서 시인 한두 명이 목숨을 잃기도 하는 이상적인 모험들은 상대적으로 얼마나 안전한가.

이런 새로운 사고방식에서, 우주와 인간 양쪽 모두에게서 정당하게 대우받은 것은 바로 **비이성적** 힘들이었다. 세계는 더 이상 미리 결정되어 있고 질서정연하다고 여겨지지 않았다. 이제 세계는 실현 가능한 일들이 이렇다 할 목적 없이 돌진하는 곳이고, 한 인간의 상상력은 다가올지도 모르는 미래의 미친 짓거리들을 마음속에 그릴 만큼 충분히 멀리 내다보지 못한다. 그렇지만 인간은 시도했고, 낭만주의 예술은 재빠르게 중세의 비밀 의식들과 신비한 학문, 동양의 신비한 새 종교들, 무의식의 더 신비한 작용들과 자신을 동일시했다. 낭만주의자들은 미를 숭배했지만, 추한 것과 기괴한 것, 고딕풍의 것들도 역시 숭배했다. (월터 페이터는 한번은 낭만주의를 "미에 낯설음을 더하는 것"으로 정의했다.) 삶은 모험이었는데, 승리나 사랑으로 끝날 수 있는 만큼이나 자칫하면 비극이나 죽음, 광기로 끝날 수도 있었다. 우주는 더 이상 뉴턴과 라플라스Laplace에게 그랬던 것처럼 질서정연하고 예측 가능한 메커니즘이 아니었다. 이제 우주는 가슴이 고동치고 맥박이 뛰는 유기체였고, 무엇인지 아무도 모르는 것을 향해 미친 듯이 돌진했다. 쇼펜하우어는 이런 인기 있는 견해를 만들어 낸 것이 아니라, 칸트의 영향을 받은 의지의 형이상학의 복잡한 내용들 속에서 이런 견해를 체계적으로 설명했다. 쇼펜하우어의 형이상학에서 의지는 우리를 어디로도 채어 가지 않는 비이성적인 우주의 힘이다. 셸링과 헤겔은 동일한 이 상황의 더 행복한 측면을 체계적으로 설명한 것뿐이었다. 그들의 설명에 따르면 ─"역사의 도살대"와 인간의 고통에도 불구하고─살아 있는 이 "세계혼"은 정말로 통일성과 내적인 조화를 향해 전진하고 있었다.

개인적으로, 낭만주의자들은 다른 모든 인간의 속성들 중에서 무엇보다 정념과 상상력을 찬양했다. 따라서, 그들은 비범한 상상력과 자율 추진 능력을 지닌 천재를 누구보다 숭배했다. 비록 낭만주의자들 중에서 실제로 천재인 사람들은 극소수였지만, "천재 숭배"가 유럽에 널리 퍼졌다. 모든 사람이 자기 안에 천재성이 있는 것은 아닌가 생각했고 그래서 "모든 규범을 무시하고" **당신 자신**을 따르라는 낭만주의자들의 조언을 따랐다. "영감"은 예술에서 좌우명이 되었고, 윤리학에서는 "양심"이 도덕 규범을 대체했다. 그 결과로 강렬한 개인주의가 생겨났다. 이 개인주의는 때로는 바이런 같은 사람이나 노발리스 같은 사람의 기행들로 나타나기도 했지만, 항상 강렬한 보편주의 덕분에 누그러졌다. 외견상 보편주의는 개인주의와 정반대되는 것으로 보이지만, 더 살펴보면 보편주의가 낭만주의의 바로 그 핵심이다. 개인의 자유를 숭배하는 운동이 어떻게 독일에서 국가주의를 지지할 수 있었을까? 천재를 숭배한 운동이 어떻게 자신을 "보통 사람"의 운동으로 해석할 수 있었을까? 그 대답은 정념들 속에, 지난 세기 동안 미학 비평가들과 정치 비평가들을 혼란스럽게 만들었던 주관성과 상호주관적 인본주의의 기묘한 혼합물 속에 있었다. 낭만주의자들이 옹호한 자유는 궁극적으로 공동체 **안에서의** 자유였다. 여기에서 말하는 공동체는 루소가 공격한 자의적인 방식으로 묶인 사회가 아니라 상호 친밀성과 신뢰의 토대 위에서 자체의 요구들과 기질에 따라서 "자연스럽게" 발전하는 사회이다. 그리고 아무리 기이하다고 해도, 천재는 보편적인 인간의 발달을 미리 보여 주는 선구자일 뿐이다. "시인은 인류를 위해서 등불을 들고 있다"라고 빅토르 위고는 썼다. 이런 까닭에 낭만주의가 강력한 정치적 이데올로기를 실어 나르는 경우가 빈번했다. 독일에서는 국가주의와 사회주의의 정치적 이데올로기를, 프랑스에서는 해방과 혁명의 정치적 이데올로기를 실어 날랐다. (그토록 많은 비평가들이 근거 없이 주장한 "도피주의"에서 얼마나 멀리 떨어져 있는가!)

그 모든 다양한 표현 형태에서, 낭만주의의 핵심은 **삶**에 대한 새로워진 인식이다. ("삶이 삶의 가장 큰 목적이다"라고 피히테는 썼다.) 아이작 뉴턴의 우주가 가지고 있는 비인간화하고 생명이 없는 메커니즘에 반대하여, 낭만주의자들은 살아 있는 우주를 유기체로 개념화할 것을 역설했다. 평화로운 진보에 대한 계몽주의의 약속은 대학살과 환멸로 끝났는데, 이런 계몽주의의 약속에 반대하여 낭만주의자들은 모험심을 강력히 권했다. 그들은 어떤 약속도 하지 않았고, 오로지 인간의 노력과 분투만을 촉구했다. 사회를 조직하려는 이성의 냉정하고 타산적인 노력에 반대하여, 낭만주의자들은 혈기 왕성하고 예측할 수 없는 정념과 "공감"의 급상승을 재촉했다. 그리고 고전주의와 계몽주의의 낡은 규약들과 영원한 진리들에 반대하여, 낭만주의자들은 실험과 변화, 발전과 진화를 역설했다.

오늘날, 우주는 다시 한번 비인간화하였고, 인간은 "우주의 무한한 창조적인 음악을 거대한 공장의 단조로운 덜커덕 소리로 격하시켰다."(노발리스, 『밤의 찬가*Hymn to the Night*』) 진보의 약속들은 우리에게 쓰라림과 환멸을 남겼다. 미국 정치계의 타산적인 "실용주의자들"은 급격히 우둔해졌고 부패했다. 낡은 규범들은 단지 우리를 분열시키고 약하게 만드는 데만 도움을 주었다. 이런 오늘날에는, "새로운 낭만주의"가 알맞다.

낭만주의는 평화로운 시기의 운동이라는 점을 거듭 강조하는 것은 그럴 만한 가치가 있다. 전시에, 정념들은 너무 강렬하고 너무 풍부해서 우리에게 그 중요성을 상기시키는 데 어떤 철학도 필요치 않다. 생존이 위태로울 때는, 새삼스레 "삶"을 다시 강조할 필요가 전혀 없다. 전쟁의 부조리한 상황에서도 삶은 결코 무의미한 것으로 보이지 않는다. 영국에서 낭만주의가 항의의 형식으로 세력을 얻은 때는 바로 평화로운 시대였다. 이 시기 영국에서는 이미 산업혁명이 착취와 비인간화로 가는 최악의 경향들을 드러내고 있었고, 이미 맨체스터와 영국의 하늘을 진보의 검은 기운이 채우고 있었다. 프랑스에서 낭만주의가 부르주아 계급의 저속한 상업주의와 당대의 활기 없는 권태에 반대하는 항의로서 번성했던 때는 바로 나폴레옹이 몰락한 **이후**였다. 이 시기는 "반동"으로 알려진 퇴보와 압제의 시대였다. 독일에서 낭만주의가 중간계급의 무능과 그때까지 독일의 해방을 불가능하게 만들었던 모험심 없는 정신에 반대하는 항의로서 전성기를 누렸던 때는 나폴레옹의 몰락과 함께 국가 통일을 위한 중요한 첫 번째 노력이 실패하고 난 다음이었다. 요컨대, 낭만주의와 부조리의 시대는 동시대였다. 낭만주의는 정체되고 비인간화하는 세계에 반대하여 항의하고 무장할 것을 요청했다. 낭만주의의 정반대로 여겨지는 (실제로는 보완물이지만) 고전주의는 정념은 넘쳐나지만 통일성과 훈육은 부족한 대단한 정념의 시대 —예를 들어, 프랑스 혁명 직전과 직후—에 제자리를 찾는다. 낭만주의는 활기를 북돋우고 이전에는 따분했던 삶에 의미를 부여한다. 낭만주의는 본래 부르주아의 운동으로, 공포나 싸움이 아니라 권태에서, 견딜 수 없게 되어 버린 활기 없는 판에 박힌 일상에서 시작된다. 따라서 낭만주의는 (프랑스에서처럼) 혁명을 위한 힘이 될 수도 있고 (독일에서처럼) 보수주의를 위한 힘이 될 수도 있다. 하지만, 어쨌든 낭만주의는 힘이다. 그것은 우리를 움직이게 하고 활력에 대한 우리의 의식을 새롭게 한다. 그것은 "부조리의 추론"이 "합리성"과 "이성주의"로 오인되는 시대에, 가치들의 무가치성이 기정의 결론으로 받아들여지는 시대에 우리의 삶에 의미를 부여한다.

3. 합리적 낭만주의

마음에는 이유가 있는데, 이성은 그것을 알지
못한다.

파스칼^{Pascal}, 『팡세Pensées』

마치 모든 정념에는 이성이 할당되어 있지 않기
나 한 것처럼

니체, 『권력 의지Will to Power』

이성이 정념들을 다스려야 한다는 말이 철학과 다른 분야에서 자
주 언급되어 왔다. 하지만 데이비드 흄은 이성이 정념의 노예이고
노예이어야 한다고 말했다. 이 두 가지 견해 모두 위험하다. 이런
견해들은 인간을 이성과 정념으로 나누고, 둘의 관계를 하나가 주
인으로서 나머지 다른 하나를 노예로 지배하기 위해서 서로 맞서
싸우는 관계로 설정한다. 이렇게 하는 것은 우리 자신을 둘로 나
누어 서로 맞서게 하고, 조화로운 전체 대신에 반쪽이 되어 그 반
쪽을 지키도록 강제하는 것이다. 이성과 정념을 대립 관계로 보는
것 자체는 전혀 문제가 되지 않는다. 문제는 바로 우리는 **누구**이고

정념을 통해서 그리고 반성 능력을 활용하여 어떤 사람이 되는가 이다. 우리가 타고나는 "기능들"은 서로 다르지 않다. 다만 그 기능들의 시야와 관점이 다를 뿐이다.

정념이 인도해 주지 않으면, 추론은 원칙도 힘도 가질 수 없다. 우리의 "정서들"로부터 단절되고 나면, 우리는 누구도 그 어떤 것도 정당화할 수 없다는 것을 정당화하거나 보여 줄 수 있을 뿐이다. 흄은 십만 명의 동양인들이 학살당하는 것보다 자기의 새끼손가락이 따끔따끔 아픈 것에 사람들이 더 마음을 쓰는 것은 "비이성적"이지 (즉 이성의 명령에 반대되지) 않는다고 단언할 때 이 요점을 강력하지만 가차 없이 강조했다. 이성은 오로지 정념을 통해서만 인간의 가치들과 접촉한다. 이성은 단지 개인의 가치들과 정념들이 없는 **특정한** 형태의 이성 —**객관적** 추론—일 뿐이다. 이성이 방법론상으로 개성과 주관성을 모두 벗어버리는 것은 "자연"에 따른 것도 아니고 논리에 따른 것도 아니라, 대단한 노력을 기울인 덕분이다. 객관적 추론은 (심지어 자의식 속에서도) 자기 자리를 가지고 있다. 하지만 객관적 추론은 이성 전체가 아니다. 이성 자체는 추상성과 보편 원칙에 대한 호소 때문에 이데올로기와 개인적 서약이 전혀 없는 것이 아니며, 개인적 편견과 편애로부터 자유로운 것도 아니다. 이성은 명확히 표현할 수 있고 바라건대 그 시야를 확장할 수 있는데, 그렇게 함으로써 객관적이라고 내세우는 주장이 무엇이든지 간에 그만큼 주관적이고, 아무리 "보편적"이라 주장한다고 하더라고 그만큼 개인적이다.

반대쪽에서 보면, 심지어 논리에서조차도 정념을 이성과 반성 능력으로부터 떼어낼 수 없다. 물론, 사실은, 정념들 모두가 아니라 몇 안 되는 정념들만 반성 능력과 명확한 표현 능력을 가지고 있다. 정념들은 반성 능력이 의심조차 하지 못하는 상황을 "직관하는" 때로는 기이한 능력에도 불구하고 "어리석다"고 말할 때 니체는 옳았다. 예를 들어, 그 순간에는 그것이 무엇이든지 간에 믿지 못하고 존경하지 못할 "이유"를 보이지 않지만 나중에는 악인으로 밝혀지는 사람을 우리가 의심스럽게 보고 방어적인 태도를 취하고 있음을 "깨닫는다." 하지만 반성 능력과 표현 능력이 없으면, 정념은 우리에게 통찰력을 허용해 줄 비판적 시야와 관점을 결여하게 된다. 우리의 정념은 대상에 집착할 수 있고, 늘 그렇지는 않다 하더라도 근시안적일 때가 종종 있다. 정념은 한 치 앞만 보고, 결코 뒤를 돌아보거나 옆을 둘러보거나 앞을 내다보지 않는다. 정념은 대상의 본성을 이해하는 데 자주 실패하고, 그것이 무엇이든 바로 앞에 있는 것만 파악할 수 있다. 우리는 그저 구경꾼이 "옆에 서 있다"는 이유 때문에 아무런 죄가 없는 그 사람에게 화를 내게 된다. 우리는 정확하게 (심지어 부정확하게라도) 상대방에게 원하거나 기대하거나 기꺼이 주고자 하는 것이 무엇인지 자문하지도 않은 채 사랑에 빠진다. 이성과 반성 능력은 그러한 이해를 허용하는 시야와 관점을 제공하고, 눈 앞의 것을 넘어서서 장기적으로 필요한 것들과 타인의 장기적 욕구와 안녕을 보는 더 적절한 자의식을 제공한다. 그러나 이런 이성과 반성 능력은 우리의 정념에 "더해지는" 어떤 것, 정념들을 "지배하거나" 심지어 지시하기 위해서 그것들에게 별개의 "기능"이 내리는 명령들이 아니다. 이성과 반성 능력은 정념들 자체를 명확하게 표현하고 확장한 것일 뿐이다. 이성은 다름 아닌 바로 통찰력 있는 정념이다. 그리고 흔히 정념의 "어리석음"과 동일시되는 것은 또한 이성의 협소함, 다시 말해서 세계에 대한 우리의 한정된 의식과 이해이기도 하다.

우리는 자주 정념의 "자발성"과 이성의 신중한 반성을 대조시킨다. 그리고 우리는 종종 정념 속에서 "우리 자신을 발견한다"는 것은 사실이다. 하지만 겉으로 이렇게 보이는 상황은 설명되어야 한다. 우리가 이런 상황을 "발견한다"는 사실이 우리 자신이 정념들에 책임이 있다는 점을 함의하지도 않고 시사하지도 않는다. 우리는 모두 정념 속에서가 아니라 정념을 함양하려는 노력 속에서 — 심지어 신중하게 — 반성할 때 "우리 자신을 포착하는" 경우가 많다는 점을 너무 잘 알고 있다. 예를 들어, "우리 자신을 흥분시켜 분노하게 만들 때," "우리 자신이 죄책감을 느끼도록 만들 때," 혹은 "사랑에 빠질" 때 우리가 빠져든다고 추정되는 의심스러운 심연으로 우리 자신을 사실상 **밀어뜨릴** 때까지 장래의 "연애 상대"가 가진 미덕들과 가능성들을 반복해서 생각할 때이다. 그러한 감정에 관하여 "자발적인" 것은 아무것도 없다. 심지의 우리의 정념들이 그 의미에서 확실히 자발적일 때조차도, 그것들이 단지 이전에 너무도 많이 유사한 상황에서 활용되었고 이미 너무도 자주 실행되어 정교하게 발전되었기 때문에 그런 것은 아닌가를 살펴봐야 한다. 니콜로 파가니니[Nicolo Paganini] 같은 사람이나 제임스 휘슬러[James Whistler] 같은 사람, 토마스 만[Thoma Mann] 같은 사람들의 겉보기에는 "자발적인" 비범한 재능처럼, 우리의 정념들은 여러 해 동안의 노고와 공들인 계발 덕분에 이익을 얻을 수 있다는 의미에서만 "자발적이다." 그리고 현재의 걸작은 마치 저절로 나오기나 하듯이 생겨나는 것처럼 보인다.[14.]

이성도 또한 평소에는 아니더라도 이런 의미에서 "자발적"일 때가 가끔 있다. 생각이 그냥 "우리에게 떠오른다." 우리에게 "영감이 번쩍" 떠오른다. 우리가 하는 가장 성공적인 반성들이 항상 영혼의 상태에 관한 신중한 반성인 것은 아니다. 마치 우리가 우리 안에서 그것들을 "발견하기"나 하는 것처럼, 반성하게 되는 때가 "그냥 생기는" 경우들도 빈번하다. 그래도 반성의 합리성을 부정하고 싶어지는 사람은 아무도 없을 것이다. 한 번 더 말하는데, 이성과 정념의 차이들로 추정되는 것은 조금만 찔러보면 차이들이 전혀 아닌 것으로 밝혀진다.

이성의 판단들처럼(나중에 나는 우리의 감정들도 또한 판단들

---

14. "위대한 사람을 만드는 것은 힘이 아니라 바로 지속되는 우리의 정서들이다"(니체, 『선과 악을 넘어서』).

이라고 주장할 것이다), 정념들은 **개념상의** 구조들이다. 그것들은 우리가 늘 말하듯이 "느낌들"이 아니다. 정념들은 일반적으로 반성 이전 단계에 있지만, 본질적으로 그런 것은 아니다. 분명하게 표현 되고 반성을 거쳐 자의식을 갖추게 된 정념은 그것으로 인해 반성 하는 정념이고, 그것만큼 정념이다. 우리의 정념들은―특히 우리 의 감정들은―우리가 사는 세계의 구조들이다. 그것들은 우리가 쉬르리얼리티라고 부르는 것이고 그 세계에 있는 우리 자아의 구조 들이다. 그 대상으로 추정되는 것이 무엇이든 감정들은 모두 **자의 식적**이고, 자신의 자아를 염려의 근원으로 여긴다. 하지만 모든 감 정은 그 본성상 이미 개념적이고 자의식적이다. 그래서 분명히 작 게 한 걸음만 내딛으면 명확히 표현하고 반성할 수 있게 된다. 반성 이전이라는 것이 개념 이전이라는 것은 아니다. 마음에 품는 것과 분명히 말하는 것 사이의 차이는 기껏해야 "표현"의 문제에 불과하 다. 혹은 많은 언어심리학자들은 그 차이가 정도의 문제라고 주장 할 것이다.

최고의 시 중 일부는 객관적 사고와 이성이 쇠퇴기에 있을 때, 열정적인 황홀감에 취해 있는 동안에, 심지어는 절망이나 광란의 상태에서 첫 영감을 얻고 초고가 쓰여졌다는 것은 그 누구에게도 놀라움으로 다가오지 않는다. (어떤 사람은 엘리엇[T. S. Eliot]이 스위스 의 싸구려 여인숙에서 「황무지"The Wasteland"」를 갈겨썼다고 생 각한다.) 재능을 타고난 시인이 현저하게 머리가 둔한 사람일 수 있다는 것도 놀라움으로 다가오지 않는다. 대개 이것은 "느낌들"의 측면에서 조금씩 설명된다. 마치 느낌들이 넘친다는 점에서 시인이 다른 사람들과 구별되기나 하는 것처럼 말이다. 그런데 그렇다면, "그는 어떻게 이러한 느낌들을 말로 번역하는가?"를 우리는 알고 싶어 한다. 그리고 "그의 재능"의 측면에서 대답을 얻는다. 하지만 황홀에 빠진 상태에서, "그는 어떻게 말로 번역할 수 없는 것을 번역하고, 묘사할 수 없는 것을 묘사하는가?" 이 난센스에 대답할 때, 마치 시는 (비록 여전히 창조력이 있지만) 순전히 **이성적인** 기획이기나 한 것처럼, 아주 많은 현대 시인들이 "느낌"의 역할을 완전히 부정한다. 하지만 바로 그 문제는 정념에 관한 잘못된 관점에 달려 있다. 마치 정념이 글자 그대로 묘사할 수 없고, 그리고, 만일 이 낱말의 뜻이 통한다면, 말로 번역할 수 없는 느낌이나 감각이기나 한 것처럼 말이다. 그런데 만일 감정이 이미 개념상의 도식이고 세계관이고 은유의 체계(그 "신화")라면, 시인의 임무는 번역이나 묘사가 아니라 글자 그대로 "표현"이고 명확히 말하기다. (이것은 솜씨와 "영감," 특별한 "재능"의 필요성을 실로 부정하는 것이 결코 아니다. 하지만 솜씨와 영감은 정념에서 시로 이동하는 것이 아니고, 오히려 바로 그 정념 자체에 이미 존재한다.)

정념과 이성, 잔인성에 대한 평범한 태도들도 유사하게 논평할 수 있다. 이것들에 관하여 익숙한 모습은 이렇다. 즉 정념은 사실상 당연하게 폭력을 유도하고 이성은 폭력을 우회한다. ("합리적으로 하자"는 말은 "싸우지 말자"를 뜻한다.) 그렇지만 또 이것과 정확히 반대되는 낭만주의적이고 루소적인 모습이 있다. 즉 "타고난 정서들"에 맡겨진 인간은 평화롭다. 땅과 사랑을 두고 싸우고 국가들 사이의 전쟁과 집단들 사이의 증오를 일으키는 것은 바로 **이성적인** 신념과 재산권을 가지고 있는 "문명화한" 인간이다. 하지만 말할 필요도 없이 두 가지 이론 모두 순진하지는 않다고 해도 단순화되어 있다. 잔인한 정념들과 잔인하지 않은 정념들이 모두 있고, 사랑과 존중뿐만 아니라 증오와 복수도 있다. 그렇지만, 이성의 역할은 복잡하다. 대부분의 경우에 폭력은 자기 파괴적이고, 그러므로 이성은 (즉 총명한 정념들은) 일반적으로 폭력에 반대한다. 더 잔인한 정념들 대부분은 또한 선견지명이 모자라고 "이성적 고려"에 폐쇄적인 더 어리석은 정념들이기도 하다. 그러나 "이성적 고려"가 항상 평화의 편에 있는 것은 아니라는 점을 역사는 분명하게 보여 준다. 이성의 평화는 단지 전략의 문제에 불과한 것일 수도 있는 반면에, 상호 존중의 평화는 지속될 것이다. 하지만 이성이나 정념에 대해 배타적으로 말해서는 안 된다. 폭력적인 정념들이 있고, 폭력을 옹호하는 이성들도 있다. 그리고 우리의 정념들을 적절하게 **표현하지** 못하는 무능력도 있다. 허먼 멜빌Herman Melville의 빌리 버드 Billy Budd는 정념이나 이성에 이끌려서가 아니라 자신이 느끼는 화를 다른 방식으로 표현할 수 없음을 깨달았기 때문에 폭력을 썼다.

고대 그리스인들의 견해를 따라서, 정념은 무례하게 폭발하는 반면에 이성은 평온하고 인내하며 "영원하기"까지 하다는 설이 있다. 그렇지만 가장 일반적인 실수 중 하나는 위기의 순간에 있는 정념만 생각하는 것이다. 예를 들어, 화가 "끓어오를" 때 그리고 질투가 폭력으로 분출될 때가 그런 순간들이다. 물론 그렇게 "분출되기"도 하고, 감정을 인식하게 되는 때는 바로 그런 분출을 **통해서**인 경우가 빈번하다. 정념의 본질은 이렇게 격하게 표출될 필요가 없다. 단 한 번도 갑자기 광포해지거나 절망하지 않고도 여러 해동안 사랑할 수 있다. 그러한 순간들은 사랑을 확고히 하기 이전이나 곧 사랑이 끝나기 직전일 가능성이 더 크다. 사실, 자아와 우리가 사는 세계의 구조로서, 정념—또는 적어도 정념 일반—은 평온하고 인내**해야만** 할 것이다. 정념은 위기에 처해 있을 때에만 강력하고 "실재한다"고 생각하는 것은 심각한 오류다. 따라서, 낭만주의자들은 정념은 위기에 처할 때만 "진실하다"는 오류에 시달리면서 그들의 소설과 때로는 연극 같은 삶에서 기회가 있을 때마다 정념을 시험한다.

우리는 개인적인 공격과 방어의 성역에 평화롭게 머물면서, 공격이 부추겨지고 방어가 위협받는 드문 경우에만 미친 듯 날뛰고 소동을 일으키면서, 몇 년 동안 마음속에 화를 "품고" 살 수 있다. 사람들은 흔히 우리가 드물게 일으키는 소동들은 화를 "밖으로 빠져나가게 한다"고 생각한다. 통상적인 유동체 (나는 이것을 "수역학"이라고 부르겠다) 비유를 계속 쓴다면, 마치 화를 품고 있는 동안 내내 그것이 "억눌려" 있었거나 한 것처럼 말이다. 그러나 내가 세운 명제의 결론들 중에서 아마도 가장 "실용적인" 추론들에 속하는 결론들 중 하나는, 그러한 소동들이 "화를 밖으로 빠져나가게 하는 것"과는 정반대로 생각과 동요를 증가시킴으로써 화의 격렬함을 강화하는 데 도움을 줄 뿐이라는 것이다. 화는 소동이 아니고, 소동의 결과는 우리가 느끼는 화를 (의식의 흐름 속에?) 더 단단하게 정박시킬 가능성이 가장 클 것이다.

전통적인 철학적 문헌에서 "영원성"과 "신성한 것"의 용어로 비대하게 묘사됨에도 불구하고, 이성은 묘사된 것보다 더 어리석다. 예를 들어, "객관적 이성"의 많은 변형태들은 각자의 분야 — 수학과 학문, 이론 생물학 혹은 브리지나 체스 경기 — 에서 아무리 찬란하게 제 역할을 수행한다고 해도 삶을 다루는 데는 몹시 서투른 경우가 빈번하다. 우리 대부분은 어느 쪽 신발을 먼저 신어야 할지 결정하는 데 힘들어 하는 천재에 가까운 사람들을 알고 있지만, 그 누구도 특별히 놀라지 않는다. "지성은 삶과 아무런 관련이 없다"는 말을 우리는 자주 듣는다. 초기 낭만주의자들은 "평범한 사람"을 찬양했는데, 이런 찬양은 지성이 삶과 무관하다는 말을 철저하게 실행한 것이다. 물론, 이성은 "이론적일" 뿐만 아니라 "실용적"일 수도 있다는 점을 일단 기억하면, 이 말은 그럴듯하게 들리지조차 않는다. 그리고 현대 이론가들은 이런 특징의 타당성을 진지하게 의심했다. 어느 정도의 이론을 요구하지 않는 "실천들"은 거의 없다는 점은 확실하며, 어쩌면 실제 적용의 영역을 완전히 제거해 버리는 데 성공하는 이론은 하나도 없을지 모른다. 와인에 관한 좋은 안목이 고양이 화장실을 청소하는 일과 관련이 있는 것만큼 순전히 이론적인 이성은 그날그날의 삶의 문제들과 밀접하게 관련되어 있다는 것은 분명하다.

그렇지만 칸트가 그렇게 했듯이 "실천 이성"의 장점들을 무조건 격찬하기 전에, 우리는 이 "이성"이 ─정념을 합리화하는 행위가 아니라 ─정념이 "합리화된 상태"에 불과한 경우가 얼마나 빈번한지를 상기해야 한다. 단지 오늘 오후에 얼마 안 되는 재산 때문에 지역 자금 운용 회사에 터무니없는 돈을 지불한 것에 대한 당혹감을 진정시키기 위해서 그 일을 도덕적으로 해석하고 있음을 깨달을 때, 우리는 자선의 미덕들에 대해서 계속 말하게 된다. 혹은 우리는 힘든 날의 노동이 갖는 미덕들에 대해 상당히 설교하게 되고, 곧 기부금을 부탁하는 집시 집단과 우연히 마주치게 된다. 칸트와 기독교에서 발견되는 것과 같은 추상적인 도덕 시스템들은 완전히 이성적인 체계를 갖추고 있다. 그런데, 이 체계는 끈질기고 받아들이기 어려운 정념들, 특히 시기와 원한이 합리화된 상태에 불과하다고 주장할 수 있다.[15] 하지만 다시 말하건대 그런 사례들은 게릴라 습격 부대가 라디오방송국을 탈취하는 것처럼 정념이 이성을

---

15. 예를 들어, 『도덕의 계보학Genealogy of Morals』과 『적그리스도The Antichrist』에서 니체가 이렇게 주장했다.

전복하는 사례로 추정되어서는 안 된다. 이성은 **정념의 사유**일 뿐이고, 정념에서 벗어나서 순전히 "객관적이" 되려는 시도는 이미 가치와 의미에 관한 모든 질문을 뒤에 놔둔 채 잊어버리는 것이다.

요컨대, 이성과 정념의 구분은 일련의 그릇된 패러다임들에 근거하고 있다. 이런 패러다임들은 위기 상황에서 파열하여 분출하는 정념의 모델이고, "객관적"이고 비개인적인 이성에 국한되는 "이성"의 모델이다. 이런 이성은 지능을 필요로 하는 과학기술 문제들에는 적합하지만, 그날그날의 생각으로부터는 비인간적으로 단절되어 있다. 두 가지 "기능들"이 있는 것이 아니고, 구별되지도 않는다. 단지 정념들의 이성이 있을 뿐이다. 정념들의 이성은 대체로 명확하게 표현 가능하고 대체로 통찰력 있다. 간략하게 말해서, 합리성이 있을 뿐이고, 옹호할 만한 가치가 있는 유일한 낭만주의는 우리가 "합리적 낭만주의"라고 부르는 것이다. 이런 낭만주의에서 "이성-정념"의 구분은 어떤 역할도 전혀 하지 않는다.

4. 이성의 기능

> 이성의 기능은 다른 정념들을 희생하여 어떤 정
> 념을 표현할 수 있게 하는 것이다. 도덕 체계는
> 정념들을 제지하는 원칙들의 집합이다. 성공적
> 인 도덕 체계는 삶을 망치는 정념들만을 제지한
> 다. 왜냐하면 이런 정념들은 어리석음의 무게로
> 사람을 몰락시키고 때로는 치명적인 결과를 가
> 져올 수도 있기 때문이다.
>
> 니체, 『우상의 황혼』

니체는 정념을 "삶을 향상시키는"(**삶의 긍정**^{lebensbejahung}) 것과 "삶을
망치는"(**삶의 부정**^{lebensverneinung}) 것, 두 종류로 구분한 것에 대한 대
가로 정념의 신화로 되돌아간 것에 대해 용서 받을 수 있을지 모
른다. 이런 구분은 과도하게 단순화된 것이지만, 옛 낭만주의자들
이 그리고 또한 사실상 모든 이성주의자들이 묵살하는 다음의 통
찰을 강조한다. 정념은 우리의 삶에서 다양한 역할들을 수행하고,
"이성"은 정념에 "찬성"하지도 않고 "반대"하지도 않으며, 합리성의
기능은 정념들을 하나의 종류로, "이드"에서 나오는 침입 세력이나
삶에 지장을 주는 성가신 것으로 여겨 반응하기보다는 정념들을

감정은 어떻게 내 삶을 의미 있게 바꾸는가

서로 구분하는 것이다. 모든 정념은, 심지어 가장 어리석고 삶을 부정하는 정념조차도, "제 몫의 이성을 가지고 있다" (역시 니체가 한 말이다). 하지만 어떤 이성들은 (역설적이게도) 다른 것들보다 더 합리적이다.

철학은 (글자 그대로) "지혜에 대한 사랑"이다. "지혜"는 오늘날 그렇게 자주 들을 수 있는 말이 아니다. 물론 그렇지 않다. 삶이 거의 끝자락에 와 있어서 회상할 때만 가질 수 있는 평온과 확신으로 경험을 되돌아보는 노인들을 위해서 비축되어 있거나 한 것처럼, 지혜는 정념들이 비워진 개념이다. 그렇지만 사실 지혜는 이런 종류의 개념이 전혀 아니다. 오히려 그것은 생각을 깊게 할 뿐만 아니라 열정적으로 살면서 오성이 정념에 영향을 미치게 하고 모든 정념이 반성을 거치도록 만드는 문제이다. 지혜와 합리성은 너무 오랫동안 정념이나 열광과 구분되어 왔다. 마치 "현명한 사람"은 관여를 요청하는 대신에 거부하는 사람이거나 한 것처럼, 마치 "이성적인 사람"은 정념을 하나도 가지고 있지 않고 결코 화내지 않으며 사랑보다 편리함을 선호하고 오직 "리얼리티"의 차가운 철회색을 띤 세계만 보거나 하는 것처럼 말이다. 만취할 때까지 술 마시는 것을 즐기고 제자들과 함께 나누는 대화뿐만 아니라 향락이 주는 쾌락도 즐겼던 소크라테스를 생각해 보라. 또는 유사한 쾌락과 광적인 헌신, 자초한 고난과 고뇌를 다양한 "지혜의 기둥들" 사이에 짜넣은 로렌스[T. E. Lawrence]를 생각해 보라. 심지어 합리성과 "좋

은 시민성"의 전형인 괴테조차도 견줄 데 없는 자제력과 "한도 내에
서의 자유" 속에서 로마인들처럼 다양한 유흥을 즐겼고 여러 명의
정부들과 향락을 즐겼다. 이성의 기능은—이성의 결과가 지혜인데
—니체가 "삶을 향상시키는 정념"이라고 부른 것을 선택하고 장려
하는 것과 다르지 않다. 다시 말해서 이성의 기능은 개인의 존엄성
과 자부심을 극대화하는 것이다.

　"지혜" 대신에 그리고 합리성의 구실로서, 근대인은 "상식"이라고
부르는 것을 선호하는 것처럼 보인다. (상식은 때때로 "생활의 지
혜"라고 불리는데, 이런 비유는 적절하다.) 상식은 개인의 경험과
반성의 문제가 아니며, 정념과 관여의 문제도 확실히 아니다. 그것
은 오히려 경험의 대체물이고, 적절한 훈련을 받아서 축적된 인간
의 편견들(대부분이 신중한 것이고 흥분을 불러일으키는 것은 거
의 없다)로 구성된 "공동" 기금에 부합하기의 문제이다. 오랫동안
잘못 이해된 아리스토텔레스의 구절을 빌려 말하면, "상식"은 충고
로 정념을 약화시켜, "그 어떤 것도 과도하지 않고," "모든 것이 적
당하도록" 조정한다. (그런데 사실 아리스토텔레스는 그 누구도 좋
은 일을 너무 많이 하지는 못한다고 주장했다.[16]) 하지만 삶은 과
잉이고 무성함이다. 아리스토텔레스를 사칭하기보다는 오스카 와
일드를 따른다면, "무엇이든 할 만한 가치가 있는 것은 과도하게 해
볼 만하다." "상식"은 모험이라곤 전혀 없고 시시한 경험과 유명무

16.　*Nicomachean Ethics*, Bk. III.

실한 주관성으로 이루어져 있으며 정념은 거의 없는 공허한 삶의 기원이다. 신중하고 "이성적인" 권태와 원한이라는 비개인적인 "공동의" 기금이 부조리가 생겨나는 또 하나의 근원이다. 그러나 지혜에 관하여 "공동의" 것은 아무것도 없다. 이것을 소크라테스는 "공동으로" 그에게 유죄 판결을 내릴 때 사람들이 따른 바로 그 원칙들을 위하여 용감하게 행동함으로써 입증했다.

정념은 모두 개인의 존엄성과 자부심이라는 동일한 목적을 가지고 있다. 하지만, 각각의 정념은 비록 자체의 논리에 의해 나머지 다른 모든 정념과 연결되어 있기는 하지만 자기만의 대상과 견해를 가지고 있다. 각 정념은 최적의 전략이 되는 데 필요한 것을 따라간다. 그러나 더 포괄적인 관점에서 보면, 이런 개별 전략들은 서로 충돌하고 방해한다. 이것들은 사실상 (미식 축구에서 뒤로 뛰는 것처럼) 항상 형편없는 전략들이다. 공동의 목적을 위해서 정념들을 함께 모아서 (그런데 이것은 일부는 대부분의 시간을 대기석에서 보내야 할 것이라는 뜻이다.) 그것들을 제거하거나 수정하고, 통합된 노력을 쏟을 수 있도록 그것들을 조직하는 것이 합리성의 직무이다. 더구나, 조정된 전략조차도 최적에 못 미칠 수 있고, 심지어 형편없을 수도 있다. 그러므로, 나는 정념이 자부심을 얻기 위한 최적의 전략을 찾는 것이 합리성이라고 주장할 것이다. 지혜라고 불리는 것은 이 최적의 전략을 획득하는 것, 고대 그리스인들이 그토록 찬양했던 "영혼의 조화"를 달성하는 것인데, 낭만주의자들이 그토록 장려하는 열광과 혼돈에서 그 동력을 얻을 수 있다. 이 것이 아리스토텔레스가 **에우다이모니아**^{eudaimonia}, 다시 말해서 "잘 살기"라고 부른 것이다. 에우다이모니아에는 확실히 정념이 있고 그렇지만 이성도 있다. 게다가, 방심할 수 없는 이런 구분이 허물어 지기 시작하는 바로 그런 때가 와야만 "자부심"과 "지혜," 고전적인 "영혼의 조화"가 우리에게 어떤 의미를 갖기 시작할 것이다.

3장

정념의 신화[17.]

17. "신화는 구술 시와 정기적인 전문 돌봄으로 구성된 프로그램을 신중하게 응용한 활동에서 사용
될 때 중요한 가치를 가질 수 있는 효과적인 진리 회피 체계로 설명되어 왔다."(존 D. 솔로몬)

정념: 진정한 본성의 외부에 있는 것 또는 본성
이 이질적인 것에 지배되거나 영향을 받는 상태

웹스터 새 국제 사전 제3판

정념: 고통, 일련의 고뇌 … 영혼이 겪는 변혁과
동요 … 감정: 영혼의 혼란과 동요

쁘띠 라루스 사전

1. 정념

"정념"은 ("예수의 수난"에서처럼) 원래 수난을 나타냈다. 그 의미는 상당히 확대되어 왔지만, 기본 이미지 —정념 상태에서는 어떤 것이 우리에게 일어난다 —는 여전히 그대로이다. 정념은 우리를 수동적으로 만든다. 슬픔과 죄책감, 절망의 고통스러운 정념들뿐만 아니라 기쁨과 사랑의 행복한 정념들도 그렇다. 그러므로 중요한 의미에서 우리는 심지어 기쁨과 사랑의 경우에도 우리 자신이 정념들을 겪는다고 생각한다. 그리고 십자가에 못 박힌 예수의 어두운 내포 이미지가 그 용어 자체에 여전히 남아 있다.[18.]

다양한 정념들이 우리를 "치고," 우리를 "압도하고," 우리를 "태워 버리고," 우리를 "마비시킨다." 우리는 정념들 속으로 "빠져들고,"

---

18. 폴 리쾨르는 20세기 프랑스 강단 철학자들 중에서 가장 중요하고 내구력이 강했다. 그는 방대한 저서 『자유와 자연: 자발적인 것과 비자발적인 것Freedom and Nature: the Voluntary and the Involuntary』 1권에서 "모든 정념은 불행하다"라고 주장했다(Evanston, Ill.: Northwestern University Press, 1966). 이 책의 이원론적인 제목의 측면에서 보면, 정념은 분명히 "비자발적인"것 쪽에 해당한다.

그것들에게 "굴복한다." 우리는 "그것들을 억누르고," "숨기고," "통제력을 유지하고," "가라앉히려고" 애쓴다. 조금이라도 행위로 여겨지는 한에 있어서, 정념들은 단지 우리가 통제할 수 없는 사건들에 대한 반응일 뿐이다. (앞에 적어 놓은 두 개의 사전에 나오는 정의들을 살펴보라.) 인간이 전개해 온 사유의 (서양의 것뿐만 아니라 동양의 것도 포함하여) 역사 전체는 정념을 어떤 의미에서 우리 "바깥에 있는" 것, 우리의 통제를 넘어서는 것, 프로이트가 말한 무의식의 "그것"이나 데카르트가 말한 이성의 힘을 약화시키는 "동물 정기"에서 분출되어 나오는 것으로 보는 경향이 있다. 그 결과로서 정념을 경계하며 보든지 조롱하며 보든지 혹은 더 정확히 말하면 독일 낭만주의에서처럼 새 파도타기용 보드를 가진 작은 아이가 세찬 파도를 바라보며 느끼는 열의를 가지고 보든지 간에, 그 결과는 동일하다 ─마치 정념들이 만족해 하는 객관성의 평온을 깨는 소동이기나 한 것처럼 말이다.

"정념"이란 용어는 현재 영국에서는 적어도 어느 정도는 케케묵은 낱말로, 빅토리아 시대의 압도적인 정서들과 히스테리에 가까운 격발의 기억들을 떠올리게 한다. 이 낱말은 프랑스 문학에서의 용법을 어느 정도 간직하고 있는데, 프랑스 문학에서 정념은 종종 "감정"이라는 더 순한 형태의 낱말과 대조된다.[19] ("정서"가 더 일반

---

19. 예를 들어, Théodule Ribbot, *Essai sur les Passions*(Paris: ALcan, 1912)를 참고할 것. "정념은 오래 이어지고 지적으로 처리된 감정이다. 그렇지만 정념들은 폭발하기 쉽다." 또한 J.A. Rony,

적인 용어로, 보통 두 낱말을 모두 포함한다.) 영어의 "정념"처럼 독일어의 "Leidenschaft"는 "수난"을 명백하게 함축하고 있는 반면에, "감정"에 거의 상당하는 어구인 "Gefühl"은 더 부드럽고 찬미의 의미를 함축하고 있다(성격을 나타내는 아주 많은 독일어처럼 말이다. 독일어와 독일어에서 파생한 이디시어를 대조해 보라. 이디시어에서 심리학 어휘는 거의 완전히 파토스의 용어들로 구성되어 있다. 다시금, 어원학이 행동학에 선행한다).

"정념"이란 용어는 내가 **반대하여** (사전에 기재되어 있는 사항들을 다시 보라) 주장하고 싶은 모든 것을 그 안에 포함하고 있다. 그런데 바로 이 용어의 역사 때문에 나는 우리를 "움직인다"고 말할 수 있는 현상들(여기서는 중립적 의미로 이 낱말을 사용함)의 범위 전체를 망라하는 총칭으로 정념을 골랐다. 정념의 전통적 이미지를 구성하는 나머지 반쪽은 만일 정념이 없다면 인간은 영원히 나태한 상태에 남게 될 것이라는 생각이다. 프로이트는 과학의 이름으로 (처음에는 "항상성 원칙"으로, 나중에는 "열반 원칙"으로) 이 신화를 성스러운 것으로 만들었다. 그는 활동하는 내내, 마치 신이 잠을 자기 위해서 인간을 창조하거나 한 것처럼, "정신 기구"에는 관성을 ("관성의 법칙"이라고도 불리는 원칙임) 지향하는 타

Les Passions(Paris: Presses Universitaires de France, 1961)을 참고할 것. "정념들은 격렬한 감정들이다 … 적응 능력이 없고 대상에 집착한다." 그러나 M. Pradines(Traite de Psychologie) 와 비교해 볼 것. 루소를 따라서, 프라댕은 격렬한 감정과 정념 둘 다를 더 차분한 "감상벽"과 대조시킨다.

고난 경향이 있다고 주장했다.[20.] 그런데 왜 이렇게 가정했을까? 만일 물리학 모델을 선호한다면, 왜 관성 대신에 "탄력"이라고 하지 않았을까? 한 번이라도 우리가 정지 상태의 신체인 적이 있는가? 정념을 제외하고, 도대체 우리는 어떤 개성을 가지고 있는가? 아니면 어떤 의식이라도 가지고 있는가?

나는 감정에 관한 전통적인 철학 이론, 특히 아리스토텔레스와 스토아학파, 아우구스티누스, 데카르트, 흄, 스피노자, 홉스[Hobbes], 루소, 화이트헤드[Whitehead], 사르트르의 감정론을 분석하고 비판하는 것으로 시작하려고 했다. 하지만 나는 이 작업이 어쨌든 나 스스로 "정념들"에 대해 확실하게 이해하고 내 생각들을 독자와 공유하고자 하는 나의 기획 전체를 잡아먹어 버릴 것임을 곧 깨달았다. 그리고 또한 나는 그럴 것이라고 예상은 했지만 위대한 철학자들의 작업에서 정념에 관한 이론들은 기껏해야 부차적인 역할을 맡고 있을 뿐임을 깨달았다. 이 이론들은 철학자들이 다른 데서 전개한 명제들과 학설들에 의존하고 있으며, 감정에 관한 분석으로서 좀처럼 철저하지 않다. 예를 들어, 위대한 철학자 중에서도 "정념들"에 관한 별도의 논문을 쓰기로 선택하고 자신의 철학 체계 전체에서 중요한 위치를 정념에 부여한 철학자들은 극소수였다. 이런

---

20. 니체가 한 다음의 말을 참고할 것. "잠자기는 하찮잖없는 기술이 아니다. 잠자기 위해서 사람은 종일 깨어 있어야 하기 때문이다."(『짜라투스트라는 이렇게 말했다』*Thus Spake Zarathustra*).

철학자들 중에서 데카르트와 흄이 가장 중요하다. 『영혼론*De An-ima*』에 나오는 정념에 관한 개괄적인 설명이든 『수사학*Rhetoric*』에 나오는 특정한 분석이든지 간에 아리스토텔레스가 제공한 다양한 분석들을 설명하기 시작했을 때, 나는 그에게는 우리가 가지고 있는 심리학 개념들이 거의 없으며 우리가 "주관성"이라고 부르는 것에 대한 지각도 없다는 사실에 내가 단서를 달고 그것을 변명하고 설명하려고 시도하고 있음을 깨달았다. 그래도 적어도 표면적으로 정념을 "행위"로 보는 아리스토텔레스의 분석은 우리의 분석과 명목상 일치한다. 그가 말하는 "행위"의 의미가 우리가 말하는 것과 아주 다르다는 점을 제외하면 말이다. 스토아학파 철학자들에서도 마찬가지다. 스토아학파 철학자들은 정념이 **판단력**이라고 주장했는데, 이런 주장은 적어도 명목상으로는 우리가 가지고 있는 명제를 예기한 것이다. 그러나 나는 강단 학문에 붙들려서 역사적 부정확성과 순전히 역사적인 책 사이에서 선택하도록 강요받고 있음을 깨달았다. 나는 이 둘 중에서 어느 쪽도 하지 않기로 선택했다. 내가 시도했던 데카르트와 흄에 관한 연구들은 그 자체로 소규모의 "논문들"로 변모되었다. 정념에 관한 니체의 견해는 너무도 다양하고 복잡해서 그가 실제로 제안한 것들은 단지 잡다한 짧은 글들과 경구들로 나와 있을 뿐인데도 불구하고 그의 견해를 따로 떼어 내 작은 책으로 만들어 낼 수도 있을 것이다. 그리고 내가 다른 글에서[21] 분석한 사르트르는 확실히 그만을 독자적으로 철저하게 분석하는 연구의 대상이 될 만하다.

따라서, 나는 이런 철학자들에 대한 분석들은 다른 출판물용으로 남겨두고 이 책에서 수행하는 연구는 나 자신의 이론을 전개하는 장으로 활용하기로 했다. 나는 전통적인 이론들 중에서, 예를 들면, 정념은 "실천 이성"과 대조적으로 "병리적이다"라는 칸트의 악명 높은 말처럼, 내가 가장 강력하게 반대하는 견해들을 이따금 언급할 것이다. 하지만 그렇지 않은 경우에는 내가 이전 사상가들과 일치하는 견해들과 불일치하는 견해들을 승인하는 일은 내 동료들에게 맡긴다.

---

21. 「감정에 관한 사르트르의 견해Sartre on Emotions」로 사르트르에게 던지는 질문과 대답들을 담고 있다. 이 글은 Paul Arthur Schilpp, ed., Sartre, The Library of Living Philosophers(LaSalle, Ill.: Open Court, 1977)에 수록되어 있다.

2. 감정, 기분, 욕망

정념의 기본 종류는 세 가지인데, (1)감정, (2)기분, (3)욕망이 그것
들이다. 열의와 열광, 동기부여와 심리적 태도에 관련되는 어구들
이 상당히 많은데, 강도의 측면에서 보면 그 범위는 "태도"와 "선호"
에서 "열광"과 "집착"에까지 걸쳐 있다. 이런 것들이 정념에 포함될
수 있을지도 모르겠지만, 여기에서는 특별한 관심의 대상은 아니
다. 정념들이 모두 공통으로 가지고 있는 것은 삶의 상황에 **의미**
를 부여할 수 있는 능력이다. 우리의 감정은 일상의 평범한 만남을
극적인 비극과 익살극으로 바꿀 수 있다. 우리의 기분은 세계의 재
미없는 사실들에 (하이데거의 말로 표현하면) "맞추도록 우리를 조
정하고" 또는 (더 현대적인 어구로 표현하면) "맞추지 않도록 조정
한다." 욕망은 단순한 "사물들"을 목표와 도구로 전환하고, 단순한

"가능성들"을 야망과 소망, 희망으로 전환한다.[22.] 모든 가치와 유의미한 모든 것은—비열하거나 불쾌하거나 고통스러운 모든 것뿐만 아니라—정념을 거쳐서 삶 속으로 들어온다. 고통과 수난을 피하기 위해서 삶에서 모든 감정과 기분과 욕망을 비워내는 "행복"과 "지혜"라는 익숙한 종교적인 개념에 반대하여, 나는 정념이 없다면 "행복"과 "사랑," "지혜," "기쁨"이라는 바로 그 개념들은 이해 불가능해진다고 역설한다. 정념의 세 종류 중에서, **감정**이 가장 정교하고 복잡한 것으로 보인다. 인간의 주관성을 정의하는 것은 바로 감정들의 망이다.

기분은 일반화된 감정이다. 감정은 다소 특정한 대상에 초점을 맞추는 반면, 기분은 보통 특정한 대상이나 상황에 초점을 맞추지 않은 채 하나의 전체로서 세계에 주의를 기울이기 위해 장악력을 확대한다. 예를 들어, 우울은 세계 일반을 겨냥하지만, 여전히 그 핵심에 남아 있는 특정한 감정들의 토대 위에 구축된다. 그런데 이 감정들은 보이기는 하지만 더 이상 구별되지는 않는다. 감정은 기분을 결정화하는 응결 입자이다. 감정은 상당히 일반적인 대상들에 주의를 기울일 수 있기 때문에, 감정과 기분 사이의 구분이 항상 분명한 것은 아니다. 또한 기분의 세계는 너무 비좁아서 그 영

---

22. 마치 우리가 먼저 사물을, 그다음에 목표를 인식하고, 먼저 사실을, 그다음에 가치를 인식하기나 하는 것처럼, 이런 연결 관계들을 시간 순서대로 배열하려는 의도는 없다. 그렇게 배열하는 것은 철학사에서 흔한 실수이다. 오히려 나는 하이데거와 막스 셸러와 견해를 같이하여, 2장에서 주장한 것처럼, 다음과 같이 말하고 싶다. 즉 이런 것들은 몹시 정교한 반성을 거친 이후에만, 다시 말해서, "객관적인 관점"에서만 구별되고, 우리의 경험을 근본적으로 구분하는 것은 아니다.

역은 광범위함에도 불구하고 그 초점은 협소해질 수도 있다. (사람은 더 큰 세계를 넓게 보는 것보다 더 수월하게 작은 세계를 완전히 다 볼 수 있다. 그래서, 우울할 때는 자기 방 안에 머무는 것이 더 수월하다.)

기분의 본질을 이해하기 위해서는 감정의 본질을 먼저 이해해야 한다. 무차별적인 보편성을 지닌 기분은 감정을 형이상학적으로 일반화한 것이다. 예를 들어, 종교적인 정념은 감정보다 더 자주 기분의 형태를 취한다. 누군가는 이것이 대상의 고유한 보편성 때문이라고 넌지시 말할지도 모른다. 하지만 나는 그런 주장이 거꾸로 되어야 한다고 생각한다. 구체적으로 말하면, 종교적 대상들이 지닌 보편적인 본질은 그것들이 형이상학적 기분의 대상이라는 사실에 기인한다. 특정한 감정은 필연적으로 숭배의 대상을 특정한 크기로 축소시킬 것이다(그리고 축소시킨 경우도 빈번했다).

물론 모든 욕망이 감정에 근거하고 있는 것은 아니다. 예를 들어, 가장 "원초적인" 배고픔과 목마름의 욕망들은 모든 감정과 기분에 우선하고, 극심한 궁핍 상황에서는 절망적인 반응으로서 적절한 감정들을 불러일으킨다. 그렇지만 잘 먹고 보살핌을 받는 사람의 경우에 그 혹은 그녀의 삶을 구축하는 욕망들은 이런 원초적인 욕망들이 아니라 감정의 하부구조 위에 세워지는 욕망들이다. 예를 들어, 본인의 평판과 동료들 사이에서의 위치에 대한 걱정, 우정과 성공을 바라는 욕망, 자부심에 대한 욕구, 행복을 얻으려는 궁극적인 욕망이 그런 욕망들이다. 이것들은 어떤 의미에서도 "본능적"이거나 "원초적"이지 않다. 그러한 욕망들과 야망들, 소망들, 희망들은 복잡하고 자기 지시적이며 반성하는 언어의 혜택을 누리는 "이성적인" 존재들에게서만 가능한 정교한 개념 장치들과 평가 장치들을 기반으로 한다.[23] 음식과 생존에 대한 순전히 생물학적인 욕구들과 달리, 이런 욕망들은 우리의 감정들이 제공한 구조들 위에 구축된다. 그러므로, 나의 정념 이론은 감정 분석에 집중할 것이다. (감정과 욕망의 관계는 몹시 복잡하고, 그것들을 구별하기가 항상 쉬운 것은 아니다.)

---

23. 사람에게 나타나는 이런 욕구들과 독특한 격정들과 그것들로부터 파생되는 더 복잡한 동기들 사이의 위계질서는 리퍼[R. Leeper]의 지원을 받아 마슬로우[A. Maslow]가 쓴 다음의 글들에서 훨씬 더 상세하게 전개되었다. "A Motivational Theory of the Emotions," in Madga Arnold, ed., The Nature of Emotion(London: Penguin, 1962), p. 242. 그리고 in Pradines, Traite de Psychologie, p. 718

3. 객관적으로 조명된 감정들: 심리학자의 난제

> 감정은 유기적 반응의 양식으로 정의된다. 이 공
> 식은 감정의 양식이 어떻게 비감정적인 양식과
> 구별될 수 있는지를 그 누구도 보여준 적이 없
> 다는 사실에도 불구하고 실험실에서 유용하다.
> 또 다른 정의는 감정이 산만하고 과도하고 목적
> 없는 품행에 의해 드러나는 교란(혼란, 동요)임
> 을 단언한다.
>
> 영[P. T. Young], 중서부 심리학회에게 한 연설, 1941

"감정은 무엇인가?" 어떤 사람은 강단 심리학을 읽을 때까지는
이 질문이 심리학자들에 의해서 오래전에 해결되었다고 생각할지
도 모른다.[24] 대략 30년 전쯤에, 심리학자 데이비드 라파포트[David
Rapaport]는 감정에 관한 문헌들을 광범위하게 조사해서, 두드러진 이
론 학파들을 몇 개 분류해 냈지만, "치밀하지 못한 용법"과 "용어상
의 부주의"로 인하여 감정을 "방출 과정"으로 개념화한 것에 따라

---

24. 나에게 가장 도움이 된 것은 Magda Arnold의 *The Nature of Emotion* (London: Penguin, 1968)
이었지만, David Rapaport가 *Emotions and Memory*(New York: International Universities
Press, 1971)의 1장과 2장에서 제시한 지금은 케케묵은 요약도 도움이 되었다. 다음의 더 한
정적인 글들과 연구들도 도움이 되었다. D. K. Candland, ed., *Emotion: Bodily Changes, an
Enduring Problem in Psychology*(Princeton, N.J.: Van Nostrand, 1962); P. H. Knapp, ed.,
Expression of the Emotions in Man(New York: International Universities Press, 1963); West
and Greenblatt, *Explorations in the Physiology of Emotions*(APA, 1960); P. T. Young, *Motiva-
tion and Emotion* (New York: Viley, 1961); M. L. Reymert, *Feelings and Emotions*(New York:
McGraw-Hill, 1950); H. N. Gardiner, Ruth Metcalf, and J. G. Beebe-Center, *Feeling and
Emotions: A History of Theories*(New York: American, 1937); C. L. Stacery and M. F. De
Martino, *Understanding Human Motivation*(Cleveland: H. Allen, 1958).

서 많은 것이 결정되었다고 이의를 제기했다. 그가 내린 결론에 따르면 심리학자들은 "세심하게 구별해 두어야 하는 ⋯ 많은 다양한 현상들을 한데 묶어 버렸다." 그리고 "감정적인 상태에서 발생하는 생리적인 변화들은 문헌들에서 지나치게 다루어졌지만 '느껴지는 감정'의 문제는 어느 정도 무시되었다."[25.]

그때 이후로 상황은 상당히 달라졌지만, "느껴지는 감정"은 (누구든지 단순히 "감정"이라고 거의 말할 뻔한다.) 계속 무시되었다. 이런 상황은 이해 할 만하다. 왜냐하면 현저하게 주관적인 현상으로서 감정은 (수동적으로까지는 아니라 하더라도) 신중하게 "객관적인" 과학이 다루기에 적합한 주제는 전혀 아니기 때문이다. 여러 해 전에 헌트[W. A. Hunt]가 논평했듯이, 심리학자들은 "감정의 주관적인 측면들을 기꺼이 받아들이고 논의하지만, 그런 측면들을 과학적으로 다루려고 시도하는 것을 꺼린다."[26.] 그리고 마그다 아놀드[Magda Arnold]는 "우리가 좋아하든 싫어하든 ⋯ 만일 [그] **경험**을 배제한다면, 논의할 것은 그다지 많이 남지 않는다."[27.] 그러나 심리학의 바로 그 본질은 상관관계에 있는 확실한 생리적인 습성과 대조적으로 그런 경험의 특징을 기술하는 것을 배제하는 것으로 보인다. 그래서 라파포트가 주장하듯이, "관심은 감정 표현의 문제들, 감정 일반의 생리학, 특히 감정이 신경에 미치는 작용을 국부화하는 것

---

25. Rapaport, *Emotions and Memory*, pp. 271, 236.

26. W. A. Hunt, "Recent Development in the Field of Emotion," 1941.

27. Magda Arnold, The Nature of Emotion.

에 머물렀다."[28.]

오늘날 실증주의의 전성기에 심리학자들이 뻔뻔하게 주장했던 견해들만큼 부조리한 것은 아무것도 없다. 실증주의의 전성기 때 던랩[K. Dunlap]은 당시로서는 가장 완벽했던 1928년 위텐버그 심포지엄에서 다음과 같이 선언할 수 있었다.

> 그것이 물리적이거나 화학적으로 기록될 수 없다면 우리는 그 어떤 경험의 대상에도 만족하지 않는 것이 당연하다. 너무도 많은 심리학자들과 대부분의 생리학자들이 말하는 "감정들"은 이런 종류의 사실들이 아니다. 그러므로 나는 그것들에 조금의 관심도 없다. 마음속에서 느끼는 것들은 입증할 수 있다. 지금부터, 내가 감정이란 용어를 사용할 때 그 용어는 이런 것들을 뜻한다.[29.]

그러나 만질 수 있는 것, 측정할 수 있는 것, 수량화할 수 있는 것, 볼 수 있는 것에 대한 집착은 계속된다.[30.]

---

28. Ibid., p. 2.

29. K. Dunlap, "Emotions as Dynamic Background," in *Feelings and Emotions: The Wittenberg Symposium*, ed. M. L. Reymert(Worcester, Mass,: Clark university Press, 1928).

30. 예를 들어, H. Harlow and R. Stagner, *Psychological Reviw*, 1939에서 "감정들"에서 "감정적 반응"으로 재빨리 넘어가는 것을 보라. 혹은 F. H. Lund, *Emotions*(New York: Ronald, 1939)에서 "감정들—또는 더 나은 표현으로는—감정적 행동"이라는 구절을 보라. 아니면, 가장 극단적인 사례로 다음의 글을 보라. E. Duffy, "An Explanation of 'Emotional' Phenomena Without the Use of the Concept of 'Emotion,'" *Journal of General Psychology*, 1941. (제목 자체가 책의 내용을 대변해 준다.)

심리학자의 난제가 여기에 있다. 즉 누구든 객관적인 실험과 연구의 도구들만을 이용해서 특유하게 주관적인 현상을 어떻게 고찰하겠는가? 악명 높을 정도로 만질 수 없는 인간 경험의 차원을 당신은 어떻게 관찰하고 측정하겠는가? 누군가는 객관성이 반드시 만져서 알 수 있는 속성을 필요로 하거나 특유하게 "정신적인 것"을 배제하지는 않는다고 주장할지도 모른다. 20세기 초에 빌헬름 분트Wilhelm Wundt와 티취너E. B. Titchener는 주관적인 현상을 객관적으로 측정하려고 시도했다. 하지만 그들은 여전히 자연 과학(특히 물리학)을 그들의 패러다임으로 받아들여서, 감정들은 느낌들 그리고 느낌들의 복합체일 뿐이라는 이론으로 시작했다. 그 결과, 그들은 전부 잘못된 질문들만 던졌고 역사와 관련해서만 흥미로운 정보들을 많이 수집했고, 그래서 그런 실험 방법들은 무익하다는 수많은 반내성주의자들의 의심들이 옳았음을 증명했다. 현재는, 대부분의 실험주의자들이 주관적인 조사에서 객관적인 결과를 얻을 수 없음을 아주 **당연하게 여긴다**. 이런 견해는 아마 틀린 것일지도 모르지만, 나는 여기서 그것을 공격하려는 시도는 전혀 하지 않을 것이다. 그것이 제기하는 다음의 난제를 살펴보는 것으로 충분하다. 즉 심리학자는 감정에 관하여 어떤 말이라도 흥미로운 말을 할 수 있는가?

물론 그 대답은 당연히 그렇다이다. 왜냐하면, 어떤 의미에서, 심리학자들이 "객관적으로" 연구하는 현상("사람이 감정을 가질 때

무슨 일이 일어나는가?")과 주관적으로 우리의 흥미를 불러일으키는 현상("나/우리가 감정을 가지고 있다는 것은 무엇인가?")은 똑같은 것이기 때문이다. 어느 한쪽 연구가 나머지 다른 쪽 연구 없이도 진행될 수 있다고 생각하는 것은 오류일 뿐이다. 따라서 심리학자들의 연구들은 그들이 겪는 **개인적인** 감정들의 주관적 경험의 문맥에서 흥미롭고, 사실상 이런 문맥에서 의미가 통할 뿐이다. 하지만 주관적으로조차도 내 감정들의 경험은 세계에 있는 그런 감정들의 "표현"과 분리될 수 없다는 것도 또한 분명하다. 그리고 나 자신보다 "객관적인" 관찰자가 내가 표현하는 행동에서 나타나는 양식들의 특성을 기술하고 밝히기에 훨씬 더 나은 위치에 있는 경우가 종종 있다. 심리학자들은 대체로 행동과 몸짓, 언어 "표현들" 뿐만 아니라 생리적 반응까지도 포함하는 것으로 "표현"이란 개념을 사용한다.[31] 우리는 이 용어를 사용하게 될 텐데, "표현"은 감정을 드러내 보여 주는 특별한 종류의 "객관적 표명"의 하나일 뿐이다. 다시 말해서, "표현하는" 것일 뿐이다. 따라서 심리학자의 난제는 주관성이 그의 연구 분야가 아니라 할지라도, 감정들의 **주관적인** 현상을 연구의 **토대**와 주제로 받아들이고 나서야만 해결될 수 있다. 하지만 상호 보완적인 난제는 주관성이 감정과 그 표현 사이의 명확한 경계가 없음을 깨닫는 한에서만 마찬가지로 해결될 수

---

31. 예를 들어, 라파포트는 『감정들과 기억Emotions and Memory』의 29쪽에서 다음과 같이 말한다. "표현은 여기에서 생리적인 변화들뿐만 아니라 운동 신경까지도 의미한다." 또한 다음의 글들을 참고할 것. Charles Sherrington, *The Integrative Action of the Nervous System*(New York: Arno, 1947), 그리고 William James, "What Is an Emotion?" (Mind, 1884).

있다. 객관적인 고찰들, 자기 자신의 행동과 공통되는 행동 양식
("… 의 사례")에 입각한 증거는 자신의 감정을 이해하고 단련할 때
따르는 반성 목록에서 가장 중요한 도구들에 속한다. 이와 유사하
게, "모든 의식적 기능들은 신경계의 기층에 의존한다"라는 타당한
이론을 근거로 하여, 모든 감정은 그 상관물을 중앙 신경 체계의
생리 기능에서 찾을 수 있다고 단순하게 가정할 것이고,[32] 우리 자
신의 주관성을—객관적으로—바꿀 때 그런 지식을 활용할 수 있
다고 가정할 것이다.

나의 관심은 주로 감정을 가지고 있음의 주관적 본질, 라파토프
의 표현을 사용하면, "느껴지는 감정"에 있다. 이런 관심은 심리학
자의 관심과 양립할 수 있고 그것을 배제하지도 않는다. 그렇지만
객관적인 견해에서 파생되고 그것에만 적합한 주관적인 설명 모델
들과 이론들을 통합하는 것에 주의해야 한다. 하지만, 나는 주관성
에만 주의를 기울일 때, 그렇게 함으로써 감정은 경험**이고** "느껴지
는 감정"이 **거기 있는** 감정의 **전부**이고 나머지는 다양한 부차적인
효과들이라고 주장하는 것은 아님을 강조해야겠다. 그러한 정의를
고집하는 것은 한쪽으로 치우친 실험 심리학자들의 편견과 "감정
을 순전한 경험으로 보는" 주관주의자들의 똑같이 한쪽으로 치우

---

32. Ernst Gellhorn and G. N. Loofbourrow, *Emotions and Emotional Disorders*(New York: Harp-
er & row, 1963). 여기에서 사용되는 "상관물"이란 개념에 문제들이 있고 의식과 논의되고 있는
신경계의 "기능들" 사이의 관계들에 관한 악명 높은 난국들이 있다. 이 장의 4절과 내가 쓴 다
음의 글을 참고할 것. "Doubts About the Correlation Thesis," *British Journal for the Philosophy
of Science, March* 1975.

친 한계 사이에 벌어진 너무도 오래 이어진 전쟁을 더 부추기기만 할 것이다.

만일 이 기획이 심리학의 기획과 상보 관계에 있다면, 철학과 심리학은 분리된 학과에 있어야 한다고 대학 관리자들이 결정한 이후로 심리학의 사유를 지배해 온 모델들과 이론들을 염두에 두지 않고 단순히 주관적으로 이 기획을 계속 진행할 수는 없다. 객관적 모델들과 이론들은 너무도 손쉽게 주관적인 자아 개념들 속으로 통합되어 들어온다. 예를 들어, 내가 "수역학 모델"이라고 부르는 것은 배관 작업과 공학에 적절하고, 어쩌면 신경학에도 적절할지 모르겠지만, 자신의 감정을 보는 방식에는 적절하지 않다고 나는 주장할 것이다. 마찬가지로, 동일한 모델에서 파생된 더 최신의 컴퓨터 전문 용어가 있다. 이런 용어에 따라서 오늘날 사람들은 "프로그램"과 "과부하," 뭐가 뭔지 알 수 없는 다양한 유사 전자학 용어들을 사용하여 자기 자신을 기술하는 경우가 빈번하다. 심지어 객관성의 영역에서조차도 이 모델들 자체가 틀릴 때, 그 결과들은 처참할 수 있다. 모델의 정확성이 반드시 그 모델의 주관적 가치를 잘 보여 주는 것은 아님을 강조할 만하다. 예를 들어, 프로이트의 "무의식" 개념은 이론상으로는 끔찍한 개념이지만, 때때로 비유적인 결함들이 심각하지만, 그래도 인간을 이해하기 위해 노력할 때 이것보다 더 유용한 도구는 없다고 나는 주장하고 싶다. 다른 한편으로, 시상하부에 감정들이 위치한다고 보는 개념은 아주 좋은 이론이지만, 이 개념은 적어도 아직까지는 자아를 이해하는 데 거의 아무런 기여도 하지 않았다. (4장을 참고할 것.)

반대쪽에도 역시 위험이 도사리고 있다. 즉 심리학자들이 자신의 주관성을 살짝 가려서 번역하고 추정한 것을 객관적인 발견이라고 보고할지도 모른다. (이것에 뒤따르는 난센스에도 불구하고, 이렇게 보고함으로써 왓슨^{J. B. Watson}은 심리학 분야에서 한 자리를 차지했다. 그렇지만 그가 이전까지 동물 심리학을 지배했던 자유분방하고 노골적인 의인화에 반대한 것은 옳았다. 그러므로, 그 자신이 적절한 심리학 자료들과 개념들에 가한 노골적이고 극단적인 제약들이 [스키너^{B. F. Skinner}에게서 기대하게 되는 호전적인 메타심리학에 관한 논쟁들을 제외하면] **인간의** 행동에 대해 심리학자들이 할 수 있는 명료하고 흥미로운 진술들의 범위를 너무 제한해 버려서 심리학자들은 심리학 연구에 실질적인 내용을 제공하기 위해서 꼭 필요하지 않더라도 이런 종류의 책략을 끌어들였다는 것은 아이러니하다.) 하지만 다시 말하건대, 내 관심사는 실험 심리학자들의 관심사가 아니라, 오히려 심리학 이론들에 침투한 객관적인 요소들을 그 분야에서 제거하는 것이다. 따라서, 지난 70년 동안의 심리학을 간략하게 비판적으로 다루겠지만, 이것을 엄밀한 의미의 심리학을 개괄하는 것으로 봐서는 안 되고, 오히려 우리 자신의 주요 동기부여에 대한 예상 목표 반응으로 봐야 한다.^{33.}

---

33. 만일 이것이 부당하게 여겨진다면, 너무도 많은 심리학 책의 첫 한두 쪽을 아름답게 꾸미고 있

4. 수역학 모델과 그 변천

> 정동과 감정은 방출 과정들에 부합하는데, 그
> 최종 표현은 느낌으로 지각된다.
>
> 프로이트, 「무의식"The Unconscious"」 (1915)

내부자의 시선에서 볼 때, 미국에서 지난 70년 동안 이루어진 심리학의 이론 정립을 요약하는 것은 몹시 어려울 것이다. 독창적인 이론가들이 사실상 지나치게 많고, 그 결과 서로 경쟁하는 이론들과 모델들을 포함하는 의견 교환과 대립이 과도한 분야에서 누구든 예상할 수 있듯이 말이다. 그렇지만 철학자의 관점에서 보면, 지난 70년 동안의 미국 심리학은 쉽게 요약될 수 있다. 공통되는 전제들과 패러다임들에 대한 탐색이 전문가의 책임까지는 아니라 하더라도 의무인 분야에 대해 누구나 예상할 수 있듯이 말이다.[34.]

는 여섯 명의 철학자들 각각에 대해 제공되는 한 문장짜리 요약 내용들을 흘긋 들여다보기 바란다. 예를 들어, 라파포트의 『감정과 기억Emotion and Memory』 4-5쪽("이들 소수에 대한 역사적인 개괄이 필요하다"), 아놀드Arnold의 『감정의 본질The Naure of Emotion』 10쪽 (한 문장), 존 앳킨슨John Atkinson의 『동기부여 개론An Introduction to Motivation』의 「서문」 (New York: Van Nostrand, 1964).

34. 오스틴J. L. Austin은 다음과 같은 취지의 어떤 말을 한 것으로 여겨진다. "만일 나도 또한 과도한 단

나는 겉보기에는 이론들과 모델들이 마구 뒤섞여 있는 것처럼
보이는 것에서 중심 주제를 뽑아내고 싶다. 이 중심 주제는 다양하
게 변형되었는데, 어떤 형태를 취하든 20세기 대부분 동안 미국과
유럽에서 전문 심리학과 "상식" 심리학의 내용까지는 아니라 하더
라도 그것들의 기질을 특징지었다. 이것이 내가 **수역학 모델**이라고
부르는 것이다.[35.]

> 정념은 결정적인 순간에 폭발적인 에너지로 분출한다.
> 그런데 어떤 사람들에게서는, 이런 에너지가 그들이 한
> 동안 그것을 억눌러 담아 두는 방식과 서로 관련되는
> 것으로 보인다. … 감상주의자는 "분출"이 그 혹은 그녀
> 의 표준적인 표현 양식이 되도록 구성되어 있다. "분출"
> 을 막기 위해 마개를 하면 어느 정도까지만 그것을 대
> 체하는 더 "현실적인" 행동들을 하게 될 것이다. 그것을
> 막으면 대개는 단지 열의만 잃게 될 것이다. 다른 한편
> 으로, 감상주의자가 그가 하고자 하는 대로 정념들을
> 표현하지 못하도록 억누르게 놔둬 보라. 만일 정념들이
> 전혀 분출되지 못한다면 육중하고 성마른 "휴화산"은
> 그것들이 소멸한다는 것을 알게 될 것이다. …
>
> 윌리엄 제임스[William James], 「감정이란 무엇인가?"What Is an Emotion?"」

순화가 철학자의 업무라고 말하고 싶은 유혹을 느끼지는 않는다 하더라도, 과도한 단순화는 철
학자의 직업상 위험 요소라는 말은 할 것이다."

35. 이 용어는 새로운 것이 아니다. 예를 들어, 다음의 책에서 다른 문맥에서 이 용어가 사용되었
다. Elliot Aronson, *The Social Animal*(San Frankcisco: W. H. Freeman, 1972).

비판적인 외부자들뿐만 아니라 대부분의 심리학자들이 받아들일 수 있는 일반화를 재빠르게 해야만 할 때, 누군가는 최근의 역사를 심리학이란 "과학"을 발전시키려는 시도로 요약할지도 모른다. 그런데 이런 시도는 어떤 의미에서 단지 상대적으로 젊은 학문을 자연과학과 생물과학 분야에서 오랫동안 인정받아 온 학문들과 비교하여 "꽤 괜찮아 보이게" 만드는 것에 불과하다. 그러나 "과학"이란 개념은 지난 70년 동안 근본적으로 변해서, 20세기로 넘어올 때쯤에 물리학에서 일어난 전환들로 인하여 가장 활발한 상상력의 한계들을 훨씬 넘어설 정도로 확대 해석되었다. 과학 개념은 1930년대의 실증주의에 의해 극도로 수축되었고, 1960년대에는 최고의 과학 이론가들이 천문학을 점성술로부터 또는 전자기장을 마법과 초능력으로부터 구분하는 명확한 기준을 파악하지 못할 정도로까지 상대화되었다.[36] 그러나 심리학이 패러다임을 선택할 때 문제가 있었다. 심리학에서 "과학"의 개념은 다른 학문들에서 일어나고 있는 현재의 갈등들보다는 과거에 이룬 업적들을 보느라 항상 뒤처져 있었다. 많은 위대한 실험주의자들이 그들의 이론을 구성하는 개념들에서는 여전히 암암리에 실증주의에 헌신하고 있다. (이것은 악명 높게도 현재 사회학 연구에도 똑같이 적용된다. 실증주의는 인류학에서도 마찬가지로 여전히 유해하게 강력한 영향력을 유지

---

36. 예를 들어, 과학과 마법의 유사점을 다루는 파울 파이어아벤트[Paul Feyeraend]의 최근 저작을 참고할 것.

하고 있다.[37.])

심리학이 "과학"이 될 수 있다는 주장이 여전히 웃음거리 비슷한 것이었던 20세기로의 전환기에, 심리학자들은 당연히 그들이 찾을 수 있는 가장 훌륭한 과학 패러다임에 의지했다. 이 패러다임은 힘과 인력, 양적 연산, 물질 입자의 이동에 관한 뉴턴의 모델이었다. 17세기에 뉴턴과 거의 동시대에 살았던 토마스 홉스가 뉴턴의 이론과 아주 유사한 심리학 모델을 이미 시도했었다. 20세기로 넘어오는 전환기에도 이것은 여전히 수요가 많은 모델이었다. 이것이 수역학 모델의 토대인데, 수역학 모델은 뉴턴의 기계적 구조의 측면에서 인간 정신의 활동들(혹은 적어도 인간 신체의 행동)이 갖는 특징들을 기술하려는 시도이다.

미국 심리학의 역사는 윌리엄 제임스와 지그문트 프로이트라는 두 거인들에 의해 규정되었다. 프로이트를 포함시킨 것은 역사를 왜곡하는 것처럼 보일지 모르지만, 그가 어디 출신이든지 간에 프로이트가 처음으로 거리낌 없이 열광하는 추종자들을 얻은 것은 바로 미국에서였고, 심리학자들 중에서 최고 천재라는 자격을 계속 유지한 것도 오직 미국에서뿐이었음을 기억하면 이해될 것이다.[38.] 프로이트와 제임스 두 사람 모두 새롭게 발전한 신경학에

---

37. E. Leach, *Claude Lévi-Strauss*(London: Collins, 1971), pp. 50, 54-56, 61.

38. 비록 말년에는 런던에서 살았지만, 어니스트 존스[Ernest Jones]와 다른 사람들의 노력에도 불구하고 그곳에서 그의 영향력은 미미했고 여전히 미미하다. (나는 1974년 10월에 서덜랜드[R. Sutherland]가 런던에서의 사정을 비판하는 소리를 들었다.) 물론, 프로이트의 영향을 많이 받은 영국 저자들이 있다. 예를 들어, 예술 평론가인 곰브리치[E. H. Gombrich]와 철학자인 울하임[R. Wollheim]이 있다. 그러

서 과학적 심리학이 구축되는 것을 보았다(그리고 누가 **그것이** "과학"이라 불릴 만한 자격이 있다는 것을 의심할 수 있겠는가?). 제임스는 신경생리학이라는 새로운 개념을 감정의 심리학에 직접 그리고 서슴없이 적용했다. 그의 이론에서 감정은 생리학에서 일어나는 어떤 변화들을 의식하는 것에 불과하다. 이것은 단순한 "부수현상"[39], 감정의 골치 아픈 **느낌**으로 축소되었고 심리학자의 주의를 적절한 생리적 변화들의 "위치 측정"이라는 명백히 과학적인 문제에 다시 집중시켰다. (덴마크 심리학자 랑게[C. G. Lange]가 발전시켜서 "제임스-랑게 이론"이라고 불리는) 제임스의 이론이 20세기의 2/4분기까지 미국과 유럽 모두에서 심리학을 지배했다. 그러나 심지어 그 이론이 신빙성을 잃었을 때조차도, 감정의 생리적 상관물들은 계속 감정 자체보다 우선했다. 더 중요한 것은 신경학에 적합한 생리 모델이 계속 감정에 관한 사유를 지배했다는 점이다.

프로이트의 이론은 제임스의 단순한 환원주의 이론보다 훨씬 더 복잡하다. 비록 심리학자로 활동하는 내내 제임스도 신경학적

나 대체로 정신분석학은 미국에서보다 영국에 훨씬 덜 영향을 미쳤다. 독일과 오스트리아에서 정신분석 이론은 나치에 의해 처참하게 축소되었고, 프로이트와 그의 추종자들은 다른 지역(주로 미국, 특히 42번가 위쪽에 있는 이스트 리버와 5번가 사이)으로 떠나야만 했다. 프랑스에서는 프로이트나 뉴턴 학설에 기반한 "과학적 심리학" 개념보다 데카르트와 파스칼, 루소를 충실하게 따르는 경향이 언제나 더 많았다. 따라서, 20세기로 넘어올 때 프랑스인들은 (제임스가 보스턴에서 활동하고 프로이트가 빈에서 활동할 때와 동일한 시기에 리보[Ribot]와 다른 사람들이 도입한) 그들만의 "과학적 심리학" 개념을 옹호하기는 했지만, 그들의 작업은 미국과 독일에서 나타나는 실험주의를 강조하기보다는 데카르트 철학의 주관성이 갖는 특징들을 훨씬 더 많이 보여 준다.

39. 이것은 대략 말하면 중요하지 않은 부산물이다.

토대를 가지기 위해서는 심리학의 개념들이 종국에는 논증되어야 한다고 주장하기는 했지만, 이 "종국에는"이란 말은 그가 주저하고 있음을 보여 주었고 그가 적어도 일시적으로 "정신 기구"라는 개념을 신경해부학과 생리학의 세부 내용들로부터 분리하도록 이끌었다. 그리고 이런 분리가 노골적인 경우도 자주 있었다. 그렇지만, 제임스가 채택하고 마지막 저술 작업을 할 때까지 계속 발전시킨 모델은 그가 1895년 신경학 연구에서 도출한 구조들과 전문 용어에 전적으로 근거하고 있다.[40] 수역학 모델을 가장 명료하게 설명하는 내용은 바로 프로이트에게서 찾을 수 있다. 그리고 고대 그리스인들 이후로 서구 사상을 지배해 온 잘못된 감정 모델을 어마어마한 영향을 끼친 "과학적" 공식으로 체계화했다는 점에서 바로 프로이트가 선정되어야 한다.

"과학 이전의" 심리학 사유에서 "힘"과 "에너지," "동물 활력," "신체 분비액" (담즙, 쓸개즙, 가래 등) 같은 개념들은 시적이고 비유적인 탐구에서 마음껏 활용되었고, 그 결과로서 (비록 극적이고 종종 매력적이라는 것은 인정하지만) 뻔뻔하고 무비판적인 수역학 모델의 범위 안에서 정념에 관한 언어와 사유를 구축했다. 수역학 모델은 완전히 글자 그대로 인간의 정신을 행동과 표정으로 배출될 필요가 있는 압력들로 가득 차 있는 솥으로 본다. 그렇지만, 과학

---

40. 나는 리처드 울하임이 편집한 『프로이트*Freud*』(Garden City: Doubleday Anchor, 1974)에 실린 「프로이트의 정신 신경학 이론"Freud's Neurological Theory of Mind"」에서 이 논제를 상세히 주장했는데, 여기에서 그 주장을 반복하지는 않겠다.

적 심리학이 도래하면서, 이런 비유는 확실한 토대를 필요로 하게 되었는데, 제임스와 프로이트는 동시에 중앙 신경 체계의 구성 요소들 속에서 이 토대를 찾아냈다.[41.] 심지어 1895년에조차도 의식의 현상들은 모든 경우에 중앙 신경 체계로 되돌려 보내지게 된다는 명제는 의심의 여지가 없었다. 여기에서 말하는 중앙 신경 체계는 명백히 기계적으로 작동하는 체계이다. 그래서 제임스는 감정들이란 신경상의 과정들, 특히 어떤 종류의 행동으로 표출될 필요가 있는 신경상의 교란들에서 생겨나는 **정동**에 지나지 않는다고 분명히 주장했다. 그래서, 프로이트는 정념 일반은 정확히 (아직은 알 수 없는) 어떤 "분량"의 압력이라고 주장했다(이것을 그는 간단히 "Q"로 표시했다). 그는 정념 일반을 "정동," "충동," "본능," "정신 에너지," "리비도 에너지," "힘"으로 다양하게 불렀다. 그런데, 이 분량은 신경 체계에서 새롭게 확인된 관상 조직 용기들, 즉 신경세포들을 통해서 흘렀다. 하지만 정신 기구 모델의 기초를 단도직입적으로 신경해부학적 구조들에 두려는 시도를 포기했을 때조차도, 그가 제안한 정신 모델은 항상 수역학의 언어로 표현되었다("카텍시스cathexis"는 충전을 뜻하고, "카타르시스catharsis"는 배출을 뜻하고, "흐름"과 "통과시키기" 그리고 이른바 방어 메커니즘들 대부분의 명칭들이 사용되었다). 예를 들어, "정신 에너지"라는 그의 유명한 개

---

41. 제임스의 『심리학의 원리Principles of Psychology』 1권의 처음 여러 장을 참고할 것. 그리고 프로이트의 표준판 중에서 특히 3권인 『과학적 심리학을 위한 기획Project for a Scientific Psychology』을 참고할 것.

넘은 뉴턴 물리학의 기정 개념들에 대한 또 하나의 "과학적" 호소일 뿐이었다.

특히 감정과 관련하여, 프로이트는 명확히 정의하기가 제임스보다 훨씬 더 어렵다. 그는 감정과 다른 "충동들" 또는 "본능들"을 결코 명확하게 구분하지 않으며, "정동"이라는 용어를 일관성 없이 사용하는 것으로 악명이 높다. 그는 "정동"과 감정을 자주 동일시하고, 따라서 제임스처럼 감정을 힘 그 자체라기보다는 의식 층위에서 나타나는 힘의 **결과**들로 보는 것 같다. 하지만 그는 때때로 (이 절의 맨 앞에 인용한 구절에서처럼) 그 용어들을 결합하여 사용하고, 어느 짧은 글에서는 다음의 서로 대조되는 두 가지 명제를 **모두** 옹호한다. 하나는 정동이란 본능인데, 의식 층위에서 나타나는 그 "표상"이 "개념"이라는 명제이고, 다른 하나는 정동이란 (그가 때로는 "정동적 어조"라고 부르는) 속성 혹은 그것으로부터 분리될 수도 있는 개념의 부속물이라는 명제이다. (따라서, 『무의식』이란 에세이의 「무의식적 감정」이란 제목의 절에서, 프로이트는 다음과 같이 설명한다. "무의식적인 감정"이란 정동을 그 개념으로부터 떼어 낸 감정이다. 개념만이 억압되고, 정동은 억압되지 않는다. 하지만 같은 절에서, 그는 마찬가지로 정동도 억압될 수 있고 또한 정동이 불안으로 전환될 수도 있다고 논한다.[42])

---

42. *General Psychological Theory*(New York: Collier, 1963), pp. 125ff.

내가 생각하기에, 프로이트의 저작에서 감정에 관한 서로 다른 개념들을 적어도 세 개 확인할 수 있다. 이 세 개의 개념들은 각각 (의식을 위협하는 정신적 힘인) "본능"과 (의식 층위에서 나타나는 본능의 표상인) "개념"과 (개념에 동반될 수도 있고 그렇지 않을 수도 있는 본능의 의식화된 **결과**인) "정동"이라는 세 특징 중에서 하나를 강조한다. 전문 용어들은 다양하지만, 세 용어를 적절하게 배치해 본다면, 다음의 세 가지 개념들로 정리할 수 있다.

1. 표현을 요구하면서 자아에 맞서 사납게 날뛰는 힘인 "본능" 자체로서의 감정. 따라서 "본능들"에 대해 말할 때, 프로이트는 전형적으로 감정, 특히 사랑과 화, 증오, 질투, 죄책감을 언급한다. 사실, 그가 논하는 "본능들" 대부분은, 특히 "자아 본능들"은 "본능"이나 단순한 "충동"이라기보다는 감정이다.

2. 개념에 묶여 있는 본능으로서의 감정. 중기(1900-1915) 저작들에서 프로이트는 그가 "이차 과정"이라고 부르는 것에서 개념의 "카텍시스"를 통해 대상에 "묶여 있는" 본능에 대해 자주 말한다. 이런 관점에서, 감정은 특정한 대상을 가질 필요가 없는 본능일 뿐만 아니라 특정한 사람이나 사건에 대한 특정한 태도이기도 하다.

3. 정동으로서의 감정. 제임스처럼 프로이트는 마치 감정이 역동적인 힘들의 상호 교환이 의식 층위에서 **불안**으로 나타나는 부수현상 효과일 뿐이기나 한 것처럼 말하는 경우가 자주 있다. (다양한 "본능들"에 대한 프로이트의 분류는 그가 주장하는 감정에 관한 관점에 따라서 체계적으로 변화한다.)

어느 개념을 선호하든(그리고 이 개념들 모두가 프로이트의 논의에서 중요한 비중을 차지한다), 여기에서 수역학 모델이 가장 명확한 형태를 취한다. 즉 무의식에서 생겨나는 압력은 "방출"을 요구하면서 의식 층위로 들어오겠다고 위협한다. 세 개의 개념들 모두에서, 감정은 우리가 하는 것이 아니라 우리에게 일어나는 무엇이다. 첫 번째 개념과 두 번째 개념에서, 감정은 우리를 위협하는 힘이고, 세 번째 개념에서는 우리를 위협하는 힘의 효과이다. 의식에서 무슨 일이 일어나든, 그것은 의식의 바깥에서 그리고 의식과는 별개로 작동하는 힘들의 역동적인 체계의 결과일 뿐이다.

수역학 모델은 생리학에 근거할 필요가 없다. (사실, 수역학 모델은 신경 체계가 심리학에 영향을 미친다는 견해보다 여러 세기 먼저 생겨났다.) 그것은 프로이트의 "무의식" 개념 같은 것을 필요로 하지도 않는다. 그것은 단지 의식에 관하여 **수동성**의 범주만을 필요로 한다. 다시 말해서, 감정들은 (그리고 정념 일반은) 우리가 통제할 수 없는 정신의 혹은 신체의 혹은 환경의 힘들에 의해서 우리에게 가해지거나 우리 안에서 초래된다는 개념만을 필요로 한다. 그 행동이 직접적이든(예를 들어, 막 그를 화나게 만든 상사를 주먹으로 치기), 상징적이든(상사가 막 그를 화나게 했기 때문에 책상을 발로 차기), 아니면 목적 없이 산만하든(상사가 막 그를 화나게 했기 때문에 펄쩍펄쩍 뛰고 고함치고 머리카락을 쥐어뜯기), 감정은 행동으로 "방출"되기를 요구한다. 수역학 모델의 핵심은 감정들과 다른 정념들은 (혹은 그 결정 요소들은) 의식과는 완전히 별개로 존재하며, 의식을 실행시키고 (혹은 의식에 "영향을 미치고") 빈번히 우리에게 어떤 식별 가능한 방식으로 행동하도록 강요한다는 관념이다.

제임스와 프로이트 둘 모두가 수역학 모델 일반에 기여한 최종 결과는 의식의 중요성을 최소화한 것이다.[43] 이 모델에 의거하여, 의식의 **행위능력**을 피력할 필요가 전혀 없다. 의식은 제임스의 말로 표현하면 "부수현상"이다. 행동으로 분출되기를 요구하는 힘들이 있는데, 이것이 의식 층위에서 효과를 나타낸다. 여기에서 작은 한 걸음만 더 내디딘다면, 행동 연구에서 의식을 **무시할** 수 있다고 제안하게 된다. 심지어 이것보다 더 작은 한 걸음만 내디뎌도, 심리학에서 "의식"에 대해 말할 필요는 전혀 없다는 명제를 말하게 된다. 비록 이 명제가 형이상학의 큰 실책들로 가득 차 있다고 해도 말이다.[44]

---

43. 우리는 그것이 얼마나 불필요한 것인지를 깨닫고 나서야 의식을 제대로 인식하기 시작한다는 (그 자신이 매우 수역학 "에너지" 이론가인) 니체의 견해를 떠올리게 된다(『즐거운 학문』.

44. 1924년에 『행동주의Behaviorism』에서 왓슨이 이 마지막 걸음을 내디뎠을 때, 그의 이전 연구들

다른 말로 하면, "행동주의"는[45] 사실상 수역학 모델을 순화하고 간소화한 변형태로서, 의식의 (스키너의 말로 표현하면) "정신적 중간 기착지"에 대해 고민하지 않고 행동을 결정하는 변수들과 그 변수들에서 나오는 관찰 가능한 결과들에만 주목한다. 이것은 수역학 모델의 완성본이고, 어쩌면 수역학 모델에서 한두 단계 더 지나쳐 갔다고 할 수 있을지도 모른다. 그리고 이것은 의식을 고려하는 데 완전히 실패함으로써 심리학에서 의식이 대단히 중요하지 **않음**을 강조한다.

물론, 지난 40년 동안의 심리학이 전부 다 행동주의인 것은 아니다. 그러나 행동주의에 철두철미하게 반대하는 사람들조차도 의식이 가장 중요하다는 견해에 이의를 제기하는 탄탄한 주장들에 위협을 느꼈다는 점을 인정해야 한다. 제임스와 프로이트 이후로 감정에 관한 모든 심리학 이론이 수역학 모델에 적합하다고 넌지시 말하는 것은 아니다. 특히 최근에는 예외들도 있는데, 이런 예외

은 30년 동안 확고하게 자리 잡고 있었다. 대부분의 "혁명들"처럼, 미국 심리학에서 행동주의로의 전환은 그 혁명이 일어나기 전에 사실상 마무리되었다. 왓슨이 바스티유 감옥을 습격했다고 말할 수도 있었다. 하지만 오직 제임스와 프로이트가 수감자들을 다른 곳으로 옮기고 구체제의 몰락을 아직 축하하지 않은 상태에서 그것을 뜻하는 대표자 회의를 소집하고 난 다음에야 그렇게 했다고 할 수 있다. 만일 특히 프로이트가 이상하게도 현대의 강단 심리학에서 경시된다면, 의식이 의무적으로 내면을 성찰하면서 하는 두서없는 이야기에서 벗어나 제3자의 관찰과 행동 분석, 20세기 심리학을 규정하는 가설상의 추론을 강조하는 것으로 옮겨간 책임이 사실은 프로이트에게 있다는 점을 상기할 필요가 있다.

45. "행동주의"라는 용어로 내가 뜻하고자 하는 바는 내용물이 전혀 없음을 엄밀하게 주장하는 "블랙박스"의 변종이 아니다. 여기에서 내용물이 없다는 것을 상세하게 말하면, 내부 작용에 대한 가설이 전혀 없고, 보이지 않는 구조나 힘, 본능, 메커니즘에 대한 추론이 전혀 없다는 것이다. 그 사이에 아무것도 없는 독립 변수들과 의존 변수들만이 있을 뿐이다. 이것은 수역학 모델의 변형이 아니다. 이것은 모델도 아니다!

감정은 어떻게 내 삶을 의미 있게 바꾸는가

사례들에 대해서는 차후 논의에서 언급하겠다. 하지만 수역학 모델은 감정 심리학의 최종적인 구조 이론은 아니라고 하더라도 확실히 지배적인 구조 이론이었다.[46] 이 점은 수역학 모델이 2000년 동안 과학 이전의 사유에서 거의 독점적이었다는 점을 고려하면 놀랍지 않다.

감정에 관한 심리학 이론들은 감정의 생리적 상관물들, "느껴진 감정" 즉 감정의 "느낌," 또는 다양한 감정이 행동에 미치는 영향들에 선별적으로 초점을 맞추는 경향이 있었다.[47] (1930년대에 캐넌 W. B. Cannon이 제임스-랑게 이론을 반박한 이후로) 생리적 상관물의 측면에서 감정을 **정의하려는** 시도는 가망 없는 계획이라는 것이 일반적으로 인정되었다(다음 장을 참고할 것). 그래도 신경에 있는 그리고 내장 기관에 있는 다양한 상관물들을 구분하고, 가능한 경우에는 그것들의 위치를 밝히는 데 몰두한 연구들이 놀랄 정도로 많다. 적어도 저명한 이론가 한 사람이 최근에 감정과 생리 기능을 동일시하는 견해를 되살리려고 시도했다. 헵D. O. Hebb은 제임스-랑게 이론을 옹호했고, "'감정'이란 단어는 감정적 행동을 만들어 내는 신경 과정들을 지시할 때 유용하다"는 엄밀히 생리학적인 명제를 제안했다.[48]

---

46. 포괄적인 접근법을 취함에도 불구하고, 데이비드 라파포트는 순전히 명백하게 수역학적인 감정 "방출"의 측면에서 그의 연구를 요약한다.(*Emotions and Memory*, pp. 267-72)

47. Rapaport, *Emotions and Memory*.

48. D. O. Hebb, *The Organization of Behavior*(New York: Wiley, 1949): "감정이란 용어는 의식에서 일어나는 어떤 종류의 특정한 사건을 지칭하지 않는다."

오히려 제임스 이론의 경험적 구성 요소에 초점을 맞추고서, 아주 많은 이론가들이 ─그리고 대부분의 비심리학자들이─감정은 느낌 혹은 "정동"의 한 종류라는 전통적인 심리주의적 해석을 고수했다. 예를 들어, 얼굴이 붉어지고 맥박이 고동친다는 느낌, 불안과 신경성 긴장, 약간 숨차다는 느낌, 연약함과 준비 상태의 결합이 여기에 속한다. 각 감정에 대하여 희미하지만 알아볼 수 있는 느낌들과 감각들로 이루어진 별개의 집합이 있을 것이라고 추정되었다. "감정은 느낌이다"는 생각은 대부분의 사람들에게 심리학 이론이 전혀 아니라 평범한 진리라는 인상을 준다. 그래도 "실험 방식"을 심리학에 도입하도록 한 것은 바로 이런 상식적인 견해를 과학적으로 꽤 괜찮은 이론으로 번역하려는 시도였다.[49] 그렇지만 상식으로 뒷받침되고 외견상 평범해 보이더라도, 감정을 "느낌"으로 보는 견해는 감정에 관한 우리의 개념을 위반한다. 그런 견해가 엄밀한 의미의 수역학 모델과 결부되든 그렇지 않든 간에 말이다. (보통은 결부된다.) 느낌들은 정신의 혹은 생리 기능의 수역학적 압력에서 생겨나는 부수적인 "정동들"로 여겨진다.

엄밀한 의미의 수역학 이론은 프로이트 추종자들 대부분의 모델로 남았고, 뉴턴의 개념들과 유사한 "에너지"와 "힘"의 개념들을 계속 사용한다.[50] "정신 에너지"라는 개념은 오랫동안 정신분석 이

49. E. B. Titchener, *Lectures on the Elementary Psychology of Feeling and Attention*(London: Macmillan, 1908), 그리고 W. Wundt, *Grundgriss der Psychologie*(Stuttgart, 1920).

50. Sigmund Freud, "Project for a Scientific Psychology," in *Standard Edition of the Collected*

론의 중심이었다. 예를 들어, 프로이트의 후기 이론들에서,[51] 모턴 프린스Morton Prince의 더 최근 작업에서,[52] 케네스 콜비Kenneth Colby에게 서,[53] 그 개념이 중심이다. 그렇지만, 그러한 에너지 이론들은 프로이트의 "과학적" 견해보다 먼저 형성되었다. 예를 들어, 스피노자의 『윤리학』에서 다음의 구절을 찾을 수 있다. "감정[아펙투스]이라는 말로 내가 이해하는 바는 행동의 힘을 도와주거나 억누르는 신체 에너지의 조절이다." 융C. G. Jung의 이론도 또한 거의 전적으로 (프로이트의 이론에서와 마찬가지로, 융 자신이 확립한 원형 상징주의 이론이 덧붙여진 본능 이론과 결합된) 수역학 모델에 근거하고 있다. "감정은 의식에서 그리고 의식에 의해서 '만들어'지거나 의도에 따라 생산되지 않는다. … 감정은 무의식 영역에서 뛰어올라 갑자기 나타난다."[54] 뉴턴의 이론과 더 닮은 프로이트의 이론에, 융은 극적인 의인법을 추가한다. "감정은 무의식적인 성격의 침입이다. … 원시적인 사고에 따르면, 강한 감정에 사로잡힌 사람에게는 악마나 혼령이 들리어 있다. 우리의 언어도 적어도 비유적으로 여전히 동일한 생각을 표현한다. 이런 견해에는 그럴 만한 이유가 있

Works, Vol. 3.

51. 예를 들어, *Outline of Psychoanalysis in Standard Works*, Vol. 20.

52. M. Prince, in Reymert, *Feelings and Emotions*.

53. K. Colby, *Energy and Structure in Psychoanalysis*(New York: Ronald, 1955).

54. C. G. Jung, *The Integration of the Personality*(London: Routledge, 1940), p. 10

다."[55] 느낌이나 "정동"으로서의 감정 개념을 포함하고 있든 그렇지 않든, 그리고 프로이트 이론이나 융의 더 신화적인 원형 이론의 물리주의적 형태를 취하든 그렇지 않든, 정념의 신화에 기본적인 것은 바로 수역학 모델의 이런 수동성이다. 감정을 우리 자신의 행위가 아닌 다른 무엇인 힘이나 효과, 침입으로 보는 이론은 어떤 것이든 주관적으로 거부되어야 한다.

미국과 영국에서 심리학을 지배해 온 대부분의 이론들은 순전히 생리학적이지도 않고 단순히 심리주의적이지도 않고 노골적으로 엄밀한 의미의 수역학적이지도 않다. 예를 들어, 윌리엄 맥두걸 William McDougall은 프로이트 학설에 속하는 이론들 중에서 단 하나의 유형만 차용하여 감정을 "**본능**이 하는 작용 중에서 정동적인 측면인 특수한 속성"으로 판정했다.[56] 다시 말해서, "무언가를 얻으려고 애쓰는 유기체의 분투에 부수적인 경험의 양식"으로 판정했다.[57] 감정을 본능으로 보는 이런 이론은 노골적인 수역학 이론이 물리학을 차용한 것과 거의 동일한 방식으로 생물학의 꽤 괜찮은 내용을 차용했다. 이 본능 이론은 지금은 널리 알려진 콘라트 로렌

---

55. bid., pp. 19-20.

56. W. McDougall, *Introduction to Social Psychology*(Boston: Luce, 1921), p. 49.

57. W. McDougall, "Emotion and Feeling Distinguished," in Arnold, *The Nature of Emotion*, p. 62.

츠[Konrad Lorenz]와[58.] 니콜라스 틴베르헌[Nikolaas Tinbergen]의[59.] 실험에서 지속적인 인기를 누렸는데, 로렌츠[60.]와 데스몬드 모리스[Desmond Morris61.]는 미심쩍게도 이것을 인간의 행동으로까지 확장했다. 본능 이론은 전문적인 행동주의의 범위 안에서 되살아났다.[62.] 그러나 그 인기가 어느 정도이든, 형태에서는 항상 그렇지는 않다고 하더라고 기질 측면에서는 수역학 모델과 관련 있는 본능 이론은 허울뿐인 기술상의 주장으로 드러난다. 이런 기술상의 주장은 감정을 완전히 인간적인 것보다 못한 그리고 우리 자신의 책임 범위를 명백히 벗어난 어떤 것으로 격하시키려고 시도한다. 그러한 이론이 버들붕어의 한 종류가 구애할 때 볼 수 있는 배우지 않고도 터득하는 유전되고 상투적이고 융통성 없는 행동에는 아무리 적합하다고 할지라도, 인간의 행동과 감정은 결코 그렇게 특징지어질 수 없다. 누구든 그러한 관점(예를 들어, "이것은 단지 인간의 본성일 뿐이다")을 채택할 때마다, 그 또는 그녀는 정확히 이런 자기 잇속만 차리고 무책임한 자기기만에 죄책감을 느낀다.

　　최근에 나온 몇몇 이론들이 나의 논제에 더 가깝다. 예를 들어,

58.　Konrad Lorenz, "The Nature of Instincts," in *Instinctive Behavior*, ed. and trans. C. H. Schiller(New York: International Universities Press, 1957).

59.　N. Tinbergen, *The Study of Instinct*(New York: Oxford University Press, 1951).

60.　Konrad Lorenz, *On Aggression*(New York: Harcourt, Brace and World, 1966).

61.　Desmond Morris, *The Naked Ape*(New York: McGraw-Hill, 1967) 그리고 *The Human Zoo*(New York: McGraw-Hill, 1969). 또한 R. Ardrey, *The Territorial Imperative*(New York: Atheneum, 1966).

62.　R. Plutchick. *The Emotions*(New York: Random House, 1962).

감정을 **동기**의 한 종류로 해석하는 이론들이 있고[63.] (비록 그러고 난 다음에는 동기들을 그 자체의 행동으로 간주해야 하는지 아닌지의 문제가 되지만 말이다), "인지의" 그리고 "평가의" 이론이라고 자칭하는 이론들이 있다.[64.] 이 마지막 집합에 속하는 이론들은 감정을 모든 수역학 모델과 본능 모델에서 발견되는 맹목적이거나 어리석은 힘이 아니라 평가하는 **판단력**으로 보는 나 자신의 이론을 예기했다. 유럽, 특히 프랑스의 심리학에서, 감정에 관한 이런 "인지적" 관점은 더 기계적인 수역학 모델들보다 오랫동안 선호되었다. 예를 들어, 파스칼은[65.] 감정들이 우리에게 특별한 종류의 "통찰"을 준다고 역설했고, 20세기에 앙리 베르그송Henry Bergson은[66.] 감정에 관하여 "직관"이라는 유사한 개념을 옹호했다. 독일에서는 라이프니츠가 감정은 "혼란에 빠진" 지성이라고 한때 주장했고, 더 최근에는 심리학자 요한 프리드리히 헤르바르트Johann Friedrich Herbart와 현상학자 막스 셸러가[67.] 그러한 감정 이론들을 어느 정도 상세하게 발전시켰다. 그리고 영국에서는 최근의 철학 저작들과 심리학 저작

---

63. 예를 들어, T. W. Leeper, "The Motivational Theory of Emotion," in Stacey and De Martino, *Understanding Human Motivation*, pp. 657-65, 그리고 "A Motivational Theory …," in Arnold, *The Nature of Emotion*, pp. 230-21.

64. 예를 들어, R. S. Lazarus, "Emotion as a Coping Process," in Arnold, *The Nature of Emotion*, pp. 249-60: "감정을 낳는 근본적인 것은 인지적인 평가 활동이고 감정이 낳는 것은 충동이다" (p. 253).

65. "L'Order du Coeur," *Pensées*.

66. Henri Bergson, *The Two Sources of Morality and Religion*, trans. R. Ashley Audra and Cloudesley Brereton(New York: Doubleday, 1955).

67. Max Scheler, *The Nature of Sympathy*, trans. P. Heath(New York: Shoe String Press, 1970).

들 다수가 감정과 인지 일반 사이의 밀접한 논리적 관계들을 강조했다.[68]

물론 다른 이론들도 많이 있다. 대부분의 최근 저술가들이 뚜렷하게 행동주의적인 이론을 선호한다는 점을 고려하면, 그 이론들 대부분은 수역학 이론이나 동기부여 이론이나 본능 이론의 이런저런 형태가 변형된 것들이다.[69] 또한 상식적인 "느낌" 이론이 변형된 것들도 있다.[70] 내가 이의를 제기하는 명제는 아주 일반적인 것으로, 한 심리학파와 다른 심리학파를 털끝 차이로 나눈다. **우리의 감정은 우리의 통제를 벗어나는가?** 융은 "정신 속에는 내가 생산하는 것들도 있고, 내가 생산하지 않고 스스로 생겨나서 자기만의 삶을 사는 것들도 있다"라고 말했다.[71] 20세기의 그리고 그 이전의 사실상 모든 심리학 이론가들과 마찬가지로, 융은 감정들이 후자에 속하는 것들의 변형태라고 주장했다. 그렇지만 감정들은 오히려 전자에 속한다고 나는 주장할 것이다.

---

68. R. L. Gregory, *Eye and Brain*(New York: McGraw-Hill, 1973); A. Kenny, *Action, Emotion and Will*(London: Routledge & Kegan Paul, 1963); S. Hampshire, *Thought and Action*(New York: Viking, 1960); E. Bedford, "Emotions," in D. F. Gustafson, *Essays in Philosophical Psychology*(Garden City: Doubleday Anchor, 1964). 또한 Albert Ellis's "Rational-Emotive Therapy," *Psychology Today*, July 1973을 참고할 것.

69. 예를 들어, 이른바 갈등 이론, 즉 감정을 동기들이나 본능들 사이의 갈등으로 보는 이론이 있다. 예를 들어, John Dewey, "The Theory of the Emotions," *Psychological Review*, 1894-95, 그리고 Gardiner Murphy, *General Psychology*(New York: Harper, 1933).

70. 예를 들어, 감정을 "의미심장한" 또는 "흥미진진한" 경험으로 보는 "형태" 이론이 있다. 예를 들어, F. Kruger, in Arnold, *The Nature of Emotion*, pp. 97-108, 그리고 Kurt Koffka, *Principles of Gestalt Psychology*(New York: Harcourt, 1935).

71. C. G. Jung, *Memories, Dreams and Reflections*, trans. Winston(New York: Pantheon, 1963), p. 83.

4장

생리 기능과 느낌, 행동

1. 생리 기능상의 복잡한 문제들

··· 신체에서 변화가 일어날 때 [신체의] 변화에
대한 우리의 느낌이 감정이다.

윌리엄 제임스, 『감정이란 무엇인가?』 (1884)

··· 이러한 [내장 기관에서 일어나는] 소동들은
감정들 ··· 사이를 구별하는 데 도움을 주는 수
단의 역할을 하지 못한다.

W. B. 캐넌, 「제임스 - 랑게 감정 이론"The James -Lange
Theory of Emotion"」 (1927)

물론, 모든 감정은 그것과 관련되는 구별 가능한 신경상의 상관물
을 가지고 있다는 것은 사실이다.[72.] 또는 적어도 어떤 의미에서 그
것이 사실이 아니라는 것을 믿을 만한 이유는 전혀 없다.[73.] 하지만

---

72. 예를 들어, 다음 자료들을 참고할 것. Ernst Gellhorn and G. N. Loofbourrow, *Emotions and Emotional Disorders*(New York: Harper & Row, 1963); M. Arnold, *The Nature of Emotion*, essays nos. 23 and 27, 그리고 같은 저자가 쓴 *Emotion and Personality*(New York: Columbia University Press, 1960); D. G. Glass, *Neurophysiology and Emotion*(Sage Foundation, Rockefeller University Press, 1967); West and Greenblatt, *Explorations in the Physiology of Emotions*(APA Report 12, 1960).

73. 무엇과 무엇이 서로 상관관계에 있는가에 관해서는 심각하지만 그 심각성을 인정받지 못하는 문제들이 있다. 대부분의 신경학자들은 심리 과정과 뇌 과정 사이의 일대일 상관관계를 상정하는 낡은 "골상학적" 가정을 거부했다. 뇌의 "상부" 중심의 작용은 요컨대 그렇게 단순하지 않다. (1975년 3월에 『영국 과학 철학 저널*British Journal for the Philosophy of Science*』에 내가 발표한 「상관관계 명제에 관한 의심"Doubts About the Correlation Thesis"」을 참고할 것.) 하지만 정신

그것이 **내가** 감정을 가지고 있다는 것과 무슨 관련이 있는가? 대부분의 철학자들은 "감정"에 관한 우리의 개념이 사실상 모든 언어 사용자들이 공통적으로 알아보는 그러한 특성들만 포함한다고 가정하면서, "아무런 관련이 없다"고 조금은 너무 성급하게 말할지도 모른다. 우리의 평범한 "감정" 개념은 신경학과 어떤 **논리적인** 관련도 없음을 보여 주기는 쉽다. 예를 들어, 아리스토텔레스는 신경생리학에 관하여 아무것도 모르는 상태에서 자신의 감정을 완벽하게 밝혀낼 수 있었다. 그는 감정의 생리적 근원이 뇌가 아니라 심장이라고 생각했다. "보통 사람"은 뇌의 작용에 대해서 300년 전에 데카르트가 알았던 것보다 필시 덜 알고 있을 것이다. 그래도 그는 적절한 개념으로 감정의 언어를 이해한다. 그러나 이 손쉬운 주장은 많은 철학자들이 생각해 왔던 것보다 훨씬 가치가 덜하다. "일상" 언어에 관련해서는 "강력한" 주장일지 모르지만, 그것은 생리학적 지식으로 현재 우리의 개념을 윤색한다는 (개념들의 **변화**에는 다소 미치지 못하는) 생각을 멋대로 배제한다. 이런 윤색은 지난 10년 사이에 급격히 진행되었지만, 실로 아리스토텔레스와 함께 시작되고 있었다. 어떤 화학 물질들—알콜, 덱세드린, 바르비투르 약물, 해쉬쉬, 메스칼린—은 우리의 의식 상태를 상당히 바꾼다는 점을 우리 모두 알고 있다. 그리고 그것들이 어떻게 이렇게 하는지를

물리학 이론에서 계속 점점 더 축적되고 있는 "상관관계들"과 "위치 측정들"에게 확실한 역할을 부여할 수 있을 그런 방식으로 그 명제가 확실히 수정되어 재진술될 수 있다.

알고 있다. 구체적으로 말해서, 그런 화학 물질들은 뇌 속에 있는 어떤 중심들에 영향을 주고, 작용 속도를 빠르게 하고, 느리게 하고, 그것들을 개방한다. 이것은 신경학 과정들에 관해서 널리 알려진 있는 그대로의 지식이기 때문에, 지금으로부터 몇 세대 후에는 보통 사람이 신경학의 특수 용어들이 아주 많이 들어가 있는 감정 언어를 가지게 될 것이다.[74] 지금 점점 더 감정에 관한 우리의 개념을 윤색하고 있는 지식과 우리의 손자 세대가 갖게 될 개념을 윤색할 지식 사이에는 단지 정밀함의 차이만 있을 것이다. 그리고 우리의 지식과 아리스토텔레스의 지식 사이의 차이는 정밀도의 문제이지, 무지 대 지식의 차이가 아니다. 나는 마치 아주 최근 학문인 정신신경학이 기껏해야 세부 사항들을 마무리하고 있을 뿐인 것처럼 들리게 하고 싶지는 않다. 바꿔 말하면, 정신신경학의 범위 내에서 보면, 거의 해마다 우리의 지식에서 "질적인" 도약은 전혀 일어나지 않는다는 말로 들리게 하고 싶지는 않다. 나의 요점은 단지 지금 우리에게 감정에 관한 우리의 개념에 영향을 주는 지식이 **하나도 없는** 것 같지 않다는 것일 뿐이다. 심지어 아리스토텔레스조차도 폭음은 사람을 둔감하게 만들고 잠재적으로 잔인하게 만든다는 것을 알고 있었다. 감정은 명료한 이성보다 "더 원시적"이라는 그의 명제에는 취한 상태와 감정 사이의 이런 본질적인 상관관계가 확실

---

74. 이 명제가 극단화된 사례는 그러한 신경학적인 이해가 감정에 관한 우리의 심리주의적 언어를 **대체할** 수 있다는 견해이다. 이런 견해는 다음의 책에 실린 지금은 정평이 나 있는 로티[R. Rorty]의 논문에서 설득력 있게 논의되고 있다. S. Hampshire, ed., *The Philosophy of Mind*(New York: Harper & Row, 1966).

히 포함되어 있었다. 이와 유사하게, 우리도 또한 감정 생활은 특정한 약물들 덕분에 훨씬 더 풍부해지고 타인들에게 훨씬 더 "개방적"이게 되고, 그렇지만 또 다른 약물들 때문에 사실상 마비되기도 한다는 것을 알고 있다. 바로 이 지식이 감정에 관한 사유의 많은 부분, 특히 우리가 수역학 이론이라고 지칭한 것에 토대를 제공한다. 또한 이것들은 정확히 제임스와 랑게를 지금은 유명한 그들의 감정론으로 이끈 고찰 내용들이다. 그들이 만든 감정론의 취지는 감정이란 **단지** 우리 신체에서 일어나는 이런 화학적이고 생리적인 변화들에 대한 우리의 인식일 **뿐**이라는 것이다. (특히, 랑게는 이러한 주장들을 강조했다.) 그러므로 우리의 문제는 우리 자신에 대한 주관적인 개념에서 이 "객관적인" 지식이 담당하는 역할을 이해하는 것이다.

가장 솔깃해지는 명제는, 매우 큰 손실을 초래하는 것이기도 한데, 간단히 말하면 신경학의 "객관적인" 연구 결과들을 유일한 진리로 받아들이고 이러한 연구 결과들을 자아 개념 속으로 통합하고, "느낌"과 감정의 주관적 구성 요소들을 "환상"이나 "부수현상으로 나타나는 정동들"의 역할로 격하시키는 것이다. 이것은 제임스와 랑게가 주장한 명제였고,[75] 30년 동안 심리학 사유를 지배했다. 이 명제의 가장 기본적인 형태는 감정의 생리학이 근본이고 "느껴

---

75. William James, "What Is an Emotion?"과 *Principles of Psychology*, 2 vols. (New York: Dover, 1890). 그리고 James and Lange, *The Emotions*(1922).

진 감정"은 부차적인 결과라는 것이다. 제임스의 말로 표현하면, "신체의 증상들이 느껴진 감정에 우선한다"는 것이다.

> 이러한 표준 감정들에 관해 우리가 생각하는 통상적인 방식은 어떤 사실에 대한 정신적 지각이 감정이라고 불리는 정신적 정서를 일으키고, 후자의 정신 상태가 신체 표현을 낳는다는 것이다. 반대로 나의 명제는 흥미진진한 사실을 **지각**하자마자 바로 뒤따라 신체 변화가 일어나고, 신체 변화가 생길 때 그 동일한 변화에 대한 우리의 느낌이 감정**이라**는 것이다.
>
> 윌리엄 제임스, 「감정이란 무엇인가?」

제임스-랑게 명제는 주로 캐넌에[76] 의해서 생리학적인 근거로 따져 보면 사실이 아닌 것으로 입증되었다. 캐넌은 똑같은 내장 기관의 변화들과 신경상의 변화들이 아주 다른 감정 상태들에 수반하여 일어나고, 이런 변화들을 인위적으로 일으키면 적절한 감정들이 생겨나지 않는다고 단호하게 주장했다.

> 내장 기관에서 진행되는 과정들은 다행히 감각의 중요한 원천이 아니기 때문에, 그 과정들 속에서 발생하는 심한 장애들조차도 주목할 만한 감정적 경험을 전혀 산

---

76. W. B. Cannon, *American Journal of Psychology*, Vol. 39 (1927).

출하지 않기 때문에, 우리는 이제 이러한 장애들이 공
포와 분노 같은 극심한 감정들을 구별하는 수단으로 쓸
모가 있을 수 없는 이유를 더 잘 이해 할 수 있고, 오한
과 질식, 과혈당, 발열이 비록 이런 장애들에 수반되기
는 하지만 감정에 수반되어 생기지는 않는 이유를 더
잘 이해 할 수 있다.

W. B. 캐넌, 「제임스-랑게 감정 이론」

그 이후로 계속 관련 실험들이 자주 반복되었고,[77] 매번 "돌파"
의 느낌을 주었는데, 제임스-랑게 명제가 대표하는 그런 **종류**의
사유는 현대 심리학에 확고하게 자리잡혀 있다. 그 사유는 근본적
으로 감지할 수 있고 기계적인 것에 세심한 주의를 기울이는 사유
이고, 그럴듯하게 그리고 회유하듯이 "느껴진 감정"이라고 불리는
것을 경시하거나 무시하는 사유이다. 제임스-랑게 명제에 대한 반
박이 미국에서 행동주의가 급증한 것과 거의 정확하게 일치한다는
점은 당연히 놀랍지 않다.[78] 감정을 생리 과정들과 동일시할 수 있
는 정당한 근거를 잃어버린 심리학자들은 마찬가지로 감지할 수 있
는 감정과 행동 표현을 동등하게 만드는 등식에 의존했다. 만일 확
실히 다른 감정들을 생리적 상관물들에 근거하여 구별할 수 없다

---

77. 예를 들어, 1924년에 마라뇽Marañon이 관련 실험을 했고, 최근에는 다음의 글이 나왔다. S.
Schachter, 그리고 J. E. Singer, "Cognitive, Social and Physiological Determinants of
Emotional States," *Psychological Review*, Vol. 69 (1962).
78. 독일에서 제임스-랑게 이론은 더 주관적인 형태주의자들의 운동으로 대체되었다.

고 하더라도, 여전히 금지된 주관성의 영역으로 들어가지 않고서도 감정들의 행동 표현에 근거하여 감정들을 구별할 수 있었다.

캐넌이 제임스-랑게 이론을 불신한 이후로, 신체에서 일어나는 생리적인 변화에 부수하는 정동과 감정을 동일시하는 바로 그 오류는 문제가 되지 않았다. 하지만 제임스-랑게 이론을 위험하게 만드는 것은 그 이론의 특정한 주장들이 아니라 주관성을 완전히 무시하는 개념들을 우리의 자아 개념과 감정들 속으로 통합하려는 전반적인 경향이다.[79] 이것과 정반대되는 입장은 마치 신경학이 그것과 **아무런 관련이 없기**나 한 것처럼 "느껴진 감정"이 감정**이다**, 라고 보는 입장이다. 심리학자들보다는 철학자들 사이에서 훨씬 더 인기 있는 이 입장이 더 나은 것은 아니다.

이런 이유 때문에 나는 우리의 일상적인 감정에 관한 개념들이 유사 신경학의 지식과 영향을 배제하지 않는다는 경고로 시작했다. 감정적 반응의 중심은 시상하부에 있다고 믿는 사람들과 더 보수적으로 시상의 역할을 옹호하는 사람들 사이의 전문적 논쟁들에 초점을 맞추는 한, 신경학과 자신의 감정에 관한 우리의 개념들 사이의 직접적인 관련성은 무시해도 될 것이다. 그러나 대신에 "위치 측정"과 이런 과정들의 신경계 및 내분비계 메커니즘은 전문가들에게 맡겨 두고서, 신경학으로 우리의 일상 경험을 살펴보면, 문제가 훨씬 더 흥미롭다. 현재로서는, 소수의 전문 신경학자들과 건

---

79. "느껴진 감정"은 단지 데카르트의 이원론에 양보하는 것에 불과하다.

강 염려증 환자들을 제외하면, 협소하게 신경학적인 개념들은 우리의 주관성에서 사실상 아무런 역할도 하지 않는다.

다음의 경우를 고려해 보시오. 오늘 아침 나는 커피를 세 잔 마셨다. (내 "한계"는 한 잔이다.) 나는 "흥분했고" 신경이 과민해졌다. 나는 학생들에게 호통치고 인사과에 불평을 늘어놓았다. 나는 다른 운전자와 거의 싸울 뻔했고 지노 식당에서 점심으로 주문해서 나온 음식을 화를 내고 불평하며 "주방"으로 돌려보냈다. 내 학생들은 아무런 잘못도 하지 않았고, 인사과에서의 문제는 내가 매일 아침 생각하지 않고 처리하는 흔한 절차상의 문제였으며, 지노에서의 점심 식사는 그저 지노에서 먹는 또 한 번의 점심 식사일 뿐이었다. 그런데도 나는 각 상황에서 화가 났다 —혹은 관련되는 어떤 감정을 느꼈다(나는 학생들에게는 **짜증이 났지만**, 인사과에서는 성이 났다). 나의 대뇌 변연계를 흥분시키는 것은 나의 화와 무관하다는 철학자의 주장은 의심할 여지 없이 옳다. 그렇지만 이런 경우들은 어떻게 되는가? 커피를 마신 것이 앞의 각 상황에서 내가 화를 내게 된 **원인이었다**는 점은 아주 명백했다. 내가 커피를 너무 많이 마시면 대개 "신경이 과민해진다"는 점을 나는 잘 알고 있다. 그리고 나중에 나는 적어도 내 학생들에게는 확실히 사과할 것이고, 그들에게 화가 났던 것이 결코 아니라 "그냥 커피를 마셔서" 혹은 "그냥 신경이 과민해져서" 그들에게 짜증을 냈던 것이라고 말하고 넘겨 버릴 것이다. 그런 이유 때문에 이것은 "정말로" 화가 난 것이 아니었나? 그 **이유**에 관한 나의 인식은 화에 관한 나의 개념과 어떤 관련이 있는가?

나는 아직 감정의 본성을 전반적으로 설명하지는 않았기 때문에 이런 질문들에 대한 대답은 예상만 할 수 있을 뿐이다. 그런데, 감정의 본성을 설명할 때 "이유"의 개념에 적절한 자리를 부여할 수 있을 것이다. 하지만, 다음과 같은 말은 할 수 있다. 그 이유가 **무엇이든**, 나의 감정 자체는 "실재한다." 더 구체적으로는, "추가적으로 실재한다"라고 말해야겠다. 즉 나는 커피를 너무 많이 마셨기 **때문에** 내 학생들에게 화가 났지만, 그렇다고 하더라도 나는 화가 났다. 내가 화를 내고 난 다음에 하는 사과는 분명히 정당화되지만, "나는 '정말로 화가 났다'" 또는 "나는 **그들에게** 화가 났다"를 내가 부정하는 것은 정당화되지 않는다. 그것은 나의 **변명**이다. 즉 커피에 책임을 돌리려는 (혹은 어쩌면 나 자신이 두 번째 잔과 세 번째 잔의 커피를 마시도록 허용한 것에 대한 책임을 지려는) 나의 시도이다. 나는 실제로 화가 났지만, 정당한 근거 없이 화가 났다. 사과할 필요가 있는 것은 바로 나의 화를 **정당화할 수 없다**는 점이다. 그 이유인 커피는 사과와는 아무런 관련이 없다. 만일 이런 것이 아니라면, 누구든 그의 모든 감정에 대해서 무죄를 주장할 수 있을 것이다. 우리는 모두 어떤 형태의 주장이든 모든 감정이 신경학적 원인을 가지고 있다는 신경학자의 주장을 받아들인다. 그리고 비록 그런 원인이 무엇일까에 대해서는 감조차 잡지 못할지라도, 모든 감정은 충분한 신경학적 원인을 가지고 있다는 주장을 받아들이고, 그래서 모든 경우에 그 감정을 "실제로" 가지는 것을 우리 스스로 면제하게 해준다. 하지만 이것은 터무니없다. 내가 화가 나 있는가 아닌가, 사랑에 빠져 있는가 아닌가, 질투하고 있는가 아닌가는 나의 화나 사랑, 질투가 원인에 의해 야기되었는가 아닌가와 아무런 관련이 없다. 우리는 모든 경우에 감정이 원인에 의해 야기되었다고 추정할 수 있을지도 모른다. 그러나 나의 감정은 그것이 원인에 의해 야기되었다는 사실과는 아무런 관련이 없다. (이 "구실" 체계를 조금만 이해해도, 우리가 수역학 모델을 부단히 반대할 만한 이유를 알 수 있다. 수역학 모델은 모든 경우에 그러한 원인이 되는 구실을 제공하는 체계에 지나지 않는다.)

생리적 원인은 감정과 전혀 무관하다고 말하는 것, 또는 감정은 어떤 생리적 변화에 의해 야기된다는 **사실**이 감정의 (쉬르)"리얼리티"와 전혀 무관하다고 말하는 것은 그러한 원인과 사실에 관한 나의 **지식**은 감정과 전혀 무관하다고 말하는 것이 아직은 아니다. 돌이켜 보면, 나는 커피 세 잔을 마셨다는 사실을 기억했고, 커피가 나의 체질에 미치는 영향을 알고 있어서 그날 내가 **왜** 그토록 평소와 달리 신경이 과민해졌는지를 이해했다. 하지만 내가 화를 내고 난 이후가 아니라 화가 나 있는 동안에 그것을 깨닫게 되었다고 가정해 보자. 그렇다면 무슨 일이 일어났었을까? 나는 초조하고 불안한 채로 서서 강의하다가, 아무런 잘못이 없는 데서 잘못을 찾아 낼 것 같다는 것을 완전히 깨달았을 것이다. 그럴 만한 이유가 전혀 없을 때 조급해졌을 것이고, 따라서 (아마 학생들에게 경고도 하면서) 생겨나는 모든 감정을 **삭제했을** 것이다. 그 원인에 관한 나의 지식이 내 감정을 훼손한다. 나는 여전히 짜증이 나지만, 내가 어떤 것에 대해서 혹은 누군가에게 짜증을 내도록 허용하지 않는다. 나는 그냥 짜증이 난다. 돌이켜 생각할 때, 나는 나의 신경과민 반응의 "대상 관련성"을 삭제할 수 없고 나의 화를 부정할 수 없다. 그렇지만 화를 내는 과정에서는 분명히 그렇게 할 수 있다. 그러므로, 내 감정의 원인은 감정과 전혀 무관하다는 명제와 결부되는, 겉보기에는 이 명제와 대조를 이루는 또 하나의 명제가 있다. 즉 내 감정의 원인에 관한 나의 지식은 그 감정을 훼손하는 경향이 있다. 이것은 그 이론들이나 우스운 (또는 수지 맞는) 영업 활동들이 아무리 터무니없다고 해도, 별난 심리요법은 명백히 감정을 진정시키는 효과를 가지는 경향이 있다는 사실을 일부 설명해 준다. 이런 효과를 내는 것은 바로 어떤 원인이든 원인의 속성이다.

　최근에 수행된 감정에 관한 정신생리학적 실험들 중에서 가장 잘 알려진 것들 중 하나는 샥터S. Schachter와 싱어J. E. Singer가 수행한 실험이다. 그들은 피실험자들에게 에피네프린을 주입하고, 그다음에는 다른 피실험자들에게 다른 사회 환경을 제공했다. 여기에서 말하는 에피네프린은 감정을 가장 명료하게 보여 주는 감각들(얼굴

붉힘, 두근거림, 조마조마함)을 일으키는 부신 분비물이다. 이 실험에서 "밝혀진" 것은 생리적 변화와 그런 변화에 수반되는 감각은 감정의 분화와 전혀 무관하다는 것이었다. 이것은 30년 전에 캐논이 도달했던 결론이기도 했다. 무서운 상황에서 에피네프린을 주입받은 피실험자는 공포를 느낀다고 말했지만, 기분을 상하게 만드는 상황에서는 화를 느낀다고 말했다. 진리의 유일한 근원으로 실험 기술을 계속 고수하는 사람들에게 말하건대, 신체의 화학작용과 그 화학작용에 의해 생기는 감각들은 본질적으로 감정과는 전혀 무관하다는 주장을 뒷받침하는 경험적 근거가 있다. 그리고 나는 "주관적으로" 이런 주장을 할 것이다.[80] 하지만 그 실험을 비판하지만 똑같이 실험을 지향하는 비평가들의 경고에도 주의할 만한 가치가 있다. 이 비평가들은 "주입 절차가 보통의 실제 상황에서라면 감정에 관해 도출될 수 있는 결론들을 제한한다"[81]라고 정확하게 논평한다. 조심스럽게 말해 보자, 주입에 대해 학생이 겪는 사소한 트라우마와 일부러 단조롭게 만든 실험실은 별개로 하고, 여기에 관련되는 논리적인 명제가 하나 있다. 즉 그들의 감정들이 에피네프린 주입에 의해 야기되었다는 **지식**은 이미 그 감정들 자체를 훼손하기에 충분하다.

---

80. 국립과학재단이 유능한 철학자라면 누구나 불과 한 시간 정도 만에 논리적으로 사실임을 입증할 수 있는 것을 경험적으로 실증하는 데 자금과 설비를 공들여 제공하는 것은 드물지 않다. 또한 철학자들에게는 돈이 훨씬 덜 든다.

81. 예를 들어, R. S. Lazarus, in Arnold, *The Nature of Emotions*, p. 260.

생리적인 원인들 이외에도 감정을 불러일으키는 다른 원인들이 있다. 상기한 두 개의 명제를 적절하게 옹호하기 위해서는 더 일반적인 설명이 나올 때까지 기다려야 할 것이다. 여기에서 내 목적은 감정과 생리 기능의 관계를 다루는 흔한 두 가지 방법의 어수룩함을 보여 주는 것뿐이었다. 이 방법들은 감정을 생리 기능이 의식 층위에서 표현된 것으로 축소하거나 생리 기능과 감정의 관련성을 완전히 부정한다. 문제는 그렇게 단순하지 않다. 우리는 수압 메커니즘이나 전압실 또는 보일러가 결코 아니다. 우리는 보일러 위에 설치되어 있는 전자나 밸브에 부착된 검류계처럼, 압력을 수동적으로 내부에 기록하는 의식이라는 진기한 부속품을 우연히 가지고 있다. 하지만, 우리는 뇌의 기저부에 있는 작은 선 안에 있는 가느다란 통로를 통해서 펌프 작용을 하고 맥박이 뛰는 우리의 신체에 붙어 있는 데카르트 철학의 정신이 아니다. 데카르트 철학의 정신에게는 물질세계가 흥미의 대상이지만, 우리의 정념에 대해서는 아무런 관련이 없다. 우리가 알고 있는 것이 우리가 "느끼는" 것을 일부 결정하고, 이것은 우리의 환경에 해당하는 것만큼 우리의 뇌 작용에도 해당한다.

2. 느낌과 감각으로서의 감정

수역학 모델이 있건 없건, 심리학자가 아닌 사람들 사이에서 가장
흔하고 심지어 의문의 여지조차 없는 명제는 감정이란 특별한 종
류의 **느낌**이고, 전형적으로 어떤 특수하고 쉽게 알아볼 수 있는 **감
각들**과 결합되어 있다는 것이다.[82] 우리의 언어조차도 이 동일 명
제를 구체적으로 표현한다. 우리는 화 또는 질투를 "느낀다." 사랑
과 미움은 다른 사람들에 대한 우리의 "느낌"이고, 실망과 모욕은
"우리의 느낌을 상하게 한다." 이런 언어 현상은 익숙하고 사소해서
누가 봐도 명백한 동일시를 만들어 내는 원인이 아니라 그런 동일
시에서 나온 결과이다. 감정의 숨겨진 "동역학"이 무엇이든, 감정은
본질적으로 의식 층위에서 **느낌**으로 나타난다고 여겨진다. (그래

---

82. "느낌"이란 개념은 아주 다르게 사용된다. 다리를 타고 흘러내리는 차가운 물의 "느낌"(즉 감각)
일 수도 있고, 어려운 테니스 경기에서 승리한 후 얻는 만족의 "느낌"일 수도 있고, 불안과 우울
의 "느낌"일 수도 있고 도시를 떠나는 "느낌"일 수도 있다. 물론, 느낌과 감정 (사랑, 미움, 질투
등) 사이에는 중요한 유의성이 있다. 여기에서 내가 느낌이란 용어를 사용할 때, 그것은 예를 들
어 "메스꺼워지다"처럼 그 위치를 파악할 수 없는 감각을 뜻할 뿐이다.

서, 프로이트는 "무의식"에 관한 그의 견해가 상식과 일상의 "말하기 방식^façon de parler"에 정면으로 반대한다고 끊임없이 불평했다.)

"정념 상태에 있기"와 "감정적이 되기"는 어떤 느낌들과 감각들에 자주 관련된다는 점은 분명하다. 예를 들어, 얼굴이 붉어지고 가슴이 고동치고 목이 조이는 것, 팔과 다리의 긴장과 가벼운 복통, 약간의 헐떡임과 구역질, 준비가 되어 있다는 전반적인 느낌과 흥분이 그렇다. 하지만 이런 통상적인 연관관계 때문에 이런 느낌들과 감각들은 감정**이다**, 라는 결론이 나오지는 않는다. 그래서, 앞 장에서 나는 프로이트와 수많은 다른 심리학자들이 제임스 이론의 다음과 같은 주장을 보강한다고 언급했다. 즉 변형된 형태의 수역학 이론으로 보면 감정은 단순히 정동(즉 단순히 느낌)에 지나지 않는데, 이 변형된 이론은 성격의 동역학에서 감정도 또한 (예를 들어, 에너지나 본능으로서, 동기나 인지적 평가로서) 어떤 역할을 한다는 점을 인정할 것이다. 느낌과 감정의 연관관계가 아무리 예측 가능하다고 하더라도, 한 무리의 벼룩이 집 없는 개를 구성하지 않는 것과 마찬가지로 느낌들이 감정을 구성하거나 정의하지 않는다. 느낌들은 항상 거기 있고, 감정의 외형을 취하지만, 그만큼 쉽게 한 감정에서 다른 감정으로 (사랑에서 미움으로, 공포에서 화로, 질투에서 분개로) 이동한다. 느낌은 감정의 본질이 아니라, 장식품이다.

단순한 "자기 성찰의" 방식으로 이것을 헤아리기는 쉽다(비록 앞 절에서 논의한 샥터-싱어 실험에서는 더 객관적인 실험이 이것을 뒷받침했지만 말이다). 흔히 짝을 이루는 감정들 —예를 들어, 당혹감과 수치심 —사이에 있는 느낌의 차이는 무엇인가? 설령 그런 경우가 있다손 치더라도, 사람들은 그들이 어떤 감정을 "가지고 있는지"에 대해서는 좀처럼 혼동하지 않지만, 그것들을 구별해 보라는 요청을 받으면 말하지 못한다는 것을 깨닫는다. 물론, 어떤 사람은 느낌과 감각의 차이들은 보통 명확히 말하기 어렵다고 대답할지도 모른다. 포도주가 두 병 있을 때, 맛이 약간 다르다는 것은 너무 쉽게 구별하면서도 그 맛의 차이를 표현할 용어는 없는 경우처럼 말이다. 하지만 이것이 문제는 아니다. 한 부류의 느낌과 감정을 다른 부류의 것들과 구별함으로써 감정들을 구분할 수 있는 것은 아니다. 사실, 한 감정과 연관되는 느낌과 감각은 다른 감정과 연관되는 것들과 전혀 다르지 않을 수 있고 보통은 다르지 않다. 하지만 다음 두 가지 상황을 상상해 보라. 첫 번째 상황에서, 당신은 버스를 타려고 줄을 서서 기다리고 있는데 뒤쪽에 있는 사람들이 갑자기 당신을 밀친다. 그러자 당신은 그대로 서 있지 못하고 쓰러져서 나이 지긋한 여성과 부딪히고, 그 여성은 빗물이 고여 있는 배수로 속으로 넘어진다. 두 번째 상황에서, 당신은 심술궂은 변덕에 이끌려 그 여성을 밀치고, 그러자 첫 번째 상황과 동일한 결과가 나온다. 두 상황 모두에서, 당신은 성난 나이 지긋한 여성과 마주하게 되고, 강렬한 … 의 느낌을 경험한다. 그런데 무슨 느낌인가? 첫 번째 상황에서는, 분명히 당혹감을 느끼고, 두 번째 상황에서는 수치심을 느낀다. 그런데 가설로 설정한 사례에서 우리가 무엇을 **느낄지** 어떻게 짐작이나 할 수 있겠는가? 어느 것이 어느 것인지 어떻게 그토록 확실할 수 있는가? 그 두 감정에 수반되는 느낌들과 감각들이 감정들을 구별하는 데 적합할 가능성은 거의 없기 때문이다. 우리가 감정들을 구별할 수 있도록 해주는 것을 나는 상황의 "논리"라고 부르겠다. 요컨대, 첫 번째 경우에, 우리는 곤란한 상황에 처해 있기는 하지만 그 상황에 대해 우리가 책임을 질 필요는 없기 때문에 당혹감을 느낀다. 두 번째 경우에, 우리는 ― 아무리 "자발적"이고 아무런 생각이 없었다 하더라도 ― 우리 자신의 행동을 그런 상황을 초래한 원인으로 인지한다. 즉 우리에게 책임이 있다. 물론, 두 경우 모두에 느낌들이 있고, 심지어 면밀하게 자기 성찰을 해보면 그것들 사이에 어떤 차이들이 있을 수도 있다. (필시 수치심은 목이 더 죄어드는 느낌을 수반할 것이고, 당혹감은 얼굴을 더 붉게 할 것이다. 예를 들어, 생리학자들은 서로 다른 두 개의 부신 분비물을 구분했는데, 하나는 "싸움" 반응에서 더 많이 분비되고, 나머지 다른 하나는 "도망" 반응에서 더 많이 분비된다. 추측하건대, 느낌에서도 마찬가지로 어떤 차이들이 있을 것이다.) 그러나 감정들은 단순히 느낌들이 아니며, 느낌들은 하나의 감정을 다른 감정과 구분해 주는 것이 아니다. (똑같은 종류의 주장이 서로 짝을 이루는 감정들에 얼마든지 적용된다. 예를 들어, 사랑과 미움, 화와 분개, 원한과 시기, 슬픔과 자책, 죄책감과 절망에 얼마든지 적용된다.)

이렇게 감정과 느낌을 동일시하는 친숙한 등식에 반대하는 또 다른 견해는 우리가 특정한 느낌을 경험하지 않고도 감정을 가지는 경우가 빈번하다는 단순한 사실로 이루어져 있다. 화나 시기는 아마도 장기간에 걸쳐 억누르는 훈련을 해온 덕분에, 아마도 그저 오래되고 친숙한 것이기 때문에, 충분히 가라앉힐 수 있다. 보충 설명하면, 처음에 강했던 만큼 여전히 강하지만, 더 이상 격렬한 느낌으로 "격발"하지 않을 수 있다. 사실, 때때로 우리는 정념이 너무도 강렬해서 전적으로 아무것도 느낄 수 없음을 깨닫기도 한다. 가장 극단적인 분노에 휩싸여 있을 때, 완전히 망연자실해질 수도 있다. 공황 상태에 빠져 있을 때, 공포에서 도망치면서 아무것도 느끼지 않을 수도 있다. 또는, 더 긍정적인 경우를 살펴보면, "사랑을 나누고" 난 다음에 느낌은 다 빠져나갔지만 감정은 절정에 있는 그러한 다정한 사랑의 순간들이 있다. 감정은 보통 느낌을 수반한다. 감정은 심지어 본질적으로 느낌을 수반할 수도 있다. 하지만 감정을 확인하거나 구별하기에 느낌은 절대로 충분하지 않으며, 감정은 단순히 느낌이기만 한 것이 결코 아니다. 사람은 아무것도 느끼지 않으면서도 감정을 가질 수 있고, 그것이 무엇이든 아무런 감정을 가지지 않고서도 무엇인가를 (예를 들어, 얼굴이 붉어지거나 가슴이 고동치는 것처럼 감정을 가지고 있음을 보여 주는 "징후들"을 모두 포함하여) 느낄 수 있다.

감정과 느낌의 밀접한 연관관계는 감정들에 관한 위험한 거짓 진술의 징후를 보여 준다. 물론, 위기와 긴급 상황에서 열정적이거나 감정적이 되는 때가 있다. 이런 상황에서 감정적 **느낌**은, 예를 들어, 여러 달 동안 "가둬 두었던" 화가 "폭발하게" 놔두기 직전에 우리가 취하는 준비 자세의 결과로서 최고조에 이르게 된다. 결전을 치를 준비가 된 상태에서 공포의 대상에 다가가거나, 내가 알고 있다고 한때 생각했지만 지금은 기분 나쁘고 낯선 침묵을 지키며 내 앞에 서 있는 사람에게 집착에 가까운 사랑을 고백할 때, 그러한 위기들이 분명해진다. 그러나 감정을 가지는 것이 이런 위기의 순간들에 한정되어 있지는 않다. 젊었을 때 당한 배신에 대해 여러 해 동안 화가 나 있을 수도 있고, 기억이 가물가물한 유년기에 부모님 때문에 기분이 상했던 것에 대해 몇십 년 동안 화가 나 있을 수도 있고, 지금은 김빠진 (그렇지만 여전히 실제로 있었던) 친구의 부주의한 모욕에 대해 몇 달 동안 화가 나 있을 수도 있다. 그런 기간 내내 특색을 이루며 계속 이어지는 느낌은 전혀 없다는 것은 확실하다. 사실, 그 기간 전체에 걸쳐 아무것도 느끼지 않을지도 모르고, 위기를 조성하고 그런 느낌들이 전형적으로 나타나는 대치 국면을 강제하는 상황에 직면하지 않을지도 모른다. 분리된 어떤 순간들에만 화가 "폭발할"지는 모르겠지만, 그 화는 표출되지 않고 인지되지 않는 채로 우리의 생활 구조들 중 하나로서 여러 해

동안 존속할 수도 있다. 원한은 이따금 공개적인 박해에 앙심을 품고 잠깐잠깐 악의를 품게 되는 순간에 나타날지 모르지만, 대부분의 경우에는 우리 세계의 바로 그 토대에 눈에 띄지 않게 숨어서, 모든 행동과 말에 너무도 익숙한 방어 자세와 쓰라린 맛을 부여한다. 불확실과 의심으로 위기가 최고조에 달했을 때 살아남으려고 애쓰는 로맨스는 "낭만적인" 소설과 더 많은 청소년 모험담에 흔하게 나옴에도 불구하고 사랑의 원형은 아니다. 물론, 가장 좋을 때 사랑이 흔들리지 않고 느낌 없는 상태에 계속 남아 있는 것은 아니지만, 위기에 빠졌을 때만 사랑은 "진정하다"고 생각하는 것은 신경증적인 오해는 아니라 하더라도 심각한 오해인 것은 분명하다. 반대로, 화와 원한처럼, 사랑은 평온하게 계속 이어지는 바로 그러한 순간에, 그 존재를 증명하기 위해서 스스로를 지키라는 요청을 받지 않는 때에, 가장 "진정하다." 감정은 위기가 아니다. 건축과 유사한 비유로 계속 말한다면, 그것은 마치 붕괴의 위협을 받는 그런 순간들에만 구조가 견고하다고 말하는 것과 같다. 그런 순간은 그 구조를 **시험**할 수는 있겠지만, 구조 자체는 아니다.

철학자들은 흔히 "일시적인" 심리 개념과 "기질상의" 심리 개념을 구분하는데, 전자는 에피소드나 사건을 나타내고 후자는 오히려 가능한 다양한 에피소드들을 이끌어내는 "추론 표"의 역할을 한다.[83.] (예를 들어, 유리잔을 깨는 것은 에피소드이지만, 유리잔

---

83.   In Arnold, ibid, 그리고 또한 Plutchik, *The Emotions*.

을 깨는 것을 가능하게 만드는 부서지기 쉬움은 기질이다.) 하지만 아주 큰 영향을 미치는 이런 구분은 이미 그 내부에 위에서 설명한 오해를 담고 있다. 즉 감정은 "에피소드"나 사건**이거나 또는** 그러한 에피소드나 사건을 일으키는 기질이라는 인식을 담고 있다. 감정은 사건이라고 주장하는 것은 분명히 감정을 오해하는 것이지만(나의 화는 단순히 내가 "화를 내는 것"이 아니다), 감정은 어떤 느낌들을 가질 수 있는 기질이라는 견해도 분명히 감정을 오해하는 것이다. 나의 감정은 내 세계의 구조인데, 이 구조는 가끔 느낌이나 행동이 구체적으로 드러날 때 나타날 수도 있다. 하지만 내 감정은 그러한 드러남도 아니고 그렇게 드러나는 경향의 기질도 아니다.

완전히 전개된 주장이라기보다는 하나의 실마리로서 우리는 자주 감정에 대해서 다음과 같이 말한다는 점에 주목할 만하다. 즉 감정은 "합리적이고" "비합리적이며," "근거가 있고" "근거가 없으며," "정당화될 수 있고" "정당화될 수 없으며," "타당하고" "타당하지 않으며," "분별 있고" "어리석으며," "자기를 비하하고" "향상시키며," 심지어 "옳고" "그르기"까지 하다고 우리는 말한다. 그런데 그러한 평가들 중에서 어느 것도 두통과 복통, 화끈거리는 홍조와 메스꺼움의 영역에는 적합하지 않다. 두통은 합리적이지도 않고 비합리적이지도 않다. "분별 있는" 홍조라는 그런 것은 결코 없다. 메스꺼움을 느끼는 것은 결코 옳거나 그르지 않다. 그럼에도 불구하고 우리는 망설임 없이 "네가 그에게 화를 낸 것은 옳지 않았어"라고 말하고, "그가 질투하는 것은 정당화될 수 없어"라고 말하고, "그녀를 사랑하는 것은 잘못된 일이야"라고 말한다. (다른 사항들에서 우리가 얼마나 자주 감정에 관하여 "보통" 틀리는지를 고려하면) 감정에 대한 통상적인 태도를 철학적인 주장으로 받아들이는 것에 대해 주의하려고 하기는 하지만, 이런 종류의 평가들이 감정은 불가항력으로 우리에게 우연히 생기는 단순한 느낌, 사건이라는 외견상 논박의 여지가 없는 것처럼 보이는 명제를 거부하는 또 하나의 이유를 제공한다. 느낌과 사건은 "합리적"이거나 "비합리적"이지 않다. 그것들은 단지 **있을** 뿐이다. 우리가 **하는** 것만이 합리적이거나 비합리적이라고 평가될 수 있다.

감정과 느낌을 동일시하는 것에 반대하는 또 다른 주장은 우리의 감정에 대해서 우리는 자주 잘못 생각한다는 것이다. 우리가 화가 나 있다고 추측할 충분한 이유가 있는데도 우리는 화가 나 있다는 것을 부인한다. 히스테리성의 방어적인 웃음 자체까지도 우리의 감정을 보여 주는 또 다른 증거일 때에도 우리는 사랑에 **빠져** 있다는 생각을 웃어넘긴다. 우리는 화가 난 척하고 심지어 우리 자신까지도 속인다. 겉보기에는 다정하게 여러 해를 보내고 난 다음에 사랑인 것 같았던 것이 사랑이 아니었음을 깨닫는다. 우리가 시기하거나 억울해 하고 있음을 깨닫게 되면 독선적으로 분개한다고 생각한다. 때로는 우리가 실제로는 화가 나 있을 때 자신이 우울하다고 생각하고, 악의에 차 있을 때 공감하고 있다고 생각하고, 질투하고 소유욕이 강해질 때 사랑하고 있다고 생각하고, 사실은 죄책감을 느끼거나 우울할 때 그저 슬프다고 생각하기도 한다. 어쩌면 우리는 엄청난 금액의 속도 위반 딱지를 막 끊은 경찰관에게 화가 나 있을 때 고양이에게 화가 나 있다고 생각할지도 모른다. (만일 프로이트가 옳다면) 우리가 사실은 어머니만을 사랑할 때 아내를 사랑한다고 생각한다. 그러한 복잡하고 흔한 실수들이 단지 다양한 느낌들 또는 느낌들의 복합체를 오해한 것일 뿐이라고 한다면 그것들을 이해하기는 어려울 것이다. 머리나 이가 아픈 것에 대해서, 속이 느글거리거나 메스꺼운 느낌에 대해서, 숙취 때문에 머리가 멍한 것에 대해서, 마약을 흡입하고 난 다음에 어지러운 것에 대해서는 좀처럼 오해하지 않는다. 물론 이런 경우들에도 경험이 부족하거나 감각들을 혼동해서 오해 할 수도 있기는 하다. 그렇지만 감정의 경우에서 만큼이나 오해가 그렇게 흔하지도 않고 그렇게 복잡하지도 않다. 이것은 감정의 구조에 대해서 무언가를 더 말했을 때에만 이해 할 수 있을 현상이다. 그러나 하나의 증거로서 이런 현상은 감정들이 단순한 느낌들보다 훨씬 더 정교하다는 결론으로 가는 또 하나의 실마리를 이미 제공한 것으로 봐야 한다.

3. 감정과 행동

우리는 울기 때문에 가엾게 여기고, 때리기 때
문에 화가 나고, 벌벌 떨기 때문에 두려워한다.

윌리엄 제임스, 「감정이란 무엇인가?」

그는 그 [감정] 때문에 어떤 것을 했다고 말하는
것은 … "그는 그것을 할 것이다"라고 말하는 것
이다.

길버트 라일Gilbert Ryle, 『정신의 개념The Concept of Mind』

감정 분석에서, 감정은 느낌이나 감각이 아님을 발견하고 난 다음
에는 흔히 감정은 행동 양식, 또는 심리학자의 수역학 용어로 표현
하면, 어떤 행동 반응을 지향하는 "충동"이나 "경향"이라고 제안하
는 단계로 넘어간다. 물론, 화 같은 감정을 가진다는 것이, 예를 들
어, 발을 구르거나 비명을 지르거나 주먹으로 치거나 발로 차거나
"화난" 편지를 쓰거나 혹은 무엇이든, **특정한** 행동을 수행한다는
것은 아니다. 화가 나 있다는 것은 특정한 상황 여하에 따라서 무
수히 많은 방식들 중에서 하나 또는 그 이상의 방식으로 "화난 행
동"을 시작할 "경향이 있다"는 것이다.

물론 행동심리학에서 그러한 분석은 방법론상의 원칙 문제로

채택된다. (예를 들어, 플루치크[R. Plutchick]에 따르면,[84] "감정은 주로 행동 데이터의 측면에서 [또는 톨만[Tolman]의 어구로 표현하면, '영향을 주는 자극으로서의 반응'의 측면에서]" 정의된다.) 오로지 방법론상의 명제로만 고려한 끝에, 감정을 그것의 발현 행동으로 축소해 버리는 것은 나의 관심사가 아니다. 철학적이고 형이상학적인 논쟁에 골몰할 때만 행동주의는 상식 및 철학과 싸운다. 이 싸움을 끝낸 다음에 행동주의는 감정이란 단지 그것의 발현 행동일 뿐**이다, 라**는 명제가 된다. 행동주의에 응수하여, 상식은 다음과 같은 말을 하고 싶어 한다. "터무니없는 말이다! 감정은 느낌이다. 감정의 발현 행동은 완전히 다른 문제이다." 그러나 나는 감정은 느낌이 아니라고 이미 주장했다. 그런데 감정의 발현 행동은 "완전히 다른 문제"라는 것이 사실인가?

행동주의는 (즉 단순히 방법론적인 심리학의 행동주의와는 대조적으로, 철학적 행동주의는) 논박할 수 없는 경험적 관찰 결과로 시작하고, 그다음에는 보통 어떤 반심리주의적인 철학적 원리의 안내를 받으며 그것을 논리적 명제로 바꾸려고 시도한다. 논박할 수 없는 관찰 결과란 보통 감정과 어떤 특징적인 행동 방식이 서로 관련된다는 것이다. 제임스가 말하듯이, "분노의 상태를 상상하면서 가슴 속에서 분노가 일지 않고, 얼굴이 붉어지지 않고, 콧구멍이 커지지 않고, 이를 악물지 않고, 격렬한 행동을 하고자 하는 충동

---

84. James, "What Is an Emotions?," p. 23.

을 느끼지 않고 … 이런 모습들을 마음에 그려 볼 수 있는가? 지금 이 글을 쓰는 나로서는 이런 모습으로 그려 볼 수 없다."[85.]

분노의 상태를 "마음에 그려 보라"는 요구는 분노가 밖으로 표현된 모습을 이미 암암리에 강조하는 것이지만, 그 요점은 확실히 잘 이해된다. 우리는 강렬한 감정 상태에 있으면서 이런저런 종류의 "격렬한 행동"을 저지르려는 충동을 느끼지 않는 누군가를 상상할 수 없다. 하지만 감정과 행동을 동일시하는 것은 또 다른 문제이다. 상당한 기간에 걸쳐 계속해서 어떤 감정을 느끼면서도 그 감정을 행동으로 표현하는 데 좀처럼 몰두하지 않는 것도 분명 가능하다.[86.]

만일 주지사의 새로운 세법 때문에 화가 나고 야당 소속이라면, 나는 대중 연설을 할 것이다. 만일 내게 권력이 없다면, 나는 신문에 화가 담긴 편지를 쓸 것이다. 만일 정부를 위해 일한다면, 나는 그저 아내에게 불평하거나 소파를 주먹으로 치거나 석간신문을 찢어버릴 수도 있다. 이런 "기질"은 "무한히 복잡하다." 상황이 달라지

---

85. J. L. Austin, "Pretending," and G. E. N. Anscombe, "Pretending," in Gustafson, ed., *Essays in Philosophical Psychology*를 참고할 것. 또한 7장의 2절을 참고할 것.

86. 지금은 유명한 길버트 라일의 기질 분석이 이 요점을 잘 다루고 있다. 감정은 특정한 행동으로 발현되는 사건들로 구성되지 않고 무한히 복잡하고 "다중 트랙" 행동하려는 기질로 구성되어 있다. 그렇지만, 라일은 감정을 구성하는 행동은 명확히 구별되는 특정한 행동 방식인 것만큼 표준 행동에서 나타나는 "동요"와 쇠약의 문제이기도 하다고 주장한다.(『정신의 개념』 4장) 그렇지만, 더 무자비한 심리 행동주의자들과는 달리, 라일은 "심리 영역"을 완전히 부정하지는 않는다는 점 또한 주목해야 한다. 그는 진정한 행동주의자라면 결코 인정하지 않을 다양한 "근질거림과 씰룩거림, 느낌"을 계속 버리지 않는다. 그는 "기계 속의 영혼 신화"를(1장) 공격하겠다고 주장하지만, 영혼을 유약하게 만드는 데에만 성공한다.

면 나의 행동도 달라질 것이다. 세금 요목에 대해 친구들과 토론할 때, 나는 침을 뱉는 행동으로, 술을 너무 많이 마시는 행동으로, 동참하기를 거부하는 행동으로, 나의 화를 표현할 수도 있을 것이다. 화가 나 있을 때 특징적으로 나타나는 어떤 행동들이 있다. 예를 들어, 주먹을 들어올리거나, 위협을 하거나, 발을 구르는 것이 그런 행동들에 속한다. 하지만, 정교하게 짜여진 많은 상황에서, 감정을 표현하기 위해서 사실상 **무엇이든** 할지도 모른다.

특히 전통적으로 감정과 느낌을 동일시해 온 것에 반대하는 설득력 있는 주장들을 고려하면, 감정은 행동하려는 기질이라는 명제는 그럴듯하게 들린다. 하지만 두 가지 감정이 동시에 존재하는 경우를 고려해 보라. 예를 들어, 똑같은 사람에 대한 사랑과 미움의 감정이 공존하는데, 사랑의 감정이 미움의 감정보다 훨씬 약하고 확신도 덜한 경우를 고려해 보라. 그러한 경우에, 사랑 감정은 결코 행동으로 표현되지 않을 것이고, 행동주의자는 반사실적인 조건 명제들로 이루어진 무한한 집합들에 내맡겨지게 될 것이다. 하지만 그렇다면, 그 감정을 가지고 있는 사람이 어떻게 그토록 쉽게 그 감정의 존재를 인식할 수 있을까? 혹은 우리가 사실은 가지고 있지 않은 감정을 가지고 있는 척하는 많은 경우들을 고려해 보라. 다른 말로 하면, 마치 그 감정을 가지고 있기나 **한 것처럼 행동한다.** 그러나 만일 "~인 척하기"의 개념이 조금이라도 어떤 의미를 가지는 것이라면, 감정과 감정의 표출 행동 사이에는 어떤 논리적인 간극이 있을 수밖에 없다. 마찬가지로, 우리는 우리 자신에게서만이 아니라 다른 사람들에게서도 (특히 그들이 우리와 아주 "가깝거나" 아주 비슷한 상황에 있다면) 어떤 행동으로도 표현되지 않는 감정을 인식한다는 사실을 설명할 수 있어야 한다. ("나는 그의 심경이 어떨지 안다.")[87.] 그다음에 프로이트가 "반동형성"이라고 명명한 "방어기제"가 있는데, 이것에 따르면 사람은 보통 그가 행동하리라 예상되는 것과 **정반대되는 방식으로** 행동함으로써 (화가 치미는 사람에게 보상하기, 사랑하는 사람을 철면피 같이 잔인하거나 냉담하게 대하기) 그의 감정을 표현한다. 우리는 이제 방어기제를 우리 자신의 행동과 다른 사람들의 행동에서 일상적인 것으로 인식할 수 있다. 이런 것은 모두 논리적이라고 추정되는 감정과 행동의 연관관계를 잘라 없앤다. 하지만 둘의 관계를 최종적으로 끊어 내는 마지막 일격은 일단 우리가 감정을 구성한다고 추정되는 다양한 "특징적인 행동 양식들"을 파악하려고 해도, 그것들이 수적으로 무한할지도 모른다는 막연한 깨달음이다. 특정한 사람이 "특정한 상황"에서 감정을 "적절하게" 표현하는 방식은 사람들과 상황들을 수학적으로 계산한 결과만큼이나 다양하다. 감정 표출 행동의 핵심은 **의도**의 문제이다. **왜** 이 사람은 그의 화를 저 방식이 아니라 이 방식으로 표현하고 있는가? **왜** 그는 화가 나지 않았는데

---

87. 예를 들어, A. MacIntyre, *The Unconscious*(London: Routledge & Kegan Paul, 1962)를 참고할 것.

화가 난 척하고 있는가? **왜** 그는 지금 그의 화를 표현하고 있지 않은가? 왜 그는 몹시 화가 치미는 사람을 그토록 엄청나게 친절하고 관심 있게 대하고 있는가? 하지만 일단 의도의 영역으로 들어가고 나면, 우리는 다시 주관성의 영역으로 되돌아 들어가게 된다. 의도되는 행동들과는 다르게, 의도들은 행동으로 관찰될 수 없다. 그러므로 감정들도 행동으로 관찰될 수 없다. 그래서 논리적인 행동주의의 명제는 "어떤 감정을 가지게 되면 어떤 상황에서 어떤 방식으로 행동할 법하다"라는 명료하지만 필시 여전히 우발적인 명제로 후퇴한다.[88] 물론이다! 하지만 그렇다면 "감정을 가지고 있다"는 것은 무엇인가?

행동주의의 감정 분석에 반대하는 주장이 더 필요하다고 생각된다면,[89] 감정은 본질적으로 **주관적인** 현상이고, 내가 "특권적인" (그렇지만 확실히 "고질적이지는" 않은) 접근권을 가진 나의 세계에 있는 품목이라는 주장으로 되돌아가는 것이 유리할 수 있다. 만일 감정이 단지 행동양식에 불과하다면, 분명히 나 자신의 감정에 대한 나의 인식은 독특한 과정일 수 있다. 나는 나 자신이 행동하는 것을 지켜보고, 어떤 상황에서는 화를 내며 행동하고 다른 상황에

---

88. 행동주의 일반에 반대하는 탁월하고 구체적인 주장은 찰스 테일러[Charles Taylor]의 연구서인 『행동 설명[The Explanation of Behavior]』에서 찾을 수 있다(London: Routledge and Kegan Paul, 1964).

89. 프리툐프 베르그만은 (헤겔과 기독교를 인용하면서) 행동주의를 실질적으로 공격할 수는 없다고 썼다. 왜냐하면 "어떤 유형의 행동주의를 공격하더라도, 누군가는 항상 종국에는 그것이 그가 뜻하는 행동주의가 아니라고 말할 것이기 때문이다."

서는 그렇지 않다는 점을 인지해야만 한다. **때로는** 정말로 그렇다. 특히 자기 자신에 관한 우리의 견해가 어떤 관심사나 감정에 의해서 흐려지거나 방해받는 그러한 골치 아픈 자기기만의 경우에는 정말로 그렇다. 어떤 형태이든 모든 심리요법의 중심 요지는 어두움들과 장애물들을 꿰뚫을 수 있는 그러한 자기 **반성**을 제공해야 한다는 것이다. 하지만 이것들은 특별한 경우들이다. 심지어 여기에서조차도 나의 감정 구조를 간파할 수 있는 통찰력을 제공해 주는 것은 "외부에서" 본 나의 행동이 아니라 그러한 관점에 의해 유발될 수도 있는 똑바로 "보기"이다. 요컨대, 나는 나의 행동을 관찰함으로써 나 자신의 감정을 인식하지 않는다. 비록 그것이 내가 다른 사람들의 감정 상태들을 인식하는 방법이라고 (어쩌면 직접 말할 수 없기 때문에 유일한 방법이라고) 할지라도 말이다. 나의 감정들은 **본질적으로** 그리고 구조적으로 내 경험의 일부이고, 나의 행동은 기껏해야 다른 사람들이 그리고 때로는 나 자신이 내 경험을 보는 척도일 뿐이다. 그럼에도 행동 분석은 결코 망각해서는 안 되는 요점 하나를 강조한다. 즉 감정이란 단순히 내적 반성이 가능한 느낌이나 감각이 결코 아니며, 우리가 아무리 주의하더라도, 우리 자신이 반성하는 감정들의 목록은 우리의 행동과 우리가 다른 사람들에게 보이는 방식들을 양심적으로 고려함으로써 항상 뒤엎어질지도 모른다.

어쩌면 누군가는 다소 부드러운 태도로 행동주의에 대답할 수도 있다. 즉 감정은 행동하려는 기질에 어떤 느낌들과 태도들, 의도들을 가지려는 기질이 덧붙여진 것이라고 대답할 수도 있다. 또는 정교한 "가설적 구성 개념"의 관점에서[90]; 이 두 기질을 결합하는 것은 다양한 행동주의적 표현과 현상학적 표현들을 설명하고 통합하는 원리라고 대답할 수도 있다. 행동주의와 달리, 이런 견해는 "자기 자신의 경우"에도 적용될 수 있을지 모른다. 왜냐하면 그것은 그 감정을 가지고 있는 사람에게만 허용되는 "특권적인" 접근권을 제공할 현상학적인 표현들일 수 있기 때문이다.[91] 외견상으로 이 견해는 충분히 합리적인 것으로 보인다. 그러나 무엇인가가 **빠져** 있고, 그 "무엇"은 감정 그 자체인 것 같다. 여기에서 이 문제는 칸트적인 종합의 문제이다. 즉 가설적 구성 개념이나 복잡한 기질 관점이 **어떻게** 하나의 감정에 속하는 "표현들"을 다른 감정에 속하는 표현들로부터 가려낼까? 여기에서 "표현"은 무엇을 뜻할 수 있을까? 거기에다가, 감정이 특정적인 느낌들과 표현들을 가지고 있다는 것을 부정할 수는 없지만, 감정은 그러한 느낌들과 표현들을 가지려는 기질 혹은 기질들의 집합일 뿐이라고 가정하는 것은 오류다. 누구든 어떤 감정을 가지고 있기 **때문에** 그러한 기질들을 자기 자신에게 귀속시키고, 그러한 속성들이 유효한 이유를 이해하기

---

90. 예를 들어, 이런 관점에서 일반 동기들을 평가하는 것에 대한 설명으로는 R. Brandt and J. Kim, "Wants as Explanations of Actions," *Journal of Philosophy*, 1963을 참고. 나는 『무의식적 동기부여*Unconscious Motivation*』(1967)에서 잘못된 확신을 가지고 유사한 명제를 주장했다.

91. "What Is an Emotion?," pp. 28-29.

위해서 우리는 **맨 먼저** 그 감정이 무엇인지를 이해해야 한다. 가설적 구성 개념이나 기질 분석은 비행동주의적 형식을 띠는 경우에도 감정의 외양만 포착하고 그 본질은 포착하지 못한다. 그러나 다시 말하건대, 모든 그러한 분석의 **형식**에 주목할 만한 가치가 있는데, 그런 분석들은 전형적으로 수역학적이고 반존재론적이다. 그런 분석들에 따르면, 감정은 정동(느낌)과 행동의 복잡한 결과물이다. 프로이트와 제임스 모두 그러한 견해를 옹호하는 사람들에게 쉽게 포함될 수 있다는 점은 놀랍지 않다.

그렇지만 행동주의 분석이 너무 약해지기 전에, 지극히 중요하지만 종종 망각되는 행동주의의 진리를 마음에 새기는 것이 중요하다. 그 진리는 (비록 다소 모호한 이유들 때문이기는 하지만) 제임스에 의해 가장 잘 표현되었다. 각 감정은 예측 가능하고 특징적인 행동으로 표현된다는 점은 논박할 수 없는 진리이다. 하지만, 종종 그렇듯이 이것을 **인과관계**의 주장으로 간주해서는 안 된다. 제임스의 이론에 근거하여, 감정은 "그것의 신체적 표현의 느낌"일 뿐이라고 가정하면,

> 특별한 감정의 이른바 표현에 대한 자발적인 환기가 우리에게 감정 자체를 주어야 한다는 추론이 필연적으로 뒤따라온다. … 도망치는 것이 공황 상태를 얼마나 더 악화시키는지, 슬픔이나 화의 징후에 굴복하는 것이 그러한 격정들 자체를 얼마나 강하게 하는지를 모두 알

고 있다. 발작적인 흐느낌은 매번 슬픔을 더 격하게 하고, 훨씬 더 강하게 또다시 발작적으로 흐느끼게 한다. 마침내 나른해지고 신체 조직이 눈에 띄게 극도로 피로해지면서 울음을 그칠 때까지 이런 상황은 이어진다. 분노의 경우, 거듭 분노를 표출함으로써 어떻게 우리가 절정의 상태로 "우리 자신을 끌어올리는지"는 악명 높다. 감정을 표현하기를 거부해 보라, 그러면 그 감정은 없어질 것이다. 화를 내기 전에 10초를 세어 보라. 그러면 화를 내는 것이 우스꽝스러워 보일 것이다. 용기를 계속 내기 위해서 휘파람 불기는 단순한 비유적 표현이 아니다. 다른 한편으로, 맥빠진 자세로 하루 종일 앉아서 한숨을 쉬고 모든 말에 울적한 목소리로 대답해 보라. 그러면 당신의 우울증이 좀처럼 사라지지 않을 것이다. 경험해 본 모든 사람이 알고 있듯이, 도덕 교육에서 이것보다 더 유익한 가르침은 없다. 만일 우리 안에 있는 바람직하지 않은 감정적 경향들을 정복하고 싶다면, 열심히 그리고 우선 먼저 냉정하게 우리가 계발하고 싶은 그러한 모순되는 기질들이 **밖으로 표출되는 신체 동작들**을 거쳐야 한다. … 얼굴 표정을 누그러뜨리고 눈을 반짝거리고 … 다정한 칭찬을 건네라. 그런데도 당신의 마음이 서서히 풀리지 않는다면, 마음이 정말로 냉담함에 틀림없을 것이다.

제임스가 부수현상설과 수역학을 활용한 감정 모델에 근거하여 자주 확인되는 이런 명제를 구성하는 것은 이상하다. 사실, 이것은 제임스와 수역학 모델에 반대하여 내가 주장하려는 바로 그 이론의 핵심이다. 그렇지만 만일 감정이 단순히 "정동"일 뿐만 아니라 우리 자신이 내리는 **판단**이기도 하다면, 우리의 외부 행위에서 나타나는 자발적인 변화는 우리의 내부 행위, 즉 감정의 서로 연관되고 마찬가지로 자발적인 측면들을 불가피하게 함축하게 될 것이다. 이것이 통상적인 감정의 "느낌 이론"에서 좀처럼 설명되지 않는 행동주의의 진리이다. 이상하게도 행동의 우선성을 강조하기는 하지만 은밀히 주관적인 것으로서의 "자발성" 개념을 멀리하려고 하는 행동주의자들 자신도 또한 이것을 무시한다. (물론 자발성 개념은 "의도" 개념을 전제로 하기 때문에 은밀히 주관적이다.) 만일 감정이 행동 표현**일 뿐임**을 설득력 있게 주장할 수 없다면, 이러한 행동 표현은 감정과는 완전히 다른 어떤 것이라는 반대 주장을 해서도 안 된다. 만일 감정이 판단이라면, 행동 표현은 아주 많이 그것의 일부이다. 사실, 행동하려는 의도는 감정 자체와 분리될 수 없으며, 그러므로 "격렬한 행동에의 충동"(실쭉하기에 불과하더라도 적어도 어떤 종류의 행동을 하려는 충동)이 없는 감정은 생각할 수 없다.

이러한 확고하게 자리잡힌 모델들에 반대하여, 나는 감정은 혼란이나 비이성적인 것이거나 우발적인 사건이 아니라고, 힘이나 느낌이나 행동하려는 단순한 경향이 아니라고 주장하고 싶다. 나는 감정을 우리 세계를 구성하는 본질적인 구조로 분석할 것이다. 정념을 통해서 우리는 우리의 (주관적) 세계를 구성하고, 그것을 유의미하게 만들며, 그러면서 우리의 삶과 자아를 유의미하게 만든다. 정념은 우발적인 사건이 아니라 행위다. 정념은 우리의 마음 "속에 있지" 않고 오히려 우리가 **우리의 세계 속에** 배치하는 구조이다. 나의 화는—심지어 표출되지 않도록 억압된 화로 인해 부글거리는 것조차도—세계 속에 투사된 나의 심상이고, 나를 부당하게 취급한 누군가를 내가 말없이 기소하는 것이고, 불쾌한 세계 상황에 대해 내리는 나의 판단이다. 내 화를 통제하는 것은 ("억제"와 "억압"의 개념들이 시사하듯이) 불가사의한 심층에서 침입해 오는 힘을 나의 "내부에" 봉쇄하는 것이 아니다. 화는 통제일 뿐만 아니라 나 자신이다. "억제"는 내가 화를 통해서 세계에 강제하고 있는 구조의 일부에 지나지 않는다. 다르게 생각하는 것은 나의 화를 **나의 것이 아니라고**, 나의 책임이 아니라고 보면서, 나 자신의 판단에 대한 책임을 전혀 떠맡지 않은 채 다른 사람들을 욕하고 (말없이 하든 공개적으로 하든) 독선적으로 그들을 비난하는 것이다. 따라서, 우리는 전통적인 분석들 이면에 있는 엄청난 호소력을 감지할 수 있다. 우리의 당혹과 잔인함을 우리 자신의 것이 아닌 것으로 보기를 우리는 얼마나 간절히 원하는가! 그러나 우리가 이 책임을 받아들이고, 정념을 우리 자신의 것이자 우리가 행한 것으로 보고, "무엇이 **원인이 되어** 나는 이것을 느끼는가?"가 아니라 항상 "내게는 이것을 **하고자 하는** 어떤 이유가 있는가?"라고 묻는 법을 배우기 전까지, 우리는 스스로를 변화시키는 것은 고사하고 이해할 수조차 없을 것이다.

5장

주관적 정념 이론

레포렐로^{Leporello}처럼, 박학한 문예가들은 목록을 작성하지만, 요점은 그들이 가지고 있지 않은 것이다. 돈 후안은 여자들을 유혹해서 즐기는 반면, 레포렐로는 돈 후안이 그런 일을 벌이는 시간과 장소, 상대 여자의 특징을 적어 둔다.

키에르케고르^{Kierkegaard}, 『일지^{Journals}』

레포렐로처럼, 심리학자들은 … 그러나 요점은 그들이 가지고 있지 않은 것이다. 다른 누군가의 감정을 기술하는 것과 자기 자신의 감정을 이해하는 것은 다르다. 우리의 문제는 나를 (우리를) 위해서, 주관적으로, 감정을 가지기가 무엇인지를 이해하는 것이다.

1. 의도성

모든 의식은 어떤 것에 대한 의식이다.

에드문트 후설

감정은 느낌이 아니지만, 그런데도 느낌은 거의 항상은 아니더라도 대체로 우리의 감정과 연관된다. 감정은 **단순히** 신경학이나 행동에서 객관적으로 표현되는 것도 아니다. 비록 그러한 감정 표현을 항상 찾을 수 있을지도 모른다는 점에 동의하더라도 말이다. 하지만 이것은 "감정의 이론"을 전혀 구성하지 않는다. 감정의 가장 두드러진 특징, 즉 감정을 단순한 느낌과 구분하고 그것을 행동과 우리 세계에 단단하게 연결시키는 것은 아직 소개되지 않았다.

감정은 어떤 것에 **대한** 것이다. 그 누구도 그냥 화가 나지 않는다. 누구든 어떤 것 때문에 어떤 사람에게 화가 난다. 심지어 "화난 젊은이"조차도 어떤 것에 (즉 모든 것에) 대해서 화가 나 있다. 상대가 주로 낭만적 상상력이 만들어 낸 산물이든 아니든, 어머니나 죽은 형제나 잊지 못한 이전의 연인 같은 다른 사람의 "대역"에 해당하든 그렇지 않든, 어떤 사람과 사랑에 빠지지 않은 채 사랑에 빠지는 것은 불가능하다. 공포의 대상이 미지의 어떤 것이라 할지라도, 사람은 그냥 두려워하지 않고 어떤 것을 두려워한다. 예를 들어 슬픔처럼 사실상 항상 특정한 어떤 것에 관한 것처럼 보이는 감정들이 있다. 예를 들어 절망과 원한, 죄책감처럼 대체로 막연한 감정들이 있다. 이러한 감정들의 경우에는, 특정한 사건이 촉매로 작용해서, 곧 과포화된 의식이 되는 화려한 침전 결정체를 만들어 낸다.

특정한 사건이나 대상으로 시작할 필요조차 없는 정념들, 특정한 어떤 것에 대한 것일 필요가 없는 정념들이 있다. 이러한 것들은 **기분**이다. 감정과 기분의 차이는 그것들이 무엇에 **대한** 것인가의 차이다. 감정은 특정한 것, 일반화된 특정한 것에 대한 것이다. 반면에 기분은 특정한 그 어떤 것에 대한 것이 아니며, 때로는 우리의 세계 전체에 대한 것이다. (비록 어떤 특정한 사건이 그것들을 유발하는 것도 당연하지만) 도취감과 우울, 의기소침은 특정한 어떤 것에 대한 것이 아니다. 그것들은 우리의 세계 전체에 대한 것이거나, 우리에게 닥쳐와서 우리가 경험하는 모든 대상과 사건에 행복한 기색이나 음울한 그림자를 드리우는 것이라면 가리지 않고 무엇이든 그러한 것에 대한 것이다. 특별히 기분에 관하여 하이데거는 세계에 "조율되기"라는 개념을 제안한다. 감정과 기분을 이렇게 구분하는 것은 뚜렷한 구분이 아니며, 감정과 기분의 관계는 서로를 지지하고 심지어 일치하기까지 하는 관계임을 나는 다시 강조한다. 아무리 특수하다고 하더라도, 모든 감정은 우리의 세계를 구축하고 우리의 경험 전체에 명확한 영향을 준다. 그리고 아무리 겉보기에 형이상학적이라고 하더라고, 모든 기분은 보통 다수의 교점을 가지고 있는 것으로 밝혀질 수도 있는데, 그러한 교점들을 중심으로 구조의 나머지 부분들이 형성된다.

최근의 현상학적 전통을 따라서, 감정의 이런 특성을 **의도성**이라고 부를 수 있다. 다시 말해서, 모든 감정은 어떤 것에 **대한** 것이다. 그 어떤 것을 감정의 **의도 대상**, 혹은 간단히 그 대상이라 부른다. 논리상, 모든 감정은 특정한 대상을 가진다. 더구나, 감정을 구성하는 것은 바로 이 특정한 대상이다. 그러므로 감정을 이해하기 위해서는 그 "대상"을 이해해야 한다. 그렇지만, 이것은 현대 철학에서 가장 다루기 어려운 문제들에 속하는 난제를 제기한다.

다음의 두 절에서 다룰 내용들은 일반 독자에게는 만만찮게 여겨질지도 모르겠다. 그렇지만, 그 내용들을 되도록 단순화했지만, 나의 명제에 꼭 필요한 내용들이다. (그런 만큼 나의 논지가 전환되는 몇몇 지점에서 내 동료들이 크나큰 간극을 발견하지는 않을까 염려된다. 그렇지만 이렇게 전환되는 논지들은 적절한 글들에서 실증될 수 있다.) 나는 독자에게 다음에 이어지는 부분에서 내가 하는 말을 끈기 있게 들어 달라고 청하고자 한다. 내 주장의 요점이 곧 분명해질 것이다.

의도 대상의 특유한 점은 (만일 "대상"이 사람이거나 사물이라면) 그 대상이 존재하지 않는 경우들, 또는 (만일 "대상"이 어떤 종류의 명제이거나 주장이라면) 그 대상이 참이 아닌 경우들, 또는 (만일 "대상"이 "사실"이거나 사건이거나 상황이라면) 사실이 아니거나 일어나지 않은 경우들을 고려할 때 분명해진다. 비록 침대 밑에 공산주의자가 없다 하더라도, 나는 침대 밑에 공산주의자가 있을까 두려워할지도 모른다. 존이 사실은 내 차를 훔치지 않았을 때, 나는 내 차를 훔쳤다고 존에게 화를 낼지도 모른다. 대부분의 타동사에 대해서, "주어가 목적어를 동사한다"라는 주어와 목적어의 관계로 분석될 수 있을지 모른다(예: "존이 프레드를 발로 찬다"). 그렇지만, 침대 밑에 공산주의자는 없기 때문에, 나의 두려움은 나와 공산주의자의 관계로 분석될 수 없고, 내가 느끼는 두려움의 대상은 "공산주의자"일 리가 없다. 존은 사실 내 차를 훔치지 않았기 때문에, 나의 화는 나와 존이 내 차를 훔쳤다는 사실 사이의 관계일 수 없다. 그러한 사실은 결코 없다. 하지만, 그렇다면, 나는 무엇에 대해 화가 나 있는 것일까? 존이 내 차를 훔쳤다는 **믿음**은 분명 아니다. (왜 나는 나의 믿음에 화가 나 있으면서 그 책임을 존에게 뒤집어씌우겠는가?). 나는 **존이 내 차를 훔친 것**에 화가 나 있다.

감정의 대상이 되기 위해서 반드시 존재할 필요는 없기 때문에, 감정의 "대상"은 별난 종류의 "비존재하는" (혹은 "추상 개념으로 실재하는" 혹은 "실재하지 않는") 대상이라는 설이 빈번하게 있었다. 20세기로의 전환기에, 논리학자들은 의도 대상이 "실재하지" 않는 그러한 감정의 사례들을 (그리고 믿음과 주장과 꿈과 환상의 사례들을) 설명하기 위해서 그렇게 비존재하는 대상들이나 심지어 자가당착의 "대상들"을 가진 기상천외의 우주를 가정했다. 하지만 이제 정말로 내 침대 밑에 마르크스-레닌주의 게릴라 조직이 숨어 있거나 존이 정말로 내 차를 훔쳐서, 내가 합당하게 두려워하거나 정당하게 화가 나 있는 경우를 고려해 보라. 이런 감정들의 의도 대상은 공산주의자들과 그 사실들 자체인가? 아니면 그것들은 (전자의 경우들에서처럼) 실제 대상들의 "앞에" 혹은 "옆에" 있는 어떤 불가사의한 종류의 의도 대상들인가? 어느 쪽이든, 그 결과는 참을 수 없는 혼란들과 역설들을 불러일으킨다. 만일 의도 대상이 현실 세계에 있는 사물이거나 사람, 사건, 사실이라고 주장한다면, 아주 많은 감정들이 결국에는 의도적이지 않은 것으로 보인다. 반대로, 만일 의도 대상이 실제 대상(실제 사람이나 사건이나 사실)이 아니라고 주장한다면, 진짜 대상들이 있는 경우들에 관한 설명은 터무니없이 복잡해진다. 한편으로, 우리는 모든 감정과 그 대상은 단순히 "우리의 마음 속"이 아니라 "세계 속에" 있다고 말하기를 원한다. 다른 한편으로, 우리는 모든 감정들이 그렇지는 않다고 하더라도 많은 감정들이 일부는 상상의 산물이고 일부는 왜곡되어 있어서 완전히 실제의 것은 아닌 대상들, 그리고 논의되고 있는 감정에 특유한 대상들을 가지고 있다는 사실을 설명해야 한다.

지난 70년 동안, 논리학자들은 천재였던 독일인 고트로브 프레게Gottlob Frege를 따라서 그가 "간접적"이라고 불렀고 지금은 보통 "불투명한"이라고 불리는 언어학적 문맥들을 자주 구분했다. 예를 들어, "존은 … 라고 믿는다" 또는 "프레드는 …에 화가 나 있다"와 같은 불투명한 문맥은 문장의 의미와 사실을 바꾸지 않고서 어떤 특징들만 기술하여 문장을 완성할 수 있다는 사실에 의해 식별된다. 예를 들어, "존은 스탕달이『적과 흑*The Red and the Black*』을 썼다고 믿는다"는 참일지도 모른다. 사실, 스탕달은 앙리 베일^{Henri Beyle}의 필명이다. 그래도 "베일이『적과 흑』을 썼다"는 참이라 하더라도, "존은 베일이『적과 흑』을 썼다고 믿는다"는 참이 아니다. 왜냐하면 존은 스탕달과 베일이 동일인임을 알지 못하기 때문이다. 마찬가지로, 존은 메리를 사랑한다는 참이다. 메리는 존을 만나기 전에 5년 동안 세인트루이스에서 매춘부였다 또한 참이다. 이 사실을 메리는 존에게 결코 말한 적이 없다. 그러므로, 존이 사랑하는 여자가 과거에 매춘부였다는 것이 사실일지라도, 존의 연인**으로서** 메리를 "전매춘부"라고 묘사하는 것은 참이 아닐 것이다. 이러한 문맥들을 "불투명하다"고 일컫는 것의 의미는 믿음이나 감정의 "대상들"에 대한 묘사는 "사실"에 근거하지 않고 그 대상들을 가진 사람이 그것들을 인식하는 방식에 맞게 조정된다는 것이다. 한 남자가 자신의 그림자를 두려워할지도 모른다. 하지만, 우리는 그가 가진 두려움의 대상이 자신의 그림자가 아니라 자신의 그림자를 **통해서** 보는 다른 무엇이라고 확신할 수 있다. "불투명성"이란 개념은 우리가 어떤 "행동들"이나 "태도들"을 기술하는 데 사용하는 언어학적 장치를 분석하기 위해서 불가사의하고 비현실적인 "의도 대상들"의 문제를 에둘러 가려는 시도이다. 의도성의 개념에 의해 초래된 혼란들과 불합리한 것들을 고려하면, 우리는 이런 시도를 자극하는 동기를 쉽게 이해 할 수 있다. 그렇지만, 내가 무엇에 **대하여** 두려워하거나 화가 나 있다고 말할 때, 이것은 단순히 어떤 종류의 문장에 불과한 것이 아니다. 그 무엇은 "실제로" 존재할 수도 있고 그렇지 않을 수도 있는 혹은 사실일 수도 있고 그렇지 않을 수도 있는 대상이다(혹은 사람이거나 사건이나 상황이다). 그러한 대상들에 대해서 우리는 무슨 말을 할 수 있을까? 대상들이 가진 특징들의 "불투명성"을 우리는 어떻게 설명할 수 있을까?

"의도성"의 개념이 낳은 다양한 딜레마들의 근저에는 내가 이미 거부한 음험한 이원론이 있다. 대체로, 그것은 데카르트가 찬양한 "정신 - 육체"의 이원론이다. 특히 감정에 관하여, 영국과 유럽 대륙의 철학자들이 적극적으로 장려한 이런 이원론적 분석은 감정의 두 가지 "구성 요소"를 구별한다. 그것들은 (1)감정이나 느낌, 행위, 태도 소유 그리고 (2)감정의 대상인데, 감정의 대상은 사물이거나 사람이거나 사건이거나 상황이거나 "사실"이다(예를 들어, 페어스 D. F. Pears를 참고할 것).**92.** 첫 번째 요소는 정신적 혹은 주관적이고, 두 번째 요소는 "세계 속에" 있고 객관적이다. 그러나 이런 구분이 도입되자마자, 그러한 "대상들"의 지위는 믿기 어려울 정도로 미심

---

92. S. Hampshire, ed., *The Philosophy of Mind*(New York: Harper & Row, 1966)에서

쩍어진다. 어떻게 대상이 "세계 속에" 있으면서 존재하지 않을 수 있는가? 바꿔 말하면, 만일 누군가가 그러한 대상들이 존재할 필요가 없다고 말한다면, 어떻게 그것들이 "세계 속에" 있을 수 있는가? 감정의 대상이 반박할 여지 없이 "세계 속에" 실제로 있는 경우들은 어떻게 되는가? 게다가, 감정은 어떻게 그 대상과 **논리적으로** 연결되는가?

나의 "주관성" 이론의 배경이 된 것은 바로 이런 일단의 역설들이다. 감정들은 주관적이다. 감정의 대상들은 단순히 세계의 사물들이 아니며, "사실들"이 아니며, 특색이 없고 과학적으로 확인할 수 있는 리얼리티의 일부가 아니다. 감정의 대상들은 **우리** 세계의 대상들인데, 여기에서 말하는 우리 세계란 우리가 경험하는 대로의 세계를 말한다. (기분의 경우, 대상은 하나의 전체로서 우리의 세계이다.) 다시 말하건대, 이것은 우리가 감정의 드라마를 상연하는 "사적인" 세계와 "사실들"로 이루어진 공적인 세계가 있다고 보는 터무니없는 "두 개의 세계"라는 견해를 옹호하는 것이 아니다. 오히려 두 개의 관점이 있다고 해야 하는데, 하나는 사심 없는 관점이고 다른 하나는 사심 있는 관점이다. 감정의 모든 대상이 쉬르 리얼리티에 있다. 반성할 때를 제외하면 리얼리티는 관련이 없다. 감정의 대상들이 또한 객관적인 세계 속에 있고 공개적으로 입증할 수 있는지 또는 어느 정도까지 입증할 수 있는지는 항상 의심할 여지가 있다. 예를 들어, 감정의 대상이 리얼리티에서 그 어떤 지위도 일절 가지지 않을 수도 있는 극단적인 편집증이나 공황, 낭만적 황홀의 경우들이 있다. 그것은 "단순히 자기기만의 문제"일지도 모른다. 다른 한편으로, 감정의 대상이 리얼리티에서 반박할 수 없는 지위를 가지는 경우들도 많다. 내가 실제로 사실인 것에 화가 나 있을 때, 내가 정말로 사람인 누군가를 미워할 때가 그런 경우들에 해당한다. 그러나 감정의 대상들이 실재하거나 비실재하는 경우는 드물다.[93] 감정의 대상들은 사실상 언제나 리얼리티 속에 **어떤** 토대를 가지고 있다(가장 극단적인 편집증 환자는 그가 느끼는 공포의 대상을 **만들어 내지** 않는다). 그리고 어떤 감정의 대상도 단순히 "리얼리티 속에" 있는 것이기만 한 것이 결코 아니다. 감정의 대상들은 우리에게 개인적으로 아주 중요한 대상들이다. 리얼리티는 "개인적인 중요성"에 대해서는 아무것도 모른다. 나는 칠레에서 혁명을 부추길 때 우리 정부가 전면 핵전쟁 추진론자의 전술을 사용하는 것에 분개했다. 그렇지만, 리얼리티 속에서 그것은 "단지 현재 상황"일 뿐이다. 나에게는 (그리고 바라건대 우리 모두에게), 그러한 전술들은 대단한 관심거리이다. 그러나 "사실들"과 달리, 그 관심거리는 **우리에게를** 제외하면 문제의 리얼리티를 이루는 일부가 아니다. 따라서, 감정의 대상은 이런 의미에서 결코 단순히 **객관적인** 세계 속에, 리얼리티 속에 있는 대상(사람, 사건, 사실)이 아니다. 그것은 우리의 세계 속에, 우리의 쉬르리얼리티 속에 있는 대

---

93. 일부 독일 철학자들이 **반실재하는**이라는 개념을 가지고 끼어들려고 시도하는 구분이다.

상―상당히 중요한 대상―이다. 감정의 대상은 우리의 관심사와 가치들을 통해서 경험되는 세계의 대상이다. 대상이 리얼리티 속에 어떤 지위도 가지고 있지 않는 경우에조차도, 그 대상은 우리가 경험하는 것으로서의 세계에 근거하고, 우리의 관심사와 가치들에 따라서 해석되고 실체화되고 세계 속으로 투사된다. 연인이 우리 자신의 환상이 아무리 많이 꾸며 낸 결과물이라 하더라도, 그러한 꾸밈과 그 연인의 존재를 입증하는 증거의 토대는 틀림없이 "사실들" 또는 "현실의" 세계이다. 우리가 연인들을 그들이 실제로는 아주 조금만 지니고 있는 특성들로 미화하고 찬미하는 통속적인 경우에서도 그렇고, 심지어 공상적인 이야기에서도 그렇다. 예를 들어, 중세 도덕극에서 편력 기사가 몇 가닥의 금발 머리카락이나 혹은 동굴이나 성 주변에 전략적으로 흩어 놓은 신발 한두 짝과 사랑에 빠지는 경우에, 적어도 머리카락이나 신발, 혹은 어쨌든 그런 것에 대한 사람들의 말이나 소문이 틀림없이 있다.

감정의 의도 대상은 "현실의" 대상을 가지지 않는 감정들뿐만 아니라 가지고 있는 감정들 모두에게 공통되는 독특한 종류의 대상이 아니다.[94] 의도 대상은 "현실의" 세계 속에서 그 지위나 그 토대가 무엇이든, 주관적으로 경험되는 것으로서의 대상에 지나지 않는다. 망상이나 환상의 경우에서조차도, 의도 대상은 "세계 속에,"

---

94. 예를 들어 A. Kenny, *Action, Emothion and Will*(New York: Humanities Press, 1963)을 볼 것. Robert Gordon, "The Aboutness of Emotions," *American Philosophical Quarterly*, 1974를 참조할 것.

다시 말하면, 우리의 세계 속에 있는 것으로 경험된다. 대상이 (감정의) 의도 대상으로서 갖는 지위는 리얼리티에서의 그 지위와 어떤 관련이 있을 필요가 없다. 하지만 그렇다면, **의도 대상으로서** 의도 대상을 현실에 있는 것이라고 말하거나 현실에 없는 것이라고 말하는 것은 의미가 통하지 않게 된다. 그러한 대상의 개념은 주관적인 관점 안에서만 적용될 수 있다. 그 개념을 객관성의 영역으로 확장하려고 시도하자마자, 즉시 역설과 혼동이 생겨날 것이다.

주관성 논의로 되돌아가 보면, 감정들을 "구성 요소들"로 분해하는 일에서 무엇이 그토록 심각하게 잘못된 것인지가 분명해진다. 감정은 그 대상과 구별되거나 분리되지 않는다. 감정의 대상으로서의 대상은 결코 감정과 분리되어 별개로 존재할 수 없다. 내 차를 훔친 것에 대해서 내가 존에게 화가 나 있을 때, (그가 훔치지 않았을 수도 있기 때문에) 그 대상은 **존이 내 차를 훔쳤다**는 추정된 사실도 아니고, 단순히 존도 아니다. 그 대상은, 더 이상 단순화할 수 없는 말로 하자면, 존이 내 차를 훔쳤다이다. 그러나 이것조차도 불완전한 설명이다. 오랫동안 차를 없애고 싶었던 나는 또한 존이 내 차를 훔쳐서 **안도할지도** 모른다. 물론, 내 화의 기저에 있는 사실은 내 안도감의 기저에 있는 사실과 동일하다. 그러나 나의 화와 나의 안도감은 동일한 대상에 대한 별개의 느낌들이나 행동들 혹은 태도들이 아니다. 내 화의 대상은 불쾌한 것이고, 내 안도감의 대상은 이로운 것이다. 따라서 내 화의 대상은 내 안도감의 대상과 똑같지 않다. 감정과 대상의 구분이 무너지기 시작한다. 대상을 구성하는 것이 바로 감정인 것처럼 (그렇다고 해서 감정이, 극단적인 경우를 제외하면, 그 자체의 "사실들"을 만들어 낸다는 말은 아니다) 감정은 그 대상에 의해 결정된다. 나의 화와 내가 화를 내는 대상이라는 두 가지 구성 요소가 있는 것이 아니다. 더 어려운 독일 철학의 연결 어구들을 번역하는 사람들에게서 투박하지만 효과적인 장치를 빌려 표현한다면, 우리는 "… 에 -대해 -나의 - 감정을 과장해서 표현함," "…에 -대해 -내가 -화가 남," "…을 -내가 -사랑함"이라는 식의 통합 형태가 모든 감정에 있다고 말할 수 있을지도 모른다. 나는 이 책에서 식자공에게는 악몽과도 같은 이러한 연결 어구를 계속 사용하려고 시도하지 않을 것이다. 하지만 감정의 의도성을 이해하려고 할 때 이것을 유념해야 한다. 감정과 그 대상 사이에 궁극적으로 명료한 구분은 없다. 감정은 그 대상에 의해 구별되고, 감정에는 대상 이외에는 아무것도 없다. 그러나 감정 없이는 그러한 대상도 결코 없다.

이러한 절차상의 요점은 매우 실질적인 고찰을 뒷받침할 수 있고 그런 고찰에 의해 뒷받침될 수 있다. 믿음의 변화는 일반적으로 감정의 변화를 초래한다. 어떻게 이럴 수 있을까? 만일 감정이 느낌이라면, 시어머니가 집을 나가고 5분 후에 두통이 사라지는 것처럼 심리적인 요인으로 생기는 질환에 관한 여전히 잠정적인 가설로 그것을 설명할 수 있을 것이다. 대부분의 감정은 우리가 믿는 것에는 완전히 무관심하다. 하지만 내 차를 훔친 것에 대해서 내가 존에게 화가 나 있다는 것은 내 차가 저녁 내내 차고를 떠나지 않았다는 말을 듣자마자 철저하게 변한다. 이 말을 믿자마자 나의 화는 원인과 결과의 문제로서가 아니라 오히려 논리의 문제로서 한순간에 사라진다. 그가 하지 않았다고 내가 믿는 어떤 것 때문에 나는 존에게 화를 낼 **수가 없다.** 마찬가지로, 나의 상황 평가는 당혹감과 자긍심의 감정들과 전적으로 관련되는데, 나의 상황 평가는 그런 감정들의 원인일 뿐만 아니라 구조이기도 하다. 만일 내 상황이 거북하다고 생각하지 않는다면, 나는 당혹스러울 수 없다. 만일 나 자신이 무엇인가를 성취했거나 어떤 명예를 부여 받았다고 믿지 않는다면 나는 자긍심을 느낄 수 없다. 믿음이 한편으로는 견해와 맺는 관계와 다른 한편으로는 감정과 맺는 관계는 인과관계나 우연한 일치의 문제가 아니라 논리의 문제이다. 감정은 그 대상과 논리적으로 구별될 수 없다. 일단 대상이 거부되면 더 이상 감정이 있을 수 없다. 두통을 유발하는 원인이 사라지고 나서도 두통은 자체의 타성이 있어서 몇 분 혹은 어쩌면 몇 시간 동안 지속된다. 하지만 나를 화나게 한 "사실"이 논박되자마자 즉시 나의 화는 사라진다.

이제 우리는 감정은 느낌과 동일하지 않다는 점과 느낌은 감정의 구성 요소조차 아니라는 점까지 역설하는 것이 그토록 중요한 이유를 또한 이해 할 수 있다. 물론, 감정은 대체로 느낌을 수반할 수도 있다. 감정은 정말이지 항상 느낌을 수반할지도 모른다. 하지만 느낌은 감정들을 식별하는 데 꼭 필요하지도 않고 충분하지도 않다. 감정은 단순히 느낌이 아니며, 심지어 무엇인가가 덧붙여진 느낌조차 아니다. 화를 전혀 느끼지 않고도—여러 날 혹은 여러 주 혹은 여러 해 동안—화가 날 수 있다. 더구나, 만일 누군가가 화가 나 **있지** 않다면 화를 느낀다고 말하는 것은 뜻이 통하지 않는다. 물론, 감정을 느낌으로 보는 전통적인 관점에 의거하면, 이주장은 참으로 이상하게 보일 것이다. 어떻게 화가 나지 않고서도 그것이 무엇이든 사람이 화에서 느끼는 것을 느끼지 않을 수 있을까? 하지만 누군가 커피 세 잔을 마시거나 암페타민을 삼킨 다음에 동일한 느낌들을 가질 수도 있다. 그런데 이런 경우에 이 누군가가 느끼는 것은 화가 아니라 단지 얼굴이 붉어지거나 흥분되거나 초조해지거나 하는 것 등이다. 화가 나 있을 때 내가 그런 느낌들을 정말로 가지는 경우에, 운동선수단을 따라다니는 흥분하기 쉬운 팬처럼, 기껏해야 그 느낌들은 화에 수반하는 부수물에 불과하다. 내 차를 훔친 것 때문에 나는 존에게 화가 나 있다. 하지만 이제 나는 그가 훔치지 않았다는 것을 알게 된다. 그 즉시 나의 화는 사라지지만, 느낌—즉 가슴이 뛰고 얼굴이 붉어지는 것—은 없어지지 않고 잠시 그대로 남는다. 비록 그러한 감정들이 나의 화에 의해 유발되었고 방금 내가 화가 나 있을 때 가졌던 것들과 똑같은 느낌들이라고 하더라도, 그것들은 더 이상 화의 느낌들이 아니다. 그것들은 그냥 느낌들일 뿐이다. 그 누구도 화가 나지 않은 상태에서 화를 느낄 수는 없다.

감정들은 **의도적**이라는 말은 그것들이 본질적으로 우리 세계의 대상들과 논리적으로 연관된다는 말이다. 만일 감정들이 우리의 세계가 아니라 "우리의 정신 속에" 있다고 한다면, 그것들은 "정신의" 상태나 사건이나 행위가 아니다. 감정이 난폭하게 억압당하여 표현되지 못하는 경우들에서조차도, 감정은 "안에" 갇힌 어떤 것이 아니다. 감정은 우리 세계의 구조들을 제공하는 우리 세계의 대상들과 우리 자신을 연결하는 구조이다. 우리는 아직 이러한 구조들의 본질과 그것들이 우리에게 갖는 막대한 중요성을 이해하지 못했다. 그렇지만 우리의 세계와 그 대상들과 기껏해야 (완전히 신비하지는 않다고 하더라도) 부수적인 관계를 맺고 있는 우리의 정신 속에 있는 느낌과 감각들로 감정을 묘사하는 낡은 데카르트 철학의 견해를 무너뜨릴 때, 새로운 주관적 이론을 위한 토대를 구축하는 데 중요한 한 발을 이미 내딛은 것이다.

2. 감정, 대상, 원인

그녀는 나와 깊은 사랑에 빠져 있다. 그녀는 나
에 대해 아무것도 알지 못한다. 그것이 그녀가
나와 사랑에 빠진 이유다.

막스^{G. Marx}, 〈경마장에서의 하루A Day at the Races〉

감정의 의도성과 본질은 그 원인과는 아무런 관련이 없다. 비록 내
가 복용한 약이 원인이라고 하더라도 나의 화는 여전히 화이고 그
밖의 다른 무엇도 아니라고 앞에서 강조할 때 나는 이런 주장을 짧
게 했다. 내가 화가 나 있는 대상은 약이나 내가 약을 복용했다는
것이 아니다. (사실, 그런 약을 복용했다는 것을 나는 잊어버렸을
지도 모르고 혹은 아예 몰랐을지도 모른다.) 마찬가지로, 나는 오
랜 성적 결핍 때문에 특히 낭만적 환상을 품고 "사랑에 빠지기" 쉬
운 경향이 있을지도 모른다. 하지만 성적 결핍이 원인이고 내 사랑
이 그 결과라고 할지라도, 내 사랑의 대상이 성적 결핍이나 성적 결
핍을 없애 줄 누군가는 아니다. 그 원인이 사라지고 난 이후에 내
사랑이 살아남든 그렇지 않든, 원인은 사랑 자체의 일부가 결코 아
니다.

원인에 관한 지식에 근거하여 너무도 빈번히 감정들을 간단히 처리해 버린다는 것을 고려하면, 감정의 원인과 대상을 이렇게 기술적으로 구분하는 것은 절대적으로 필요하다. 예를 들어, 리세르그산의 극적인 영향 때문에, 사람의 세계관이 보편적인 애정과 열광의 세계관으로 바뀔 수도 있고, 그 이전에는 친밀감이 형성되지 않았던 곳에서 친밀감이 형성될 수 있는 그러한 방식으로 다른 사람들과의 관계가 "명확해질" 수도 있다. 오랫동안 억눌렸던 화와 시기심, 미움이 약의 영향으로 인해 표출될 때, 우리의 일상적인 세계의 감정 구조가 드러날지도 모른다. 마치 자주색 염료가 보이지 않을 자그마한 세포 하나를 보이게 만들 수도 있는 것처럼 말이다. 이러한 명확성의 원인은 약이고, 어쩌면 감정들 자체의 원인조차도 약일지 모른다. 그런데도 감정들은 감정들일 뿐 다른 그 어떤 것도 아니다. 이 경우에 감정들의 화학적 원인들이 확실히 알려져 있다고 해서 감정들이 덜 "실재하는" (쉬르리얼리티의) 것은 결코 아니다. (우리의 일상적인 감정 생활도 마찬가지로 화학적인 요소에 의존한다. 하지만 그렇다고 해서 우리의 일상적인 감정들이 덜 "실재하는" [쉬르리얼리티의] 것은 아니다.) "실재하는" (쉬르리얼리티의) 감정들과 "허위의" 감정들 사이의 구분은 그것들을 유발하는 원인들과는 전혀 무관하다. 감정은 그 원인이 아니라 대상에 의해 구별된다. 그리고 처음에는 원인에 의해 유발되었다고 하더라도, 감정의 "쉬르리얼리티"는 주관적인 삶에서 그것이 담당하는 역할에만 의존한다.

감정을 일으키는 원인들은 아주 다른 범주들로 분류된다. 감정과 그 대상으로부터 가장 수월하게 구분되는 것들은 이미 논의한 생리적인 원인들과 화학적인 원인들이다. 주체는 그러한 것들에 대해서 그 어떤 것도 알 필요가 없음에도 불구하고, 어떤 신경학상의 변화들과 감정들의 효과에 관하여 인과법칙을 얼마든지 만들어 낼 수 있는 설득력 있는 사례가 구성될 수 있다. (사실, 이런 법칙들 중에서 가장 기초적인 것조차도 알고 있는 사람들은 극히 드물고, 이 법칙들 중에서 아주 많은 것을 알고 있는 사람은 아직 아무도 없다.) 유전된 기질들 같은 요인들은 조금은 더 복잡하다. 이런 요인들은 마찬가지로 주체가 이해 할 수 있는 지식의 범위 너머에 놓여 있을지 모르며, 의심할 여지없이 유전적으로 규정된 복잡한 일련의 생리화학적 과정들로 그 유래를 거슬러 올라갈 수 있다. 만일 인간의 본능(공격성? 텃세? 모성애?)이 있다면, 인간의 본능들에 대해서도 똑같은 가설을 세울 수 있을지도 모른다. 하지만, 어쨌든 "본능"이라 불리는 것은 사실 동기, 즉 그것의 생리학적 토대가 무엇이든 간에 **심리적** 요인이라고 —이론상의 필수 요소로서는 아니라고 하더라도 적어도 실천 원칙의 문제로서 —가정하는 것이 더 바람직하다.

심리적 원인들을 도입하면 감정의 **원인**과 **대상**을 구분하기가 어려워진다. 예를 들어, (필시 그것들을 모두 포함하는) 후천적인 감정 반응들은 감정의 특색과 습관의 관점에서 인과적으로 설명될지도 모른다(예를 들어, "성마른 기질"을 가지고 있음, "내면은 낭만주의자"임, "질투하는 경향"이나 "침울한 성격"이 있음). 혹은 과거의 경험이나 교육의 관점에서 인과적으로 설명될지도 모른다(예를 들어, "그는 박정하게 그리고 사랑 없이 키워졌다," 또는 "그의 첫 여자 친구가 떠나면서 그를 망가뜨렸다," 또는 "그는 세 살 이후로 줄곧 … 부모님이 성교하는 모습을 보았다," 또는 "이거 참, 그는 **그런 사람들**에게 키워졌군"). 모든 경우에 감정의 원인은 반드시 **경험된다고** 주장할지도 모르기 때문에 상황은 복잡해진다. 어떤 경우에 이것은 특별한 문제를 전혀 일으키지 않는다. 예를 들어, 어떤 사람이 자신을 "성마른" 또는 "구제할 수 없을 정도로 낭만적인"이라고 인지하든 그렇지 않든, 그러한 인과적 요소들은 감정적 반응 **양식**을 기술할 뿐이다. 이 양식 속에서 특정한 감정 반응은 있어야 할 적합한 자리를 발견한다. 그러나 프로이트의 초기 임상 경험에 그토록 핵심적인 종류의 사례를 고려해 보라. 이 사례에서, 지속되는 일단의 감정들은 예를 들어 어린 남자아이가 숙모에게 성폭행 당한 것과 같은 유년기의 트라우마가 원인이 되어 생겨난다. (물론, 트라우마가 억압되었다는 견해가 이 사례를 복잡하게 만들지만, 여기에서의 내 목적을 위해서 주체[환자]가 얼마 동안 치료를 받고 난 다음에 이런 인과관계 가설을 이미 받아들였고 지금은 그것이 그에게 준 영향들을 이해하려고 시도하고 있다고 가정하자.) 그러한 경험이 원인이 되어 생겨난 감정의 대상은 무엇인가? 첫 번째로 추측할 수 있는 것은 성폭행일 것이다. 그렇지만 공격이라는 사실이 이런 인과적 역할을 하기에는 충분하지 않다는 점에 주의하라. 생리 기능과 감정을 연결하는 인과관계 이론들과는 달리, 이 가설은 **경험된 사실**과 감정 사이의 연관성을 필요로 한다. 그러나 이것조차도 결코 충분하지 않다.

활동 초기에, 프로이트는 만일 환자들의 "기억들"이 사실이라면, 겉으로 성실해 보이는 빈의 부르주아 계급 사람들의 사생활에서 나타나는 도착성은 조심스럽게 말해서 충격적이라고 논평했다. 그렇지만 그는 곧 그가 연구한 트라우마 대부분은 사실이 아니라 환상에, 기억이 아니라 꾸며 낸 것에 근거하고 있다는 결론에 도달했다. 그러므로, 감정의 원인에 관한 한, 사실들은 병증과 무관하다. 문제가 되는 것은 바로 간단히 말해서 경험이다. 감정들이 주관적 현상인 한, 리얼리티와 쉬르리얼리티를 구분할 수 없다. 본질적인 것은 사건이 자신의 쉬르리얼리티 속에서 일어난다는 것뿐이다.

(이것은 [아주 많은 날을 먹을 것 없이 지내는 동안 피실험자의 눈앞에서 벌어지는 이러이러한 사건처럼] 객관적으로 설계된 환경 설정에서 행동 "자극제"의 정체를 밝히려고 시도하는 심리학자들에게 심각한 문제들을 제기한다. 쥐조차도 쉬르리얼리티를 가지고 있고, 그래서 "자극제"에 결코 단순히 반응하지 않는다.)[95]

---

95. 이러한 반대 의견들의 효과적인 계통적 체계에 대해서는 Charles Taylor, *The Explanation of*

심지어 이것조차도 충분하지 않다. 만일 감정의 원인이 경험이라면, 그것은 경험 대상과 동일하지 않은가? 동일하지 않다. 우선, 감정의 대상은 경험이 아니라 경험의 대상이다. 나는 경험이 아니라 내 숙모와 그녀가 (추정상) 나에게 저지른 짓에 대해 화나 죄책감이나 수치심이나 두려움을 느낀다. 더구나, 감정의 원인인 경험은 과거의 경험이지만, 대상 자체는 과거의 경험을 지시하더라도 감정의 대상은 우리의 현재 경험 속에 있어야 한다.[96] (물론, 프로이트가 아주 풍부하게 예증했듯이, 현재 경험의 대상은 이어지는 경험들과 연상들 때문에 상당히 편집되고 윤색된다.) 프로이트의 이론적 글들에서처럼 성인들의 경우에 어떤 종류의 경험은 인과 법칙 같은 일반화에서 몇몇 종류의 후속 감정들 및 고착들과 연결된다는 의미에서 원인은 최초의 경험이다. 원인은 과거의 것이고, 내가 지금 그것을 의식하고 있는지 아닌지는 중요하지 않다. 다른 한편으로, (비록 그것이 과거의 사건이라 하더라도) 대상은 나의 **현재** 경험의 대상이어야 한다. 그것들이 당연히 "동일한 사건"에 관련된다 하더라도, 원인과 대상은 따라서 서로 다르다.

현재에 속할 뿐만 아니라 감정의 대상과 관련되기도 하는 감정의 원인들은 훨씬 더 복잡하다. 예를 들어, 누군가가 신문에서 어떤 기사를 보았기 때문에 화가 났었다고 말한다. 바로 그 기사를

Behavior(London: Routledge & Kegan Paul, 1964)를 참고할 것.

96. 예를 들어, 레비스트로스[Lévi-Strauss]는 모든 "기억해낸 경험"은 기억해 낸 때와 "동시에 존재하는 경험"으로 다루어져야 한다고 주장한다. (Le Temps Retrouve, p. 62)

봤다는 것이 그를 화나게 한 원인이었다. 하지만 그가 화가 났던 대상은 추정컨대 그 신문 기사가 **다루고 있는** 것이었거나 혹은 그 기사가 그에게 상기시킨 어떤 것이다. 또는 어떤 사람은 상대방이 단지 우연히 딱 맞는 때에 딱 맞는 말을 하기 때문에 그 상대방과 사랑에 빠진다. 그러나 이 사람은 상대방의 말과 사랑에 빠지지는 않는다. 말은 단지 감정이 그 사람 전체를 향하도록 만드는 촉매의 역할만 한다. 마찬가지로 섹스도 사랑에 빠지는 그러한 원인의 역할을 쉽게 할 수 있을지도 모른다. 하지만, 원인을 감정과 혼동해서는 안 된다. 감정은 항상 사람을 향하는 것이고 (아무리 연인관계에 중심적이라고 하더라도) 결코 성행위를 향하지 않는다.

대상과 원인의 구분은 대상이 원**인 것으로** 보이는 종류의 사례 때문에 가장 심하게 혼동된다. 예를 들어, 나는 존이 내 차를 훔친 것 때문에 화가 날지도 모른다(즉 그것이 원인이 되어 화가 날지도 모른다). 이 경우에, 우리는 내 화의 원인과 그 대상은 동일하다고 ―존이 내 차를 훔친 것―말하고 싶은 유혹을 느낀다. 그러나 존이 내 차를 훔치지 않은 것이 사실이라면 어떻게 될까? 대상은 여전히 **그가 내 차를 훔쳤다**는 점일 것이다. 원인은 그가 내 차를 훔쳤다는 것이 아니라 단지 그가 훔쳤다는 나의 믿음일 뿐일 것이다. 그러므로 내 화의 대상이 사실이 아닌 경우들뿐만 아니라 내 화의 대상이 사실인 경우들에서도 원인과 대상은 동일하지 않다. 감정의 대상은 **결코** 그 원인과 일치하지 않는다. 대상은 항상 **주관**

적이고, 실제로 그것이 사실이든 아니든 사람이 보는 대로의 세계의 일부이다. 원인은 항상 **객관적**이고, 원인이 되려면 객관적이어야 한다. (만일 A가 결코 발생하지 않았다면 A가 B의 원인이 되었다고 말하는 것은 어불성설이다.) 게다가 원인은 **나에게** 원인이어서는 안 되고, 객관적이거나 과학적인 방법 일반에 따라서 그것이 원인이라는 것이 **누구에게나** 입증되어야 한다. 원인은 어느 정도 유사한 다른 사례들과의 비교와 외삽을 통해서만 입증될 수 있는 법칙 같은 일반론에서 한몫을 담당한다. 내가 암페타민을 복용했다는 것이 내 화의 원인으로 드러날 수도 있다. 왜냐하면 암페타민은 사람을 흥분하기 쉽게 만들고 그러므로 최소한의 방해나 모욕을 보이는 것에 화를 내게 만드는 경향이 있다는 취지의 법칙 같은 일반론이 있기 때문인데, 이러한 일반론은 아주 많은 사례에서 확증되었다. 다른 한편으로, 내 화의 대상은 그러한 법칙 같은 일반론이나 확증을 필요로 하지 않는다. 내 화의 대상에 관한 한, 나는 그것을 하나밖에 없는 것으로 고려할 수 있다. 이것은 내 화의 대상이 정연하고 식별 가능한, 심지어 익숙하기까지 한, 양식으로 분류되지 못할지도 모른다는 말이 아니다. 내가 화의 대상을 알아채지 못할 수도 있음을 부정하는 것도 아니다. 다만 화의 (그리고 모든 감정의) 대상들은 엄밀히 주관적이고, 그 감정들을 "가지는" 사람에게만 의거한다는 말일 뿐이다. 그렇지만, 감정의 원인은 주관성과 개인의 경험과는 전혀 무관하다. 내 화의 원인이 존이 내 차를 훔친 것이 될 수 있는 경우는 그러한 도둑질에 대한 인식이 그러한 반응을 일으킨다는 것을 증명할 수 있는 어떤 증거가 있을 때뿐이다. 예를 들어, 만일 존이 내 허락도 없이 (그렇지만 내게 알리고) 자주 내 차를 가져갔지만 내가 단 한 번도 화를 낸 적이 없다면, 이번에 나를 화나게 한 것은 단지 그가 내 차를 훔쳤기 때문이 아니라는 점이 명백하다. 그럼에도 불구하고, 그가 내 차를 훔쳐서 내가 정말로 화가 날 수도 있다.

심리학과 생리학은 보통 감정의 객관적인 (즉 과학적인) 측면들에 관련된다. 따라서, 그것들은 주로 감정의 원인들에 —어떤 자극이나 상황과 전형적인 감정 반응 사이의 법칙 같은 일반론에 —관심이 있다. 그러나 만일 감정을 특징짓는 것이 —원인과 구별되는 —그 대상이라면 우리는 심리학적 혹은 생리학적 이론이 감정을 포괄적으로 이해하는 데 얼마나 한참 못 미치는지를 제대로 알 수 있다. 이런 설명의 균형을 맞추기 위해서(이런 설명을 "객관적" 접근이라고 비난할 필요는 없다), 나의 분석은 전적으로 주관적 관점의 범위 안에 머무를 것이다. 나는 감정의 특정한 원인들에 대해 (프로이트라면 "병인학"이라고 부를 것에 대해) 이론화하려는 시도를 전혀 하지 않을 것이다. 뇌의 신경접합부에서 무슨 일이 일어나고 있든, 오래전 유년기의 어떤 트라우마가 이런저런 반응 "복합체"를 구성해 놓았든, 어떤 화학 약품이 보이지 않는 영향력을 내 경험들 속에서 행사하든, **나에게**, 나의 정념은 나의 세계를 보고 구조화하는 나의 방식이다. 물론, 그러한 원인들에서 일어나는 변화는 또한 우리의 감정 생활에서도 극적인 변화로 나타날 것이다. 감정의 원인들이 — 유년기의 친구들이나 부모님에 의해 구성된 "복합체"이든, 알게 모르게 섭취한 화약 약품이든 — 그토록 잠행성을 띠게 만드는 것은 그것들이 우리의 경험 속에 들어올 여지가 전혀 없다는 바로 그 사실이다.

경험에서 그러한 변화들을 일으킬 수도 있는 원인이 되는 매개체들은 철학자의 영역이 아니라 신경학자와 발달심리학자, 약리학자의 영역이다. 누군가는 어쩌면 우리의 관심사가 아니라 그들의 관심사는 "경험의 테크놀로지," 즉 "외부에서" 우리의 의식을 바꾸는 기술들과 수단들을 발견하는 것이라고 말할지도 모른다. 그렇지만, 철학자로서 나는 랭R. D. Laing이 내부에서 자신을 바꾸는 "경험의 정치학"이라고 부른 것에만 관심이 있을 뿐이다. 정치학의 전략들은 이데올로기와 설득이고, 정념의 원인보다는 오히려 대상을 변화시킨다. 그리고 우리가 많은 인과관계의 기술들로 다른 사람들을 아무리 변화시킨다고 하더라도, 여기에서 나의 관심을 끄는 것은 자기 극복일 뿐이다. 잘 알려진 레비스토로스의 사회에 관한 단언을 철학적 용도로 바꾼다면 다음과 같이 말할 수 있다. "우리 자신의 사회는 우리가 변형시킬 수 있고 파괴하지 않을 수 있는 유일한 사회이다. 왜냐하면 우리가 도입해야 하는 변화는 '내부로부터' 생겨날 것이기 때문이다."(『슬픈 열대』) "더 좋은 쪽"으로든 "더 나쁜 쪽"으로든 다른 누군가를 변화시키는 것은 어떤 의미에서 그를 "파괴하는" 것이다. 그러나 자기 자신을 변화시키는 것은 **성장하는** 것이다.

3. 판단으로서의 감정

> 자연 속의 기계적 필연성뿐만 아니라 테크놀로
> 지도 사유하는 것을 가능하게, 사실상 불가결하
> 게 만드는 것은 바로 판단력이다.
>
> 칸트, 『판단력 비판 *Critique of Judgment*』

감정은 무엇인가? 감정은 판단이고(혹은 판단력들의 집합이고),[97.] 우리가 **하는** 어떤 것이다. 감정은 우리의 세계와 쉬르리얼리티와 "의도 대상들"을 구성하는 판단이다(혹은 판단들의 집합이다). 감정은 우리의 자아와 세계 속에서 우리가 차지하는 자리, 가치들과 이상들의 투사, 구조들과 신화들에 관한 기본적인 판단이다. 우리는 이것을 기준으로 하여 살고 이것을 통해서 우리의 삶을 경험한다.

이런 이유 때문에 우리의 감정들은 우리의 견해들과 믿음들에 그토록 좌지우지된다. 믿음에서의 변화는 (예를 들어, 존이 내 차

---

97. 감정은 판단이라고 말하든 판단들의 집합이라고 말하든 중요하지 않다. 단문인 평서문으로("a" 는 "b"다) 하나의 판단을 정의한다면, 모든 감정은 판단들의 복합체이다. 그러나 이 기준은 확실히 자의적이다. "프레드는 역겹고 음란하고 따분한 사람이다"는 몇 개의 판단인가? 하나? 둘? 아니면 셋? 모든 감정은 다수의 차원을 지닌 복잡한 판단들에 의해 구성되지만, 개별화의 문제가 무시될지도 모른다.

를 훔쳤다는 내 믿음이 틀렸다는 반박) 내 감정(존이 내 차를 훔쳐서 내가 화가 난 것)에서의 변화를 (그 원인으로서가 아니라) 그 결과로서 수반한다. 만일 누군가가 나를 부당하게 취급했거나 내 감정을 상하게 했다고 믿지 않는다면 나는 화를 낼 수가 없다. 따라서, 화는 **도덕적** 판단, 다시 말해서 단순히 개인적인 평가뿐만 아니라 도덕적 기준에 대한 호소도 포함한다고 말할 수 있을지 모른다.[98] 나의 화는 그런 판단들의 집합**이다.** 마찬가지로 나의 당혹감은 내가 대단히 거북한 상황에 처해 있다는 취지의 내 판단**이다.** 나의 수치심은 내가 꼴사나운 상황이나 사건에 책임이 있다는 나의 판단**이다.** 내 비애와 슬픔과 비탄은 내가 상실을 경험했다는 취지의 다양한 고통에 대한 판단들**이다.** 감정은 평가하는 (혹은 "규범적인") 판단, 즉 내 상황과 나 자신에 대한 그리고/혹은 다른 모든 사람들에 대한 판단이다.

말할 필요도 없이, 이것은 감정의 흔한 초상은 아니다. 감정은 보통 판단의 **결과로서 일어나는** 것으로 여겨지고, 어쩌면 판단의 함의에 대한 조금은 지연된 반응으로 여겨질지도 모르지만, 판단들 자체는 아니다. 또는 훨씬 더 일반적으로, 판단의 개념은 아예 누락되고, 감정은 우리 앞에서 일어나는 어떤 사건의 결과로서 — "반응"으로서 — 생겨난다고 말을 하기도 한다. (그래서, 맥두결과

---

98. 화가 그러한 기준들을 포함한다는 것이 항상 명확하지는 않다. 하지만, 때때로 그렇다는 것은 분명하다. 『정의론』(Cambridge, Mass.: Harvard University Press, 1971)의 73절에서 존 롤스는 화와 의분을 대조시키면서 그렇지 않다고 넌지시 말한다.

다른 동기 이론가들의 이론들뿐만 아니라 제임스의 이론도 감정은 "외부 세계에서" 일어나는 어떤 교란의 결과로 생기는 느낌이라고 주장한다. 그리고 감정의 범주를 인정하는 한에 있어서 대부분의 행동주의자들은 감정이란 교란을 일으키는 "자극제"에 대한 예비 반응이거나 회피 반응에 불과하다고 주장한다.) 그러나 사건이나 사건 인식만으로는 감정을 일으키는 데 결코 충분하지 않고, 감정은 항상 그 사건의 **의미**에 대한 **개인적인 평가**를 수반한다.[99] 사람이 다르면 동일한 사건들에 대한 "감정적 반응도" 아주 다르다는 사실을 달리 어떻게 설명할 수 있겠는가? 물론, 이런 사실은 배경에서의 차이와 "습관화"와 관련되고 이런 것들에 기인하는 것일 수도 있다. 하지만 이것은 차이들의 본질은 설명하지 못하고, 단지 차이들이 발생하는 기원만 설명해 준다. 일단 우리가 감정을 수동적 "반응"으로 보는 영향력 있는 모델을 포기해 버리면, 그러한 차이들은 쉽게 설명될 수 있다. 그런 차이들은 반응이 아니라 해석이다. 그 차이들은 발생하는 일에 대한 반응이 아니라 평가다. 그리고 그러한 평가적 판단에 대한 반응들이 아니라 오히려 그것들이 평가적 판단들**이다**. 물론 감정은 "반응," 즉 우리 앞에서 일어나고 우리를 끌어들이는 것에 대한 의식적인 판단 반응이라고 여전히 말할 수 있을지도 모른다. 하지만 그러한 반응에 관하여 수동적인 것은

---

99. Jean-Paul Sartre, *The Emotions: A Sketch of a Theory*, trans. B. Frenchtman(New York: Philosophical Library, 1948)의 서문과 1장을 참고할 것.

전혀 없다(물론, 일어나고 있는 어떤 일을 전제로 하는 경우는 제외되는데, 이 어떤 일은 그것에 반응하는 사람이 직접 하는 것일 수도 있고 아닐 수도 있다). 물론 사건의 "사실들"을 제외한다면, 감정에서 미리 알려진 사실은 하나도 없다. 그러나 사건의 사실들은 저자가 조사해서 적어 놓은 기록 같은 것에 지나지 않는다. 저자는 그 기록에서 주인공과 악인, 주제와 줄거리, 여담과 절정을 선택해야 한다.

평가적 판단들이 모두 감정은 아니다. 두 친구 사이의 다툼을 막기 위해서, 나는 공평하게 한 친구에게는 유리하고 다른 한 친구에게는 불리하게 판단한다. 슈퍼마켓에서 나는 무심결에 한 멜론이 다른 멜론보다 더 낫다고 판단한다. 동시상영하는 보가트Bogart 주연의 영화 두 편을 보고 나오면서, 나는 태연하게 〈가진 자와 못 가진 자To Have and Have Not〉보다 〈카사블랑카Casablanca〉가 더 낫다고 주장한다. 물론 나는 이 문제들 중에서 어느 하나에 대해 "감정적"이 될 수 있다. 만일 내가 한 친구에게 다른 친구에게보다 더 많은 신의를 빚지고 있다면, 만일 내가 까다롭고 확실히 과민한 멜론 감정가라면, 만일 내가 로렌 바콜Lauren Bacall보다 잉그리드 버그만Ingrid Bergman을 열렬히 낭만적으로 더 좋아한다면,[100] 요컨대, 우리가 나의 개인적 "투자"라고 부른 것에 따른다면 말이다. 그러나 대

---

100. 로렌 바콜은 〈가진 자와 못 가진 자〉에서 보가트의 상대역을 연기했고, 잉그리드 버그만은 〈카사블랑카〉에서 보가트의 상대역을 연기했음 —옮긴이주.

부분의 그런 판단들은 "감정적"이지 않고 감정들이 아니라는 점은 분명하다. 차이에 핵심적인 것은 "공평하게"와 "무심결에"와 "태연하게"라는 부사들이다. 감정들은 자신에게 몰두하고 상대적으로 **강렬한** 평가적 판단들이다. 암암리에든 숨김없이든, 감정들은 언제나 그 밖의 다른 무엇이든 ㅡ다툼, 멜론, 영화, 다른 사람들이나 상황들ㅡ뿐만 아니라 자기 자신을 연루시키는 판단들이다. 우리의 감정들을 구성하는 판단들과 대상들은 우리에게 특히 중요하고 유의미하며 우리의 자아를 투자한 문제들에 관한 것들이다. 우리의 감정들 대부분이 관계들, 신뢰와 친밀함, 의심과 배신, 우리가 다른 사람들과 동질감을 갖는 한에 있어서 우리가 그들을 어떻게 생각하는가에 더하여 그들이 우리를 어떻게 생각하는가에 관한 우리의 관심사에 다른 사람들을 감정의 대상으로서뿐만 아니라 상호주관적으로 연루시키는 것은 놀랍지 않다.

감정의 범위와 대상을 선험적으로 제한하는 것은 없다. 누구든 어떤 것에든 자신을 투자할지도 모르고, 그래서 연인과 자식들을 위해 아껴 두는 경우가 더 일반적인 열정을 가지고 거의 모든 것ㅡ반려동물과 정원, 선박 모형들이나 중세 동전들 모으기ㅡ에 감정을 쏟을지도 모른다. 그러나 감정들을 구별하는 것은 감정들이 평가하는 **대상**이 아니라 감정들이 평가**한다는 사실**이고, 감정들이 우리의 삶에 의미를 부여한다는 사실이다. 무의미한 삶을 사는 사람은 감정을 쏟는 헌신을 하지 않거나 그 헌신이 겉보기와 달리 헌신이 아닌 사람이다. **거기에는** 카뮈의 "부조리" 의식을 구성하는 내용이 **있다**. 이 부조리 의식은 "대항" 의식이 아니라 공허감이고, 이성의 무정한 결론이 아니라 정박할 만한 열정적 토대가 없는 추론의 공허한 논리다.

감정은 우리에게 중요하다는 의미에서만이 아니라 또한 명백하게든 아니든 우리에 **대한**, 우리의 자아에 대한 것이라는 의미에서 자기 자신에게 몰두한다. 독특하게 주관적인 판단으로서 감정은 자아와 쉬르리얼리티 둘 모두의 판단을 포함한다. 바로 우리의 감정들을 통해서 우리는 우리 자신을 구성한다. 자긍심과 수치심, 자기애와 죄책감처럼 많은 감정에서, 자기 몰두는 노골적으로 드러나고 명백해진다. 많은 감정들, 특히 우리를 다른 사람들과 가장 친밀하게 이어 주는 감정들을 나는 "양방향의"라고 부르겠다. 이런 감정들은 전적으로 자기 자신에 대한 것도 아니고 전적으로 다른 사람에 대한 것도 아니며, 사랑과 미움, 화와 질투에서처럼 둘의 결합이 아니라 둘 사이의 **관계**에 대한 것이다. 그렇지만, 예를 들어, 찬미과 숭배, 분개와 시기에서처럼 많은 감정들은 자아의 판단을 암묵적인 상태에 놔두거나 눈에 띄지 않게 놔둔다. 화는 항상 자신의 자아가 모욕당하거나 침해당했다는 판단을 포함하는데, 그럼에도 불구하고 그 격렬함을 순전히 외부에 있는 다른 사람에게 집중시킬지도 모른다. 비록 명백하게 자기 자신에게 몰두하고 개인적인 방어 자세에 근거할지라도, 원한은 모든 관심을 압제자로 추정되는 사람에게 집중하고 투사된 객관성으로 자아를 무장하여 보호한다. 그러나 명백하든 그렇지 않든 모든 경우에 자아는 감정적 판단의 근본 기둥이고, 우리의 세계와 다른 사람들에 대한 우리의 판단이 시작되는 관점이다.

감정적 판단의 궁극적인 대상은 항상 우리 자신의 개인적인 존엄성과 자부심에 대한 의식이다. 감정의 특정한 대상과 전략이 무엇이든, 나비 수집에 전념하든 아시아 정복에 전념하든, 감정은 궁극적으로 개인의 지위, 자존감, 세계에서 자신이 차지하고 있는 자리에 관련된다. 사랑이나 미움, 화나 연민에서처럼 감정이 다른 사람에 "관한" 것인 한, 그것은 상호주관적 정체성, 이런저런 종류의 관계, 어쩌면 경쟁과 비교의 구조인데, 이 안에서 사람은 자신의 자부심을 끌어올리려고 시도한다. 때때로, 사랑과 상호 존중이나 찬미에서처럼, 함께 일하면서 (사랑뿐만 아니라 미움의 경우에도) 상호 동일시를 통해서 그리고 (상대방을 자아의 일부로 포섭하는) "자아 확장"을 통해서 합동으로 자부심을 확대하는 것이 전략일 때도 있다. 그렇지만, 화의 경우, 오히려 순교자 혹은 "올바름의 옹호자" 역할을 자처하면서 규탄을 수단으로 활용하여 자신을 끌어올리는 전략을 취할 수도 있다. 연민의 경우에는, 자신과 아주 비슷하지만 자신보다 운이 상당히 좋지 않은 다른 사람과의 대조를 통해서 자부심을 끌어올릴지도 모른다. 시기와 원한, 믿음과 숭배처럼 겉보기에는 자신의 자아에 관한 것이 전혀 아닌 듯 보이는 그러한 감정들조차 궁극적인 대상은 우리 자신의 자부심인 판단들이다. 그렇지만 이것은 그러한 감정들이 이 대상을 획득하는 데 항상 성공한다는 말은 아니다.

감정들은 우리의 현재 상황에 대한 판단들이기만 한 것이 아니다. 감정들은 또한 우리의 과거에 대한 판단들이기도 해서, 현재 상황에 대한 우리의 판단에 의거하여, 이전에 있었던 무수히 많은 사건들과 행위들을 편집하여 일관되고 유의미한 유산으로 체계화한다. (예를 들어, 사랑에 빠졌을 때, 사람은 삶 전체를 "이것을 위한 준비"로 보는 경향이 있다. 하지만 똑같은 사람에게 화가 날 때, 삶의 역사는 기분 상한 일들과 배신당한 일들의 역사로 아주 재빨리 바뀐다.) 가장 중요한 것은 감정들이 미래를 위해서 **행동하고**, 세계를 바꾸고 우리의 자아를 바꾸고, 화가 날 때 복수하고, 죄책감을 느낄 때 자신을 벌하고, 수치심을 느낄 때 자신을 구제하고, 당혹감을 느낄 때 존엄성을 회복하고, 연민을 느낄 때 다른 사람을 돕고, 사랑할 때 상대방을 애무하고 돌보고, 원한을 품을 때 —안전한 거리에서 — 압제자를 파괴하려는 의도들을 포함한다는 점이다. 다음 장에서 나는 미래 지향적인 이런 측면을 감정의 "이데올로기"라고 부르겠다. 또한 이것은 우리의 감정적 판단에 본래 갖추어져 있는 일부분이다. 예를 들어, 후회와 비애와 비탄처럼 겉보기에는 전적으로 과거에 초점을 맞추는 것처럼 보이는 판단들의 경우에도 그러하다.

판단으로서의 감정 자체와 우리의 감정들에 대한 반성적 판단들 (판단에 대한 판단) 사이의 차이를 끊임없이 강조하는 것이 중요하다. 나의 화남은 나의 판단하기이고, 화가 나 있다는 나의 인식은 나의 화에 대해 반성적 판단이다(반성해 보니, 내 화는 정당하다는 나의 판단, 상대방이 내 격노를 받을 만하다는 [또는 받을 만하지 않다는] 나의 판단이 그러하듯이 말이다). 그렇지만 화의 자기 몰두는 화 자체에 대한 판단에 국한되지는 않는다. 또한 자부심의 극대화를 목표로 설정한 나의 반성적 판단이 이것을 공유할지도 모른다. 반성적 판단은 단도직입적으로 객관적인 경우들이 빈번하다. "나는 내가 마치 다른 사람이기나 한 것처럼 나 자신을 본다." 그리고 그런 판단들은 항상 객관적인 것처럼 보인다. 그러나 내 판단들(내 감정들)과 내 판단들에 대한 나의 반성적 판단들 사이의 논리적이고 실용적인 관계들이 얽혀 있어서 그것들을 완전히 분리하는 것은 불가능하다. 만일 내가 화가 나 **있다고** 내가 판단한다면, 그 판단은 내가 화가 나 있는 것에 지극히 중요한 뒷받침을 제공한다. (바로 우리가 화가 나 있다거나 화가 나야 당연하다는 생각을 반성함으로써 우리 자신을 화나게 만드는 경우가 빈번하다.) 마찬가지로, (내가 화가 나 있을 때) 화가 나 있다는 것을 부정하면, 이 부정은 화에 확실히 영향을 준다. 물론 그것이 우리에게서 화를 제거하거나 혹은 화를 줄여 주지조차 못할지도 모른다. (사실, 전통적인 이론, 특히 프로이트의 이론은 항상 화를 부정하면 오히려 화가 더 격렬해진다고 말할 것이다.) 그러나 자신의 믿음에 관한 거짓말처럼, 화의 판단에 대한 부정은 필연적으로 우리의 자아에 관한 다른 판단들과 생각들을 형성하는 데 복잡한 문제들을 야기한다. 다양하게 변형된 정념의 신화에서, 화는 반성에 의해 ("의식적인" 것으로) 인식되든 그렇지 않든, 거의 동일한 상태에 남아 있는 극소의 에너지 혹은 느낌으로 생각되었다. 그러나 이 이론에서 화는 우리의 감정들에 대한 반성적 판단들을 포함하는 감정적 판단들의 망상 조직에서 한 자리를 차지한다. 따라서, 인정된 화와 부정된 화는 결코 동일한 화가 아니다. 그것들은 서로 아주 다른 감정의 쉬르리얼리티들을 구성하는 요소들이다.

만일 감정들 판단이라면, 왜 감정들이 우리에게 "일어나는" 것처럼 보이는가? 왜 우리는 감정들을 만들었다는 것을 —자동차 판매장에서 두 대의 자동차 중에서 골랐다는 것을 기억하듯이 —기억하지 못하는가? 어떻게 우리는 그것을 알지 못한 채 무엇인가를 할 수 있는가? 판단들이 모두 다 반성에 따른 것이거나 신중한 것은 아니다. 그리고 판단들이 모두 다 판단으로 명확히 표현되는 것은 아니다. "판단"의 원형은 법정이나 감정가의 사무실에서 볼 수 있는 명백히 이성적이고, 공개적으로 표명되고, 심의되는 결정이다. 하지만 감정들이 모두 다 명확한 것은 아니다. 우리는 매일 수천 개의 판단을 내린다. 손을 뻗어 전등 스위치를 켜고, 시계를 흘끗 보고, 카푸치노가 끓기 직전에 불을 끄는 판단을 내린다. 결코 명확하게 표명되거나 심의되거나 "생각되지" 않는 지각적 판단, 미적 판단, 도덕적 판단까지 내린다. ("화를 내야 할까 내지 말아야 할까?" "그녀를 계속 사랑해야 할까 사랑하지 않아야 할까?" 같은 드문 경우들을 제외하면) 감정들은 심의되지 않고, 명확히 표명되지 않고, 반성되지 않는 그러한 판단들이다. (비록 전통적인 "이성 대 정념" 논쟁의 가장 확실한 신조들 중 하나에 위배되는 말이기는 하지만) 감정들은 강도를 줄이지 않고서도 신중해질 수 있다. 물론 감정들은 (예를 들어, 우리가 말로 감정들을 표현할 때마다) 명확히 말로 표현될 수 있다. 그리고 우리가 감정들을 표현**할수록** 감정들이 더 강렬해진다는 사실을 우리 모두 잘 알고 있다. (이것 또한 설명되어야 한다. 왜냐하면 프로이트 이론과 그 이후에 등장한 대부분의 심리학 이론들은 감정들이 표현되면 정화되고, 억압되면 더 강렬해진다고 생각하는 것처럼 보이기 때문이다.) 감정은 반성 가능하고, 자기 자체와 자기의 목적 및 대상을 알아챌 **수 있다**. 모든 감정들이 다 면밀한 반성을 견딜 수 있는 것은 아니라는 점은 분명하다. 우리 대부분은 반성하고 보니 무분별한 화가 약해지는 것을 경험한 적이 있다. 그러나 일부 감정들이 그렇게 영향을 받는다는 사실은 모든 감정들이 그렇다는 것을 함축하지는 않는다.

우리가 보통 감정들을 반성하게 될 때면 이미 판단들이 내려져 있다는 바로 그 이유 때문에 우리는 그 감정들을 "우리의 것이 아니라고" 볼 수 있다. 전형적으로 위기의 시기에 우리의 감정에서 일어나는 격변에 수반하여 생기는 느낌과 홍조에 초점을 맞춤으로써, 마치 —그것에 수반하여 생기는 느낌과 잘못 동일시되는 — 감정은 자기도 모르게 생겨나고 요청하지 않았는데도 자율 신경 체계에서 분비되어 나오는 결과물인 것으로 보일지도 모른다. 그러나 이렇게 원인과 결과를 전략적으로 혼동하는 것은 무책임의 수단일 뿐이고, 우리 삶의 가장 중요한 순간들을 구성하는 민감성과 어리석음을 폭발시키는 것에 대한 책임을 벗어버리는 방법일 뿐이다.[101] 느낌을 유발하는 것은 바로 감정이고, 콩팥 위 내분비샘을 자극하여 행동하게 하는 것은 바로 우리의 판단이다. 분비물이 감정을 유발하는 것이 아니다. 정념의 신화가 수동성 개념을 이미 우리에게 너무도 철저하게 주입해 놓아서 우리는 우리 자신이 무엇을 하고 있는지를 더 이상 알지 못한다. 그렇지만 일단 정념의 신화를 타파하고 나면, 우리가 우리 자신을 화나게 만들고, 우울하게 만들고, 사랑에 빠지게 만든다는 점이 명백해진다. 우리는 몇 달 동안 눈앞에서 우리의 다리가 까닥거리는 것을 지켜보고 나서 어느 날 우리 자신이 다리를 까닥거리고 있음을 깨닫는 아이와 같다. 일단 깨닫고 나면, 그것은 배우지 않고도 익힌 교훈이 아니게 된

---

101. 우리가 니체의 탐욕스러운 공격에 맞서서 전통적인 기독교를 지지해야 하는 몇 안 되는 경우 중 하나는 감정의 자발성 문제를 다룰 때이다. 사람은 그가 하는 것뿐만 아니라 "느끼는" 것에 대해서도 책임을 져야 한다는 성경의 가르침에 니체는 반대한다. 이 명제는 이해 할 수 없는 것이라고 니체는 주장한다. 하지만 우리는 여기에서 이번만은 격렬하게 니체의 견해에 동의하지 않고 기독교 심리학의 통찰을 옹호해야 한다. 이런 통찰은 기독교 신학의 형이상학 때문에 너무 오랫동안 주목받지 못했다. 그러나 "네 가지 오류"에 관한 니체의 논의를 참고하라. 원인과 결과를 전략적으로 혼동하는 것이 이 논의에서 중심적인 역할을 한다. (『즐거운 학문』)

다. 일단 우리의 감정에 대한 책임을 받아들이고 나면, 우리는 감정들이 우리에게서 빠져나가는 것을 결코 다시는 허용하지 않을 것이다.[102.]

---

102. 아마도 우리는 감정적 상태에 빠지는 것(첫 판단을 내리는 것)과 단순히 하나의 감정 속에 있는 것(즉 화를 내게 되는 것 대 화가 나 있는 것)을 구분해야 할 것이다. 그러나 이런 구별에 좌우되는 것은 아무것도 없다. 신이 우주를 창조하고 유지하는 것처럼, 감정적 상태에 빠지는 것뿐만 아니라 감정적 상태에 있는 것도 마찬가지로 부단한 헌신 행위를 필요로 한다. 다른 말로 하면, 우리는 우리가 하나의 감정 상태에 빠지는 것에 대해 책임을 져야 하는 것만큼 감정 상태에 있는 것에 대해 책임을 져야 한다.

4. 도덕성과 미학에 관한 주해

> "돈을 훔치는 것은 나쁘다"라는 말은 참이거나 거짓일 수 있는 명제가 아니다. 그것은 마치 내가 "돈을 훔치는 것!!"이라고 쓴 것과 같다. 여기에서 느낌표의 모양과 굵기는 이 구절에서 표현되는 느낌이 특별한 종류의 도덕적 비난임을 보여 준다.
>
> 에이어[A. J. Ayer], 『언어와 진리, 논리Language, Truth and Logic』

> 오직 감정의 표현만이 예술에 의미를 부여한다.
>
> 레오 톨스토이, 「예술이란 무엇인가?"What Is Art?"」

감정은 평가하는 판단이라는 견해는 오랫동안 소중히 간직되어 온 여러 개의 도덕 및 미학 이론을 파괴한다. 한편으로, 도덕은 이성, 원칙, 의무의 문제라고 주장해 온 도덕주의자들의 오랜 전통이 있다. 여기에서 정념은 무엇이든 어떤 역할도 허용받지 못하거나 기껏해야 (예를 들어 죄책감과 양심의 가책에서) 부차적인 지원 역할을 하는 것만 허용받는다. 예를 들어, 칸트는 "도덕적 가치"의 개념에서 정념을 완전히 배제했고, 의무와 관련해서 한번은 정념을 "병리적"이라고 말했다.[103.] 다른 한편으로, 마찬가지로 오래된 또 다

---

103. 이것을 더 온건하게 변형시킨 입장은 현재 롤스에 의해 유지되고 있다. 앞서 말한 책, 특히 3절

른 전통이 있는데, 이 전통에 따르면, 도덕적 가치를 포함하여 모든 가치가 이성과 판단보다는 감정, "정서"의 문제이다. "이성은 정념의 노예이고, 노예이어야 한다"라고 흄은 말했다. 자주 인용되는 흄의 이 말은 가치를 감정의 문제로 보는 이론의 특징에 관한 것으로, 여전히 아주 많은 영미 철학자들에 의해 적절한 도덕 철학의 토대로 받아들여지고 있다. 이성주의자들과 "인지주의자들"이 한 편을 이루고 목적론자들과 "감정주의자들"이 다른 한 편을 이뤄 오랫동안 계속 논쟁을 해 왔는데, 이런 논쟁의 토대에는 이성과 감정은 서로 구별된다는 추정이 놓여 있다. 그러나 만일 사실은 모든 "정서"가 바로 그 본성상 이미 판단의 문제라면, 그런 추정상의 구별을 이해시킬 수 있는 해석은 없다. 정서 윤리학의 판단들은 반성되지 않고 도전받지 않는 반면에 원칙 윤리학의 판단들은 장황하게 합리화되고 규범화된다는 사실에서만 원칙 윤리학은 정서 윤리학과 다르다. 정서 윤리학은 편견의 윤리학인 반면에, 원칙 윤리학은 보통 독단적인 신조의 윤리학이다.

유사한 일단의 고찰 항목들이 예술의 다양한 "표현" 이론들에 관한 오랜 논쟁에도 적용된다. 그런데, 이런 이론들은 모두 예술과 그 대상들이 어떤 (흔히 신비로운) 의미에서 예술가가 가진 감정들의 표현으로 우리의 감정들에 직접 호소한다는 일반적인 견해를 나타낸다. (마치 시 혹은 회화가 창작자의 "충만한" 감수성들을 "쏟

을 참고할 것.

아내는" 것이거나 한 것처럼 말이다.) 이런 문맥에서 수역학 모델이 자주 언급된다. 그리고 거의 모든 경우에 이론은 인과 이론이고, 보는 사람의 (혹은 독자나 청자 등의) 정서는 작품에 의해 **촉진되고** 작품은 예술가 자신의 감수성들이 낳은 **결과**라는 견해를 나타낸다. 그러므로 가장 적절한 작품 보기(읽기, 듣기)는 또한 가장 순진한 것이고, 비평적 판단의 매개와 조정을 가장 덜 받는 것이다. (따라서 정념들만이 자유롭게 방해받지 않고 흐르게 되어 있는 영역에서 비평가가 부당하게 판단하고 파괴적으로 비판하면서 작품의 명예를 전체적으로 손상하는 것에 가장 덜 노출되는 것이다.) 하지만 만일 예술이 우리의 감정들에 호소하고 그것들을 표현한다는 것이 사실이라면(이것은 확실히 적어도 미학적 이야기의 일부이다), 미학적 감상은 이미 판단들 투성이다. 이 판단들에는 매체에 대한 판단, 주제에 대한 판단, 예술가에 대한 판단, 예술로서의 예술에 대한 판단이 포함되어 있다. 그러므로 "표현" 이론의 전통적인 변형태들을 —그리고 반대 이론들도— 일부분 진지하게 재구성될 필요가 있다.[104.]

---

104. 칸트는 『판단력 비판』에서 "느낌"이라는 개념을 우리의 "감정" 개념처럼 사용했고 단순한 감각과 대조시켰다. 이런 칸트의 "느낌" 개념은 그러한 재구성을 위한 역사적인 원형으로 활용될 수 있을지도 모른다. 그 개념은 칸트가 "주관적 -객관적"의 흔한 이분법 사이를 비집고 이러한 문맥들에서 확실히 적합한 "상호주관적" 유효성의 형태를 끼어 넣을 수 있도록 해주었다. (우리는 칸트가 도덕적 판단의 영역에도 이와 유사한 적용을 검토해 보지 않은 사실을 애석해 할 수도 있다.)

5. 감정적 구성: "세계의 존재 방식"

사실들은 전혀 없고, 해석들만이 있다.

니체, 『권력에의 의지』

세계가 존재하는 방식이란 없다.

넬슨 굿맨Nelson Goodman,

「세계의 존재 방식"The Way the World Is"」

감정들은 구성상의 판단들이다. 감정들은 두려움과 혐오의 대상들, 악의와 사랑의 대상들을 밝히고, 우리를 이 사람과 친밀하게 결속시키고 저 사람으로부터는 쌀쌀맞게 떼어 놓고, 우리에게 그 남자에 대해서는 우월감을 부여하고 그 여자에 대해서는 열등감을 부여하면서, 단지 우리 세계에 대한 해석과 평가들을 찾아내기만 하는 것이 아니다. 감정들이 해석들과 평가들을 구성한다. 그것들은 해석과 평가의 기준들을 우리의 경험에 **적용할** 뿐만 아니라 중요한 의미에서 그 기준들을 **제공한다.** 이것은 감정을 통해서 우리가 다시 세계의 이상들과 가치들을 창조한다는 말이 아니다. 우리 중 그 누구도 그렇게 독창적이지 않다. 이것은 우리의 감정이 세계의 "사실들"을 구성한다는 말도 아니다. 객관적으로 말해서, 리얼리티는 우리가 격정에 사로잡혀 마음대로 바꿔 버린 것들과는 별개임을 인정하는 데 주저할 필요는 없다. 하지만 우리에게 세계가 존재하는 그 방식은 단순히 세계가 존재하는 방식이 결코 아니다. 우리는 리얼리티 속에서 살고 있지 않고 쉬르리얼리티 속에서 살고 있다. 다시 말해서, 가치 있는 대상들과 두려움의 대상들, 이득과 손실, 명예와 불의, 친교와 불평등으로 채워져 있는 세계 속에 살고 있다. 이 세계를 **만들고**, 사실들에 관한 우리의 지식이 어떤 의미와 "타당성"을 가지는 틀을 **구성하는** 것은 바로 우리의 정념들—그리고 특히 우리의 감정들—이다. 이런 이유 때문에 나는 감정들이 구성적 판단들이라고 역설하는 것이다. 감정들은 우리의 쉬르리얼리티를 발견하는 것이 아니라 "만든다." 감정들은 우리의 경험에 어떤 의미를 부여하는 가치들의 틀을 이용하는 것이 아니라 공급한다.

공판이 끝난 다음에 치안판사가 내리는 "피고인은 유죄다"라는 판결과 법원 취재 기자가 전화로 편집부장에게 이 판결을 전하면서 하는 유사한 말 사이의 차이를 고려해 보라. 둘 다 피고인은 유죄라는 "똑같은 말을 했다"는 느낌이 든다. 하지만 중대한 차이가 있다. 치안판사는 그 지위 덕분에 피고인은 유죄라고 판결함으로써 피고인을 유죄로 **만든다.** 반면에 취재 기자는 단지 피고인이 유죄라는 것을 보고할 뿐이다. (비록 무비판적으로 생각할 때는 기자처럼 행동할 수도 있지만) 우리 자신의 감정들에 관하여 우리는 언제나 치안판사의 자리에 있다. 우리의 감정은 우리의 세계와 자아에 관하여 스스로를 승인하는 판단이다. 우리는 감정들이 언어보다 앞서고 오스틴[J. L. Austin]이 "수행문"이라고 부른 것의 유사물이라고 말할 수 있을지도 모른다. 즉 그저 상황을 기술하거나 평가하기보다는 무엇인가를 **하는** 판단들이라고 말할 수 있을지 모른다.[105]. 화가 나 있을 때, 우리는 친구가 무심코 한 말이 불쾌하다고 판단한다. 하지만, 화는 단순히 불쾌한 것에 대한 보고 혹은 "반응"에 불과한 것이 아니다. 그것은 피고인은 유죄라고 판사가 판결하는 것과 정확히 동일한 방식으로 친구의 말이 불쾌하다고 **선언한다**. 그 말이 불쾌**하다**는 것 때문에 화가 나는 것이 아니다. 그 말이 화를 불러일으키는 대상이 되기 때문에 그 말은 불쾌하다. 과대망상증 예술가는 그의 색깔 활용이 피에르 보나르[Pierre Bonnard]의 색깔 활용만큼이나 좋다는 칭찬에 화를 낼지도 모른다(그는 자신이 보나르보다 더 **뛰어나다**고 생각한다). 그 논평 자체가 불쾌하지는 않지만, 예술가의 화 속에서 불쾌한 것으로 구성된다. 치안판사처럼 감정은 판단의 대상을 발견하지 않고 오히려 판단의 대상들에 책임이 있다.

물론, 하나의 판단이 번복될 수도 있다. 치안판사의 판결은 항소심에서 파기될 수 있다. 감정도 반성의 법정에서 부적절하거나 불합리한 것처럼 보일 수도 있다. 하지만, 둘 중 어느 것도 "부정확한" 것으로 또는 "틀린" 것으로 보일 수 없음을 강조하는 것이 중요하

---

105. J. L. Austin, *How to Do Things with Words*(Oxford: Clarendon Press, 1962).

다. 왜냐하면 부정확하다거나 틀렸다는 말은 "사실에 부합한다"고 주장하는 기술적 판단에만 적용되고, 어떤 것과도 "부합하지" 않는 구성적 판단에는 적용되지 않기 때문이다. 오스틴식의 간단한 다음의 사례를 고려해 보라. "나는 이 배의 이름을 S.S. **올버니**로 하겠다." 이 이름은 터무니없거나 정치적으로 부적절하거나, 의도했던 것이 아닐지도 모른다. 하지만 배의 이름을 그렇게 명명하는 것이 잘못된 것일 수는 없다. 왜냐하면 그 이름을 부여 받기 이전에 그 배는 어떤 이름도 가지고 있지 않았기 때문이다. (오스틴은 이런 것들을 "부적절한 것"이라고 지칭했는데, 부적절한 것은 "잘못"과 대조된다.) 치안판사의 판결은 신중하지 못하거나 정당하지 못하거나 무책임하거나 불합리할지도 모른다. 그 판결은 심지어 "헌법에 위배될"지도 모르며, 이 경우에 그것은 치안판사의 재판관할권을 벗어난 것처럼 보일 수도 있다. 그렇지만, 그러한 제약들은 치안판사 개인의 구성적 한계들을 가리킬 뿐이다. 다시 말해서 그것들이 그가 가지고 있는 치안판사의 권능이나 헌법상의 권능을 부정하지는 않는다. 바로 법의 체계를 통해서 그리고 그 체계 내에서 그가 가진 지위 덕분에 치안판사에게는 유죄와 무죄를 판결하는 권한이 주어진다. 그러나 법을 선택하고 해석하여 피고인을 유죄라고 구성하는 것은 바로 대리인을 통해서 작동하는 법체**계**라고 말할 수 있을지도 모른다.[106.] 감정에 대해서도 똑같은 말을 할 수 있

106. 법정은 피고인이 유죄임을 "발견한다"는 사실은 전체주의의 가식이 말로 표현된 증상이다. 법정

다. 누군가의 화는 정당화될 수 없을지도 모른다(불쾌하다고 추정되는 말은 명백한 칭찬, 즉 다른 모든 사람들에게는 명백한 칭찬이었을 수도 있다). 화를 내는 것은 부당할지도 모른다(말을 오해했거나 잘못 들었을 수도 있다). 화를 내는 것은 지나치게 가혹할지도 모른다(화의 강도가 화나게 한 원인의 경중과 균형이 맞지 않을 수도 있다). 또는 화를 내는 것이 그저 불합리할지도 모른다(왜냐하면 그 사람은 어떤 말도 하지 않았기 때문이다). 반성해 보면, 화를 냈던 것은 정말로 비합리적이거나 부적절하거나 부당하거나 어리석었던 것으로 인지될 수도 있다. 그러나 그 화 자체에게, 그 대상은 충분히 합리적이고, 적절하고, 정당한 화의 경우만큼이나 불쾌하다(그리고 그 화도 그만큼 "진실하다"). 구성적 판단으로서, 화는 결코 단순히 "올바르지 않은" 혹은 "잘못된" 것이 아니다. 화의 대상은 그것이 구성되는 대로이다.

하나의 감정은 선례가 되는 감정들과 사실상 정체되고 교조적으로 확실해진 ("본능적"이 되어 버린) 일단의 기준들을 엄격히 따르면서, 많은 다른 감정들을 흡사하게 반복하는 것에 불과할지도 모른다(예를 들면, 늘 늘어놓는 불평거리 혹은 돈 후안 식의 상습적인 애정 편력). 나머지 감정들과 분리해서 볼 때, 하나의 감정은

은 유죄를 발견하는 것이 아니라 만들어 낸다. 이것은 다음과 같은 드 사드의 도착적인 법 상대주의를 상기시킨다. "런던에서라면 상당한 보상을 받을 행동 때문에 이스탄불에서는 사형을 당한다." 유죄 (혹은 무죄) 개념은 법의 구성 체계 밖에서는 의미가 통하지 않는다. (그래서, 어떤 행위들을 범죄로 구성하는 형법을 간단히 없애버림으로써 범죄 자체를 완전히 제거할 수 있다는 진부하지만 영리한 빈정거림이 떠오른다.)

우리의 쉬르리얼리티와 개성의 지침들과 구조들을 구성한다기보다는 따라가는 것처럼 보일지도 모른다. 그러나 서로 협력하여, 우리의 감정들은 투사된 규칙들과 기준들의 유기적 체계를 구성한다. 어떤 것이든 개별 감정은 이 체계의 내부에 한 자리를 차지하고, 치안판사가 법을 차용할 뿐만 아니라 관습법과 "헌법의" 법체계를 구성하기도 하는 것과 거의 똑같은 방식으로 그 체계를 차용할 뿐만 아니라 구성하기도 한다. 모든 감정은 따르지는 않는다 해도 고려해야 할 "모범 사례들"뿐만 아니라 그 문맥과 역사도 제공하기 위해서 이전의 감정적 판단들로 구성된 집합 전체를 전제로 하는 판단이다. 하지만 모든 감정은 또한 입법의 작은 일부분이다. 독자적인 길을 개척하여 선례의 힘을 없애고 새로운 모범 사례로서 자리 잡으려고 시도하든 아니면 이미 확립된 우리의 감정 구조의 토대들을 단지 강화하기만 하든 상관없이 말이다. 하나의 감정이 다른 감정보다 먼저 나타났다는 사실에서만 달라야 한다고 하더라도, 그 어떤 두 개의 사례도, 그 어떤 두 개의 감정도 정확히 똑같지는 않다. (법과 달리, 우리의 감정들은 이 특수하고 객관적으로 볼 때는 사소한 차이를 중요시한다. 어떤 반복 행위들은 의식으로 거행된다. 예를 들어, 같은 연인과 사랑을 나누거나 숭배의 대상에게 희생하는 것이 여기에 해당한다. 또 어떤 반복 행위들은 지루하고 불쾌한 것으로 매도된다. 예를 들어 충고의 첫 말은 선의의 관심으로 기꺼이 받아들여질 수 있는 반면에, 똑같은 충고의 두 번째 혹은 세 번째 "말"은 불쾌하거나 주제넘게 잔소리하거나 이해력을 존중하지 않는 것이 되어 버린다.)

우리는 감정적 판단을 할 때 사용하는 해석 형식들과 평가 기준들을 만들어 내지 않고 부모와 친구들에게서, 교육과 사례를 통해서 배운다. 적어도 이 사회에서, 우리의 문제는 그러한 형식들과 기준들 대신에 선택할 수 있는 대안들이 사실상 언제나 있다는 것이다. 이 대안들은 서로 싸우면서 경쟁하는 법들과 충성심들을 제공해 준다. 우리 부모들의 의견은 일반적으로 친구들의 의견과 다르고, 교육을 통해서 우리가 배우는 것은 사례를 통해서 배우는 것과 상충할 때가 빈번하다. 우리는 이기심과 이타심, 공격성과 온순함, 야망과 체념, 경쟁과 타협, 소속에의 필요성과 자율성의 이상을 모두 배운다. 우리는 한 세계에서는 우월한 것으로 입증되고 다른 세계에서는 열등한 것으로 입증된다. 이것들 모두 어떤 불분명한 의미에서 우리는 모두 "평등하다"고 가르치는 설득력 있는 이데올로기에 의해 혼란스러워진다. 우리는 "나머지 다른 쪽 뺨도 내주라"고 가르치는 똑같은 문화에게서 맞서 싸우라고 배운다. 욕심과 탐욕의 해악들에 대해 우리에게 충고하는 많은 똑같은 사람들에게서 소유의 힘을 배운다. 그 결과는 우리는 항상 대안들 중에서 골라야 한다는 것이다. 우리의 감정들은 언제나 법적인 결정들이다. 우리의 가장 사소한 화와 가장 우연한 연애는 구조 체계에 쏟는 실존적 헌신이고, 우리의 세계가 존재할 방식에 관한 결정이다.

표준 집합이 단 하나 있는 곳에서조차도 (예를 들어, 인류학자들이 온정주의적으로 "원시적인"이라고 부르는 소규모의 초시간적인 사회들에서도) 하나의 법칙을 적용하는 사례들은 모두 사실상 기존 체계에 관한 입법 행위다. 철학자들과 법학자들은 법이 아무리 정확하더라도 결코 특정한 한 사건에만 유일무이하게 반론의 여지 없이 적용되지는 않는다는 사실에 오랫동안 관심을 두어 왔다.[107] 감정에 관해서는, 두 개의 사례가 "동일한" 것들인지 아닌지를 우리가 결정해야 할 때마다 이런 사실은 중요해지고, 그러한 결정은 모두 미래의 결정들에 어떤 선례를 만들거나 강화한다. 예를 들어, 모욕적인 언사가 화와 분개의 적절한 대상들이라는 점은 분명할 수도 있지만, 어느 문맥에서 어떤 말이 모욕으로 해석되는지는 미해결의 문제로 남는다. 예를 들어, 청소년들은 "쌍놈의 …"와 "넌 … 조차 못할 거야"라는 식의 말로 험담을 잔뜩 하는 버릇이 있는데, 이런 말들은 다른 사회 집단에서라면 대단한 모욕의 모든 특질을 갖춘 것으로 여겨질 것이다. 하지만 청소년들의 문맥에서는 그런 말들에 화를 내는 반응은 부적절하고 비열한 것으로 간주된다. 우리는 과대망상증 예술가 같은 사람들이 칭찬에 불쾌해 하고 화를 내는 것을 자주 깨닫게 되고, 사람들이 가장 심한 우롱에 고마워한다는 것도 알려져 있다. 이런 점들은 모두 어떤 감정을 해석하거나 평가하는 고정불변의 기준은 없음을 말해 준다. 그러므로

---

107. 예를 들어, 이 적용의 문제는 칸트의 주의를 크게 끌었다(『도덕형이상학*Metaphysics of Morals*』).

모든 감정은 구성적인 것으로, 세계를 보는 방식에 관한 실존적인 결정으로 봐야 한다.

감정의 구조적 특성은 감정의 "교조주의"와 "맹목"으로 자주 추정되는 요소를 부분적으로 설명해 주고, 부분적으로 변호해 준다. 감정적일 때 우리는 "열린 마음"을 가지지 않는다는 반대 의견이 항상 있다. 우리는 봐야 하는 것과 보지 말아야 하는 것을 이미 결정했다. 이것은 사실이다. 하지만 우리의 삶에서 감정이 하는 역할은 "객관적인" 판단의 역할과 동일하지 않다. 객관적 판단에서 우리는 탐구하고 비교하고, 관찰하고 실험하고, 검사하고 확증한다. 감정은 어떤 조사 규칙들을 따르고 사실과 정확성을 열망하는 가설이 아니다. 하나의 감정은 하나의 평가 틀인데, 이 평가 틀은 일단의 규칙들과 지침들을 따르지 않고 그것들을 스스로 수립한다. 예를 들어, 개에 대한 아이의 두려움은 개에 관한 —확증 또는 논박을 필요로 하는—가설이나 단순한 믿음이 아니다. 그 두려움은 미리 결정된 틀이고, 이 틀 안에서 개들은 위험한 것으로 **추정된다**. 물론 그러한 두려움은 당연히 "비합리적"일 것이고, 개들의 어떤 잠재적인 상징적 역할에 토대를 두고 있는데, 이런 역할의 발현 내용은 의심할 여지 없이 정당화될 수 없다. 하지만 프로이트가 설명했듯이 그러한 "공포증"은 이전에 실제로 여러 마리 개에게 공격당하고 물렸던 아이의 합리적인 공포와 구조 측면에서 전혀 다르지 않다. 공포의 유래가 다르고, 그러므로 —반성과 치료에서 관찰되듯이 —공포의 근거가 다르다. 하지만 그 유래가 무엇이든 그리고 그 근거가 무엇이든 모든 감정은 사실 이전의 구성적 판단, 즉 어떤 정해진 방식으로 반응하는 성향이다. "편견 없고" 사심 없는 호기심과 비교하면, 그러한 선결정은 참으로 교조적인 듯 보인다. 하지만 우리는 우리에게 일어나는 것은 무엇이든 받아들이면서 편견 없는 마음과 호기심을 가지고 **살지**는 않는다. 우리는 선결정과 기대에 입각하여 생존한다. 우리는 잔인함을 삶의 사실이 아니라 잘못된 것으로 간주하고, 친절함을 당연한 것으로 여기기보다는 고마워하고, 타인의 관심을 존중하고, 모든 기회를 이용하여 미리 결정된 이상에 따라서 행동하기로 한 우리의 결정에 기대어 생존한다. 감정의 "교조주의"는 오히려 상당한 미덕으로 간주되어야 한다. 이 미덕은 아마도 객관적인 무편견과 항상 결부될지도 모르지만, 그 편협함 또는 (더 돋보이는 하이데거의 용어를 사용하면) **결의**는 유의미하거나 도덕적인 세계관의 전제이다. 의미의 구성과 기준의 확립에 관련해서, "무편견"은 확고하지 못한 우유부단에 지나지 않는다.

"사랑에 **빠지다**"가 무슨 의미인지를 숙고해 보라. 우선, 그것은 "빠지기"의 문제가 전혀 아니고, 선택의 문제, 구성의 문제이다. 하지만 이것은 무엇을 뜻하는가? 사랑의 언어는 시적 은유에서 유사 종교적인 원인론에 이르기까지 보통 수동적이다("우리는 천생연분이었다"). 사랑은 종종 겉보기에는 저절로 생기는 것으로 보이는 "매혹" 또는 "화학 반응"으로 시작된다는 것은 분명 사실이다. 마치 교제의 범주들이 우리를 위해서 미리 설정되어 있었던 듯이, 때때로 우리는 누군가를 꼭 "어울리는" 사람으로 느낀다. 사실, 교제의 범주들은 우리를 위해서가 아니라 우리에 **의해서** "미리 설정되어" **있었다.** 우리의 사랑은 결론이 아니다. 다시 말해서, 마치 우리가 채용 면접을 담당하는 인사과 간부들이거나 한 것처럼, 이 특정한 사람의 미덕들과 악덕들, 재능들과 실패들을 열심히 조사한 결과에 근거하여 잘 확인하고 내리는 찬미의 판단이 아니다. 사랑은 일단의 구성적 판단들로, 그 취지는 우리가 이 사람의 인격 전체의 문맥에서 매력들뿐만 아니라 허물들도 찬미하면서, 이 남자 혹은 이 여자에게서 가능한 미덕을 모두 보고 가능한 악덕을 모두 무시하거나 눈감아 **주겠다**는 것이다.

우리는 우리가 사랑하기로 **선택하는** 사람의 매력들과 미덕들을 발견하지 않고 구성한다. 우리는 절망과 외로움을 느낄 때, 우리가 품고 있는 이상들을 느슨하게 완화해서 더 넓은 부류의 사람들에게 들어맞도록 한다. 극단적인 절망 상태에서는 상대방이 **누구**이든지 그 남자 혹은 그 여자가 우리의 사랑에 화답하여 우리를 사랑해주기만 (혹은 사랑하는 것처럼 보이기만) 하면 된다는 최소한의 요구 조건으로 기준을 낮출지도 모른다. 그러나 비록 상대를 가리지 않기는 하지만, 이 느슨한 헌신조차도 헌신이고, 공유하는 경험들과 서로를 보강해 주는 견해들의 토대이다. 이런 경험들과 의견들은 곧 누군가에게서 "사랑할 무언가"를 제공해 준다. 게다가 우리가 "첫눈에 사랑에 빠지는" 경우들이 있는데, 그 상대는 과거에 마음속에 그렸거나 받아들였던 이상형들과 거의 또는 전혀 닮지 않은 누군가인 경우가 빈번하다. 하지만 이런 경우에조차도, 그것은 사랑에 "빠지게 하는" 일단의 미덕들을 "발견하기"의 문제가 아니라, 오히려 평생 동안 발전해 온 감정의 입법에 의해 오랫동안 정의되어 온 일단의 속성들을 발굴하기(또는 재발굴하기)의 문제이다. 이러한 속성들은 아마도 또래 집단이 압박하는 더 피상적이고 호도하는 요구들이나 스스로 부과한 잘못된 이미지들, 자신의 욕구들과 상황에 대한 어떤 (또한 자초한) 무지 때문에 주목받지 못했거나 무시되었을 것이다.

스탕달의 유명한 "결정화" 개념은 동일한 현상의 일부, 다시 말해서 단순한 "재발굴"이라기보다는 그 결과로 생기는 헌신이다. 사랑하는 사람은 그가 계속 발굴하는 미덕들을 발견하지 않고 "만들어 낸다"라고 말할 수 있을지도 모른다. 어쩌면 발견되어야 하는 "사실들"이 있을 수도 있다. 그렇지만 사람이 발굴하는 것은 "사실들"이 아니라 새롭게 부과되는 해석들이다. 티는 애교점으로 여겨질 수도 있고, 도덕적 결점은 기묘하지만 매혹적인 종류의 "사악한" 매력으로 여겨질 수도 있다. 이와 유사하게, 앙드레 지드^{André Gide}의 "탈결정화"라는 파생 개념은 연인이 미덕을 잃거나 우리가 새로운 악덕과 결함을 발굴하는 문제가 아니라 줄어든 결의와 헌신으로 상대방에 대한 우리의 태도를 재구성하는 문제이고, 공유 정체성에 대한 의식을 허물어뜨리고 우리 자신을 **독립된** 개인들로 재확립하려는 시도이다. 극단적인 경우에는, 자신의 개인성을 너무도 강경하게 보호해서 모두를 결함이 있고 그 또는 그녀가 사귈 만한 "가치가 없는" 사람으로 생각하는 애처로운 남자 또는 여자가 있다. 물론, 그 남자 또는 그 여자는 이런저런 사람을 퇴짜 놓는 설득력 있는 이유들을 항상 찾아낸다. (그리고 항상 그런 이유들이 있지 않은가?)

사랑의 매개변수들은 사람이 스스로 제정하는 일단의 이상들과 기준들이다. 그것들은 너무 협소해서 단 한 사람만 포함할 수도 있고, 또는 너무 엄격해서 사실상 그 누구도 포함하지 못할 수도 있다(하지만 물론 의도된 것은 아니다). 그것들은 너무 넓어서 막연히 광범위한 부류에 속하는 사람이면 누구라도 포함할 수도 있고, 또는 너무 가리지 않고 무차별적이라서 사실상 모든 사람을 포함할 수도 있다. 그러나 어쨌든, 사랑은 "매혹"이 아니라, 신뢰하고 사랑하고, 서로 칭찬하고 격려하고, 서로 동일시하고 존중하겠다는 결의이자 헌신이다.

사랑에 대해서 방금 말한 것은 모든 감정에 해당된다. 모든 감정은 우리가 우리의 세계와 다른 사람들에게 헌신하는—혹은 헌신하기를 거부하는—틀을 확립한다. 모든 감정은 일단의 기준들을 정하는데, 세계와 다른 사람들, 그리고 가장 중요하게는 우리 자신들이 그 기준들에 따르기로 예정되어 있다. 물론, 비 내리는 날

아이들이 하는 놀이의 방종하고 덜 정직한 규칙들을 닮은 감정들과 감정 체계들이 있다. 이것들은 시시때때로 재창조되고—최소한의 운수 변화가 이기적인 변화를 명령할 때까지—일시적으로 절대적이다. 파티에서, 우리는 자신이 어떤 사람의 "불쾌함"에는 격분하고, 또 어떤 사람의 소심함에는 경멸을 느낀다는 것을 알아차린다. 반성해 보고 나서야, 우리는 각 감정이 점점 커지는 불안감과 자초한 고립감에 맞서서 스스로를 보호하려는 방종한 시도에 불과함을 알게 된다. 따라서, 우리는 적수로 간주하는 사람들 각각에게서 어떤 충분한 허물을 발견하기로 미리 결심했고, 그래서 파티 전체를 생경하고 불쾌한 풍경으로 구성했고, 그 속에서 기꺼이 소외되었고 기쁘게 떠났다. 반성하지 않고 이따금 "우리 자신을 파악하지" 못한다면, 그 순간의 방어적인 편익을 위해서 일관성 없이 자의적으로 기준들을 선택하면서, 그러한 구성상의 오용을 언제까지나 계속 저지를지도 모른다. "사랑할 수 없는 무능력"은 전형적으로 그러한 조정 가능한 기준들이 낳은 결과이다. 그것은 단순히 "딱 맞는 사람을 발견하지 못함"의 문제가 아니라 애정을 품을 만한 후보들을 모두 철저하게 배제하기의 문제인데, 여기에는 이런 경우에 안성맞춤인 어떤 비판이 포함되어 있다. ("그는 키가 너무 작고" 그러나 "그는 키가 너무 커" "그녀는 너무 지적이고" 그러나 "그녀는 충분히 똑똑하지 않아.")

바로 그러한 모순과 자의성이 감정들의 평판을 나쁘게 한다. 그러나, 바로 똑같은 미리 결정된 "사전의" 결의가 모든 사랑과 존중, 모든 이상과 가치, 모든 관계와 공동체 의식의 토대에 있다. 이런 결의는 반성을 거치고 일관성 있게 유지된다. 우리가 존재하는 방식, 우리의 세계가 존재하는 방식은 우리의 다양한 판단들 모두의 집단적이고 체계적인 결과이다. 우리의 다양한 판단들에는 개인마다 때때로 내리는 가치에 대한 판단들과 지위에 대한 판단들, 능력에 대한 판단들, 책임에 대한 판단들, 신뢰에 대한 판단들, 친교에 대한 판단들이 포함되어 있다. 셸리의 시 한 구절을 살짝 바꿔서 말한다면, 감정은 "[우리] 세상의 공인되지 않은 입법자"라고 말할 수 있을지 모른다.

6. 정념의 신화

> … 우리는 가장 낮은 사상을 가진 야만인들만큼
> 이나 의인화하는 죄를 범한다. 그것이 무엇이든
> 어떤 것이 최소한도의 온기를 지녔다고 생각할
> 때마다 우리는 똑같은 오류를 범한다 — 우리는
> 그것에 인간의 속성들을 부여하고 있다.
>
> 베렌슨^{B. Berenson}, 『르네상스기의 이탈리아 화가들
>
> *Italian Painters of the Renaissance*』

감정 판단들의 체계적 통일성은 감정 대상들의 체계적 통일성과 부합한다. 우리가 감정의 "대상"이라고 불러온 것은 사실 감정의 초점일 뿐이고, 이 초점이 한 사건의 경계를 정하거나 특별히 고려할 사람이나 행위를 하나 추려낸다. 두려움이나 숭배, 사랑이나 화, 미움이나 시기의 대상으로서 대상의 지위는 쉬르리얼리티 전체에서 그것이 하는 역할과 그것이 맺는 관계들에 달려 있다. 따라서, 대상을 구성하는 감정뿐만 아니라 감정도 그러한 대상들로 이루어진 광범위한 체계에 속한다. 예를 들어, (한 사람의 삶을 사실상 규정하는 로맨스나 분노처럼) 기분이 극단적이거나 아주 두드러진 감정이 극단적일 때 감정 대상의 체계적인 연결 관계들은 우리의 쉬르

리얼리티 전체로 확장될 수도 있다. 드물기는 하지만, 감정이 충분히 "어울리지 않을" 수도 있고, 혹은 상황이 충분히 이례적이어서 다른 대상들과의 연결 관계가 극미할 수도 있다. 하지만 단 하나의 감정의 대상이 우리 경험의 어떤 영역에 퍼져 있는 광대한 드라마에 속하는 경우가 가장 흔하다. 이러한 체계적인 연결 관계들의 극적인 특질을 강조하기 위해서 —뿐만 아니라 이 관계들의 종종 환상적인 이미지들과 상상력에의 의존을 강조하기 위해서 —나는 우리 감정들의 이러한 확장된 대상들을 "**신화**"라고 부르고 싶다.

우리의 감정들은 리얼리티의 두서없는 플롯에 조연으로 등장하는 캐릭터들에게 자신의 열정적인 연극에서는 서사시적 영웅들과 주인공들의 역을 맡기면서, 우리의 세계를 주관적으로 재배열한다. 우리 자신과 우리의 친구들과 적들이 우리 세계의 초점이 되고, 우리의 세계 자체가 개인적인 일상생활의 연극이 상연되는 무대가 된다. 감정들에 관해서, 권력과 정치의 리얼리티들은 플롯의 얼개, 등장인물 목록에 묘사되어 있는 성격의 골자들만 제공할 뿐이고, 그 골자들을 중심으로 구성되는 쉬르리얼리티를 소개하지만 결정하지는 않는다. 감정들은 자체의 지위 및 중요도의 위계 체계를 고안하고, 종종 객관적인 무력감에 직면하여 자체의 권력 의식을 만들어 낸다. 때때로 지위와 권력을 얻기 위한 투쟁들이 순전히 주관적이고 종종 "심리적" 만족의 우쭐한 표정 말고는 그 어떤 명백한 결과도 얻지 못한다는 사실에도 불구하고, 감정들에는 자체의 쉬르리얼리티적인 정치가 있다.

내가 말하는 "신화"는, 흔한 냉소적이고 독선적인 정의에 따라서, 우리가 "정확히" 설명할 수 있는 현상에 대한 **다른 누군가**의 어리석고 원시적인 이론, 환상적이지만 틀린 이야기를 의미하지 않는다.[108] 신화는 그저 "한가한 놀이 또는 조잡한 억측"(레비스토로스)도 아니다. 신화의 목적은 세상을 "이해 할 수 있게" 만드는 것이라는 것도 사실이 아니다. 익숙한 이런 설명에 따르면, 신화는 (일종의) 과학적 설명을 대신하는 것이고, 과학적 설명이 (또는 더 "진보한" 형태의 과학적 설명이) 당연히 더 낫다. 신화의 목적은 오히려 세상을 **유의미하게** 만드는 것이다(물론, 이것은 세상을 이해 할 수 있게 만드는 설명을 포함하거나 전제하지만, 그것과 똑같지는 않다). 고대 그리스인들은 **로고스**와 **미토스**를 뚜렷하게 구별했다. 전자는 진리에 관련된 것이었고, 후자는 상상력과 유의미에 관련된 것이었다.

> 그리스 정신에게 **로고스**와 **미토스**, "추론"과 "신화"는 두 가지의 정반대되는 사유 방식이다. 전자는 이성의 용어로 진술될 수 있는 모든 것을, 객관적 진리에 도달하고 모든 사람에게 똑같아 보이는 모든 것을 포함한다. 후자는 입증될 수는 없지만, 자체 안에 진실을 내포

---

108. 정념의 신화와 순수의 신화에 관한 논의에서 우리가 사용하는 "신화"라는 용어에는, 예를 들어, 이러한 특정한 의미가 들어 있다.

하고 있거나/있고 그 자체의 아름다움에서 생겨나는 설
득력에서 매한가지인 모든 것을 포함한다.

그리말^{P. Grimal}, 『라루스 세계 신화Larousse World Mythology』

(말할 필요도 없이, "신화들"이 전혀 아니라 오히려 "절대 진리"
인) 기독교의 신앙 개념과 달리,[109.] 그리스 신화들은 결코 "진리"로
받아들여지지 않았고, 세상을 공상적이고 연극 같은 모습으로 그
리는 상상력의 알레고리들로만 받아들여졌다.[110.]

만일 신화가 글자 그대로 "사실"이 아니라면, "거짓"도 아니다. 왜
냐하면 신화는 (객관적인 토대가 무엇이든) 설명하려는 시도가 아
니라 해석이기 때문이다. 그것은 단순히 이야기가 아닐 뿐만 아니
라 세계에 관한 유사 과학적이거나 객관적인 설명도 아니다.[111.] 신

---

109. 에르네시트 르낭^{Ernest Renan}을 참조하시오. 1855년에 르낭은 셈족이 "결코 신화를 가진 적이 없었
고," 오히려 "신에 대한 분명하고 단순한 개념"을 가지고 있었다는 이유로 "셈족"을 고대 세계의
다른 부족들과 구별했다. 그래서, 우리는 "신화"가 다른 부족들의 신화들을 지칭하기 위해 마련
된 범주라는 점을 아주 빈번하게 보게 된다. 예를 들어, 이집트의 알레고리들은 동물의 영혼들
로 가득 채워져 있고 그리스의 이야기들은 인격화된 신들로 가득 채워져 있기 때문에, 이러한
것들이 신화의 특징이 된다. 그러나 신약성경과 구약성경에 들어 있는 기적과 신의 복수에 관
한 이야기들은 으레 이집트나 그리스의 우화들에서 찾을 수 있는 요소들만큼이나 환상적이라
는 사실에도 불구하고, 전혀 "신화"로 여겨지지 않는다.

110. 예를 들어, 그리말의 『라루스 세계 신화』(Paris: Larousse, 1968)를 참고할 것. 나는 이 주제에
관한 흥미진진한 논의를 해준 것에 대해서 내 형제인 존 솔로몬^{Jon D. Solomon}에게 감사를 전한다.

111. 과학 자체가 현대의 신화라는 지금은 대중적인 명제의 이면에는 감탄할 만한 일리가 있다. 더
원시적이고 (즉 덜 과학적이고) 마법 지향적인 (즉 뉴턴 물리학의 기계적 규범들보다 목적론적
설명과 수상한 인과 원칙들에 더 관심이 있는) 핵심 신화들을 오만하게 조롱하고 일축하는 데
우리의 과학을 사용하지 않는다는 주장이 그것이다. 하지만 이렇게 진술된 그 명제는 혼란만을
낳을 뿐이다. 왜냐하면 과학과 달리 신화의 미덕은 바로 편견이 없고 특색이 없으려고 애쓰지
않고, 비종교적인 관점에서 세상을 설명하려고 애쓰지 않는다는 점이기 때문이다. 현대 과학은
그 자체가 신화는 아니다. 비록 우리의 삶에서 신화가 한때 차지했던 지위를 ("과학적 호기심"
의 일시적인 열정을 제외하고는) 아무것도 남겨놓지 않고 찬탈했다고 설득력 있게 주장할 수 있

화는 세계에 관한 주관적 해석이다. 다시 말해서 객관적인 근거를 필요로 할지도 모르지만, 세계를 구성할 때 알레고리들과 환상들을 방종하게 허용할 수도 있는 해석이다. 그 어떤 신화도 "사실들"을 논박할 수는 없지만, 그 어떤 신화도 "사실들"에 국한되지 않는다. 감정의 신화는 극적인 배경에서 그러한 사실들을 해석하고, 그렇게 하기 위해서 가장 강력하고 친숙한 이미지들을 불러일으킨다. 예를 들어, "우라질Screw you"과 "빌어먹을Damn you" 또는 "뒈져라Go to hell"와 "제기랄Bugger yourself"처럼 우리의 감정 표현들이 보통 성적이고 기독교적인 용어들로 주조된다는 점은 성적 신화와 기독교적 신화에 지배된 사회에서 성장해 온 우리를 놀라게 하지 않는다.[112] 좋은 연애는 "천생연분"이고, 연인들은 신성한 것의 불꽃을 소유하고 있다고 생각되는 경우가 종종 있다. 동물들과 농업에 더 관심이 있고 더 많은 시간을 들이는 사회에서, 감정 표현들과 그 이면에 있는 신화들은 동물학과 식물학의 용어들을 포함할 가능성이 더 크고, 인간사의 유래를 생물학적 조상들에게로 거슬러 올라가서 찾고 모든 힘들을 동물의 형상들로 표현할 가능성이 더 크다. 이것의 흔적들이 우리가 사용하는 표현들(예를 들어, "쥐새끼 같은 놈"과 "돼지같은 놈")에 남아 있고, 친구들과 연인들, 적들을 빈번하게

기는 하지만 말이다. (예를 들어, 『즐거운 학문』에서 니체가 신화에 대해서 한 말을 살펴보라. 이 저작에서 니체는 항상 사람들의 삶을 구조화하고 의미를 부여해 왔던 너무 인간적이고 잔인하기도 하지만 아주 인간적인 신화들의 붕괴를 곧 대체할 절망과 권력 숭배에 대해 경고했다.)

112. 여기에서 'screw'는 '성교하다,' 'damn'은 '지옥에 떨어뜨리다,' 'hell'은 '지옥,' 'bugger'는 '비역하다'라는 뜻을 담고 있음

반려견이나 반려묘에게 (가끔은 새장에 갇힌 새들과 물고기, "병아리," 곤충, 벌레에게) 가장 어울리는 용어들로 표현하는 것에도 남아 있다. 다만 고대 이집트와 바빌론의 농업 사회에서보다 고도로 도시화된 우리의 삶에서 이런 비유들이 더 적을 것으로 예상된다. (다시 말하건대, 더 "원시적인" 사회의 특징을 기술하는 데 자주 사용되는 의인화는 경험과 알레고리들에서 나타나는 차이의 문제일 뿐이다. 우리의 신화에서 적에게 지옥에 떨어지라고 비난하는 것은 고대 이집트인들이 버릇없는 고양이의 신묘한 무관심을 인정한 것보다 덜 원시적인가?)

기본 범주들은 (즉 융이 원형들이라고 부른 것은) 지위와 권력이고, 이런 범주들이 생물학의 전문 용어로 표현되는지 신학의 전문 용어로 표현되는지 또는 심지어 "과학의" 전문 용어로 표현되는지는 전혀 중요하지 않다.[113.] 감정이나 신화를 위해서는, 그 용어들의 뜻이 글자 그대로 받아들여지는가 아닌가는 중요하지 않다. 물

---

113. 물론 이종 신화들에서 나타나는 구조상의 일치 요소들이 레비스트로스와 대략 그와 동일시되어 온 **구조주의**라는 적절한 명칭으로 불리는 인류학 운동의 중심 관심사였다. 비록 이 책에서 우리는 다양한 사회에서 나타나는 신화의 범위나 레비스트로스의 주장에 따르면 신화 구조들이 드러내는 인간 정신의 "근본적인 속성들"을 옹호하는 것에 관심이 없지만, 오늘날 이 운동의 핵심 주장들을 고려하지 않고서는 어떤 신화 이론도 사용할 수 없다. 한편으로, "구조주의"는 프랑스의 오래된 데카르트 철학의 보편적인 이성적 구조에 대한 페티시즘이 경험주의와 유사한 형태로 새롭게 변형된 것이라고 쉽게 비판받을 수 있다. 하지만 레비스트로스가 한때 자기 성찰적이고 제한적으로 유럽적이고 부르주아적이었던 탐사를 강행한 분야는 현저히 새롭다. 왜냐하면 그 분야는 더 이상 "원시적인" 사람들을 비이성의 암흑세계 속으로 밀어 넣지 않고 그들을 (루소 식으로) 우리 모두에게 있는 이성적 구조들이 "축소된 모델들"로 인지하기 때문이다. 나는 이 지면에서 그런 보편적인 주장을 옹호하지는 않을 것이다. 그러나 문학적으로 또는 우화적으로 어떻게 윤색된 신화는 이성적 구조들이라는 나의 주장은 구조주의자들의 주장들에 깊이 뿌리를 두고 있다. 중요하게 참고할 만한 문헌들은 『슬픈 열대』와 『야생의 사고*Pensée Sauvage*』, 『신화학*Mythologique*』 1권이다

론, 사람들은 제임스 카그니^{Cames Cagney}가 적대자에게 "더러운 쥐새끼"라고 비난할 때 그가 동물학상의 발굴을 했다고는 조금도 믿지 않는다. 하지만 이런 범주화가 카그니의 세계에서 적대자가 맡는 역할을 구축하고 그가 받게 되는 대우를 규정한다. 우리가 누군가에게 화가 나서 "지옥에 가라"라고 말할 때 글자 그대로 방향을 알려 주고 있다고 믿는 사람은 극소수이지만, 그 어구는 우리의 태도를 적절하게 나타내준다. 비록 무례한 타인을 지옥에 보내는 것은 결코 우리의 결정일 리가 없지만(그리고 우리의 책임일 리가 없지만), 우리는 그가 불길 속에서 얼마의 시간을 보내기를 몹시 바랄 것이다. 또는 극도의 고통이나 성적 쾌락을 느낄 때 종교적인 호소의 표현을 입밖에 낼 때도 있는데, 이런 경우에 언급되는 그 신학을 글자 그대로 믿는지 믿지 않는지는 전혀 중요하지 않다. 그것이 그러한 호소, 구체적으로 말해서 고통을 느낄 때는 엄청난 무력감의 태도이고 성적 쾌락을 느낄 때는 자신을 내어 주는 태도라는 것으로 충분하다.

신화와 감정의 범주들은 종종 그것들을 표현하는 우화들과 환상들의 풍부한 상상력으로 생긴 장식들에 의해 감춰진다. 하지만 우리의 삶에서 가장 강력한 가치들, 우리의 능력과 무능력에 대한 의식, 독특함과 정체성에 대한 의식, 소속감과 배척 의식, 지위와 사람 사이의 역할에 대한 의식으로 구성된 집합이 모든 신화와 모든 감정의 본질이다. 비유적으로 말해서, 이러한 관심사들은 능동성과 수동성의 이미지들, 기원과 환생의 신화들을 통해 형성되는 발생상의 동일성, 상승과 하강, 천국과 지옥, 안과 밖의 알레고리들로 쉽게 번역된다(이것은 성에 관한 것이든 소화[먹기와 배설하기]에 관한 것이든 하나의 구조인데, 레비스트로스는 이런 구조를 상당히 유용하게 활용했고 프로이트도 마찬가지로 "동일시"의 개념에서 이런 구조를 활용했다). 레비스트로스가 지적했듯이, 신화에서 기본 요소들은 전형적으로 친족관계와 지위에 관련된다. 여기에는 먹기와 섹슈얼리티, 공포와 오싹한 두려움, 능력과 무능력, 동일성(먹거나 먹히기)과 배척(추방됨), 희생과 마법의 제의, 살해와 숭배 같은 겉보기에는 자율적이지만 명백히 공통적인 의식들과 경험들이 포함된다. 글자 뜻 그대로이든 알레고리로 윤색되든 여하간에 우리는 이러한 범주들을 **산다**. 오직 제한적으로 "과학적인" 페티시즘의 맹목만이 명백히 환상적이고 비현실적인 신화 이야기들의 근저에 있는 반박할 수 없는 쉬르리얼리티들을 보기를 거부한다. 순전한 환상과 달리, 그리스인들의 **로고스**와 **미토스** 사이의 배타적인 차이와 달리, 모든 신화는 논증 가능한 자체의 논리를 가지고 있다. 그러므로, 모든 감정도 마찬가지로 자체의 논리를 가지고 있다. 다른 장에서 이 "감정들의 논리"를 논하게 될 텐데, 우리는 그런 구조상의 분석 또한 "신화적"이라고 부를지도 모른다. 즉 그것을 신화—학의 논리라고 부를지도 모른다. 비록 신화들의 논리와 객관적 사유의 논리를 혼동하지는 않겠지만 말이다. 어떤 특징들을 보면, 이 두 논리는 참으로 아주 다르다.

감정의 신화는 쉬르리얼리티를 극적인 형태로 구성한 것이다. 그러므로 동물들과 식물들과 우상들에게 인간의 속성들을 부여하든 인간의 형상들을 신과 같은 지위로 격상하든, 감정의 신화는 언제나 의인화를 포함한다. (인간을 신의 지위로 격상하는 것과 신성한 것을 인간의 용어로 세속화하는 것 사이의 차이는 거의 없다.) 물론, 그러한 의인화의 범위는 다양하다. 목적론으로 설명하기를 선호하는 일부 사람들은 어디서든 그것을 되는 대로 사용할 것이다. 객관적 설명은 되도록 인과관계를 나타내는 것이어야 한다고 주장하는 다른 사람들, 특히 우리들 자신은 목적론적인 설명을 무모한 설명 수단으로 남겨 둔다.[114] 이런 사람들에게 의인화의 범위는 정말로 지극히 제한적이어야 하고 다른 사람들에게만 한정되어야 한다(왜냐하면 그들을 다루는 방법은, 몇몇 행동주의자들과 과격한 환원주의자들을 제쳐 놓으면, 적어도 항의받을 우려 없이 "의인화될" 수도 있기 때문이다). 부분적으로 이런 이유 때문에 (비록 설명의 화살이 반대 방향으로 향할지도 모르지만) 우리의 감정들은 근본적으로 상호주관적이고, 다른 사람들을 그 대상으로 삼는다. 우리가 날씨에 화를 내거나 식물이나 자동차와 사랑에 빠질 때, 그러한 감정들은 필연적으로 더 객관적인 경우라면 당연히 유

---

114. 예를 들어, Immanuel Kant, in his *Critique of Judgment*, trans. Meredith(Oxford: Oxford University Press, 1952).

치하거나 어리석거나 재미있다고 여겨질 독특한 의인화에 수반하여 일어난다. 하지만, 감정은 신화적이고 유의미한 용어들로 우리의 세상을 구성한다는 점이 감정의 본질이다. 그리고 그것은 **인간적인** 용어들을 뜻한다. 바로 이 지점에서 우리의 감정들과 신화들이 너무도 빈번하게 과학을 거스른다. 과학은 자연의 비개인적인 힘, 비인간적인 힘, 기계적인 힘을 강조하는 반면에 우리의 감정들과 신화들은 우리의 활기찬 세계의 개인적인 것, 인간적인 것, 목적들과 의지들을 강조한다. 신화에 더 가까이 있는 과학 개념을 가진 사회에서라면, 사람들은 우리에게는 없는 자연과 친밀한 관계를 맺을 것으로 예상된다. 우리가 사는 사회에서, 우리는 대인관계의 영역에서만 (그리고 아마도 한두 마리의 반려동물에 대해서만) 목적론적 설명에 지나치게 빠진다. 따라서, 우리의 의미 세계는 사회 세계에 국한되는 반면에, 자연 세계는 우리가 그것을 더 잘 이해 할수록 우리에게 훨씬 더 닫혀 있다. 아마도 언젠가 생리학자들이 우리에게 인간 행위를 적절하게 인과관계로 설명해 주었을 때…….

위험은 언제나 신화를 과학과 혼동하는 것이다. 고대 그리스인들은 이 둘을 계속 구별하기 위해서 항상 조심했다. 그러나 최근 과학의 상대화와 신화의 중요성에 대한 재발견으로 인해서 그 둘 사이의 경계가 점점 더 희미해지고 있다. 한때는 분명히 신화의 학문 분야였던 것들이 과학 이론 후보의 지위로 올라갔고, 역으로 확실히 자리 잡았던 과학의 주장들은 대체 신화들의 역할로 좌천되었다. 어떻게 이런 현상이 일어났는지를 이해하기는 쉽다. 과학자들이 설명할 때 예로 인용하는 "이론상의" 또는 "가설상의" 존재물들의 **구성적** 본질을 점점 더 의식하게 되면서, 강조점이 설명의 **진위**에서 설명의 일관성과 타당성, "적확함"과 설명의 풍부함으로 옮겨 갔다. 그러나 이런 변화와 함께, 한때 폐기되었던 이론적 구성물들이 새롭게 승인을 요청하면서 재출현했고, 확립된 과학적 이론들은 그들만 배타적으로 승인해 달라고 요구할 수 없음을 깨닫고는 겸손해졌다. 확증에 관한 과학의 요구들과 극적인 신화의 요구들을 혼합함으로써, 둘 사이의 경계는 거의 사라졌다. 예를 들어 별들과 행성들의 움직임은 전적으로 중력의 법칙 등에 달려 있다고 과학은 말할 것이다. 하지만, 이것은 얼마나 김빠지는 관점인가! 그렇다면, 별들과 행성들은 우리에게 무엇을 의미할까? 이따금씩 사람들의 입에 오르내리는 "경이"로운 화젯거리? 그 대신에 몇 가지 다른 의심스러운 상관관계들이 덧붙여진 정확히 똑같은 사실들에 근거하여 천체의 움직임들이 멀리 떨어져 있는 시계 장치 같은 것이 아니라 오히려 우리의 삶과 기질, 운, 능력들에 직접 영향을 준다고 가정한다면 어떤가? 이 경우에 별들은 얼마나 더 "유의미하게" 될까? 객관적으로 볼 때, 추가된 상관관계들과 가정된 "영향들"을 옹호하기는 대단히 어려울지도 모른다. 그러나 주관적으로 볼 때, 문제가 되는 것은 객관적인 옹호 가능성이 아니라 유의미성이다. 그리고 객관적인 상관관계들을 실제로 위반하지 않는 한

(그리고 그것들은 일부러 부정확하여 그러한 위반의 가능성을 미리 배제한다), 객관적인 관점은 주관적인 관점을 논박할 수 없고, 주관적 관점은 객관적 관점이 가질 수 없는 호소력을 가진다. 그것은 흥미진진하다. 그것은 극적이다. 그것은 우리의 삶을 멀리 떨어져 있는 우주 에너지의 팔 안에 있는 졸 같은 것으로 그린다. 주관적 관점은 **틀릴지도 모른다**거나 적어도 특정할 수 있는 내용이 없**을지도 모른다**는 사실은 주관적인 흥미를 거의 끌지 못한다.

감정에서 주관성과 객관성, 신화와 "사실들" 사이의 경계를 구분하기는 어려울지도 모르지만, 대부분의 경우에 그 구분은 분명해질 수도 있다.[115] 물론, 단지 더 흥미진진하다는 점 때문에 (단지 그것들이 아주 새롭거나 아주 오래된 것이라는 점만으로도) 객관적이고 확고부동한 과학 이론들을 대체하는 주관적인 관점들을 믿을 멍청이들이 늘 많을 것이다. 냉철한 과학의 확증에 기초하고 있지 않은 믿음은 어떤 것도 받아들이려고 하지 않는 "완고한 현실주의자들"이 늘 있을 것처럼 말이다. 하지만 우리 삶에는 신화가 들어올 자리와 필요성이 충분해서 우리는 과학의 확증된 주장들의 자리를 찬탈할 필요가 없다. 예를 들어, 내가 사랑하는 여인은 과학적으로 몇 달러짜리 화학제품이나 교재에 나오는 A형 심장을 설명한 그림, 또는 **반항적인 집시**의 아종인 **미국 부르주아** 여성의 전형적인 사회학적 표본에 불과하다. 그렇지만, 나에게 그녀는 (내가

---

115. 이것은 『존재와 무』의 1부 2장 3절에서 사르트르가 직면한 딜레마이다.

믿는 종교가 무엇이든) 내 기도에 대한 응답이고, 이상들과 희망들이 체현된 여인이다. 그녀의 피부는 기미와 사마귀, 털, 피지샘, 반흔 조직들이 있어서 표피라고 하기 어렵다. 그렇지만 (내가 지나치게 열정적인 의과대생이나 피부과 의사라 하더라도) 나의 사랑은 이런 견해를 불가능하게 만들고, 그녀의 피부색을 (가지각색의 어설픈 솜씨들을 부리면서) 시적인 비유들로 묘사하지 않을 수 없다. 사람들은 원한다면, 나를 "비과학적"이라고 비난할 수도 있지만, 나는 그것을 모욕적인 말로 전혀 받아들이지 않을 것이다. 마찬가지로, 나는 그녀의 지성과 미모와 재능과 관능을 왜곡이 아니라 ─나는 그녀에 관한 "사실"은 단 하나도 부정하지 않는다 ─ 찬사의 형태로 과장하지는 않는다고 하더라도 찬미한다. 마치 어떤 것이든 종교 공동체가 영적 지도자의 속성들을 찬양하고 숭배하듯이 말이다. 누군가는 어떤 감정도 "객관적"이지 않고, 고대 그리스의 알레고리처럼 감정은 객관적이거나 그저 "사실적"인 것으로 의도되지 않는다고 불평할지도 모른다. 감정의 목적은 우리의 쉬르리얼리티와 삶에 어떤 의미를 빌려주는 것이다. 사랑은 맹목적일 필요가 없다. 연인들과 우리 자신들에 관한 "사실들"을 객관적으로 인정하는 것은 우리의 사랑과 전혀 양립 불가능하지 않다.

우리는 1인칭 관점이나 주관적 관점에서 볼 때 리얼리티를 주관적 왜곡과 구별하는 쉬운 기준은 없다는 점을 다시 경고해야 한다. 편집증적인 정신분열증의 세계에서, 환각에 의한 소망 충족의 세계에서, 허구적인 문학과 영화의 세계에서, 그리고 고삐 풀린 감정의 세계에서, 감정의 신화들은 상상력이 만들어 내는 자유분방함에 탐닉하거나, 퇴화된 형태의 연극과 모험주의로 발현되거나, 리얼리티에 대한 지식의 치밀함과는 거의 상관관계가 없는 이분법적인 선과 악의 구분에서 나타나는 모든 섬세한 차이들을 파기해 버릴지도 모른다. 그러나 일반적으로 주관성과 객관성이 교전 중이지 않듯이 신화와 리얼리티는 교전 중이지 않다. 후자가 전자를 뒷받침한다. 리얼리티는 문제들과 매개변수들, 사실에 입각한 요소들과 시간 순서에 따른 전후 관계를 신화에게 제공한다. 신화는 우리의 리얼리티를 해석하고 선택하고, 편집하고 의인화하고, 강화하고 극화하고, 그것에 의미를 부여한다. 리얼리티에서, 우리는 모두 사실 그대로의 자격 요건들을 기준으로 특정한 개인과 무관한 의사에 의해 분류될 준비를 하고서 줄지어 기다리고 있는 신참자들이다. 오직 신화를 가지고서만 우리는 우리 자신과 다른 사람들을 공동의 탐색 여정에서 함께 분투하고 있는 동료로 볼 수 있게 된다. 사람이 자신을 순교자로, 다른 누군가를 벗어나야 하거나 맞서서 복수해야 하는 박해자로 신화화할 수 없을 정도로 굴욕적인 리얼리티는 없다. 애도하고 행복의 무상함을 찬양하는 이유로 활용될 수 없는 상실은 없고, 죄와 구원을 다루는 기독교 도덕극이 될 수 없는 과실은 없으며, 우리가 사랑할 수 없고 아무리 작다고 해도 우리 세계의 한 조각을 공유할 수 없는 사람은 없다. 바로 우리의 일상적인 세계를 (이 세계에서 권태는 본질적이기는 하지만 바라건대 우세한 양상은 아니다) 신화화함으로써 우리는 드라마의 느낌을 만들어 낸다. 그것은 그 자체로 창조적인 기획은 아니지만, 그것의 상상력이 풍부하고 구성력 있는 특성은 극소수의 사람들이 활용하려고 시도하는 창의성을 위한 여지를 열어 둔다. 이미 이해 할 수 없는 시나리오를 일관성 있는 신화로 합리화하기 위해서 상상력을 오용하라고 요구하는 뒤틀린 정념의 완전히 무분별한 자포자기의 상태에 빠져 있는 경우는 제외하고 말이다. 우리의 감정들은 우리가 우리 자신의 세계에 직접 투사하는 것들이다. 우리의 감정적 쉬르리얼리티들은 너무도 따분하게 비슷비슷하고 자주 굴욕적이고 우리의 투사물들은 너무도 획일적으로 방어적이라는 사실은 우리의 감정들이 표현되는 (경멸의 의미에서) 반영 신화들 때문에 우리가 삶을 유의미하게 만들기 위한 가장 강력하고 가장 개인적인 도구들 —우리의 감정들 —을 제대로 활용하지 못해 왔다는 사실을 확증한다.

6장

"무엇을 해야 하는가?"

감정은 세계의 변신이다.

사르트르, 『감정 *The Emotions*』

1. 개인적인 이데올로기
: "세계의 당위적인 존재 방식"

> 선의 서판이 모든 사람들의 머리 위에 걸려 있
> 다. 보라, 저것은 그들이 극복해야 할 것들이 적
> 힌 서판이다. 보라, 저것은 그들이 가진 권력에
> 의 의지의 목소리다.
>
> 니체, 『짜라투스트라는 이렇게 말했다』

감정들을 통해서 우리는 우리의 가치들과 스쳐 지나가는 판단들을 우리 자신과 다른 사람들, 우리의 상황들과 관심을 쏟는 다양한 "의도 대상들"에게 투사하면서, 우리의 세계를 구성하고 신화화한다. 하지만 우리의 감정들은 이것 이상이고, 정적인 "외부" 세계에 관한 초연하고 비평적인 평가 이상이다. 이것은 우리의 세계이다. 워털루 전투에서 웰링턴^{Wellington}이 쓴 전략을 비평하는 역사가는 단지 판단하는 사람일 뿐이고, 그의 주제를 바꾸지 못한다. 그렇지만 우리는 우리의 쉬르리얼리티를 산다. 우리는 침착하고 편안하게 회상하면서 안전하게 그것에 대해 곰곰이 생각하고 있다기보다는 오히려 언제나 한창 전투 중이다. 우리의 감정들은 투사물일 뿐만 아니라 우리의 **기획**이기도 하다. 그것들은 의도 대상들을 향할 뿐만 아니라 **행동하려는 의도들**로 가득 채워져 있다. 감정들은 "세계의 현재 존재 방식"에 관련될 뿐만 아니라 세계의 **당위적인** 존재 방식에도 관련된다. 바꾸어 말하면, 모든 감정은 또한 개인적인 이데올로기이고, 미래로의 투사이고, 희망과 욕망, 기대와 서약, 세상을 바꾸려는 의도와 전략들로 이루어진 체계이다.

우리의 감정들은 목적 있는 행동을 방해한다는 견해가, 교란을 일으키고 방향을 잃게 하는 "동요" 또는 "정동"에 불과하다는 견해가 (예를 들어, 라일과 꽤 많은 심리학자들에 의해) 자주 제안된다. 하지만 이런 견해보다 더 진실로부터 멀리 떨어져 있는 것은 없을 것이다. 모든 감정은, 표면상으로는 퇴행적인 것으로 보이는 감정들까지도(예를 들어, 슬픔과 수치심), 미래로 밀고 들어간다("이제 나는 무엇을 할까?"). 보통 감정과 그것의 다양한 욕망들과 희망들 사이의 연관관계는 명확하다. 예를 들어, 처벌하려는 화의 욕망, 해치려는 미움의 욕망, 공유하고 함께 있고 애무하려는 사랑의 욕망, 빼앗으려는 질투의 욕망, 되찾으려는 슬픔의 욕망, 회복하려는 수치심의 욕망, 숨거나 변명하려는 당혹감의 욕망, 사례하려는 감사의 욕망, 파괴하려는 앙심의 욕망이 있다. 그래서, 제임스는 "원기 왕성한 행동에의 성향"이 없는 분노가 있을 수 있다는 것은 "생각조차 할 수 없는" 것임을 깨달았다고 말했다. 더 구체적으로 말하면, 예를 들어, "원기 왕성한 행동"은 (방아쇠를 당기거나 저주하는 편지를 쓰는 것에 지나지 않는다고 하더라도) 처벌의 행위고, 화의 감정과 처벌 행위 사이의 연관관계는 **논리적**이다. 처벌하려는 욕망이 없는 화는 있을 수 없다. 화는 본질적으로 유죄 판결이고, 한 사람이 판사이자 배심원인 사법 신화를 세운다. 현실의 법정에서처럼 형벌 선고가 기소와 평결을 뒤따른다. 물론, 실제로 처벌을 실행하는 사람이 언제나 판사인 것은 아니고, 따라서 실제로 처벌 행위를 수행하는 사람이 언제나 화가 난 당사자일 필요는 없다. 그러나 처벌에의 요구는 판결 자체만큼이나 화의 일부다. 화는 비난과 죄를 구성하는 판결일 뿐만 아니라, 또한 교정과 세상에서 정의의 균형을 요구하는 이데올로기이기도 하다.

이것은 사랑과 미움에도 똑같이 해당된다. 누군가를 사랑하는 것은 단순히 그 남자 또는 그 여자를 멀리서 찬미하거나 신뢰와 상호 주관성의 관계를 추상적으로 구성하는 것이 아니다. 누군가를 사랑하는 것은 함께 있고 서로를 위해 최선을 바라고 노력하려는 욕망, 애무하고 애무받으려는 욕망, 상대가 바라는 것들을 자신이 바라는 것들로 삼으려는 욕망이다. 사랑의 이데올로기는 연인의 행복에 우주의 초점을 집중시켜서 둘을 결합해 줄 우주의 접합제를 제공할 이데올로기다. ("우리는 천생연분이었다.") 거꾸로 말하면, 미움의 이데올로기는 상해의 이데올로기인데, 반드시 처벌이라기보다는 오히려 악을 파괴하는 것이다. 마치 적수가 존재 그 자체로 세상을 황폐시키는 질병이거나 죽여야 하는 극악무도한 용이거나 트롤이거나 한 것처럼 말이다. 사랑과 미움의 신화들이 대개 중세의 도덕극을 닮은 것은 놀랍지 않다. 그 이데올로기들은 죄와 무죄의 개념들, 절대적인 선과 악, 낭만주의의 영웅주의와 기사도의 개념들로 채워져 있다.

모든 이데올로기들이 엄밀한 의미에서의 욕망들과 의도들을 수반하는 것은 아니다. 많은 감정들이 우리가 알 수 없는 상황들을 수반하고, 그러므로 이데올로기는 욕망과 의도의 이데올로기라기보다는 희망과 기대의 이데올로기다. 예를 들어, 시기심은 (다른 누군가에게) 최악의 것을 희망하는 반면에, 신뢰는 최선을 희망하고, 그 자신이 하는 행동들에 상관없이 최선을 기대한다. 타인에 대한 존중에는 그 또는 그녀의 품행에 관하여 엄청나게 많은 기대들이 포함되어 있지만, 관련된 어떤 것이든 할 수 있는 욕망은 하나도 포함되어 있지 않다. (사실, 타인의 존중을 보여 주는 표시는 상대방의 품행에 간섭하거나 통제하려는 어떤 욕구도 없다는 바로 그 점이다.) 많은 경우에, 감정의 이데올로기는 불가능한 반사실적 조건들을 수반할지도 모른다. 예를 들어, 비통과 비애는 복구할 수 없는 상실의 회복을 희망한다. 그렇지만 도저히 그것을 기대할 수는 없을 것이다. 아주 다른 사례를 들어 보자. 죄책감은 구원만을 열망하는데, 바로 그 본성상 구원이 불가능하다는 것을 알고 있다. 이 지점에서 죄책감은 수치심과 극적으로 다르다. 수치심은 구원의 가능성을 항상 허용한다. 가장 장관을 이루는 죄책감의 이데올로기는 정확히 죄책감에 직면하여 무능하다는 의식을 형이상학적으로 적절하게 표현한 것이라는 점에 주목할 만하다. 여기에서 말하는 죄책감은 참으로 오랫동안 기독교 사유의 그토록 많은 부분을 지배해온 "원죄"에 대한 죄책감이다. 이 감정의 바로 그 본성상, 누구도 자신을 구원할 수 없다. 이 종교 교리가 때로는 우리에게 아무리 굴욕적이고 터무니없는 것으로 보일지라도, 죄책감을 느끼면서 여전히 지배적인 그 신화의 심오한 통찰을 인식하지 못하는 것은 불가능하고, 구제할 길 없는 가장 사소한 과실(또는 "죄")과 (피할 수 없는) "원"죄의 특징인 어마어마한 자기 고발 사이의 아주 짧은 그 거리를 인식하지 못하는 것은 불가능하다.

어떤 감정들의 욕망들과 의도들은 도덕적으로 중요해서 그것들을 책무라고 부르는 것이 정당화된다. 예를 들어, 단순한 화와 달리, 의분은 (부당한 모욕에 대한 사소한 화의 경우에서처럼) 단지 개인적인 욕망의 문제가 아니라 도덕적 원칙의 문제로서 부정행위를 교정할 도덕적 책무를 요구하는 것처럼 보인다. 이것은 분노에서도 마찬가지고, 자신이 저지른 위법 행위에 대해 느끼는 수치심에서도 마찬가지다. 또한 사랑과 미움에서도 그러한 책무의 이데올로기들이 적용된다고 강력하게 주장할 수 있다. 비록 거기에 포함되는 욕망들은 어떤 도덕적 원칙을 수반해야 할 필요가 없다는 사실에도 불구하고 말이다. 특히, 사랑의 경우에, 연인에 대한 어떤 책무는 본질적으로 감정에 응하는 것처럼 보인다. 이 책무는 아주 일반적인 것, 즉 연인의 안녕을 나 자신의 안녕으로 만드는 것이다.

비록 그 책무의 세부 사항들(예를 들면, 성적인 정절, 재정적 지원, "죽음이 우리를 갈라놓을 때까지"의 애정, 다양한 순종과 예속)은 사례마다 극적으로 다를지도 모르지만 말이다. 이와 유사하게, 단순한 화 또는 타인을 향한 많은 다른 "부정적인" 태도들(예를 들어, 경멸, 악의, 시기심, 혐오, 경멸)과는 달리, 미움은 적을 파괴하려는 강력한 책무를 수반하는 것처럼 보인다.

또한 그 욕망들과 의도들이 바로 행동하지 **않고** 오히려 세계를 "있는 그대로" 받아들이는 것인 감정들도 있다. 물론, (보수적이거나 반동적인 정치적 견해가 이데올로기인 것처럼) 이것도 또한 이데올로기다. 예를 들어, 체념의 경우에, 우리는 비록 불행해 하기는 하지만 만족스럽지 못한 현재 상황을 받아들인다. 만족의 경우에, 우리는 상황을 만족스러운 것으로 행복하게 받아들인다. 누군가를 질색하는 것은 또한 이런 의미에서 소극적이다. 미움과 달리, 이런 감정들은 그 대상(그 또는 그녀)에게 어떤 행위를 가하지 않고 경멸하는 대상의 존재를 기꺼이 묵인한다(그리고 심지어 찬양할지도 모른다). 이와 유사하게, 익숙한 무관심의 감정이 있다(더 가까이에서 보면, 결코 무관심하지 않다). 이 감정의 가장 확실한 특징은 그 대상에게 기꺼이 어떤 행위를 ─최소한도의 인정 행위라 하더라도─가하고자 한다는 점이다.

일반적으로, 모든 감정은 우리 세계를 구성할 때 이데올로기 ─일단의 욕망들과 요구들과 기대들─를 확립하고 그것을 충족시키려고 노력한다. 감정이 우리의 가치들을 기준으로 하여 우리의 세계를 구성한다고 말하는 것은 세계를 우리가 원하는 대로 창조한다는 말이 **아니다.** 감정들을 통해서 우리의 세계를 구성하는 것과 우리의 감정 이데올로기들을 충족시키는 것은 완전히 별개이다. 예를 들어, 의분을 느낄 때, 우리는 다른 사람의 행동을 잔인한 것으로 구성하고 그것을 강력하게 비난한다. 하지만 비난은 아직 교정은 아니다. 많은 경우에, 충족은 유효한 행위를 필요로 한다. 때때로, 그것은 외부의 도움이나 단지 "행운"을 필요로 한다. (예를 들어 슬픔과 죄책감처럼) 욕망이 불가능한 감정들의 경우에는 충족이란 있을 수 없다. 하지만 욕망이 명백하게 간단하고 그 욕망을 충족시키는 것이 분명히 가능한 감정들의 경우에조차도, 복잡한 문제들이 있다. 사실은 많은 욕망들이 쉽게 충족되지 않거나 심지어 아무리 해도 충족되지 않을 뿐만 아니라, 많은 경우에 우리의 욕망 충족은 **우리를** 만족시키지 못한다. 이 지점에서 (정치적 이데올로기처럼) 감정의 이데올로기들은 변화하는 욕망들과 전면적인 전략들 사이의 복잡한 변증법에 연루된다.

당연한 것을 말하자면, 아주 많은 감정에서 나타나는 복잡한 첫 번째 문제는 우리가 전능하지 않다는 것이다. 우리는 강력한 인물에게 화를 내지만, 우리가 그를 실질적으로 처벌할 수는 없음을 깨닫는다. 우리는 닿을 수 없는 곳에, 들리지 않고 도움을 줄 수 없는 곳에 있는 누군가를 사랑한다. 우리가 사는 곳과는 다른 세상에 사는 영웅이나 유명 인사를 시기한다. 우리는 이전에 저지른 위반 행위를 말소할 가능성이 전혀 없어도 그것을 후회하거나 잃어버린 것을 되찾을 가능성이 전혀 없어도 그 상실에 슬퍼한다. 이러한 감정들은 충족되지 못한 상태로 남는다. 충족된 욕망처럼, 충족된 감정은 우리의 주관성에서 더 이상 아무런 역할도 수행하지 않는다. 그렇지만, 충족되지 못한 감정은 근심의 원인이 아니라 불만의 씨앗으로 자리하고 욱신거린다. 이 불만의 씨앗은 점점 더 중요해지고 우리의 세계관에서 점점 더 우세해지고, 그 자체를 닮은 다른 감정들을 싹트게 하고 우리의 삶 전체를 지배하게 될 수도 있다.

"표현된" 감정은 제거된 감정이라고 흔히 말한다. 표현이 충족으로 이어질 때, 우리는 이것이 사실임을 알 수 있다. 그러나 모든 표현이 충족으로 이어지지 않으며, (예를 들어, 믿음과 희망처럼) 많은 감정들이 전혀 표현되지 않고도 충족될 수 있다. 더구나, "표현"은 우리의 감정들에 관하여 많은 다른 것들을 의미하게 되었다. 하나의 "표현"은 감정을 충족시키려고 시도하는 행동일 수도 있다. 혹은 단지 그 감정의 징후인 (찡그림이나 몸짓 같은) 어떤 동작에 지나지 않을 수도 있다. 많은 표현들이 간접적이고, 복잡할 수도 있는 감정 전략의 완곡한 추론의 연쇄 고리를 통해서만 그 감정과 연결될 수 있다. 그리고 어떤 표현들은 단지 "상징적"일 뿐이고, 전혀 충족으로 이어지지 않는다. 예를 들어, 제임스의 맥박항진과 화끈거리는 얼굴처럼, 어떤 "표현들"은 전혀 표현이 아니다. 이어지는 부분에서 나는 이러한 복잡한 문제들을 어느 정도 자세하게 추적하겠다.

    감정의 무능력이란 감정이 스스로를 충족시키지 **못함**을 말하기보다는 우리가 감정을 충족시키기를 **꺼리는 것**을 말한다. 그것을 꺼리는 원인 중 하나는 용납할 수 없는 표현의 결과가 있다는 점이다. 동네 술집에서 키가 6피트 7인치의 얼간이에게 화를 낼 때—심지어 격노할 때—나의 이데올로기와 신화에는 정확히 겨냥한 일격으로 그를 쓰러뜨린다는 다비드^{David}와 골리앗^{Goliath}의 환상이 들어 있다. 하지만 나는 그렇게 멍청하지 않다. 내가 그를 쓰러뜨리기 위해 폭력을 쓰려고 최소한의 몸짓만 해도 예상되는 결과를 잘 알고 있다. 물론 나의 화를 충족시키기 위해서 나도 충분한 손해와 곤혹을 가할 수 있을지 모르지만, 정말로 그럴 만한 가치가 없다. 나의 화를 충족시키지 않는 상태로 놔두거나 덜 직접적이고 덜 위험한 다른 방식으로 충족시키는 것이 더 낫다.

    우리의 감정 이데올로기들 속에 들어 있는 무능력의 또 다른 원인은 감정들 사이의 갈등이다. 나의 화는 나의 자존심이나 사랑 혹은 경멸과 충돌할 수도 있다. 만일 내가 자신을 공정한 행동과 침착한 협상의 확고한 귀감으로 생각한다면, 어떤 형태로 표현되든 나는 나의 화를 용납할 수 없다. 그 화가 아무리 쉽게 충족된다고 하더라도, 자존심 때문에 **나**는 덜 만족하게 될 것이다. 마찬가지로, 내가 사랑하는 누군가에게 화를 낼 때—그 화가 아무리 정당하다고 해도—화는 사랑과 충돌한다. 화는 처벌과 상해의 이데올로기를 수반하는 반면에 사랑은 관심과 용서, 도움의 이데올로기를 포함한다. 화가 사랑 관계에 아무리 본질적이거나 불가피하다고 해도, 처음에는 항상 모순이 있다는 점을 인정해야 한다. 경멸의 경우에 화는 매우 강력한 기피 의식과 충돌한다. 화는 대면과 관심을 고집하는 반면에, 경멸은 거리와 무관심을 요구한다. 이런 식으로, 많은 감정들이 더 강력한 다른 감정들과 충돌하기 때문에 그것들은 만족을 모른다. (마찬가지로, 정치적으로 긴급해 보이는 행위가 더 장기적이고 더 일반적인 이데올로기적 고려 때문에 억제될 수도 있다.)

어떤 결과이든, 만족이 주는 어떤 여유이든, 그리고 다른 감정들과 욕망들과의 어떤 갈등도 없이, 우리의 삶에서 감정이 수행하는 역할로부터 훨씬 더 흥미로운 복잡한 문제가 생겨난다. 감정이나 욕망을 충족시키는 것은 "그것을 제거하는 것"이다. 하지만 우리의 감정은 단순히 업무 회의 중에 터질 것 같은 방광처럼 방해가 되어 되도록 빨리 충족시켜 없애야 하는 욕구에 불과한 것이 아니다. 우리의 감정들은 우리의 삶에 의미를 부여한다. 그러므로 모든 감정의 완전한 충족은(이것은 만족의 감정을 갖는 것과 다르다), 요컨대 삶을 의미가 전혀 없는 상태로 만들어 버릴 것이다(이런 상태는 프로이트와 불교 둘 다에서 죽음과 아주 밀접하게 연결되는 수상한 "평정" 혹은 "해탈"이다). 감정이나 욕망의 충족보다 감정 혹은 욕망 자체가 더 바람직한 경우가 흔하다. 간단한 사례를 들어 보면, 오랜 기간에 걸쳐 성교나 달콤한 것에 대한 갈망을 강화하는 것이 너무 빠른 충족의 순간보다 훨씬 더 즐거운 것으로 드러날 수도 있다. 충족된 야망은 더 이상 야망이 아니다. 그리고 그러한 "충족"이 우울하다거나 무의미하다는 압도적인 느낌에 맞닥뜨리게 되는 경우가 드물지 않다. 예를 들어, 극작가 실러는 그의 삶에서 가장 절망적인 순간들은 아무리 성공적이라고 하더라도 작품 하나를 완성하여 공연한 바로 직후의 순간들이었다고 불평했다. 마찬가지로, 그의 좋은 친구 괴테도 "나는 욕망에서 충족으로, 충족에서 욕망으로 돌진한다"(『파우스트Faust』)라고 불평했다.

우리의 감정 이데올로기들은 단지 욕망들과 그것들을 충족시켜 달라는 요구들로 이루어진 집합들에 불과한 것이 아니다. 감정 이데올로기들은 삶에 의미를 부여하는 데 꼭 필요하고 결정적인 역할을 한다. 감정들의 **미**충족 상태야말로 감정 이데올로기들이 우리의 삶에서 항구적인 구조가 되게 만든다. 화와 분개는 우리에게 자기가 옳다는 명민한 의식을 제공한다. 그리고 그 감정 자체의 일부인 처벌에 대한 욕망을 충족시키기보다는 자기가 옳다는 것이 당연히 더 바람직하다는 의식을 제공한다. 우리가 몹시 욕망하는 사람이 오히려 우리를 훨씬 더 지독하게 욕망한다는 것을 깨닫게 되면 불행하게도 열정과 의미를 잃어버리게 될지도 모른다는 점을 우리 모두 알고 있다. 마냥 행복한 만족의 순간이 있고, 그다음에는 겉보기에는 불가해한 실망이 뒤따른다. ("마침내 내가 원하던 바로 그것을 얻었는데, 왜 나는 불만족스러워하는 것일까?") 자기에게 유리하게 상황을 이끄는 낭만주의적인 수법을 다루는 탁월한 소설들에서 스탕달은 "사랑은 불확실성을 필요로 한다"(『연애론 *D'Amour*』)라고 역설한다. 즉 요구와 충족이 부단히 바뀌어야 사랑이 계속 활력을 유지할 수 있다. 사랑이 사랑의 요구들을 충족시키는 것보다 더 중요하다. (예를 들어, 어떤 때에는 약간의 정숙함이 만족감을 주는 성교를 계속 반복하는 것보다 훨씬 더 사랑을 자극할 수도 있다.)

마찬가지로, 미워하는 적을 이기는 데 성공하는 것보다 더 우리를 길 잃게 만드는 것은 없다. (용을 죽이고 난 **후에** 조지 성인 St. George은 무엇을 했을까?) 탐색 여행 자체가 우리의 삶에 목적을 부여한다. 탐색 여행의 완수가 감정을 충족시켜주기는 하지만, 우리에게서 삶의 목적을 앗아가 버린다. 일반적으로, 감정과 삶의 의미는 감정과 그 감정의 충족 사이의 간극, "세계의 현재 존재 방식"과 "세계의 당위적인 존재 방식" 사이의 간극에 좌우된다. 좌절할 때, 우리는 모든 욕망과 감정을 충족시키는 것이 우리가 정말로 원하는 것이라고 자주 생각한다. 우리는 우주에 관한 몽상에 잠기는데, 이 몽상에서 우주 전체의 목표는 우리의 감정을 충족시키는 것이다(카뮈의 몽상도 이런 것이었는데, 그 몽상이 좌절되자 카뮈는 바로 정반대의 명제에 도달하게 된다. 그 명제는 "부조리," 즉 우주의 **무관심**이다). 삶의 의미는 감정의 충족보다 감정의 연속성에 좌우되기 때문에, 우리는 너무도 빈번하게 쉽게 충족될 수 없는 감정적 태도에 빠진다. "물론," 우리는 지혜란 활력을 제거하는 것이라고 여기는 현자들에게 동의할 수 있다. 그들에 따르면, "만일 우리가 우리 자신에게 그런 요구들을 하지 않는다면, 삶이 더 쉬워지고, 더 합리적이기까지 할 것이다." 하지만 우리가 극히 중요하고 어쩌면 놀랄 만한 다음의 특색을 제대로 알아야 정념을 이해 할 수 있다. 그 특색이란, 일반적으로 충족되지 못한 감정들의 존재가 그것들을 성공적으로 표현하고 충족시키는 것보다 우리에게 더 중요한 경우가 빈번하다는 것이다.

다양한 감정의 이데올로기들은 하나의 공동 목표를 가지고 있다. 그것은 개인의 존엄성과 자부심인데, 이것들은 모든 주관성의 궁극적인 목표이다. 그렇지만, 감정의 특정한 요구들은 종종 객관적이다. 즉 감정들은 **우리의** 주관적인 세계에서의 변화뿐만 아니라 **객관적인** 세계에서의 변화도 요구한다. 예를 들어, 화의 경우에, 정당성이 입증되었다고 믿는 것만으로는 충분하지 않다. 화는 **실제로** 정당성이 입증되어야 한다고 요구한다. 사랑의 경우에, 연인이 잘 지내고 있다고 생각하는 것만으로는 충분하지 않다. 사랑은 연인의 **실제** 행복을 요구한다. 하지만 감정의 궁극적인 목표는 주관적이지만 특정한 감정의 요구는 **객관적인** 세계의 문제인 경우가 빈번하다는 사실은 우리의 감정 생활에 매혹적인 복잡한 문제들을 끌어들인다. 감정을 충족하기 위해서는 객관적인 세계에서의 변화가 필요할지도 모르지만, **우리의** 만족 —즉 자부심의 극대화 —은 바로 감정의 미충족에 달려 있을 수도 있다. 그러므로, 궁극적으로 문제가 되는 것은 특정한 요구나 욕망의 실질적인 충족이 아니라 우리의 **종합적인** 쉬르리얼리티이다. 객관적인 세계에서 일어나는 최소한의 변화만으로도 자부심은 극대화될 수도 있다. 예를 들어, 욕망의 좌절은 처음에는 자부심을 낮추는 경향이 있지만, "이것이 오히려 최선이다"라는 금욕적인 태도에 의해서, 혹은 좌절된 욕망을 자아 확장의 편집증이나 ("모두가 그것을 나로부터 지키려고 시도하고 있다") 방어적인 시기심이나 원한이나 악의로 ("그들은 그것을 받을 자격이 없다") 전환함으로써 보상받는 것 이상일지도 모른다. 그런데 이런 감정들은 우리 자신을 자신이 옳다고 생각하는 억압의 희생자로 그리면서 우리 자신의 좌절을 넘어서 세계가 저지른 죄들을 본다.

우리가 신화들에서 어떤 역할을 하고, 신화들 속에서 살고, 행동을 취하고 편을 들 때, 신화들은 이데올로기가 된다. 그러나 영웅에서 천민에 이르기까지, 성인에서 어릿광대에 이르기까지, 순교자에서 쓸모없는 사람에 이르기까지, 그 역할들은 다양하다. 그 결과의 범위는 보장된 성공에서 어떤 재난에까지 걸쳐 있고, 우리의 행동 능력은 전능에서 무능에 이르기까지 다양하다. 따라서, 감정의 이데올로기들은 직접적인 행동에서 명백히 드러날 수도 있고,

혹은 그것들의 정치적 대응물처럼 복잡하고 정교한 의사역사적인 선언을 전개할 수도 있다. 후자의 경우에 감정 이데올로기들은 과거를 다큐멘터리로 개작하고, 직접적인 행동을 요구할 (심지어 허용하기까지 할) 수도 있고 그렇지 않을 수도 있는 불가피한 결과들의 관점에서 미래를 예견한다. 예를 들어, 도덕적 의분의 경우에, 불의와 악용의 이데올로기는 개인적인 정당화와 보복을 시도할 것을 요구한다. 그렇지만, 시기와 원한의 경우에, 우리의 이데올로기들은 우리 자신의 무능력이 바로 그 개념들 속으로 짜넣어져 있는 것들이다. 복음주의 기독교와 마르크스주의의 친숙한 이데올로기들은 이러한 강력한 감정들의 주관적인 요구들과 희망에 찬 기대들과 두려움들을 성스러운 것으로 만들고 "객관화한" 사례들일 뿐이다.

우리의 감정 이데올로기들은 행동에의 요구와 순전히 주관적인 우리 세계의 재구성 사이의 정교한 균형을 필요로 한다. 감정은 결코 분리된 단 하나의 충동이 아니다. 단순히 "느낌들에 따라 행동하는" 사람의 경우, 그 사람의 느낌들은 ―즉 그 사람의 감정들과 신화들과 이데올로기들은 ―필시 심각하게 빈곤할 것이다. 행동에의 요구는 사실 우리의 감정 이데올로기를 구성하는 작은 요소일 뿐인데, 우리의 감정 이데올로기들은 희망에 찬 기대들과 예상되는 결과들에 의해 자극받고 갈등과 대체 요구들에 의해 방해받는다. 그런데도 행위 없는 감정은 종종 자멸적이고, 안전에 대한 대가로 우리를 다른 사람들로부터 격리하고 우리의 감정이 요구하는 대로 세계를 바꿀 기회를 거부하는 방어 요새이다. 그러므로, 우리의 감정 **표현**은 복잡한 문제이고, 때로는 직접적이고 효과적인 행동을 수반하지만, 대개는 명백한 효력이 전혀 없는 "상징적이고" 심지어 "마법 같은" 몸짓들과 무언의 주문들뿐만 아니라 복잡하고 에두르는 전략을 수반한다. 이제 나는 이러한 표현의 다양한 "변화들"을 다루고자 한다.

2. 감정과 그 표현

나는 친구에게 화가 났다.
내가 나의 노여움에 대해 말하자, 나의 노여움이
사라졌다.
나는 적에게 화가 났다.
내가 그것에 대해 말하지 않자, 나의 노여움이
커졌다.

윌리엄 블레이크, 『경험의 노래*Songs of Experience*』

"자신을 표현하라!" 새로운 미덕을 더 현대적으로 축소한 말 중 하나다. 요소가 정상적으로 배출되지 않을 때 그것이 혈액에 해독을 끼치는 것과 어느 정도 유사하게, 사람들은 표현되지 않은 감정은 인격에 "해독을 끼치는" 경향이 있다고 믿으며, 때때로 이런 믿음은 옳다. 이런 비유가 근거가 없지는 않다. 왜냐하면, 흔한 감정 표현 모델 — 수역학 모델 — 은 "갇힌" 그리고 "억압된" 감정들을 정신에 널리 퍼져서 인격에 심각한 손상을 입히고 우리의 "정상적인" 정신 기능을 방해하는 바로 그러한 독으로 상상한다. 예를 들어, 해로운 감정은 "카타르시스"를 통해 "그것을 배출함"으로써 약해지고 통제될 수 있다는 명제가 프로이트가 만든 치료 이론의 핵심이다. 유아기의 원초적 외상 체험 외치기와 대면 집단 구성하기에서 형태 심리주의의 "뜨거운 의자에 앉기"에 이르기까지 사실상 모든 치료 이론의 교의들에서 비슷한 수역학적인 견해를 찾을 수 있을지도 모른다. 감정을 표현하는 능력은 오랫동안 정신적 건강을 보증하는 특질로 받아들여져 왔다. 반면에 감정을 억제하거나 억압하는 것은 가장 흔한 신경증의 기준은 아니라고 하더라도 신경증의 원인으로 알려져 있다.

감정의 "표현"은 무엇이고, 왜 그토록 필요한가? **ex + primere**("강제로 내보내다")라는 라틴어에서 파생된 영어 단어 "express," 바로 그 낱말이 우리에게 실마리, 다시 말해서, 잘못된 실마리를 준다.[116.] 이 낱말에 함축된 비유는 이미 우리에게 알려져 있다. 그것은 수역학적인 비유로, 여기에서 감정은 구이용 돼지 안에서 끓고 있는 피처럼 정신을 가득 채우고 있는데 두려워하는 에고의 얇은 막 덕분에 터지지 않는 힘과 압력에 비유된다. 운이 좋고 상당한 노력을 기울인다면, 그 힘들은 완전히 억제되어 표현되지 않을 수 있다. 그렇지 않다면, 그 힘들을 아마도 예술이나 스포츠에서 혹은 어쩌면 고액의 비공개 정신분석 상담실에서 되도록 무해하게 통과시키거나 흩뜨리거나 다른 방향으로 향하게 할 수도 있다.

수역학 모델에 따르면, 표현 욕구는 압력과 억제, "배출"과 잔류

---

116. Richard Wollheim, "An expression is the secretion of an inner state," *Art and Its Objects*(New York: Harper & Row, 1968), p. 27을 참고할 것.

라는 명백하고 친숙한 그림으로 쉽게 설명된다. 심리학은 덜 명백하지만 마찬가지로 기계적인 비뇨기학의 한 변형태가 된다. 우리가 배설 욕구를 어떻게 할 수 없는 것처럼 감정을 표현하고자 하는 욕구를 어떻게 할 수가 없다. 물론, 표현의 정확한 순간 포착과 표현의 특성에 대한 책임을 우리에게 물을 수 있다. 하지만 압도적인 압력들이 있는 경우에는 이런 책임조차도 보류될 수 있다. (만일 살인자가 충분히 "욱하는" 기질을 가지고 있다면 우리는 살인자까지도 용서해 준다. 그리고 그가 "엄청난 압박"이나 "상당한 중압감"을 받고 있었다는 호소를 듣고는 선처를 간청하지 않을 사람이 우리 중에 누가 있겠는가?) 대부분의 경우에, 적어도 애써 보지도 않은 채 우리가 감정에 "굴복하리라"고 예상되지는 않는다. 하지만 "굴복하기"라는 바로 그 개념이 수역학 모델을 일괄적으로 받아들이고 있음을 벌써 확언한다. 마치 감정들 자체와 표현에의 요구가 우리의 통제력을 완전히 벗어나기나 한 것처럼 말이다. 이 모델에 따르면, 우리가 할 수 있는 것이라고는 그러한 힘들과 욕구들을 억누르거나 되도록 "교란을 일으키지 않고," 당혹스럽지 않으며, "숭고한" 표현으로 보내는 것뿐이다. 우리 사회에서 최고의 칭찬은 무시무시한 반대뿐만이 아니라 사랑과 존경과 애정 앞에서도 침착한 상태를 유지하면서 완전한 "자제심"을 발휘하는 사람들을 위한 것이다.

늘 그렇듯, 수역학 모델은 정념의 신화의 비유적이고 유사 과학적인 구조이다. 그 목적은 우리를 책임으로부터 자유롭게 하는 것이다. 우리는 압도적인 정념의 힘에 호소함으로써 우리의 더 폭력적인 표현을 변명할 수 있을 뿐이었다는 것이 한때는 사실이었다. 하지만 오늘날, 프로이트 이후의 "개방성"과 표현에 대한 새로운 페티시즘 그리고 억제와 "완고함"에 대한 새로운 낭만주의의 반격과 더불어, 수역학 모델은 "정신적 건강"에 호소함으로써 서로에게 불쾌하고 파괴적인 말을 하는 —심지어 제한된 방식으로 그런 것들을 행동으로 옮기기까지 하는—항상 용인되는 구실들을 우리에게 제공해 준다. ("나는 단지 내가 어떻게 느끼는지를 너에게 말하는 것일 뿐이야. 그러니까 너는 나에게 화를 낼 권리가 없어.") 그렇지만, 모든 감정 표현이 다 "배출"과 "방출"의 문제는 아니다. 직접적인 표출 행동들에만 주목한다고 하더라도, 그런 행동들은 대체로 감정을 제거하는 것이 아니라 강화하려는 의도를 가질 뿐만 아니라 강화하는 효과를 낸다는 점은 분명하다. 예를 들어, 화와 원한을 곱씹는 것은 자기 자신을 만족시키려는 시도가 아니라 그 감정들을 불러일으킨 바로 그 상황을 더 유발하려는 시도다. 연인들은 최고조의 정열에 도달하려고 일부러 "흥분하고," 서로에 대한 격정을 강화하기 위해서 없어지지 않는 막연한 의심을 토대로 대단한 트라우마들을 만들어 낸다. 애도는 슬픔을 잊는 수단이 아니라 오히려 기억하고 늘리는 수단이다.

사랑과 존경은 우리가 "방출하기"를 바라는 감정들이 아니다.

자부심도 또한 그런 감정이 아니다. 수치심과 후회의 고통스러운 감정들조차도 "카타르시스"를 바라지 않고, 오히려 용서와 구제를 바란다. 화는 "배출"이 아니라 만족을 원한다. 비뇨기학과 유사한 프로이트의 모델에 들어맞는 소수의 감정 사례들에 주의를 집중하는 한, 감정 표현의 다양성과 "변화무쌍함"은 우리에게 완전히 불가사의한 것으로 남을 것이다. (그렇지 않으면, 우리는 프로이트처럼 모든 감정을 그가 그토록 그럴싸하게 "리비도 에너지"라고 파악한 그런 단순한 부류의 압력으로 축소하고 싶어질 것이다.) 마치 남성 섹슈얼리티의 생리적 압력들이 사실상 모든 감정을 위한 패러다임으로서 쓸모가 있기나 한 것처럼 말이다.

　감정 표현이란 개념은 감정의 서로 다른 많은 표현 양상들을 나타내는 데 너무도 자주 사용된다는 사실에 의해 복잡해진다. 예를 들어, 찡그림과 찌푸림, 미소, 공포의 표정 같은 "얼굴 표현"들이 있다. 하지만 그러한 "표현들"이 어쨌든 표현이라는 점이 항상 명확한 것은 아니다. 때때로 그런 표현들은 감정의 **증상들**이거나 **표시들**이다. 윌리엄 제임스는 맥박이 빨리 뛰는 것과 얼굴이 붉어지는 것을 감정 "표현"에 포함시켰다. 많은 심리학자들이 공공연히 눈에 띄는 감정의 표현 양상이라면 무엇이든, 심지어 신경학상의 변화까지도 감정 표현에 포함시킬 것이다.

　수역학 비유와 엄밀한 어원은 사람들이 분출, 즉 어떤 종류의 심리적 배출의 관점에서 감정 표현 또는 "강제로 내보내기"를 찾도록 할 것이다. 따라서, 지금까지 외침들과 비명들, 거의 이해 할 수 없고 겉보기에는 쥐어짜인 듯한 다른 격렬한 소리들이 감정 표현의 패러다임으로 선택되는 경우가 빈번했다. (예를 들어, 중세의 액막이 이래로 가장 값비쌀 뿐만 아니라 가장 단순한 치료법 중 하나에서 최근에는 불분명한 "원초적 외침"에 선도적인 역할이 주어졌다.) (다윈이 거의 1세기 전에 주장했듯이) 외침 소리들과 비명 소리들, 그리고 더 분명한 구술 표현들이 우리의 표현 목록의 단단한 핵심을 형성한다는 것은 사실이다. 그러나 감정 표현의 패러다임을 하나 뽑아야 한다면, 그것은 틀림없이 **행동**, 그것도 감정 이데올로기에 의해 요구되는 직접적인 행동이어야 할 것이다. 물론, 여기에는 구술 행동이 포함되어 있고, 잘 선택된 몇 개의 말들은 사납게 주먹으로 때리거나 재빠르게 발로 차는 것보다 훨씬 더 직접적이고 효과적인 것으로 증명되는 경우들도 종종 있을 수 있다. 하지만 적절한 상황에서는 불쾌한 시선이나 미소만으로도 우리의 감정을 완전히 만족스럽게 표현할 수 있을지도 모른다. 일반적으로, 감정 표현은 감정과 특정한 상황의 논리와 이데올로기에 의해 요구되는 행동이라고 말해도 될 것이다. 그러므로, 얼굴 표현들은 때때로 진실한 표현일 수도 있다. 즉 그 표현들이 감정의 이데올로기에 도움이 되는 경우에는 말이다. 그러나 다른 경우들에서 그것들은 표현이 전혀 아니라 단순한 습관, 증상, 표시에 불과할 수도 있다. 이런 이유 때문에, 홍조와 맥박, 고동 같은 생리적 반응들은 표현이 전혀 아니다.

구술 표현에 관하여서는, 이 책에서의 내 관심사인 행동화로서의 "표현"과 ("생각 표현하기"를 예로 들 수 있는, 일반적인 "구술 표현"에서처럼) 발화로서의 "표현" 사이의 어떤 모호성에 주의해야 한다. 감정의 구술 표현은 형태에서 감정의 **구술 묘사**와 전혀 다르지 않지만, 반성에서처럼 기능에서는 아주 다르기 때문에 주의가 요구된다. 예를 들어, "나는 화가 나 있다"와 "나는 당신을 사랑해"는 적절한 감정 표현의 역할을 할 수도 있다. 그렇지만 그것들은 또한 무엇이든 표현 기능이 전혀 없는 냉정한 자기 묘사일 수도 있다. 사실, 괴로운 연인이 오해의 여지 없는 사랑의 표현으로서 "난 널 미워해"라고 외칠 때, 구술 표현이 묘사로서는 **틀린** 것도 당연하다. 구술 표현은 요구들을 성취하기 위해서 말을 **사용한다.** 반면에 묘사는 주장의 진위에 관련된다. 감정을 정직하게 묘사하는 것은 아직은 그것을 표현하는 것이 아니다. 묘사에 수반하는 정직함과 솔직함의 의식을 표현에 의해 성취되는 만족과 혼동해서는 안 된다. 말할 필요도 없이, 이 둘의 관계는 종종 복잡하고, 하나의 구술 발화가 동시에 두 기능에 도움이 될 수도 있다. (예를 들어, 대화할 때 "미안해"라고 막 말하려는데, "화가 나"라는 말이 무심코 튀어나온다. 이 말은 나의 화에 대한 인지와 나의 화에 대한 표현 둘 다를 구성하는 것으로 보일 것이다.)

일반적으로, 감정 표현은 우리의 감정 이데올로기의 요구들을 실현하기 위해서 역할을 다하는 행동이다. 그래서, 화의 "자연스러운" 표현은 주어진 상황에서 되도록 직접적이고 효과적인 처벌을 위한 행동이다. 그렇지만, 이것이 항상 가능하지는 않다. 그리고 그것이 가능하지 않을 때, 표현의 변화들은 훨씬 더 복잡해진다.

그렇지만, 표면상 직접적으로도 간접적으로도 효과적이지 않은 많은 감정 표현들이 훨씬 더 복잡하다. 주 경찰관이 나에게 속도위반 딱지를 끊자, 나는 운전대 연결 축을 세차게 걷어찬다. 상사에게서 심하게 질책받은 직원은 욕설을 중얼거리고 휴지통에 화난 시선을 던지면서 자기 자리로 돌아간다. 원한과 시기를 느낄 때, 우리는 이를 갈고, 애써 침을 삼키고, 주먹을 주머니 속에 찔러 넣는다. 이것들도 모두 표현인데, (홍조나 빨라진 맥박처럼) 단지 감정의 징후일 뿐만 아니라, 감정 이데올로기의 요구들을 실현하려는 의도가 불분명한 것이다. 따라서, 이러한 것들은 종종 "보충의" 또는 "상징적" 표현들이라고 불리는데, 사실 효과적이지 않고 오히려 효과적일 표현들의 축소판이다. 휴지통에게 중얼거린 욕설은 마치 그것이 상사에게 하는 말인 것처럼 말해진다. 운전대 연결 축 걷어차기는 마치 그것이 주 경찰관의 정강이인 것처럼 행해진다. 하지만 이런 "마치 ~인 듯이"의 논리는 독특하다. 나는 다음 절에서 이것을 구체적으로 논하겠다.

조금 전에 나는 감정의 "자연스러운" 표현, 즉 감정 이데올로기의 요구들을 충족시키는 직접적이고 가장 효과적인 수단들에 대해 말했다. 물론, 이것이 그 말의 통상적인 명시적 의미는 아니다. 다시 수역학 모델에 따르면, 감정의 "자연스러운" 배출구는 "본성"에 의해 미리 정해지는 것이다. 마치 얼게돔의 짝짓기 의식과 약간 유사하게 우리의 감정 표현들은 판에 박히고 획일적인 몸짓과 행동들이기나 한 것처럼 말이다. 하지만, 이런 의미에서 감정의 "자연스러운" 표현은 없다. 화의 경우에, 화나게 하는 행위의 본성과 그런 행위를 한 사람의 취약성이 요구될 처벌의 특정한 형태를 결정한다. 어린아이에게는, 불쾌한 시선만으로 충분하고도 남을지 모른다. 친구에게는, 몇 마디 욕설이면 충분할 것이다. 악마 같은 사람에게는 불구로 만들어 버리는 물리적 위해나 죽음에 미치지 못하는 것은 그 어떤 것도 충분해 보이지 않을지도 모른다. 사랑의 경우에, "자연스러운" 표현은 확실히 한 사람이 품은 애정의 본질과 그 사람의 연인이 가진 민감성과 욕망들에 달려 있다. 애무하기를 (또는 애무받기를) 원하는 것이 표준일지도 모르지만, 그것이 "자연스러울" 필요는 없다. 적어도 그것이 사랑의 이데올로기에 짜넣어져 있다는 의미에서는 자연스러울 필요가 없다. (예를 들어, 그리스도에 대한 수녀의 사랑을 고려해 보라. 왜 사람들은 단지 그 이데올로기에 애무하거나 애무받기를 원하는 욕구가 포함되어 있지 않기 때문에 그것을 "다른 종류의 사랑"이라고 불러야 하는 것일까?) 간단히 말해서, "감정의 자연스러운 표현"은 결말이 열려 있는 부류의 직접적이고 효과적인 행위들만을 의미할 수 있다. 이런 행위들은 미움의 경우에는 상처 주기, 시기와 앙심의 경우에는 빼앗기, 찬미의 경우에는 칭찬하기, 허영의 경우에는 으스대기 같은 우리의 이데올로기를 충족시켜 줄 것이다. 하지만, 그 어떤 특수한 행위도 상기한 그 어떤 것의 지시도 받지 않는다. 다른 말로 하면, "감정의 자연스러운 표현"은 본성과는 아무런 관계가 없다.

감정의 논리가 표현의 논리를 좌우한다. 화는 화난 표현을 요구하고, 사랑은 사랑이 깃든 표현을 지시한다. 직접적이고 효과적인 행동이 가능하지 않을 때조차도, 그 논리는 전혀 손상되지 않으며, 자체의 매개변수들에 직접적으로 그리고 효과적으로 행동하지 못하는 무능력이나 그렇게 행동하기를 꺼리는 망설임을 추가할 뿐이다. 자포자기의 경우에, 우리는 우월성을 가장한 미소와 거만한 얼굴로 우리의 무능한 원한을 감춘다. 그러나 가장의 경우에조차도, 표현을 결정하는 것은 바로 감정의 논리이다. 그런데 표현은 이 논리를 전제로 하지만 남용한다. 마치 영리하지만 부도덕한 변호사나 정치가가 자신의 이익을 위해서 곡해하는 법체계를 (심지어 그가 법체계를 강경하게 옹호할 때조차도) 전제로 하고 남용하는 것처럼 말이다.

수역학 모델을 근거로 하면, 감정과 특정한 표현 사이의 연관은 언제나 상당한 미스터리였다. 왜 "우리 내부에 있는" 어떤 압력은 특정한 배출구, 종종 약간의 아주 미묘하고 정교한 행동을 요구하는가? 방광처럼 정신이 미리 짜놓은 어떤 배출 경로를 가지고 있기 때문인가? (그래서 천 년이나 된 고대 힌두도교들의 배관 도표에서 프로이트주의의 분출 수역학에 이르기까지 의식의 "지도들"을 향한 아주 오래된 맹목적 숭배가 있다.) 왜 외마디의 원초적 비명, 한 판의 권투 시합이나 한 차례의 공격적 섹슈얼리티, 몇 모금의 술이나 진정제에 의해 우리의 "갇힌" 감정들이 모두 다 방출되지는 않는 것인가? 수역학 모델에 따르면, 감정을 "행동으로 표출할" 뿐만 아니라 "말로 표출하는" 것은 어떻게 가능한가? (그리고 우리가 말하는 대상이나 말하는 상대는 왜 문제가 되는가?)

내 이론에서, 특히 그 표현이 직접적 행동일 때, 감정과 특정한 표현 사이의 연관관계는 쉽게 설명될 수 있다. 감정의 이데올로기는, 상황에 대한 우리의 판단과 결부되면, 보통은 아주 분명하게 적절한 표현을 지시한다. 뉴턴 학설에서 바라본 압축된 힘들의 상호작용과는 정반대로, 감정은 아리스토텔레스 철학에서 제시한 다음과 같은 "실천적 삼단논법"의 "논리"를 통해서 표현으로 이어진다. "감정을 상하게 하는 사람은 처벌받아야 한다. 소크라테스는 감정을 상하게 한다. 소크라테스를 처벌하는 최선책은 그에 관한 풍자극을 쓰는 것이다. 그러므로…" 감정의 표현은 감정을 "강제로 내보내는 것"이 결코 아니라, 오히려 감정을 실현하는 것이다. 표현은 아무리 미약한 시도라고 하더라도 우리의 감정이 **당연히** 그래야 한다고 판단하는 방식대로 세상을 **만들려는** 시도이다.

수역학 모델에 따르면, 감정과 그 표현 사이에는 논리적인 간극이 있다. 둘 사이의 연관관계는 우연성의 문제이고, 어쩌면 제멋대로 생겨난 습관들 또는 설명할 수 없는 "본능들"의 문제일 수도 있다. 이 점은 호기심을 자아내는 문제를 초래하는데, 이것을 나는 "우연성의 문제"라고 부른다. 추상적 형태로 이 문제는 20세기의 대부분 동안 "다른 사람들의 정신의 문제"라는 표제 하에 영미 철학과 유럽 철학을 지배했다. 그렇지만, 그것은 더 익숙하고 일상적인 표현 양태를 가지고 있다. 이런 표현 양태는 가식적인 미소가 너무도 빈번하게 조작과 분노를 감추는 사회에서 건강한 경험 법칙이 된 회의주의에서 볼 수 있다. 그리고 오랜 내밀한 연애가 거칠게 끝날 때도 볼 수 있는데, 이런 경우에는 "그/녀는 결코 나를 사랑하지 않았어. 내내 사랑하는 척했을 뿐이야"라는 참담한 의심이 든다. 우리가 주변 사람들 중에서 누구라도 정말로 신뢰할 수 있을지 생각하는 일상의 편집증적인 환상들 속에서도 그런 표현 양태를 볼 수 있다. "우연성의 문제"는 우리가 다른 사람의 감정을 결코 정말로 알 수는 없다는 의심이다. 기껏해야 우리는 다른 사람의 행동과 그 사람이 하는 말, 표정들, 몸짓들에서 실마리를 얻을 수 있을 뿐이다. 하지만 "그 사람의 내부에 있는" 감정과 우리가 목격하는 공개된 표현 사이에 논리적인 연관은 전혀 없기 때문에, 우리는 결코 확실하게 알지 못한다. 아무리 잘 보아주어도, 사람들이 "우리를 속이고 있지" 않다고 **추정할** 수 있을 뿐이다. 그렇지만, 그것을 입증할 증거가 하나도 없으므로, 왜 우리가 그들을 신뢰해야 할까?

우리는 사람들이 (장례식과 결혼식, 공청회 등의) 다양한 의례에서, (무대 위에서 또는 놀이에서) 거짓 가장의 문제로서, 조작과 속임수의 문제로서, 사람들이 때때로 감정을 꾸며 내는 방법을 알고 있다. 이것이 **항상** 사실이라는 것이 가능할까?

그러한 것이 우리가 다른 사람들에 관하여 느끼는 두려움일지도 모른다. 하지만 우리 자신의 경우에, 주관적으로, 우리는 그렇지 않다는 것을 알고 있다. 우리는 경멸하는 사람에게 진심과 공감을 꾸며 내기가 얼마나 어려운지, 사랑하는 사람에게 무관심한 체하기가 얼마나 불가능한지를 알고 있다. 만일 우리의 감정과 행동이 그저 우연히 관련될 뿐이라고 한다면, 우리가 선택하는 행동 목록을 훈련하여 우리의 느낌들이 생길 때 그것들을 참으면서 언제나 우리에게 가장 큰 이익이 되도록 행동하기는 쉬운 일일 것이다. 그러나 호의 없는 미소들은 얼마나 명백하게 거짓되고, 가짜 분개는 얼마나 공허한가. 우리는 감정과 표현 사이에 최소한의 논리적 틈새를 억지로 벌리는 것이 어렵다는 것을 알고 있다. 우리는 마치 침울하지 않은 듯이 행동하려고 애쓰지만, 나타나는 것은 억지웃음과 심한 말이다. 우리는 경멸하는 누군가에게 친절하게 행동하려고 애쓰지만, 거짓 칭찬을 하면서조차 우리 자신이 겉만 번지르르하고 부지불식간에 신랄하다는 것을 알아차린다. 우리는 자신감과 매력을 가장하지만, 어떤 기간에 걸쳐 거짓 자세를 유지하는 유일한 방법으로서 우리의 행동은 얼어붙고 **뻣뻣해진다**("유연한"은 현대의 적절한 특징 묘사이다).

　『사전꾼들The Counterfeiters』에서 앙드레 지드는 감정을 가장하기와 실제로 감정을 가지기 사이의 연관관계는 흔히 예상되는 것보다 훨씬 더 친밀하다고 주장했다. 우리는 그 친밀성을 알고 있다. 일단의 새로 사귄 친구들과 마음이 통하기 위해서, 우리는 그들과 함께 분개하는 척하고, 곧 진심으로 분개하게 된다. 우리는 가장된 시기심과 원한, 가장된 심취와 사랑이 얼마나 쉽게 "진짜"로 변하는지를 알고 있다. 하지만, 우리의 감정 모델에 따르면, 이것이 우리를 놀라게 해서는 안 된다. 감정을 가진다는 것은 판단들과 신화와 이데올로기로 구성된 체계를 채택하는 것인데, 이 체계는 세계는 어떤 일정한 방식이어야 한다고 요구한다. 감정을 가장하는 것은 논리적이고 이데올로기적인 그 체계 속으로 걸어 들어가는 것, 그 감정이 요구하는 대로 세계를 바꾸는 그런 방식으로 행동하는 것이다. (어쨌든 몇 분이 넘도록) 감정을 가장하는 것은 한두 개의 산발적인 행동에 탐닉하는 것일 뿐만 아니라 살아 있는 역할과 하나의 세계관을 채택하는 것이다. 만일 가장이 성공하게 되어 있다면, 그 세계관의 많은 판단들과 추정들을 벌써 공유하고 있어야 한다. 그 본성상, 감정들은 가장 자신에게 몰두하는 중요한 판단들이고 우리 세계의 기본 구조들이기 때문에, 감정을 가장하는 것은 우리의 가장 설득력 있는 자기 본위의 관심사들을 가지고 위험하게 장난치는 것이다. 감정을 가장하기 위해서 우리는 궁극적으로 우리 자신의 자아에 **맞서** 살아야 하고 우리 자신의 세계를 부정해야 한다. 따라서, 우리의 감정을 오래 끌며 가장하는 것은 결코 우리에게 이롭지 않다.

가장에는 한계가 있다. 가장은 오로지 감정의 논리를 전제로 하고 단지 가끔 그 논리를 남용하기 때문에만 효력이 있다. 대단히 난해한 표현 논리를 가진 영리한 사람들이 늘 있는데, 이 논리는 그런 사람들이 더 자주 자신들에게 유리하게 우리를 "속이도록" 허용할 것이다. 하지만 그럴 때조차도, 우리가 잘못 인도되도록 허용하는 것은 우연성의 문제가 아니라, 단지 우리 자신의 자기기만과 통찰력 부족, 반성하지 않고 가짜를 믿으려는 욕구들일 뿐이다. 그런데, 가짜는 바로 가짜이기 때문에 항상 진정성의 순간들에 빠지게 되고 본색을 드러내게 된다. 그러므로 우연성의 문제에 반대하면서, 나는 감정과 그 표현 사이의 연관관계는 언제나 논리적이고 우연적이지 않다고 주장하는 바이다. 어떤 특유한 경우에는 그 논리가 아무리 난해해질 수 있다고 하더라도 말이다. **감정들은 드러날 것이다.** 기획이자 우리의 세계 속으로의 투사로서 감정들은 이따금 특별한 순간들을 제외하면 표현들로부터 분리될 수 없다.

"다른 사람들의 정신의 문제"에 관한 논의는 보통 얼굴 표정처럼 가장 덜 흥미롭고 가장 덜 표현하는 "표현들"을 중심으로 한다. 예를 들어, 화를 표현하기 위해서 중국인들은 눈을 크게 뜨는 반면에 우리는 눈을 가늘게 뜬다. 한때 에드거 라이스 버로우즈^{Edgar Rice}

Burroughs는 우리의 감정 표현과 "정반대"인 감정 표현 방식을 지닌 사람들을 상상했는데, 그들은 행복을 표현하기 위해서는 울고 슬픔을 표현하기 위해서는 웃는다. 그러나 우리가 가장 극미하고 효력이 가장 약한 표현들에만—일단 그것들이 표현이라면—주목하면서 가장 피상적인 묘사 층위에 머무르는 한에서만 이런 우연한 상대주의는 그럴듯하다. 관습들과 가치들과 감정의 논리를 구성하는 전략들이 아무리 이질적이고 다르다고 하더라도, 그러한 표현들의 궁극적인 의미는 사회마다 또는 사람마다 다르지 않을 것이다.

일반적으로, 감정 표현은—다양하고 필요하다면 아마도 수상쩍은 전략들을 통해서 가능하다면 직접적으로 그리고 간접적으로—우리의 감정 이데올로기들이 하는 요구들을 충족시킬 행동들과 몸짓들과 말들과 태도들이다. 그래도 직접적으로 또는 간접적으로 우리의 이데올로기적 요구들을 충족시키는 데 분명히 효과적이지 않은 표현들이 있다. 그렇지만, 그런 것들을 "표현"의 범위에서 간단히 배제해 버릴 수는 없다. 왜냐하면 많은 경우에, 분개해서 무생물 대상을 발로 차거나 제삼자에게 "짝"사랑을 고백하는 것처럼, 그런 표현들은 보통 감정 표현의 범례로 간주되기 때문이다. 하지만, 그렇다면 그것들은 무엇을 표현하는가? 그것들이 우리의 감정과 삶에서 담당하는 기능은 무엇인가?

3. 감정과 마법

> 무언가에 대해 화가 날 때, 나는 이따금 지팡이
> 로 땅을 두드리거나 나무를 친다. 하지만 그 문
> 제에 관해서 나는 땅이 잘못했다거나 치는 행위
> 가 어떤 도움이 된다고는 믿지 않는다. "나는 내
> 화를 표명한다." 모든 의례들은 이런 종류의 특
> 성을 가진다.
>
> 비트겐슈타인, 프레이저^{Frazer}의
>
> 『황금가지*The Golden Bough*』를 비평하며

장 폴 사르트르는 감정을 "세계의 마법과도 같은 변형"이라고 부른
다.[117] 그것은 적절한 어구로, 우리가 우리 자신과 우리의 세계에
강제하는 신화적이고 때로는 비합리적인 요구들을 정확히 포착하
고 있다. 나는 사랑에 "빠져"들거나 사랑에서 "빠져"나온다. 사랑
속으로 또는 사랑 밖으로 "빠진다." 그러자 마치 재난을 당하거나
재난에서 구출되거나 한 듯이 그만큼 극적으로 나의 세계는 "변형
된다." 그런데도, 객관적으로는 아무것도 변하지 않는다. 혹은 내가
상부의 권력에게 억압받고 있음을 알아차리지만, 반항하는 대신에

---

117. *The Emotions: Outline of a Theory*, trans. B. Frechtman(New York: Philosophical Library, 1948). "Sartre on Emotions," in Paul Arthur Schilpp, ed., Sartre, The Library of Living Philosophers(LaSalle, Ill.: Open Court, 1977)을 참고할 것.

나는 나 자신을 고귀한 명분을 위한 희생자이자 순교자로 여기면서 말없이 비난하고 규탄한다. 다시 또, 객관적으로는 아무것도 변하지 않았다. 사르트르가 "마법의" 힘이라고 지칭한 감정의 힘은 우리의 개인적인 욕구들에 따라서 쉬르리얼리티를 바꾸고 구성하고 재구성할 수 있는 능력이다.

직접적이고 효과적인 행동이 불가능할 때, 감정 이데올로기는 신중하고 종종 복잡한 논리를 요구한다. 계획하고 음모를 꾸미기 위해서 상상력이 소환되고, 전략이 직접적 행동을 대체한다. 상사에게 화가 나지만 그 일자리가 몹시 필요한 직원은 화를 직접 표현하는 것이 불가능함을 깨닫는다. 그렇다면, 그는 계획하고 음모를 꾸며 화나게 만드는 상사를 간접적이지만 효과적으로 처벌할 수 있는 수단을 발견할지도 모른다. 면밀히 계획된 결과를 얻기 위해서 익명의 편지를 쓰거나, 나머지 다른 직원들 사이에 소문을 퍼뜨리거나, 서류 집게를 훔치거나, 회사 기록들을 위조할지도 모른다. 그러한 간접적인 표현들은 그 감정의 "자연스러운" 또는 직접적인 표현과 정반대되는 것을 요구하는 외견상으로는 기묘한 결과를 가져올지도 모른다. 상사에게 화가 나 있는 경우에, 그 상사가 응분의 벌을 받도록 하기 위해서, 벌로 가는 우회로는 화가 나 있다는 것에 대한 명시적인 부인을 필요로 할지도 모른다. 남성이 자신에게 관심이 없는 여성을 사랑하는 경우에, 아마도 그는 원하는 친밀성을 얻기 위해서 무시와 무관심으로 사랑을 표현하는 것이 필요하다고 느낄지도 모른다. 거꾸로인 이러한 표현들은 감정의 논리를 벗어나는 것이 아니라 확장할 뿐이다. 직접적인 표현으로 가는 길들이 차단되어 있기 때문에 더 복잡하고 정교한 간접적이고 우회하기까지 하는 길들이 그것들을 대체할 것이다. 외견상, 아마 감정과 그 표현은 "비합리적으로" 보일 것이다. 하지만 일단 감정과 매개변수들을 이해하고 나면, 감정 표현은 당연히 그러한 상황에서 가능한 최선의 전략으로 보일 것이다. (이 장의 4절을 참고할 것.) 거만한 아첨과 칭찬은 턱을 정확히 겨냥하여 밑에서 위로 올려치는 것만큼이나 화를 잘 표현할 수도 있다. 얼굴을 찰싹 때리는 것은 껴안거나 입을 맞추는 것만큼 사랑을 잘 표현할 수도 있다. 적절한 상황이라면, 어떤 행동이든 효과적인 감정 표현이 될 수 있다.

감정의 이상들을 실현할 ─직접적인 것이든 간접적인 것이든─ 효과적인 표현이 전혀 없을 때 (또는 전혀 없는 것처럼 보일 때) 진짜 문제가 발생한다. 이럴 때, 리얼리티는 다루기 힘든 것으로 보이고, 그래서 감정은 할 수 없이 쉬르리얼리티를 재구성하는 것으로 만족한다. 그런데 때로는 쉬르리얼리티에서의 변화를 리얼리티에서의 변화로 혼동하기도 한다. 효과적인 표현이 불가능할 때, 감정은 절망적인 상황에 빠져 있음을 깨닫는다. 감정이 스스로 구성한 일단의 이상들을 실현하는 것이 불가능해진다. 반성해 보고 나서야, 우리는 이 불가능성을 인지하고 그것에 따라서 기대들을 조정하는 것도 당연하다. 적어도 우리는 어떤 그럴듯한 이유들을 근거로 실패들을 "합리화"할 수 있을지도 모른다. 그러나 반성하기 이전에, 우리의 감정들은 순전히 주관적인 행동을 하려는 더 필사적인 방침을 채택하는 경향이 있다. 자체의 무능력을 인정하기를 거부하고 이데올로기적 방침을 포기하지 못하는 것은 아니더라도 포기하기를 꺼리면서, 감정들은 그들의 신화를 확장하고, 상상력을 혹사하고, 동시에 객관적인 반성이 주는 교훈들을 차단한다. 그러한 경우들에, "마법"의 개념은 감정 연구에서 아주 특별한 관련성을 갖는다. 리얼리티의 직접적인 그리고 심지어 간접적인 인과관계를 조작하는 것이 불가능할 때, 감정은 "마법 같은" 객관적인 구실에 의지하여 쉬르리얼리티를 과격하게 바꾸는 것도 무리가 아니다. 마치 리얼리티를 바꾸기 위해서는 쉬르리얼리티를 바꾸는 것으로 충분하거나 한 것처럼 말이다. 그런데, 사르트르가 그의 에세이에서 비판한 것은 바로 이런 종류의 마법 같은 객관적 구실이었다.

감정들은 자주, 일반적이라고 말할 수 있을 정도로까지, 분명히 비합리적인 또는 적어도 요점이 없는 행동을 초래한다. 화가 나 있는 남자는 지팡이로 나무를 치거나 땅에 발을 세게 구른다. 슬퍼하는 여자는 마치 죽은 그녀의 남편이 여전히 살아 있거나 한 것처럼 행동한다. 이런 의미에서 이른바 우리의 표정들은 —예를 들어, 화가 나서 노려보기, 시기심으로 움찔하기, 사랑으로 눈물이 가득한 눈, 상처 입은 자존심 때문에 참고 침묵하기 —일반적으로 요점이 없거나 비합리적이다. 어떻게 오므린 입술이나 찡그린 눈꺼풀이 우리의 화를 유발한 위반 행위를 교정하도록 우리를 도와준다는 말인가? 어떻게 분노를 억누르며 입을 삐죽거리는 것이 우리가 분개하는 억압을 극복하도록 도와준다는 말인가? 물론, 그러한 표현들은 어떤 상황에서는 효과적이고 심지어 직접적인 표현을 구성할 수도 있다. 어린아이들을 호되게 꾸짖는 것을 그 사례로 들 수 있다. 하지만 그런 표현들은 보통 그렇게 효과적이지 않고 오히려 "단지 표현일 뿐"이고, 효과적인 행동이 전혀 아니다.

입을 삐죽거리기와 이를 갈기, 저주를 중얼거리거나 사랑을 우물우물 고백하기, 나무를 발로 차고 철로 아래에서 소리치기는 기껏해야 퇴화한 표현 형태처럼 보일 것이다. 그러나 이런 표현들에도 "논리"가 있다. 물론, 프로이트가 "요점이 없고" "비합리적인" 표현들을 통찰력 있게 관찰해 왔다. 프로이트는 수역학 모델을 거듭 승인했음에도 불구하고(수역학 모델에 따르면 감정 표현은 감정에 의해 **초래된다**), 이 모델이 표현 이론으로는 부적합함을 간파하고 언뜻 보기에는 비합리적이고 무의미한 표현들이 사실은 목적이나 "의미"를 가지고 있다고 찬란하게 주장했다. 프로이트가 환자들에게서 관찰한 이상한 행동은 감정들에 의해 야기된 것이 아니라 감정들을 표현한 것이었고, 대단히 곤란한 장애물에도 불구하고 그것들을 실현하려는 시도들이었다. 물론, 그러한 표현들이 (그러므로 감정들은 아니다) 정말로 "비합리적"이고 요점이 없는 점도 있다. 나무를 치거나 땅에 발을 구르는 대신에, 우리를 화나게 한 그 사람을 치거나 때려야 한다. 하지만, 감정들을 효력이 없고 때로는 별난 그러한 표현들에 연결하는 편향적이고 종종 호기심을 끄는 "논리"를 밝혀내고 나서야 비로소 우리는 감정 일반의 구조를 이해한다.

술집에서 부랑자에게 화가 난 남자는 아마 그 순간 그리고 그 장소에서 그의 화를 처리할 수도 있다. 고용주에게 격노한 남자는 어쩔 수 없이 복수하려는 수상한 음모와 책략을 짤지도 모른다. 하지만 화가 남에도 불구하고 그것을 효과적으로 표현하기를 거부하는 사람이 있다. 그의 화는 전혀 없어지지 않으며, 응보의 복수에 대한 요구도 사라지지 않는다. 그 사람은 효과적인 표현을 억제할 수도 있지만, 효과 없는 표현은 많으리라고 확신할 수도 있다. 예를 들어, 증오에 차서 침묵하고 "죽일 듯이" 바라보고, 나무를 발로 차고 아내나 자식들에게 심술궂게 반대하는 말을 하고, 어두운 사무용품 보관실에서 투덜거리며 욕하고, 말없이 망하라고 주문을 외울 수도 있다. 마치 어떤 신적인 복수 세력의 노여움을 —혹은 적어도 주식시장의 노여움을 —강력한 적수의 귀 언저리로 끌어내리기나 하는 것처럼 말이다. 그리고 "눈길만으로도 죽일 수 있다면"이라고 바랄 수도 있지만, 그렇게 할 수 없다.

감정을 보여 주는 그토록 많은 평범한 "표현들"이 감정을 실현하거나 특정한 이데올로기에 맞추어 세계를 바꾸는 데 전혀 효과가 없는 것으로 보인다는 사실을 어떻게 설명할까? 비유적인 감정 "배출하기"가 있는 수역학 모델은 그 사실을 설명하지 못할 것이다. 투덜거리는 욕으로만 표현되는 화는 강도가 **증가하게** 되는 화이다. 마음에 품고 있을 뿐 공개적으로 표현되지 않는 사랑은 쉽게 집착하게 될지도 모르는 사랑이다. (그러나 실제 관계에서 나타나는 구체적인 시련들보다는 얼마나 더 쉬운가.) 애도를 마음껏 오래 끄는 슬픔은 비탄으로 변하고, 그다음에는 절망으로 변하고, 결국에는 강박적이고 종종 히스테리성의 의례들이 되어 버리는 슬픔이다. 프로이트는 이러한 의례들을 매우 많은 그의 초기 환자들에게서 관찰했다. 우리는 발로 나무를 차거나 정신과 의사의 책상을 주먹으로 치거나 철로의 가대 아래에서 비명을 내지름으로써 일시적으로 만족감을 얻을 수 있을지도 모르지만, 그러한 만족감 중에 그 어떤 것도 곱씹기, 입을 삐죽거리기, 이를 갈기, 눈과 목을 단단히 조이기, 또는 주먹을 꽉 쥐기의 당연한 결과가 아니다. 그런데, 이런 것들은 효과적인 표현이 허용되지 않는 감정을 나타내는 가장 익숙한 표현들이다.

그러한 효과 없는 표현들의 특징을 가장 잘 나타내는 것은 그것들이 효과적**일 수도 있는** 행동들의 축소된 또는 퇴화한 또는 대체된 변형이고, **마치** 욕망이 충족되거나 할 **것처럼** 작용하는 의례들이라는 사실이다. 우리를 화나게 만든 사람 대신에 나무를 발로 차는 것이 명확한 한 사례이다. 만일 분개하게 만드는 사람에게 실제로 말한다면 엄청나게 충격적일지도 모르는 악담을 분개에 차서 중얼거리는 것도 또 하나의 사례이다. 혹은 사랑에 빠져 필사적인 사람은 그가 욕망하는 사람이 앉아 있는 커피 탁자의 건너편에 앉아서 "제발 나를 사랑해줘"라는 주문을 혼잣말로 되풀이한다. **마치** 이런 요구가 **마법으로** 효과를 나타내기라도 하는 **것처럼** 말이다. 슬픔의 경우에, 죽은 사람을 소생시키기 위해서 갖은 애를 쓸지도 모르고, 의례들을 반복하고 그(녀)가 꼭 필요한 역할을 하는 상황을 추억함으로써 마치 그(녀)가 여전히 살아 있기나 한 것처럼 행동하기 위해서 온갖 노력을 할지도 모른다.

때때로, 이런 다양한 퇴화한 표현들과 의례들은 한때 효과적이었던 표현들의 흔적에 지나지 않는 것으로 보일지도 모른다. 다윈은 모든 감정 표현이 이런 특징을 가지고 있다고 생각하면서, 그것들을 "한때 쓸모 있었던 습관들"이라고 불렀다.[118] 예를 들어, 유년 시절에 하고 싶은 대로 하기 위해서 썼던 한때 효과적이었던 전략 — 울기, 발 구르기, 또는 가장 편리하지 않은 장소에 오줌 싸기 — 은 그것이 더 이상 효과 없는 성인기까지 이어져서 수정되고 더 정교한 형태 — 투덜거리거나 불평하거나 초조해서 발이나 손가락을 똑똑 두드리거나 대화를 중단할 구실로 생리적 욕구를 이용하기 —로 나타날 수도 있다. 아마 화가 나서 주먹을 꽉 쥔 것은 우리가 지금은 삼가는 싸움 준비의 흔적이 남아 있는 것이라고 주장할 수도 있을 것이다. 이 갈기는 말로 표현되어져야 하는 위협이나 악담

---

118. *The Expression of Emotion in Man and Animals* (London: John Murray, 1872).

이 말로 표현되지 못하고 퇴화한 흔적일 수도 있고, 또는 훨씬 더 다원적이고 싶다면, 적수를 물고 싶은 충동의 흔적이 남아 있는 것일 수도 있다. 겉보기에는 "자연스러운" 감정 표현들의 대부분은 아니라고 하더라도, 많은 것들이 습관적이고 생각을 거치지 않는다는 점은 사실이다. 그러나 이런 사실에서 그런 표현들은 또한 목적이 분명하지도 않다는 결론이 도출되지는 않는다.

히스테리 환자들의 이따금 강박적이고 충동적인 행동을 관찰하면서, 프로이트는 다양한 감정 표현들과 겉보기에는 효과가 없는 몸짓들과 의례들과 주문들을 도저히 단순한 "습관들"이라고 무시하거나 일축할 수 없음을 깨달았다. 그것들은 의도적이고 목적이 분명하며 "유의미할" 뿐만 아니라, **몹시** 그렇다. 절망의 변두리에서 우리는 그것이 아무리 비합리적임을 알아도 무엇이든 시도해 볼 것이다. 의학 치료법이 소진되면, 암 환자들은 신앙 요법 치료사에게 의지한다. 왜 아니겠는가? 은신처에서 두려워하며 누워 있는 젊은 무신론자는 기도를 하기 시작한다. 그가 잃을 것이 무엇이란 말인가? 우리의 감정들은 일반적으로 목적이 분명한데, 그 목적은 개인의 존엄성과 자부심을 극대화하는 것이라고 나는 주장해 왔다. 감정 표현들은 가능할 때 가능한 곳에서 세계를 바꿈으로써 이 목적을 실행하려는 시도일 뿐이다. 그러나 우리를 위협하는 상황들이 효과적인 표현의 범위를 넘어서거나 넘어서는 것처럼 보이는 경우가 빈번하다. 그런데도, 우리는 감정적으로 폭발할 것 같은 우리의 자아를 "환기하기" 위해서 "아무렇게나 하는" 몸짓들과 공허한 의례들을 통해서가 아니라, 굽히지 않는 세상에 맞서서 자부심을 구하려는 필사적인 노력을 통해서 우리 자신을 표현한다.

도대체 왜 우리는 그러한 효과가 없는 행위에 탐닉하는가? 때로는, **그것이 우리가 할 수 있는 전부이고**, 아무리 희망이 없다고 해도 (희미한 가능성이 있는 한) 아예 시도하지 않는 것보다는 시도해 보는 것이 더 낫다. 절망에 빠져 있을 때, 우리는 평온한 때라면 터무니없다는 것을 분명히 파악할 수 있는 행동 방침을 받아들이고 심지어 시도해 보기까지 하면서 불합리하게 행동하는 경우가 빈번하다. 하지만, 절망에 빠져 있을 때는, 다른 때라면 "비합리적인" 것으로 보이는 것이 가능한 대안들 중에서 최선의 것으로 보인다. 젊은 무신론자는 단 한 번도 신을 믿어 본 적이 없고, 지금 신을 믿을 어떤 이유가 있지도 않다. 하지만, 대안들이 모두 고갈된 상태이기에 만일 혹시라도 … 하면 어떻게 될까? 이런 상황에서, 우리는 여전히 그의 표현을 "비합리적"이라고 생각해야 할까? (그렇다고 해서, 흔히 듣는 말처럼, 그러한 극단적인 절망이 신을 믿을 만한 **이유**를 우리에게 제공해 준다는 말은 아니다. 은신처에 있을 동안에만 무신론자가 아닌 사람들이 많다.)

절망의 논리는 대체로 기이함의 논리다. 절망에 빠져 있을 때, 우리는 **객관적으로** 그럴듯하다고 여기지도 않을 마법적인 힘과 신의 중재를 믿거나, 또는 믿는 것처럼 행동한다. 하지만 완전히 무능한 상태에 직면하면, 우리는 물에 빠진 사람이 지푸라기라도 잡는 것처럼 그럴듯해 보이지 않은 것과 비합리적인 것을 붙잡는다. 절망과 무능력에 빠져 있을 때, 우리의 감정들은 합리적인 믿음의 범위 너머에 있는 상상력에서 생겨나는 **마법 같고**, 신비롭고, 유사 원인으로 보이는 힘에 자주 의지한다. 예를 들어, 프로이트의 초기 환자들을 생각해 보라. 한 여자는 마치 여러 해 전, 신혼 첫날밤의 실패를 다시 체험하고 교정하려고 하는 것처럼 매일 기이한 의례를 행한다. 그녀의 남편은 죽었지만, 그래도 그녀는 침구에 어떤 숨길 수 없는 얼룩이 묻어 있다고 하녀에게 지적하기 위해서 대단히 그리고 강박적으로 애쓴다. 이와 유사하게, 한 소녀는 부모가 성교하는 것을 막기 위해서 자기 전에 꽃병들과 베개들을 강박적으로 재배치한다. 두 사람 모두 그들이 몹시 원하는 목적과 이런 의례들이 마법처럼 서로 관련되어 있음을 믿고 있다는 가설에 근거하지 않고서는, 어떻게 이러한 기이한 행위들을 이해 할 수 있겠는가? 물론, 숙고해 보면, 나이 많은 여자도 어린 여자도 그러한 관련성을 **믿는다**고 공언하지는 않을 것이다. 하지만, 자부심이 무너지고 우리의 가장 강력한 감정들이 좌절될 때, 진실과 합리성과 상식은 중요치 않다. (때로는 절망이 충족보다 더 만족감을 준다.)

그러한 효과 없는 표현들은 "상징적"이고, 억압되어 온 더 직접적이고 효과 있는 표현들을 "대신하는 것"이라고 흔히 말한다. "상징적 표현"이라는 이 개념에는 수역학 모델을 배제하고 표현을 **유**

의미하다고 보는 훨씬 더 도움이 되는 모델을 옹호하는 뚜렷한 장점이 있다. (이 두 모델 사이의 갈등은 언제나 프로이트에게서 분명히 나타난다. 프로이트는 둘 중에서 어느 하나를 결코 단호하게 선택할 수 없었다.) 더구나, "상징적 표현"이란 개념은 정념의 **신화**와 **이데올로기**의 개념들과 잘 연결된다. 그러나 문학과 정치학, 프로이트 이후의 심리학과 철학에서 너무 자유롭게 주고받는 "상징주의"라는 개념은 문제를 분석하는 것이라기보다는 오히려 문제를 재진술하는 것이다. 사람은 왜 열정적이고 효과적인 행위가 아니라 상징적인 행위에 탐닉하는 것일까? 급진적인 정치학에서 실마리를 하나 찾을 수 있다. "상징적 행위"는 정신 측면에서는 받아들일 수 있지만, 결과 측면에서는 전혀 효과가 없다. 그렇다면, 그 목적은 무엇인가? 그것은 실제 효과들이 아니라, 오히려 **쉬르리얼리티에서의** 결과들이라고 말할 수 있을 것이다. 의심할 여지 없는 절망의 경우에, 효과 없는 이러한 표현들이 어떻게든 해볼 수 있는 전부이다. 그리고 절망인 척하는 경우들이 많은데, 이런 경우에는, 원한과 시기, 독선적인 분개, 소심한 사랑의 경우처럼 표리부동이 전략인 것으로 보인다. 절망적이고 효과 없는 표현은 마치 그것이 어쩌면 효과가 있을 것처럼 수행되지만, 주체는 그것이 효과가 없으리라는 것을 여전히 확신한다. 격노한 남자는 그의 아내 대신 나무를 발로 찬다. 마치 어떤 마법 같은 전이("주술")에 의해서 그의 아내가 그 통증을 느끼거나 할 것처럼 말이다. 그것이 절망 상태에서 그 남자가 **할 수 있는** 전부일지도 모른다. 그러나 꾸며진 가장의 경우에, 계속 화가 난 상태를 유지하기 위해서, 그 남자는 바로 그것이 효과가 없음을 알기 **때문에** 전혀 효과가 없는 이 전략을 선택할 것이다. 실제로 가해진 상처는 그의 감정을 훼손할 것이다. 수역학의 "리얼리티" 가설에서처럼, 효과 없는 표현은 화를 "방출하지" 않는다. 그와 반대로, 화가 **강화되지는** 않는다고 하더라도 정확히 화가 지속되기 때문에 그 표현이 선택된다.[119]

우리의 절망적인 감정 표현은 **마치 …인 것처럼** 작용한다. 예를 들어, 마치 중얼거린 저주와 주문이 정말로 글자 그대로의 효과를 ("지옥에 가라," "하늘이 당신을 쓰러뜨리기를…") 내기나 하는 것처럼, 마치 실재를 대신하는 주물들과 주술에 쓰이는 표시들이 정말로 유사한 결과들을 전달하기나 하는 것처럼, 마치 편지나 사랑하는 사람의 머리 타래에 입을 맞추면 그 혹은 그녀가 실제로 그것을 느끼기나 하는 것처럼, 마치 애도 의식이 죽은 사람을 계속 살아 있게 해주기나 하는 것처럼 말이다. 이러한 비합리적인 믿음들과 전략들은 —특히 냉정하고 "합리적인" 사람들에 의해 실행될 때는—놀랄 만한 것으로 보인다. 하지만 우리가 면밀하게 따져 보면 단 한 순간도 유효하지 않을 편견들과 미신들에 근거하여, 반성해 보지도 않고 행동하는 경우가 얼마나 많은가. 한 입장이 감정적인

---

119. 강박적인 애국주의자에게는, "긴장 완화"나 장기간에 걸친 갈등이 해결이나 승리보다 항상 더 낫다.

투자의 논리적인 결과이기 때문에 —심지어 반성하고 나서도—그 입장을 완강하게 옹호하는 경우가 얼마나 많은가. 그리고 절망에 빠져 있을 때, 어느 정도까지이든 이러한 투자들을 옹호하는 것이 합리적인 믿음의 비개인적인 객관성보다 훨씬 더 중요하다.

가장된 절망의 표리부동은 다음의 사유 실험에 의해 폭로될 수 있다. 다음과 같은 상황을 상상해 보라. 당신은 말없이 화가 난 상태에서 불쾌하게 구는 낯선 사람에게 "뒈져 버려"라고 중얼거린다. 그러자, 그 사람이 급사한다. 신비주의로 기우는 경향이 없는 당신은 그가 죽은 것이 당신 때문일지 모른다는 암시를 묵살한다. 하지만 섬뜩한 죄책감의 덩어리가 있고, 당신은 "뒈져 버려"라는 관용구가 당신의 어휘에서 신중하게 지워질 것임을 장담할 수 있다. 또는 당신이 상사에게 화가 나서 책상을 발로 찰 때마다, 당신의 상사가 오른쪽 정강이에 심한 통증을 느낀다고 가정해 보라. 다시 말해서, 우리의 효과 없는 표현들이 사실은 효과가 있다고 가정해 본다면? 희망이 다 사라져서, 참으로 절망적인 사람은 그러한 불가해한 힘을 기꺼이 받아들일지도 모른다. 하지만 감정을 오래 끌기 위해서 절망을 가장하는 사람은 아주 다른 반응을 경험할 것이다. 그런 사람은 이전에 효과가 없었던 그의 표현들을 치명적인 무기로 취급하면서 그것들을 완전히 피하게 될 것이다. 그리고 여기에서 우리는 그의 전략을 파악할 수 있다. 그것은 자신이 하는 행동들이 효과가 없음을 인지하기 때문에 감정들을 효과가 없게 표현하는 전략이다. 그에게, 감정 표현은 아이의 놀이처럼 가장으로 가득 차 있지만 마치 가장이 아닌 듯이 행동하는 놀이의 한 형태로, 감정들을 해소하는 척하지만 사실은 감정들을 더욱 좌절시키고 강화한다. 실러가 시에 관하여 이야기한 것처럼, 마법과도 같은 감정 표현은 대단히 진지한 놀이 형태다. 그것은 즐기기 위한 것이 아니라 쉬르리얼리티의 감정 구조들을 구축하고 보강하기 위한 것이다. 그것은 굽히지 않고 계속 불신하면서도 "불신을 기꺼이 중단하는" 이중의 표리부동이고, 표현을 가장하면서도 그것이 가장이고 효과가 없기 때문에 죽 행동하는 것이다. 궁극적으로 중요한 것은 감정들을 충족시키는 것이 아니라 감정들을 지속시키고 그 힘을 유지하는 것이다.

우리 세계의 감정 구조들을 확고히 하기 위해서, 우리는 충족될 가능성이 가장 적은 감정들을 선택하고, 얻을 수 없는 것을 (만날 위험이 전혀 없는 인기 영화 배우를, 죽었거나 오래전에 연락이 끊어졌기에 만나서 화해해야 할 필요가 전혀 없는 연인을) 사랑한다. 그리고 기독교의 자선이나 기사도 때문이 아니라 단지 화와 분개를 떠받치고 있는 강화된 구조들을 존속시키기 위해서, 싸울 때 "다른 쪽 뺨까지 내어 주기"가 있다. 그러므로, 아마 아이러니하게도, **충족시킬 가능성이 가장 적은** 감정들이 우리의 삶을 규정하는 감정들이다. 그 예로는 좌절된 야망이나 불가능한 연애, 대면하지 못한 두려움과 조정되지 못한 화, 정복하지 못한 적과 구제할 길 없는 죄책감이 있다. 따라서, 무능함에서 나온 것이든 거리낌에서 나온 것이든, 우리의 감정 표현들은 주로 효과 없고 마법 같은 몸짓들과 의례들, 주문들로 구성될 것이다. 단지 심각한 절망 상태에서만 이러한 마법 같은 표현들이 액면 그대로 받아들여질 것이다. 그러나 마법 같은 그 표현들이 우리의 감정들 대부분을 표상하는데, 그 의례들과 몸짓들은 우리에게 너무 익숙해서 우리는 너무도 쉽게 그것들을 그저 "비합리적인" 것으로 그리고 "무의미한" 것으로 간단히 처리해 버린다. 그것들의 취지를 알지 못하고, 우리 자신을 부적절한 행위들을 하는 관찰자로 간주하기가 더 쉽다. 최근에 스탠리 카벨Stanley Cavell이 영화의 "마법"에 대해서 이야기한 것처럼, 우리는 감정들의 "마법"에 대해서 그것들이 우리에게 글자 뜻 그대로 세계를 제공해 줌으로써가 아니라 우리가 세계를 보이지 않는 것으로 여기도록 내버려 둠으로써 작동한다고 말할 수 있을지도 모른다. 이것은 능력을 바라는 소망이 아니라 ⋯ 능력을 필요로 하지 않기를 바라는 소망, 그 짐들을 짊어질 필요가 없기를 바라는 소망이다.[120.]

---

120. The World Viewed(New York: Viking, 1971), p. 40.

4. 감정의 합리성

> … 마치 모든 정념이 특정량의 이성을 포함하고
> 있지 않기나 한 것처럼.
>
> 니체 (『권력에의 의지』)

> 그것들은 대개의 경우에 실수가 전략으로 보이
> 는 것들이다.
>
> 포프, 「비평론"Essay on Criticism"」

"진심이 아니었어. 내가 무슨 짓을 하고 있는지 몰랐어. 내가 생각 없이 행동했어. 난 비이성적으로 행동했어. 내 감정이 엉망이었어." 얼마나 자주 우리는 이런 말을 듣는가! 그리고 반박을 시도해 보지도 않고, 우리는 그렇지 않다는 것을 알아채고, 미약하고 성의가 없는 변명에 동반하는 허울뿐인 절망을 감지한다. "내 감정이 엉망이었어." 이것은 순간적으로 저지른 어리석은 행위에 대한 책임을 회피하려는 핑계의 극치다. 그러나 우리는 그런 수에 넘어가지 않는다. 당신은 "진심이었을" 뿐만 아니라, 당신이 부르는 대로, 그 단한 번의 순간적인 "실수"는 그것에 앞서는 여러 해 동안 공들였던 억제보다 더 많은 의미로 채워져 있다. 당신이 무엇을 하고 있는지 당신은 **정확히** 알고 있었다. 당신은 정확한 순간을 포착했고, 가장 취약한 지점을 노렸다. 당신은 어디를 가장 깊이 베야 하는지, 어떻게 가장 큰 피해를 줘야 하는지를 정확히 알고 있었고, 그 결과가 무엇일지를 정확히 알고 있었다. 당신은 여러 해 동안 곰곰이 생각하며 마음속으로 은밀하게 연습하고 잊기 쉬운 일순간에 그 결과를 그려 보면서 여러 해 동안 그것을 계획했었다. 그런데도 당신은 외견상 그 순간에 무의식적으로 한 짓으로 보인다는 점이 여러 해 동안 전략을 세우고 연습했다는 점을 부정해 준다고 생각한다. "비이성적이라고?" 지금까지 당신이 했던 것들 중에서 어느 것도 이것보다 더 이성적이지 않았고, 이것보다 더 잘 착상되지 않았으며, 당신의 느낌들이 모인 곳으로부터 더 직접 나오지 않았고, 그 목표를 향해 더 직행하지도 않았다. 순간적인 감정의 격발은 당신에게 가장 의미가 있는 모든 것, 당신과 함께 성장한 모든 것의 가장 중요한 초점이었다. 비록 그것의 많은 부분이 인정되지 않는다고 하더라도 말이다. 그것은 일생의 경험과 지식이 낳은 찬란한 산물이고, 가장 교묘한 전략이었다. 그것은 무엇이든 당신이 지금까지 해온 것의 가장 두드러진 목적 의식을 가지고 있었다. 그 결과에도 불구하고, 당신이 그것을 하지 않았더라면 좋았을 것이라고 당신은 정말로 말할 수 있는가?

그런데도 우리는 "감정들은 비이성적"이라는 진부한 말을 듣는다. 감정들은 어리석거나 순진하거나, 완전히 미발달한 것은 아니더라도 유치하거나, 원시적이거나 동물적이라고 말해지며 —우리의 원시 과거로부터의 잔재, 우리의 비뚤어지고 미개한 기원들로부터의 잔재라고 말해진다. 감정들은 방해 요인으로서, 삶에서 우리가 세운 목표들을 방해하고, 우리를 당혹하게 만들고 기만하며, 경력과 결혼을 파괴하고, 관계를 확립할 기회를 가져 보기도 전에 다른 사람들과의 관계를 망친다고 말한다. "내가 휘말리기 전까지는 괜찮았다"라거나 "만일 당신이 그것에 대해서 그토록 죄책감을 느끼지 않는다면 괜찮을 것이다," 또는 "그가 질투를 느껴 망쳐 버리기 전까지는 멋진 삼각관계였다"라고들 말한다. 감정들은 우리의 생각을 혼란스럽게 하고 우리가 목적에서 벗어나도록 이끈다고 말한다. 이것이 정념의 신화의 핵심이다. 감정들은 우리의 통제를 벗어나는 비이성적인 힘이고, 지장을 주고 어리석으며, 경솔하고 역효과를 내며, 우리의 "더 나은 관심사들"에 맞지 않고 종종 터무니없다는 것이 정념의 신화의 핵심이다.

"감정은 비이성적"이라는 진부한 말에 맞서서, 그러기는커녕 감정들은 **이성적**이라고 주장해야 한다. 이것은 단지 감정들이 가장 유의미한 방식으로 사람의 전반적인 행동에 꼭 들어맞고 "성격"의 일상 패턴을 따를 뿐이라는 말이 아니다. 단지 감정들은 이런저런 심리학 이론에 따라서 일관된 일단의 원인들에 의해 설명될 수 있다는 말이 아니다. 이 모든 것은 충분히 사실이다. 그러나 감정들은 또 다른, 더 중요한 의미에서 이성적이다. 내가 계속 주장해 온 것처럼, 감정들은 판단들이고, 의도적이며 지적이다. 그러므로, 모든 판단이 이성적이라고 말할 수도 있는 것과 정확히 똑같은 의미에서 감정들은 이성적이라고 말할 수도 있다. 감정들은 자아의 개념과 적어도 약간의 추상화 능력을 포함하여 상급 단계의 개념적 정교화를 필요로 한다. 그것들은 적어도 최소한의 지성과 자부심을 필요로 하고, 때로는 몹시 복잡한 일단의 규칙들과 전략들에 따라서 목적을 가지고 전진한다. 바로 이런 의미에서 나는 감정들의 "논리"에 대해서 말했고, 이것은 이따금 따르기 매우 어려울 수도 있는 논리이지만 결코 해독할 수 없거나 단 하나의 감정에만 "독특한" 논리가 아니다. 목숨을 염려하는 두려움이나 어머니에 대한 사랑처럼 가장 원시적인 감정들조차도 지성과 추상화, 그리고 이런 의미의 "논리"를 필요로 한다. 대부분의 감정들은 더 많은 것들을 필요로 한다. 예컨대, 전문적인 신용 사기꾼을 부끄럽게 할 수 있는 정도의 자부심을 극대화하는 전략들과 프로이트 박사의 흥미까지 끌어낼 심리적 술책을 반성하기 전에 알아채는 의식을 필요로 한다. 우리는 어리석고 정당성이 부족하고 미련하다고 우리의 감정들을 자주 비판하지만, 이에 상응하여 감정들의 올바름과 정당성, 기민함과 유효성을 자주 인정한다. 이러한 비판과 칭찬은 이성적 구조, 잘 되거나 잘못될 수 있는 전략과 논리를 갖춘 지성의 놀이를 이미 전제로 한다. 보통 우리가 두통과 느낌을 평가하려는 시도를 전혀 하지 않는다는 점은 의미심장하다. 우리는 단지 그것들은 경험하거나, 때로는 (지루한 회의나 파티에 가지 않아도 되도록) 두통이 딱 적절한 때에 생겨 운이 좋다고 느낀다. 그러나 느낌들과 달리, 감정들은 이성적이고, 신체적 느낌의 현상들보다는 이성적 행동의 구조들을 훨씬 더 닮은 목적성과 논리, 지성의 체계를 전제로 한다. (화는 비합리적이라는 말의 의미를 우리는 알고 있다. 그렇지만 "비합리적인" 멀미가 난다는 것은 무슨 의미일까?)

사람들은 대개 합리성은 순전히 반성하는 사유에만, 수학자나 정치가의 논리정연한 계산에만 들어 있다고 생각한다. 그러나 우리는 모두 우리 자신에게 있는, 체스 전략가 같은 사람이나 나폴레옹 같은 사람에게 있는 어떤 합리적인 "직관들"을 믿을 정도로 충분히 잘 알고 있다.[121.] 직관은 반성의 절차를 완전히 덜어 내는 것으로 보이지만, 그럼에도 반박의 여지가 없는 논리를 따른다. 감정의 합리성은 반성 이전의 (또는 "직관적인") 논리이지만, 모든 논리들처럼 반성을 거쳐 표면으로 드러내어 명확하게 만들 수 있다. 물론, 이런 작업이 이루어지지는 않았다. 그 이유는 단지 너무도 오랫동안 감정들은 탐구할 만한 가치가 있는 논리를 전혀 가지고 있지 않다고 추정되었고, 합리성은 표면에 노출되어 있어서 탐구가 아니라 체계화만을 필요로 한다고 추정되었기 때문이다. 그러나 반성 그

---

121. "직관"은 신비하고 "말로 표현할 수 없는" 것으로 생각된다. 그 이유는 오로지 너무도 빈번하게 반성만이 합리성의 패러다임으로 받아들여지기 때문이다. 그래서 반성되지 않은 경험과 판단은 시인들과 예술가들뿐만 아니라 진위가 모호한 불가사의한 주장들을 하는 모든 얼빠진 자칭 현자들에게나 어울리는 무방비의 영역이다. 그렇지만 합리성은 반성적 판단의 사적인 영역이 아니며, 반성되지 않은 경험과 판단은 철학과 무엇이든 다른 비평적 학문의 가장 명확한 계통 조직들만큼이나 합리성의 규범에 종속된다. "직관"은 반성하는 탐구보다 덜 합리적이지도 않고 통찰력이 덜하지도 않지만, 다른 한편으로 "더 심오하거나" 더 통찰력이 있지도 않다. 그것에는 반성의 이로움과 비평력이 부족하지만, 그렇다고 해서 반드시 통찰력이 없는 것이 아니며, 이러한 결핍에서 이익을 얻지도 않는다.

자체가 아주 비합리적일지도 모른다. 보충해서 말하자면, 그것은 지루하고 서로 무관한 두서없는 것들로 형식 면에서만 합리적이고 그 목적은 엄밀히 반합리적이어서, 우리가 탐구 경로에서 벗어나게 만들고 우리의 표면적인 반성 이면에서 작동하는 감정들의 합리성을 격파해 버릴지도 모른다. "합리적"이라는 것은 반성적임을 의미하지 않는다. 반성적이고 충분히 명확하게 표현되든 그렇지 않든, "합리성"은 지적이고 목적이 있는 행위를 뜻한다. 감정에 관한 통상적인 이미지와는 반대로, 감정들은 그러한 행위들을 예증한다.

감정들에는 지적인 목적이 있다고 말하는 것은 단순히 그것들이 우리의 심리적인 삶에서 중대한 역할을 한다고만 말하는 것이 아니다. 감정을 구성적이고 이성적인 판단으로 보는 우리의 견해를 완전히 거부할 많은 이론가들이 이 점은 인정할 것이다. 우리의 행동에는 목적이 있다는 의미에서 감정에는 목적이 있다. 상세히 말하면, 그 목적은 어떤 것이 행해지도록 하는 것, 어떤 것을 바꾸는 것이다. 그러나 감정의 경우에, "행해져야 하는 어떤 것" 그리고 "바뀌어야 하는 어떤 것"의 많은 부분이 리얼리티에 있을 뿐만 아니라 쉬르리얼리티에 있다. 감정은 우리의 세계관을 바꾸고 세계를 바꾸기 위해서 의도를 공식화한다. 일부 감정의 경우에, 변화는 순전히 주관적일 수 있다. 예를 들어, 시기와 원한의 경우에, 행동은 거의 없지만 견해들과 가치들 그리고 효과가 없지만 "마법 같은" 표현들은 상당히 재구성된다. 다른 감정들—예를 들어, 목숨을 지키려는 두려움—의 경우에, 초래되는 변화는 완전히 리얼리티 쪽을 향하게 된다. 시기하는 사람은 "합리화"를 통해서 "리얼리티에서는" 아무것도 바꾸지 않고서도 자신이 처해 있는 상실의 상태를 바꿀 수 있다. 화가 난 사람은 화를 통해서 그가 강력하게 주장하는 적에 대한 기소를 성취한다. 하지만, 이 마지막 사례에서, 주관적인 기소는 또한 실제의 기소에 대한 요구를 동반한다. 화가 난 사람은 그의 기소가 현실에서의 기소와 처벌이나 하늘에서 치는 벼락, 일격, 또는 승소에 의해 확증되었으면 좋겠다고 바란다. 이와 유사하게, 사랑에 빠진 여자는 (그것들만으로는 찬미와 심취 상태를 구성하지만 사랑을 성립하지는 못하는) 자신의 연모하는 태도들에 만족하지 못할 것이다. 하지만 그 여자는 그녀가 사랑하는 사람에게 가장 좋은 것을 제공함으로써 세계 전체가 그녀의 애정을 확증해 주기를 원할 것이다. 물론, 무엇보다도 그녀는 자신의 애정에 확실히 화답 받을 수 있는 조치를 취하기를 원한다.

감정은 **객관적인** 세계는 변하지 않더라도 우리의 세계는 변해야 한다고 요구한다. 마르크스가 부르주아 계급에 대해서 말했듯이, 모든 감정에 대해서 다음과 같이 말할 수 있을지도 모른다. 감정은 "위반하면 소멸한다는 조건으로, 다른 모든 [감정들], 지각들, 판단들, 가치들에게 자신의 지각 방식을 채택하라고 강제한다. 감정은 그것들에게 자신이 리얼리티라고 부르는 것을 한가운데에 받아들이라고, 즉 그것들 자체가 그 [감정]이 되라고 강제한다. 한마디로 말해서, 감정은 자신의 형상을 본따 세계를 창조한다"(『공산당 선언Communist Manifesto』, 1848).

감정의 합리성은 그러한 변화들을 통해서 자부심을 극대화하는 데 성공하느냐에 달려 있다. 만일 세계에서 객관적인 변화가 불가능하다면, 해야 할 일은 우리의 주관적인 세계를 변화시키는 것이다. 하지만, 우리는 감정들을 유지하기 위해서 세계를 바꾸는 것을 거절하고 순전한 주관성에 우리 자신을 제한할지도 모른다. 쇼펜하우어는 "실현된 착상은 따분하다"라고 썼는데, 우리는 이 말이 감정에 얼마나 잘 들어맞는지 알고 있다. 따라서, 효과적인 행동으로 표현되어야 한다는 감정의 요구는 그 감정을 우리가 필요로 한다는 것 때문에 사실상 항상 누그러진다. ("문명화된" 사람과 야만적인 사람 사이의 차이는 루소와 프로이트 이후로 계속 끊이지 않는 논쟁의 근원이 되어 왔는데, 그 차이는 이러한 측면들에서 특징지어질 수 있을지도 모른다. 복잡한 문명 세계는 한편으로는 효과적인 표현과 충족 그리고 다른 한편으로는 감정 유지와 표현 억제에 대한 공인된 요구 사이의 정교한 균형에 의해 구성된다. 후자를 "억압된" 또는 "금지된" 또는 "부자연스러운"이라고 일컫는 것은 이미 문명에 반대하는 주장을 늘어놓는 것이다. 반면에, 야만인을 특징짓는 것은 관습적으로 주장되어 온 것처럼 감정들의 "타고난 그대로의 풍요"가 아니라 오히려 감정들의 빈곤이고, 따라서 "그것들의 야만성"이다.)

행동의 목적처럼, 감정의 목적은 다층적인 것이다. ("그놈이 벌받는 것을 보기를 원하는 것"처럼) 아주 구체적인 것에서 ("자기 자신을 좋게 생각해 주기를 바라는 것"처럼) 아주 일반적인 것에 이르기까지, 감정에는 목표들이 얼마든지 있다. 궁극적으로 모든 감정은 자부심의 극대화라는 공동 목표를 가지고 있다. 구체적인 감정에 특정한 목표들과 이 공동 목표 사이에 조야한 수단 - 목적의 연속체를 만들어 낼 수 있을지도 모른다. 예를 들어, "그는 (완전무결하게) 자가용을 망가뜨린 아내를 혼내 주고 싶었기 때문에 쓰레기에 대해 화를 냈다. 그런데, 그가 쓰레기에 대해 화가 난 것은 오로지 아내가 차량 정비사와 불륜을 저지른 것에 대해 그가 질투했기 때문이다. 아내의 불륜은 그를 불안하게 만들고 자신이 원치 않는 사람이라고 느끼게 했기에 그를 위협했……." 하지만 감정들의 "~하기 위해서"라는 논리를 나타내기 위한 명백히 조야한 단선적인 이 책략은 오해의 소지가 있을 수 있다. 모든 감정이 궁극적인 목표를 공유하지만, 감정들의 상호관계는 오히려 뒤얽히고 서로를 필요로 하는 판단들의 네트워크로, 연쇄 고리보다는 거미줄을 더 닮았다. 이 네트워크가 우리 세계의 하부구조들을 구성한다.

　　모든 감정의 지적인 목적성은 어떤 논리를 지시하는데, 이 논리는 형태에서는 추상적이지만 모든 경우에 상황의 구체적인 요소들과 "사실들"에 맞게 조정된다. 감정들은 추상적이라고 말하는 것은 그것들이 단순히 구체적인 상황에만 관련되는 것이 결코 아니라고 말하는 것이다. 감정의 특정한 대상 —추정컨대 감정이 "관련되는" 것 —은 **통상적으로** 감정의 전략과 그 신화의 초점에 있는 중심이다. 그것은 결코 감정의 전체 관심사가 아니다. 대부분의 경우에, 대상은 특정한 투자, 특정한 위협이나 약속을 나타내지만, 언제나 그 특정한 것의 **의미**에 관련된다. 때때로, 대상은 그저 편리한 도구에 불과할지도 모른다. 그 또는 그녀의 안녕이나 인격에 관한 관심은 조금도 없는 파트너의 자부심을 위해서 "이용되는" 연인처럼 말이다. 마찬가지로, 사람은 사소한 상실을 오래 이어지는 슬픔의 대상으로, 다른 사람들의 연민을 얻는 방법으로, 제멋대로 "자기 자신을 가엾게" 여기는 구실로 "활용할"지도 모른다. 하지만 이런 것들은 극단적인 경우들이다. 대개, 감정의 대상은 특정한 감정의 투자를 정확하고 때로는 독특하게 나타내는 표상으로, 더 일반적인 쉬르리얼리티의 패턴에 잘 들어맞고 단지 유사한 어떤 대상에 의해 쉽게 대체될 수 없다. 연인은 그/그녀 자체로 사랑받을 **뿐만 아니라** 자부심에 대한 추상적인 욕구의 표상으로서 사랑받는다. 여기에서 누군가는 일반화된 욕망 —예를 들어, 얼마든지 많은 남자 또는 여자와 동침하기를 바라는 욕망 —은 사실 자신의 어머니 또는 아버지와 동침하기를 바라는 아주 특정한 (그렇지만 억압된) 욕망이라는 취지로 프로이트가 한 유명한 주장들을 뒤집을지도 모른다. 프로이트 모델의 유전적 토대를 버리면, (자신의 어머니 또는 아버지를 포함하여) 특정한 누군가와 동침하기를 원하는 욕망은

(다른) 누군가와 동침함으로써 자부심을 고양하려는 일반화된 욕망의 한 예시일 뿐이다. 물론, 특정한 사람에 대한 사랑에 점점 더 복잡한 "투자들"을 함에 따라서, 일반화된 욕망은 더 구체화하고, 어쩌면 심지어 집착까지 하게 된다. 왜냐하면 자부심에 대한 욕구는 사실상 독특한 (그렇지만 논리적으로는 결코 독특하지 않은) 대상에게 점점 더 많이 투자되기 때문이다.

모든 전략처럼, 감정의 논리는 추상적이고 궁극적인 자신의 목적—자부심의 극대화—을 끊임없이 유념하고 특정한 대상들과 상황들에 자신을 맞춘다. 감정의 "합리성"은 이것을 얼마나 잘하느냐에 달려 있다. 감정의 대상이 자부심을 극대화하는 데 적절한 대상이든 아니든, 주어진 상황에서 그 감정이 가장 좋은 감정이든 아니든 상관없이 말이다. 모든 감정이 주관적이라 하더라도, 감정의 논리는 객관적이고 객관적으로 평가된다. 모든 감정은 자체의 논리를 가지고 있다는 흔한 말은 절반은 맞다. 감정은 주관적이고 특정한 사람의 특정한 관점과 투자에 좌우된다는 말도 절반은 맞다. 하지만 언어와 관습, 종교 등에서 나타나는 차이들이 무엇이든, 모든 사람이 대부분의 감정들을 공유한다는 말 또한 맞다. 감정의 논리가 단순히 "자기만의 것"인 경우는 하나도 없다. 일단 그 매개변수들이 알려지고 나면, 모든 경우에 감정의 논리는 공적인 용무가 된다. "납득하기 어려운" ("내가 정말로 사랑했던 누군가에게 그렇게 하는 것을 난 상상할 수 없어" 또는 "그녀는 그렇게 반응하지 않았을 것이다") 등장인물들이 나오는 조악한 영화를 보거나 삼류 소설을 읽을 때 갖는 느낌을 고려해 보라. 우리는 감정의 논리에서 나타나는 이런 상세한 내용들을 알아보며, 우리가 "등장인물을 이해하지 못한다"고 각본가나 소설가가 항변해도 아무런 소용이 없을 것이다. 논리가 감정들이 선택할 행로를 지시하고, 우리는 감정들이 그 행로로 갈 것이라고 예상한다.[122] 마찬가지로, 우리는 반성하거나 회상할 때 우리의 감정들이 바보 같고 어리석다고, 정당성이 부족하고 비합리적이라고 비판한다. 이러한 비판들은 우리의 감정들이 따르리라고 우리가 기대하는 객관적인 논리적 구조의 토대 위에서만 뜻이 통한다.

(예를 들어, 그의 희극들이나 동시대의 프랑스 고전주의 비극들과 비교되는) 셰익스피어의 비극들을 살펴보라. 각 플롯은 사건들의 논리에 의해 구동되지도 않고 (놀랄 정도로 사건들이 거의 없는 경우들이 빈번하다)[123] 미리 세워진 계획이나 판에 박힌 조작 (예를 들어, 고전 드라마에서는 "운명")에 의해서 구동되지도 않는

---

122. 필립 슬레이터Philip Slater가 『외로움 추구Pursuit of Loneliness』에서 어느 주석에서 빈정거리며 지적하고 있듯이, 우리가 다른 사람들과 허구의 인물들에게는 적용하면서도 우리 자신에게는 좀처럼 적용하지 않는 부당한 기대들을 인지함으로써 우리는 이러한 기대를 완화해야 한다. 우리는 감정과 행동의 절대적인 일관성과 예측 가능성을 기대한다. (화가 난 사람은 항상 화가 나 있고, 다정한 사람은 항상 다정하고, 등등.) 우리 자신에 대해서는, **우리는** 그렇게 단순하지 않다는 것을 알고 있다. 감정의 논리는 전형적으로 모순들(예를 들어, 사랑과 미움, 원한과 의분, 숭배와 악의)을 포함하는데, 오로지 심리적으로 순진한 사람만이 이러한 모순들을 자가당착으로 혼동할 것이다.

123. T. S. 엘리엇은 감정의 추상적인 관심사를 잘 이해했다. "아무것도 일어난 적이 없는 사람들만이 사건들의 중대한 대수롭지 않음의 진가를 인정하는 데 실패한다."

다. 플롯은 주역 인물들의 감정들의 논리이다. 예를 들어, 『햄릿』에서 우리는 사실상 모든 사건이 극이 시작되기 전에 일어나서 극의 마지막 순간까지 유지되거나, 마치 극적인 중요성이 거의 없거나 한 듯이 잠깐 암시되기만 하는 희곡을 보게 된다. 극을 구동하는 요소는 바로 햄릿의 성격에 있다. 만일 누군가가 흔한 방식으로 그 구동 요소를 "결단을 내리지 못하는" 사람의 비극으로 요약한다면, 성격과 플롯 둘 다를 놓치게 된다. 우유부단한 햄릿은 극의 어디에도 없다. 모든 결정의 순간에, 상황과 그 자신의 감정적 요구들이 주어지면(예를 들어, 그의 삼촌은 공개적으로 죄책감을 표명하지 않은 채로 그리고 하느님 앞에서 구원받지 못한 영혼을 드러내지 않은 채로 살해되어서는 안 된다), 따르는 논리는 확실하다.[124.] 극의 플롯을 제공하는 것은 바로 햄릿의 주관성이다. 그 플롯은 오레스테스와 유사한 햄릿의 콤플렉스에 의해 동기화되고, 그의 연인의 익사 사건과 아버지의 살해 사건에 의해 중단되고 더 많은 주제를 부여 받는다. 그런데, 햄릿이 품은 복수심의 강박적인 감정적 충동을 보는 데 실패한다면 이 사건들은 놀랄 정도로 그의 관심을 거의 끌지 못한다. 극은 오로지 분개한 복수의 논리에 따라서만 전개되는데, 복수심은 효과적으로 표현되면 반드시 누그러지고 그러므로 더욱더 강박적이 된다. 『오델로Othello』에 대해서도 유사한

---

124. 나는 이 희곡이 랭글리 - 포터 교육기관의 샌포드 웨이머Sanford Weimer 박사가 제안한 이런 방침들과 함께 베이즈주의의 결정 이론에 따라서 설득력 있게 체계화되어 있다고 봤다.

주장을 할 수 있을지도 모른다. 그렇지만 오델로 자신의 질투는 복잡하지 않고 그것만으로는 대단히 지루한 비극이 되거나 야단법석 떠는 희극이 된다. 이아고[Iago]의 시기가 극의 진행을 규정하는 지성이다. (오델로의 질투는 단지 그 도구에 불과하다.)

내 주장은 어느 정도 과도하게 심리학적으로 고찰된 셰익스피어 해석을 강제해서는 안 된다는 것이 아니라, 감정들에 관한 보편적인 주장을 해야 한다는 것이다. 감정들의 논리와 전략이 이러한 비극들의 플롯과 전략을 제공한다. 그 논리와 전략은 대단히 "합리적"이고 정교하다. 감정들은 기쁨이나 고통처럼 그저 단 하나의 차원만 가진 힘이나 느낌이 아니라, 오히려 끝없는 논리적 결과들과 분규들을 수반하는 판단들의 복합체이다. 천재에게 맡겨지면 이러한 필연적 결과들과 분규들은 아주 능란하게 명확히 표현될 수 있어서 이 논리의 주관적 유효성이 즉시 실현된다. 저급한 소설가나 영화 감독에게 맡겨지면, 동일한 결과들과 분규들은 너무도 서투르게 다루어져서 어쩔 수 없이 논리의 와해를 알아보지 않을 수 없게 된다. 그렇지만 정념의 신화는 너무도 강력해서, 그럼에도 우리는 감정들의 논리가 담당하는 본질적인 역할을 알아보는 데 실패하는 경우가 빈번하다. (심지어 더 나은 부류의 일부 비평가들조차도 뒤틀려 버린 감정의 논리를 분석하려는 시도도 하지 않고 "여하튼 그것은 만족감을 주지 못한다"라거나 "그것은 정말 효과가 없다" 같은 말들을 하는 것을 볼 수 있다.)

감정들은 합리적이다. 그렇지만 감정들을 통해서 ("화가 나서," "너를 사랑해서, 나는…") 우리는 현저히 어리석고 파괴적인 행위들을 한다는 점을 그 누구도 부인할 수 없다. 그리고 감정의 논리와 전략들에도 불구하고, 감정들은 또한 자주 비합리적이라는 말을 덧붙이는 것을 피할 수 없는 것으로 보인다. 그렇다면 어떻게 감정들은 합리적이면서 비합리적일 수 있을까? 그리고 만일 모든 감정이 논리와 전략이 완비된 판단들이라면, 감정은 "비합리적"이라는 말은 무슨 뜻인가?

합리성의 두 가지 의미를 구분하는 것이 꼭 필요하다. 첫 번째 의미에서는, 모든 감정이 합리적이다. 두 번째 의미에서는, 일부 감정만이 합리적이다. 첫 번째 의미에서는, "인간은 합리적"이라는 말을 자주 한다. 다른 말로 하면, 인간은 지성을 갖추고 있고, 기하학의 공리들과 십자말풀이를 풀 수 있고, 값싼 사무실 구역을 만들 공간을 확보하기 위해서 빅토리아 시대의 대저택을 부수는 계획을 세울 수 있고, 나무에 올라가는 대신에 우편으로 코코넛을 얻을 수 있다. 이런 의미에 따르면, 합리적이라는 것은 개념들을 가지고 작동한다는 것, 계획들과 전략들을 세운다는 것, 새로운 상황에 대처할 수 있다는 것이다. **이런** 의미에서, 모든 감정은 합리적이다.

그러나 개념들을 가지고 작동한다는 것과 계획들과 전략들을 세운다는 것이 반드시 효과적으로 그렇게 한다는 것은 아니다. 그 것들을 **잘**한다는 것은 두 번째 의미에서 합리적이라는 것이다. "합리성"의 이 두 번째 의미는 평가적 개념이다. 그것은 첫 번째 의미의 합리성을 전제로 하고 일관성과 유효성의 관점에서 우리의 논리와 전략들을 평가한다. 이 두 번째 의미에서 모든 감정이 다 합리적이지는 않다는 점은 확실하다. 하지만 모든 감정이 다 —심지어 대부분의 감정이 —**비**합리적인 것도 아니다. 감정들은 "비합리적"이라는 흔한 관념은 두 가지 의미를 가리지 않고 (따라서 일관성 없이) 두 의미를 모두 포괄한다. 한편으로, 감정들은 지성이 없고 목적이 없다고 (수역할 모델의 단순한 "힘들"이라고) 말해진다. 다른 한편으로, 우리의 감정들은 어리석고 근시안적이라고 가정된다. (마치 가지고 시작할 지성과 전망이 없다면 그 사람은 어리석고 근시안적일 수 있거나 한 것처럼 말이다.) 나는 첫 번째 의미에서 감정들은 보편적으로 합리적이라는 논제를 충분히 고찰했지만, 두 번째 의미에서 감정들의 합리성과 비합리성은 아직 자세히 다루지 않았다. 무엇보다, 적어도 "합리성"의 두 번째 의미에서 우리의 감정들은 사실상 항상 "비합리적"이라는 견해를 낳는 중대한 오해를 없애야 한다.

감정들은 항상 그렇지는 않다고 하더라도 일반적으로 파괴적이고 미련하고 마비시키고 당혹하게 한다는 비난에 맞서, 주변 사람들의 이익뿐만 아니라 우리의 더 나은 사리사욕에 맞서 무슨 말을 할 수 있을까? 즉 정념의 신화가 하는 고발에 맞서 무슨 말을 할 수 있을까? 우선, 우리 감정들의 궁극적인 목표 —그러므로 감정들의 성공과 합리성을 측정할 때 따르는 기준 —은 주관적인 기준이다. 구체적으로 말해서 이 기준은 개인의 존엄성과 자부심인데, 이것들은 오직 감정들을 "외부로" 드러내는 표현들, 행동과 그 결과들의 관점에서만 측정될 수는 없다. 우리는 많은 감정에서 우리가 무능하게 보이거나 또는 감정을 충족시키지 않고 그것을 유지하기로 선택하는 상황들에 직면한다는 사실은 명백한 비합리성의 많은 부분을 설명해 준다. 우리는 감정들 때문에 표명한 야망과 프로젝트에서 성공하는 데 자주 실패한다는 것은 사실이다. 하지만 대개 우리의 감정들은 우리가 반성을 통해 인지하지 못하는 다음의 사실을 인지한다. 즉 우리의 자부심은 **그러한** 성공들에 있는 것이 아니라 우리 자신의 주관성에 있다. 그러므로 어떤 **다른** 성공 기준들의 관점에서는 그것들이 실패와 미련함으로 귀결될 수도 있다는 사실에도 불구하고, 감정의 궁극적인 목표의 관점에서 그런 감정들은 확실히 합리적일 수도 있다.

행위들이 감정들을 표현하는 것들일 때조차도, 감정들의 합리성을 행위들의 합리성과 혼동하지 않는 것이 중요하다. 예를 들어, 비천한 직업에 갇힌 사람은 어느 지점에서 강경한 말로 고용주를 "책망하는" 경솔한 사치를 부리고, 그 결과로서 마지막에는 집과 가족까지 잃을지도 모른다. 그의 화는 최고의 이유들에 근거했고, 사실 그가 직업의 비천함을 견딜 수 있는 유일하게 가능한 관점을 구성했다. 하지만 그의 전반적인 이해관계의 관점에서 보면 화의 "격발"

은 비합리적이었다. 빈번하게 감정의 "비합리성"이라고 불리는 것은 감정을 표출하는 순간이 잘못된 것이거나 표현 방식을 부적절하게 선택한 것이다. 감정들 자체는 더할 나위 없이 합리적일 수도 있다.

  마찬가지로, 파괴적인 것은 우리의 감정이 아니라 오히려 우리를 위협하는 상황이라는 점에 주목함으로써 우리의 감정들은 대개 "파괴적"이라는 비난에서 벗어날 수도 있다. 나는 어떻게 위기의 순간들이란 관점에서만 감정들을 사유하는 것이 오류인가에 대해서는 이미 설명했다. 그러나 그런 위기의 순간들에서조차도, "비합리적인" 것은 감정들이 아니다. 위기 상황에서 우리가 보통 하는 반응 ― 주관적인 반응과 행동 반응 둘 다 ―은 부적절하다. 예기치 못했고, 예측 불가능하고, 따라서 파괴적인 것은 바로 위급 상황 자체이다. 물론, 경험을 통해서, 우리는 점점 더 정교하고 적응 가능한 감정 목록을 배우고, 그러한 위기 상황을 관리하는 우리의 능력이 감정 전략의 타당함을 판단하는 중요한 시험이라고 역설할지도 모른다. 하지만 감정의 전반적인 합리성은 그러한 아마도 드문 시험 상황들의 결과에만 좌우되지는 않는다는 점은 분명하다. 물론, 내가 주장했듯이, 감정들의 중요성은 그것들을 위협과 위기에 특히 취약하게 만든다. (정념이 없는 사람은 위기 상황에서 정말로 "침착할"―사실은, 완전히 냉담할―지도 모른다.) 그러나, 다시 말하는데, 이러한 취약성은 우리의 전반적인 자부심에서 우리의 정념들이 갖는 본질적인 중요성을 훼손하지 않고 오히려 강조한다.

감정의 합리성에 관한 질문에는 인류학적인 차원이 있다. "침착한" 행동과 상투적인 반응들이 합리성의 패러다임으로 받아들여지는 사회에서는 당연히 감정들은 바로 그 본성상 비합리적인 것으로 간주될 것이다. 그러나 누구든지 "합리성"이라는 이 개념의 합리성을 (자부심의 극대화라는 동일한 기준으로) 평가할 수 있고 무의미와 부조리성 의식을 기준으로 하면 얼마나 부족한 것으로 드러나는지를 알 수 있다. 그런데 합리성은 무의미와 부조리성 의식에서 최고조에 이른다. 미국인들의 조야한 "패러다임" 관념에 대해 생각해 보라. 이 패러다임 관념은 감정들을 좋은 사업 감각과 "건전한" (즉 냉정한) 판단을 방해하는 것으로 본다. "이성이 … 정념의 노예"인 곳은 미국(또는 영국)이 아니다. 정념 일반을 금기로 하는―남자들에게서 나타나면 매도하고 여자들에게서 나타나면 하찮게 보는―사회에서 감정적 반응들은 공적인 성공과 야망을 거스를 것으로 예상된다. 당연히 "침착한" 행동이 결정적인 이점을 가지는 상황들―예를 들어 위험에 직면할 때―이 있다. "침착한" 행동―우리의 정말이지 너무도 일반적인 합리성의 패러다임―은 그 자체가 극단적인 비합리성의 한 사례이다. 왜냐하면 그것은 한 사람의 삶에 어떤 의미를 부여하고 그의 자부심을 극대화할 수도 있는 모든 구조들을 그에게서 빼앗고, 주관적으로는 가치 없는 성공과 공적인 인정이란 것만 남겨 주기 때문이다.

우리는 정념의 신화 때문에 판단력을 잃은 상태에서 우리의 감정들을 부당하게 판단하고, 사실 감정들은 일반적으로 가장 믿을 만하고 가장 합리적인 자부심의 도구들일 때 그것들을 비합리적이라고 비난하는 경우가 빈번하다는 것은 분명하다. 감정들은 주관적인 전략이기 때문에, 행동이나 결과들의 관점에서만 감정들을 평가해서는 안 되고, 항상 자부심의 극대화라는 관점에서 평가해야 한다. 자부심은 우리가 감정적으로 그것들에 투자하는 정도까지만 외적인 성공과 실패들에 좌우된다. 그러한 "외적인" 성공들이 주관적으로는 자멸적인 경우에, "외부"로부터 우리에게 강제되어 온 추정컨대 "합리적"이고 "상식적인" 전략들보다 감정의 합리성이 조금 더 현명하다는 점을 인정해야 한다. 겉보기에 야심이 있는 남자는 놀랍게도 표명한 목표들로부터 가장 멀리 떨어져 있는 바로 그런 순간들에 자기 자신에 대해서 가장 좋게 느낀다는 것을 깨닫게 될지도 모른다. 사랑에 빠진 여자는 연인을 "완전히 소유"하는 것을 바랄 뿐이라고 믿을지도 모른다. 그런데 사실 그녀가 요구하는 것은 계속되는 미완성 상태의 사랑 그 이상의 어떤 것—혹은 그 이하의 어떤 것—인데, 이것만이 연인의 삶을 황홀할 정도로 유의미하게 만드는 쉬르리얼리티의 자부심을 불어넣는 구조들을 제공한다. 일반적으로, 감정의 합리성은 복잡한 것이고, 이것의 주관적인 내용은 더 "객관적인" 관점에서 보면 빈번하게 오해받을 수도 있다. 또는—약간은 농담조로—비합리적인 것은 감정들이 아니라고, 사람들이 비합리적이라고 말할 수도 있을 것이다.

7장

감정의 논리

세계를 합리적으로 바라보는 사람에게, 세계는
자기 차례가 되면 합리적인 측면을 제공해 준다.

헤겔, 『역사 철학 강의Lectures on the Philosophy of History』

"감정의 논리"? 만일 이 표현이 이상하게 들린다면, 그것은 단지 감정들이 너무도 오랫동안 정념의 신화에 의해 격하되어 왔고 이성의 추정컨대 "신성한" 힘과 대조되어 왔기 때문이다. 하지만 만일 인간의 이성이 신적인 것에 못 미치는 어떤 것으로 입증되었다면, 우리의 감정들이 전이성적인 과거로부터 우리가 물려받은 야만상태의 "동물 활력"보다 훨씬 더 높은 것임을 증명함으로써, 아마도 우리 자부심의 균형을 회복할 수 있을 것이다. 프로이트는 "사람은 자기 집에서 결코 주인이 아니다"—즉 우리의 가장 합리적인 행동은 미지의 정념들에 의해 결정된다—라는 것을 보여줌으로써 인간의 존엄성에 대한 우리의 관념에 심한 타격을 가했다고 한때 주장했다. 하지만 만일 감정들 자체가 우리 자신의 소행이라면, 아마도 우리는 프로이트가 우리에게 주지 않았다고 생각한 실존적 통제력을 재건할 수 있을 것이다. 감정들은 우리의 통제가 미치지 않는 우둔한 힘들이 아니라 우리가 내리는 판단들이다. 그러한 것으로서, 감정들은 개념상의 지적인 형태와 그것들을 특징짓는 논리를 가진다. 만일 우리가 그것을 찾고자 한다면 그리고 일단 우리가 더 이상 정념의 신화에 현혹되지 않고 미혹당하지 않는다면 말이다.

　나는 범주들과 개념들의 사용을 나타내기 위해서 칸트가 그 용어를 썼듯이 "논리"라는 용어를 사용하고 있다. 칸트의 이른바 초월적 논리는 그러한 기본적인 판단들과 개념들을 연구하는 것이다. 칸트의 이론에 따르면 이런 판단들과 개념들을 통해서 우리는 경험의 세계(예를 들어, "원인," "내용," "가능성")를 구성한다. 그렇지만 나의 연구는 (우리가 **객관적** 세계를 어떻게 이해하는가, 라는 칸트철학의 질문은 미해결로 남겨 두고) 가치와 자아상의 관점에서 우리의 세계, 즉 쉬르리얼리티를 구성하는 것에 한정된다. 구성적 판단으로서 우리의 감정들도 또한 "논리적" 연구의 대상이 될 만한 가치가 있다. 이 연구는 우리가 **사는** 세계의 구조들을 제공하는 (비록 "선험적"이거나 "보편적으로 필요하지"는 않다는 것이 확실하지만) 근본적이고 주관적인 개념들과 판단들의 정체를 확인하고 검토하는 것이다. 그 자체로, 감정들의 이유는 행동과 관심사로부터 결코 추상화될 수 없다. 감정들의 "논리"는 보통 그렇게 불릴 만한 자격이 있는 냉담하고 냉혹한 계산이 결코 아니다. 하지만 그래도 역시 감정들은 논리를 가지고 있는데, 바로 생활의 논리다.

　많은 감정들—특히 화와 수치심, 분개, 죄책감—이 자체의 판단들에게 뚜렷하게 도덕적인 효력을 가진다. 예를 들어, 나의 화는 기소, 고발을 포함한다. 일부 감정들과 대부분의 분위기는 모든 것을 망라하는 형이상학의 체계들을 투사한다. 죄책감과 기쁨, 절망, 우울은 죄와 구원, 희망과 절망이라는 순전히 철학적인 관점에서 나의 세계를 고쳐 만든다. 우리의 감정들은 세계 안에 우리의 자리를 새긴다. 수치심은 "우리를 억누른다." 원한은 사실상 열등함을 고백하는 것인데, 이것은 감정 자체에 의해 구성된 열등함이다. 회계를 보고 우리의 득실을 대장에 기록하는 감정들이 있다. 예를 들면, 상실 명세서인 슬픔, 수익 견적서인 감사와 허영, 다른 사람의 (아마도 받을 만한) 이득에 길항하는 손실들인 질투와 시기가 있다. 대부분의 감정들은 우리가 타인과 맺는 관계들, 우리가 강제하는 거리와 추구하는 친밀성, 우리가 경험을 공유할 때 가지는 신뢰와 우리 자신을 차단할 때 취하는 방어 자세에 직접적으로 또는 간접적으로 관련된다. 모든 감정의 핵심에는 일단의 근본적인 존재론상의 평가적 책무들이 있는데, 이것들이 우리가 몸담고 사는 신화들과 우리가 함께 사는 이데올로기들을 정의한다. 모든 감정은, 심지어 갑자기 격하게 생기는 질투나 곤혹 또는 가장 짧은 심취나 분개조차도, 미시형이상학적이고 윤리학적인 체계이고, 약간은 철학이다. 철학자로서 우리가 이것을 명료하게 하는 것은 적절하다.

감정 연구는 감정들에 의해 구성되는 신화들을 연구하는 것이다. 동음이의로 익살을 부리자면, "신화-논리$^{mytho\text{-}logic}$"를 연구하는 것이라고 말할 수 있을지도 모른다. **신화**에 대한 강조는 그것들이 주관적 판단이자 입장이고, **개인의 독특한** 정취가 있는 **투영**이자 **해석**이라는 우리의 강력한 주장을 뒷받침한다. **논리**에 대한 강조는 이러한 신화들의 개인적인 특징은 그것들이 개인적으로 창조된다는 의미를 조금도 함축하지 않는다는 점을 상기시킨다. 다양한 감정들에 의해 구성되는 신화들은 우리 모두에게 공통된다. 감정이 아무리 한 개인의 것이라고 해도, 유일무이한 감정, 즉 우리 나머지 사람들에게 알려지지 않은 구조들을 지닌 감정 같은 것은 전혀 없다. 파악하기 어려운 깨질 것 같은 두통과는 달리, 감정의 구조는 다른 논리적이거나 개념적인 체계와 마찬가지로 명확하게 체계화하고 공식화할 수 있다.

나는 특히 나의 학생들에게서 감정에 관한 이런 견해는 감정들을 "합리화하고" 사실상 살균해 버린다는 불평을 자주 접한다. 어떤 것이 분석 당하기 쉽다고 해서 그 힘까지 부정당하지는 않는다고 나는 대답한다. 분석을 분석대상과 혼동할 때에만 실망하게 될 것이다. 특히 분석이 **지나친 꼼꼼함**에 의지할 때, 형식상의 세세한 사항들에 너무 관심을 가져 연구 중인 주관적으로 열광하게 하는 내용을 망각한다. 물론 그 어떤 분석도 감정을 "포착하지" 못한다. 만일 포착한다는 말이 분석을 통한 이해가 분석가들에게 그 감정을 제공하기에 충분함을 뜻한다면 말이다. 그렇지만 이해가 감정을 죽이는 것도 아니다. 우리가 연구하는 감정들은 기억의 연대기에서 채집되었거나 면밀한 반성을 거쳐 고정된 죽은 것이다. 우리의 이해가 그것들에게 새 생명을 부여하지는 않을 것이다. 그렇지만 지금 우리가 살고 있고 미래에 우리가 살게 될 감정들은 명확성과 통찰력 측면에서 향상될 것이다. 명확성과 통찰력 때문에 소멸하는 감정들은 살 만한 가치가 없는 것들일 뿐이다. (우리는 연구에서는 포괄적일지 모르지만, 결과들에서는 엄격하다.) 이 장에서 나는 감정들의 논리에 관한 합리적인 구조 분석을 제공하려고 시도할 것이다.[125] 다음 장에서 나는 각 감정이 특징적인 판단들에 따라서 어떻게 정의되는지를 보여 주기 위해서 특정한 감정들에 주의를 기울이겠다. 이런 연구 절차는 우리가 감정의 보편 구조와 그것들을 하나로 묶고 분류하는 "논리"를 이해 할 수 있게 해주고, 어떤 감정들과 어떤 세계관들 사이의 개념상 필요한 연관관계들뿐만 아니라 하나의 감정에서 다른 감정으로의 흔한 변형들을 조명해 주는 통일성을 획득한다는 점에서 감정을 하나씩 기술하는 것보다 유리하다. 그렇지만, 이런 절차는 때때로 감정을 미리 확정된 틀 속에 억지로 끼워 맞춘다는 점에서 불리하다는 반론이 있을지도 모르겠다. 미리 확정된 틀에 감정이 들어맞을 수도 있지만 그렇지 않을 수도 있는데도 말이다. 하지만 연구 자체가 감정들에 완전히 익숙하다는 것을 전제로 하지 않을 경우에만 이 반론은 유효하다. 그런데, 우리는 모두 감정에 완전히 익숙하다는 점을 처음부터 공유한다. 분석 자체는 바로 감정들**로부터** 시작해서, 그것들을 토대로 이론을 비교하고 다듬고 체계화한다.

---

125. 다음과 같은 점에서 우리의 연구 절차는 레비스트로스의 신화 연구 절차와 닮았다. 즉 이 연구는 (거대한 감정 경험 집합을 전제로 해서) 본질적인 신화 구조들과 이데올로기 구조들 또는 "원형들"의 순열과 조합의 행렬로 시작하고, 그다음에는 특정한 감정들의 실제 전략들과 구조들의 도수와 편차를 조사하는 것으로 선회한다.

1. 방향

모든 감정은 의도적이고, 궁극적으로 우리 자신과 우리의 세계에 "관한" 것이다. 그래도 다양한 감정들이 주관성의 이 두 "기둥들"에 균등한 주의를 기울이지 않는다는 점은 분명하다. 일부 감정들은 어떤 상황이나 사건에 완전히 몰두한다. 예를 들어, 분개의 경우에는 자기 자신에게는 최소한의 주의만 기울이고 다른 누군가의 비행에 몰두한다. 다른 감정들은 "외부 세계"를 지시하는 것을 모두 배제할 정도로 자기 자신에게 관심을 둔다. 죄책감이나 그 대상이 충분히 추상적이어서 궁극적으로 어떤 관심이든 관심을 받는 것은 바로 자기 자신의 헌신 행위일 뿐인 독특한 형태의 숭배를 그 예로 들 수 있다. ("그녀는 자신이 무엇을 하고 있는지를 거의 알지 못한 채 그녀의 느낌을 전부 쏟아부을 수 있다면 어떤 것이든 헌신의 행위를 기꺼이 할 준비가 된 상태로 마을을 향해 출발했다"—플로베르[Flaubert], 『보봐리 부인[Madame Bovary]』). 감정들 사이의 첫 번째 차이는 내가 "내향적" 감정이라고 부르는 것과 "외향적" 감정이라고 부르는 것 사이의 조야하지만 유용한 구별이다 (비유만 데카르트적이고, 분석은 아니다).

"외향적인" (즉 "타인 지향적인") 감정들은 특정한 상황들이나 대상들, 타인들에 관한 것이다. 예를 들어, (번민과는 대조적으로) 두려움은 전형적으로 외향적이며, 오로지 위협적인 상황이나 사람이 우리를 위험에 빠뜨리는 상태에 관련된다. 두려움은 또한 자신에 대한 이기적인 관심을 수반하는데 —본질적으로 수반하는데 —이것은 **우리**에게 무슨 일이 일어날까에 대한 두려움이다. 하지만 우리의 관심은 완전히 외부로 향하고, 우리를 위협하는 존재의 모든 움직임과 우리를 위험에 빠뜨리는 상황에서 일어나는 모든 변화를 주시한다. 그러한 상황에서 우리는 종종 악명 높게도 자기 자신을 의식하지 않고, 필요에 따라 위험에 반응하지만 만일 우리의 관심이 우리의 자아에게 향해진다면 좀처럼 반응하지 않는다. (능숙하게 또는 신중하게 행동하는 것은 자의식적으로 행동하는 것과 동일한 것이 아니다.) 우리를 사로잡는 것은 바로 "거기 밖에" 있는 것이다.

　　마찬가지로, 화와 분개는 일반적으로는 그렇지 않다고 하더라도 종종 "외향적"이다. 물론 상황이나 다른 사람의 행동에 기분이 상하는 것은 바로 **나**(또는 **우리**)다. 하지만 관심은 오로지 화의 "대상," 예를 들어, "**그**가 나에게서 지갑을 빼앗아 갔다"는 사실이나 "비행기 안에는 우리가 앉을 만큼 좌석들이 충분하지 않다는 **사실**"에 고정된다. (그래서 범죄의 희생자가 재판에 출석할 필요가 없다 —그리고 때로는 출석할 수 없다. 비록 범죄는 그에 관해서만 존재한다고 하더라도 법은 그에게 관심이 없다.) 따라서, 분개는 (그리고 종종 화는) 사심 없는 원칙의 문제로 모습을 나타낸다. "나 자신을 위해서가 아니라, 오히려 그 문제의 **원칙** 때문에 관심을 갖는 것이다." 이렇게 원칙을 강조하는 것은 **나**를 포함하는 이 특정한 사건이 아니라 나와 무관한 사건의 구조 일반에 계속 주의를 집중시키기 위한 역동적인 전략이다.

일부 "외향적인" 감정에서, 자기 자신과의 관련은 암시적이면서도 명백할 수도 있다. 예를 들어, 슬픔과 비애의 경우에 관심은 오로지 잃어버린 사람이나 대상에 대한 것이지만, 그것은 **나**에게 상실이고, 또는 어쩌면 "우리 모두에게 상실"인 것이지 단순히 "상실"인 것이 결코 아니라는 점은 바로 그 감정의 구조 속에서 명백하다. 그렇지만 의도적으로 그리고 심지어 무자비하게 자신이 연루되는 것을 차단하고 감정이 오로지 그 대상만을 겨냥하도록 강요하는 "외향적인" (특히 "타인 지향적인") 감정들이 있다. 분개는 자주 이렇고, 원한은 사실상 항상 이렇다. 즉 잘못하는 것은 순전히 "타인"이고, 나는 그것과 아무런 관련이 없다.

"내향적인" 감정들은 자신의 자아를 초점으로 간주한다. 수치심과 죄책감, 양심의 가책, 후회, 자존심, 허영심, 자기애, 자기혐오, "자기 자신을 가엾게 여김"을 그런 감정의 예로 들 수 있다. 그러한 감정들 속에 다른 사람들이나 상황들이 함축되어 있을 수도 있다. 예를 들어, 당혹감의 경우에, 자기 체면을 손상시키는 판결이 선고되는 법정을 제공하는 것은 바로 타인들의 "관심"이다. 자존심과 수치심의 경우에, 판단의 대상은 공적이나 비행을 반드시 포함하지만, 초점은 거기에 맞춰지지 않고 자기 자신에게 맞춰진다. 상세히 말하면, 그것을 행한 사람은 바로 나다. "내향적인" 감정들은 (당혹감에서처럼) 타인들과 연루 관계를 드러내거나, 타인들과 비교하여 (자존심의 경우에는) 우월감을 또는 (수치심의 경우에는) 열등감을 드러낸다. 하지만 감정의 초점 또는 방향은 언제나 "내부로," 즉 자기 자신에게로 향한다. 심지어 이러한 감정들이 "외향적"인 것처럼 보일 때조차도(예를 들어 딸의 행동에 대해 어머니가 느끼는 당혹감, 아들이 체포된 것에 대해 아버지가 느끼는 수치심), 그 또는 그녀가 주체와 동일시되는 한에서만 (어머니가 딸과 동일시하고 아버지가 아들과 동일시하여 책임을 떠맡는 한에서만) "타인"이 감정의 대상이다.

본질적으로 "양방향의" 성향을 띠는 감정들의 부류가 있다. 이 감정들은 명백히 **관계**에 관한 판단이다. 어떤 점에서, 감정들은 모두 양방향의 성향을 띤다. 왜냐하면 모두가 적어도 암묵적으로 자기 자신과 다른 사람이나 상황이나 행위나 사건에 관한 판단을 포함하기 때문이다. 그렇지만 양방향의 성향을 띠는 감정들은 관계 자체가 판단에서 명백하게 드러나도록 한다. 예를 들어, 사랑에는 자주 그렇다고 추정되듯이 단순히 타인의 장점들과 미덕들에 대한 이상주의적인 찬미나 타인의 관심사와 복지에 대한 "사심 없는" 관심만 있는 것이 아니다. 냉소주의자들이 종종 지적해 왔듯이, 자기 중심적으로 자신에게만 몰두하는 것도 아니다. 사랑은 본질적으로 양방향의 판단을 수반한다 —즉 자기 자신과 상대방 사이에 어떤 관계가 있다는 판단을 수반한다. 이 양방향성의 판단은 단지 한쪽에게만 받아들여질지 모른다는 점에 주의하는 것이 중요하다. 나는 내가 존재하는지를 알지조차 못하는 사람과 "사랑에 빠질" 수도 있다. 하지만 그녀가 나에 대해 어떤 생각을 하든지 (또는 하지 않든지) 간에 나와의 관계 속에서 그녀를 보고, 그녀와의 관계 속에서 나를 본다. 사랑이 한쪽 극에서 다른 쪽 극으로 초점을 옮길 때마다, 그것은 무언가 다른 것으로—예를 들어 ("타인 지향적"이 될 때는) 숭배로 또는 ("내부 지향적"이 될 때는) 허영심으로—변질한다. 똑같은 고려사항들이 미움과 질투에도 해당된다. 질투에는 직접적인 비난, 정면 대립이 있다. (이와 대조적으로, 시기는 거리를 유지하고, 더 "타인 지향적"인 상태로 남는다.) 전형적으로 "타인 지향적인" 감정인 화는 때때로 양방향의 성향을 띠게 되는데, 기분이 상한 것은 바로 나라는 사실을 마주하고 화가 나는 원인을 상대적으로 강조한다. 화가 자칫 분개가 되기 쉬운 한에 있어서, 그것은 순전히 타인 지향적이다. 하지만 화는 또한 화가 나는 원인보다는 (신뢰를 깨뜨린 것에 화를 내는 경우처럼) 나 자신과 상대방의 관계를 강조할 수도 있다. 더구나 **내가 기분이 상한다**는 것에 초점이 맞춰질 때, 화는 심지어 내향적이기까지 할지도 모른다. 이런 지

감정은 어떻게 내 삶을 의미 있게 바꾸는가

점에 이르면, 화는 "나 자신을 가엾게 여기는 것"으로 변질된다.

　연민도 또한 양방향의 감정이다. 니체가 그렇게 분석했다. 그런데 그 관계가 "주인 - 노예"의 관계라는 진기한 개념이 니체에게는 있었다. 어쨌든 연민은 또한 양방향의 관계, 어떤 "함께 느끼기"이고, 글자 그대로 **함께** 느끼는 정념이거나 **더불어** 느끼는 감정이다 ("함께 괴로워하다"는 뜻의 독일어 "**Mit**leiden"을 참조할 것).

2. 범위와 초점

만일 당신이 온 마음으로 한 사람을 사랑하기만
하면, 모든 사람이 사랑스러워 보일 것이다.

괴테, 『선택적 친화력*Elective Affinities*』

외향적인 감정은 강박적일 정도로 협소하여 단 하나의 세부 사항
이나 고립된 사건에 우리의 주의를 제한할 수도 있다. 또는 분위기
에서 그렇듯이, 우리의 쉬르리얼리티 전체를 포괄하는 것으로 그
범위를 확장할 수도 있다. 그 범위 내에서, 감정은 거의 분명하게
단 하나의 항목이나 사건에 초점을 집중할 수도 있다. 혹은 널리
명료하게 전체를 조망하려고 시도할 수도 있다. (카메라 렌즈식 유
추가 이 지점에서 도움이 된다.) 모든 감정의 범위와 초점이 우리의
쉬르리얼리티를 규정하는 상호 연관관계의 망과 우리의 감정을 유
발하는 "계기"와 원인의 역할을 하는 특정한 사건들을 모두 전제
로 한다. 그것들이 우리의 관심 범위 안에 또는 우리의 초점으로
남아 있든 그렇지 않든 상관없이 말이다. 우리의 삶을 규정하는 화
—예를 들어, 세계의 불평등과 불의에 대한 전면적이고 어마어마

한 격분—는 이 특정한 사례에서는 이탈리아 음식점에서 나온 라자냐 2인분의 미세한 양 차이만 포함하도록 초점의 범위를 좁힐 수도 있다. 나중에 우리는 쉽게 이 사건을 "사소한" 것으로 그리고 화를 "부당한" 것으로 치부하고, 그러한 특수한 반응을 가능하게 만든 비유로 장전되어 있는 거대한 구조들을 무시할지도 모른다. 다른 한편으로, 사소한 사건에 의해 유발되는 화는 즉시 확대되어 (또는 과도하게 확대되어) 우주 전체의 상황에 관한 장대한 판단들을 내릴지도 모른다. 데이트를 거절당한 청년은 즉시 그가 느끼는 특수한 실망감을 여자들의 둔감함에 대한 장광설로 그리고 인간의 탐색 여정의 무목적성에 관한 시시포스 신화로 변질시킨다. 하지만 그러한 과장을 "합리화"로 치부해 버리기 전에, 합리화와 확장된 영역 또는 일반 초점 사이의 차이는 자기기만이 될 수도 있을 뿐만 아니라 통찰이 될 수도 있음을 기억해야 한다.

물론 감정의 범위와 초점이 광대하지는 않고 부수적인 것보다는 더 큰 경우가 가장 흔하다. 때때로 우리는 "모두를 사랑하고 삶 자체를 사랑하지만," 이러한 추상적인 낭만주의에는 사실상 언제나 구체적인 핵심, 새로운 연인, 몇 명의 좋은 친구들이 있다. 그러나 물신 숭배도—단순히 한 사람의 특정한 **모습**만이 아니라—또한 한 **사람**의 사랑에 토대를 두고 있다. 보통 카메라의 초점처럼, 대부분의 감정들의 초점은 뚜렷한 윤곽을 가지고 있는 것이 아니라, 명료함과 흐릿함, 피사체, 전경과 배경의 계조들을 가지고 있다. 우리는 특정한 사람을 사랑하지만, 물론 또한 어떤 **유형**의 사람을 예중하는 사례로서 그 사람을 사랑한다. 우리는 그 사람의 어떤 특성들을 다른 특성들보다 더 사랑한다. 그리고 다른 사람들이 그 또는 그녀와 친밀한 관계에 있다는 점 때문에 그들을 더 생각하는ㅡ심지어 그들을 사랑하는ㅡ경향이 있다. 마찬가지로, 화와 슬픔, 두려움과 원한은 다채로운 범위와 중심 초점을 가지고 있는데, 점점 더 지나치게 세세한 사항으로 그리고 구체적이더라도 흐릿한 배경으로 이동해 간다.

범위와 초점은 대단히 동일한 방식으로 내향적인 감정들에 적용된다. 대부분의 감정들의 대상은 단순히 자기 자신이 아니라 자신의 특정한 행동이나 모습이다. 사람이 내내 죄책감을 느낄 수도 있지만, 일반적으로는 특정한 부적절함에 대해서만 수치심을 느끼고, 특수하고 보통은 사소한 사건에 대해서만 당혹스러워 한다. 하지만 자아에 초점을 맞추는 감정은 배경으로서는 아니라 하더라도 적어도 전제로서 우리가 우리 자신을 규정하는 역할들과 상황들의 세계를 포함해야 할 것이다. 내향적 감정들은 또한 범위와 초점에 있어서는 세부 사항(내 턱에 있는 결점, 도서관에서 내가 한 어리석은 말)에 아주 협소하게 주목하는 것에서부터 세계 속에서의 나 자신에 대한 가능한 가장 광범위한 견해(키에르케고르의 경우 자기 자신의 존재에 대한 불안, 헤겔의 경우 거만한 자신감)에 이르기까지 포괄한다.

3. 대상의 본성

인간이 인간을 위한 신이다.

마르크스, 『초기 저작들Early Writings』(1844)

방향과 범위와 초점이 무대를 마련하지만, 감정을 정의하는 것은 특정한 대상이다. 그러나 서로 다른 많은 종류의 대상들이 있고, 일부 대상들은 어떤 감정들에는 적합하지만 다른 감정들에는 그렇지 않다. 다른 감정들은 다른 **존재론** 또는 **정언** 관심사들을 가지고 있다. 오로지 인간에게만 관련되는 감정들이 있고, 그렇지 않은 감정들이 있다. 도덕적 의분과 낭만적 사랑은 대체로 인간에게 한정되어 있는 것으로 보인다. 비록 우리의 신화와 한두 가지의 기묘한 경험이 그러한 규칙들에서 벗어나는 예외들을 입증하지만 말이다. 그렇지만 두려움과 슬픔은 분명 반드시 인간에게만 관련되는 것은 전혀 아니다. 사람은 원한을 품은 변호사나 교외 지역에 출몰하는 강도들뿐만 아니라 곰이나 눈사태를 두려워할 수도 있다. 연인이나 친구를 잃은 것에 슬퍼할 수도 있다. 어떤 감정들의 경우에, 그 대상에는 행동 또는 활동과 책임을 져야 할 행위자가 포함되어야 한다. 예를 들어, 화는 기분을 상하게 하는 것에 대한 화이어야 한다. 누군가에게 비난이 가해질 수 없다면 분개는 이해될 수 없다. 내향적 감정인 수치심은 어떤 비행이나 실수에 대한 책임이 자기 자신에게 있다고 추정한다. 다른 감정들은 그렇지 않다. 예를 들어, 사랑과 미움은 다른 사람의 행동들을 평가할 수도 있고 심지어 그것들에 근거할 수도 있지만, 반드시 그럴 필요는 없다. 어떤 감정들의 경우에는 그 대상이 의식이 있는 존재이기만 하면 된다. 예를 들어, 느낀다고 믿는 존재만을 동정할 수 있다. (바퀴벌레들과 식물들이 느낀다고 믿는 한에서만 그 또는 그녀는 바퀴벌레와 식물을 동정할 수 있다.)

감정들의 가장 중요한 구성적 판단 중에는 대상을 **인간**으로 대할 것인가 아닌가가 포함되어 있다. 이 문맥에서 "인간"은 최근에 등장한 동물학상의 변종 유인원을 묘사하는 기술적인 용어 훨씬 이상의 것이다. 우리는 종종 반려묘와 반려견들을—그리고 심지어 자동차들과 타자기까지도—이런 중요한 의미에서 인간으로 취급한다. 반면에 호모 사피엔스 종의 많은 구성원들이 인간보다 못한 존재로 취급된다. "대상"에 인간의 속성을 부여하는 것은 책임 능력을 부여하는 것이고, "그것"을 우리 자신과 잠재적으로[126.] 동등하게 대하고, 느낌만이 아니라 권리도 가지고 있는 존재로 대하는 것이다. (사실, 그러한 취급에는 일상적인 이야기에서 비인간을

---

126. 이러한 자격 부여가 갖는 중요성은 이 장의 5절에서 명확해질 것이다.

가리키는 "대상"이란 말을 빼버리고 순전히 인간의 어휘들을 고집하는 것이 포함된다.) 누군가를 **인간**으로 대하는 것은 아직은 그를 동등한 존재로 대하거나 존중으로 대하는 것은 아니지만, 적어도 편견의 행동과 언어 모두에서 명백하게 나타나는 다른 사람들을 대하는 방식을 질적으로 뛰어넘는 것이다. 편견으로 다른 사람들을 대할 때, 그들은 글자 그대로 동물로, 책임과 권리를 (그러므로 의무들도 또한) 가지는 인간이라기보다 단순히 더 열등할 뿐만 아니라 책임 능력이 없고 권리도 없는 존재로 인식되고 취급된다.

인간성에 대한 판단은 행위 능력과 책임 능력에 대한 판단이고, **잠재적인** 존중과 평등에 대한 판단이며, 상호주관성의 문을 여는 것이다. **인간이하성**에 대한 판단은 책임 능력 부재에 대한 판단으로, 존중과 평등과 상호주관성에 접근하지 못하게 차단하는 것이다. "대상"을 인간보다 못한 존재로 취급하는 것이 반드시 모멸적인 것은 아니다. 예를 들어, 잉어나 철쭉을 동정하는 것은 심지어 "인간적인" 것으로 간주될 수도 있고, 어떤 지각력이 있는 상태―적어도 고통에 대한 감응성―를 부여하는 것에 해당한다. 하지만 잉어나 철쭉을 불쌍히 여길 때, 우리는 마치 잉어나 철쭉이 곤경을 당연히 피해야 했거나 피할 수 있었을 것처럼 그것에 책임 능력을 부여하지는 않는다. 단지 사람들이 인간 이하의 존재로 취급될 때에만 우리는 그것을 모멸적인 것으로 여긴다. 예를 들어, 경멸과 혐오의 경우에, 다른 사람이 (아마도 '쥐'나 '뱀'과 같은) "동물"로 구성된다. 그러나 사람들은 **당연히** 인간으로 취급**되어야 한다.** (어쩌면 동물들도 또한 당연히 그래야 할지도 모른다. 그렇지만 다른 이유가 없다고 하더라도 만일 우리가 그렇게 하지 않는다면 결백한 음식을 공급받을 수 없기 때문에 식물들에게는 현상을 유지해야 한다.)

그다음에 **비인간**이라는 세 번째 범주가 있는데, "무생물의" 우주를 구성하는 단단하거나 말랑말랑한 물체들이 여기에 속한다. 이 문맥에서, 우리의 감정 신화들이 우리의 세계에 있는 더 "객관적인" 분류들을 혼란에 빠뜨리는 경우가 빈번하다는 점을 주목할 만하다. 만일 우리가 때로는 부끄럽게도 사람들을 인간 이하로 취급하는 잘못을 저지른다면, 객관적으로 비인간인 존재와 인간 이하의 존재를 유쾌하게 인간으로 취급하는 행동을 더 자주 한다. 이것은 물질세계를 의인화하고 생명을 부여하는 것에서 가장 극적으로 명백하게 나타난다. 예를 들어, 화는 인간성이 있다는 판단과 책임 능력을 부여하는 것을 필요로 하는 감정이다. 그런데도 우리는 종종 날씨나 뻑뻑한 서랍에 화를 내고, 자동차나 타자기의 경솔한 움직임에 화를 내고 있음을 깨닫는다. 우리가 "더 냉정한" 순간에는 이러한 의인화가 우스꽝스럽다고 느끼는 것은 당연하다. 비록 좋아하는 기계장치에 생명을 부여하는 것처럼 (그리고 심지어 대화까지 하는 것처럼) 이러한 의인화들 중의 일부는 우리의 삶에 고루 퍼져 있지만 말이다. 그렇지만 철학적 요점은 내가 날씨를 의인화하고 유사 인간으로, "어머니 자연"으로 취급하는 한에서만 나는 날씨에게 화를 낼 수 있다는 점이다. 나는 하늘과 우주 전체를 저주할 수도 있지만, 내가 책임을 지는 어떤 행위자를 기꺼이 인정하는 한에서만 그럴 수 있다.[127.]

아마도 **초**인간이라는 네 번째 범주를 추가할 만한 가치가 있을 것이다. 이것을 우리는 "인간"(즉 "**적어도** 인간")의 범주 내에 포함시켜 왔다. 예를 들어, 숭배의 경우에 "대상"은 존경받고 책임 능력을 부여 받지만, 훨씬 그 이상의 어떤 것이다. 비록 ― 유대교와 기독교의 신에 대한 전통적인 묘사가 입증했듯이 ― 인간의 관점이 아닌 다른 관점에서 이 "훨씬 그 이상의"라는 것이 무엇일 수 있는지를 말하는 것은 불가능하지는 않다고 하더라도 어렵기는 하지만 말이다. 때때로 사랑과 미움은 "초인간적인" 구성 요소들이다.

인간과 인간 이하, 비인간 사이의 범주 교환은 감정들의 "신화적" 특성을 다시금 상기시키며, 과학적인 탐구와 지식의 "객관적인" 요구사항들에 따라서라기보다는 우리의 개인적인 요구사항들에 따라서 우주를 구성한다. 인간과 인간 이하, 비인간 사이의 판단은 궁극적으로 "사실들"과는 거의 상관이 없는데, 사실들은 그러한 판단들이 내려지는 기껏해야 객관적인 매개변수들이다. 이 존재가 생물학적으로 "남자"라는 사실이 그를 **인간**으로 만들어 주지는 않는

---

127. 카뮈의 시시포스는 그가 냉소를 퍼붓는 명백한 신들보다 상당히 유리한다. 그렇지만 철두철미한 무신론자로 추정되는 카뮈는 시시포스를 본보기로 활용하여 정확하게 동일한 방식으로 그의 우주를 의인화하려고 시도한다. 바로 이러한 신화적이고 일관성이 없는 의인화가 그의 "부조리" 이론 전체에 역설적인 기독교적 감상성을 부여한다.

다. 그가 인간이라는 판단은 "사실들"을 넘어서 그가 어떻게 **취급되는가**에 대한 결정까지 포괄한다. 마찬가지로 자동차나 타자기가 말로 하는 훈계와 칭찬과 찬미의 말에 반응하지 않는다는 점이 명백하게 입증될 수 있다는 사실은 우리가 그것들을 인간처럼 취급하겠다는 우리의 감정적 결정에 어떠한 구속력 있는 영향도 주지 않는다. 식물들의 자극 반응성에 관해 최근에 발견된 "사실들"은 (혹은 적어도 증거는) 식물 애호가들의 판단을 보강해 줄지도 모른다. 식물 애호가들은 과학이 그러한 행동을 객관적으로 합당한 것으로 만들어 주기 훨씬 이전부터 계속 그들이 보호하는 녹색의 피후견인들을 사랑으로 돌볼 필요가 있다고 강력하게 주장해 왔다. 하지만 그 증거가 무엇이든 상관없이 식물뿐만 아니라 동물과 심지어 인간까지도 비인간이자 무생물로 구성될 수 있다. 감정의 대상들을 취급하는 방식을 결정하는 것은 언제나 우리의 개인적인 욕구의 문제이지, 단순히 "사실들"의 문제가 결코 아니다.

4. 기준

감정은 평가를 수반하기 때문에 판단을 위한 표준적인 기준에 호소할 필요가 있다. 이러한 표준들은 물론 상당히 다양하다. 슬픔의 경우에는 상실의 가치, 화의 경우에는 책임 돌리기, 시기와 질투의 경우에는 (상대방에게) 이득이 돌아갔다고 보기, 두려움의 경우에는 위험, 연민의 경우에는 괴로움, 찬미와 사랑의 경우에는 칭찬이 표준이 된다. 하지만 먼저 고려되어야 하는 더욱 일반적인 사항이 있는데, 그것은 바로 기준들 자체의 지위다. 예를 들어 판단을 내리기 위한 기준들은 절대적인 것으로, 나 자신과 나의 이익과 전혀 관계없이 그리고 동시에 다른 사람들의 개인적인 이익과 관계없이 유효한 것으로 취급될 수도 있다. 다른 말로 하면, 기준들은 **도덕적** 기준들, "객관적" 기준들일지도 모른다. 이러한 기준들의 지위는 나 자신이 선호하는 것들과 나의 감정에 연루되는 다른 사람들이 선호하는 것들로부터 완전히 독립되어 있다. 이러한 칸트적인 기준들이 분개와 죄책감의 감정들에 확실히 관련되어 있다. 이 기준들은 화와 수치의 감정들에는 대체로 관련되어 있다. 그것들은 자존심에 관련될 수도 있고(하지만 허영심에는 관련되지 않고), 자책에 관련될 수도 있고 (하지만 후회에는 관련되지 않고), 숭배에 관련될 수도 있고(하지만 사랑에는 관련되지 않는다). 그것들은 일반적으로 원한에 관련되지만(반드시 그렇지는 않다).

감정적 판단에 관련되는 기준들은 순전히 개인적일 수도 있다. 예를 들어, 나의 슬픔에 관련되는 상실은 오직 나에 의해서만 추산될 수 있다. 내가 나의 연인에게서 발견하는 미덕들은 그것들이 도덕적인 미덕들이라 하더라도 전형적으로 내가 개인적으로 선호하는 것들이다. (그것들이 악덕이라고 하더라도, 나는 의심할 여지 없이 그것들을 마찬가지로 찬양할 것이다.) 다른 사람에 대한 나의 연민은 오로지 그의 상실에 관한 나의 추산에 좌우된다(마르크스주의자로서 나는 롤스로이스를 도둑맞은 것을 전혀 상실로 간주할 수 없음을 깨닫게 될지도 모른다). 나의 시기는 오직 상대방이 얻은 이득이 (나에게 갖는) 경쟁 가치에 대한 나의 추산에 좌우된다. (부도덕한 이득임을 내가 충분히 인지하더라도 나는 그 이득을 시기할지도 모른다.)

개인적인 기준은 전혀 기준이 아니라는 점에 주목할 만하다. 때때로 우리는 궁극적으로는 **기준이 없는**, 모든 것을 망라하는 종류의 판단들을 내린다. 예를 들어, 모 교수에게 막 소개된 나는 그를 신뢰할 수는 없음을 **안다**. 이런 나의 판단은 어떤 낯익은 단서, 그가 내 눈을 쳐다보지 않으려 한다거나 소심하게 악수했다는 사실에 근거한 것이었을지도 모른다. 하지만 이런 것들은 확실히 나의 판단 기준이 아니다. 마찬가지로, 이 판단은 나의 과거에서 —예를 들어, 1학년 때 철학 과목에서 부당하게 나를 낙제시킨 강사와 모교수 사이의 두드러진 유사점에서 —유래되었을지도 모른다. 그러나, 다시 말하건대 분명히 이것은 판단을 내리는 나의 기준이 아니다. 일단 판단을 내리고 나서, 그다음에 나는 그 판단을 뒷받침하는 근거가 충분하다는 증거를 찾기 시작하거나 똑같은 판단을 내리도록 내가 당신을 설득할 수 있는 숨길 수 없는 징후들을 찾기 시작할지도 모른다. 하지만 그러한 증거와 변론은 판단을 내리기 이전이 아니라 내린 이후에 나타난다. "기준이 없는" 그러한 판단들이 많은 감정들에 기초를 이룬다(그러므로 이런 감정들은 엄밀한 의미에서 "무비판적"이다). (숭배와 화에 관련되는 것들과는 대조적으로) 사랑과 미움에 관련되는 미덕과 악덕에 대한 판단들은 기준이 없다. 우리는 때때로 그렇게 할 타당한 이유를 갖기에 앞서 누군가를 사랑하거나 미워한다(이렇게 우리는 사랑에 **빠진다**). 그 이유는 나중에 생긴다. 마찬가지로, 원한과 자존심 같은 그러한 감정들의 토대에서 발견되는 열등함과 우월함에 관한 판단들도 기준이 없다. 증거는 뒤이어 나온다. 물론 개인적인 판단들이 모두 기준이 없는 것은 아니다. 예를 들어, 슬픔과 두려움, 질투와 연민은 전형적으로 가장 엄밀하게 만들어진 기준들에 근거한다.

기준의 세 번째 범주가 있는데, 이 범주는 당혹감을 고려할 때 분명해진다. 도덕적 기준에서 보면 나의 당혹감은 실패가 아니다. 나는 건전하게 도덕적인 행동에도 충분히 당혹스러워할 수도 있다. 예를 들어, 내가 길거리 모퉁이에 산타클로스를 세울 공간을 파는 도중에 바지가 찢어질 수도 있다. 혹은 영웅처럼 도둑을 공격하여 제압했는데, 알고 보니 도둑이 아닐 수도 있다. 도덕 원칙을 옹호하면서도 도둑들의 소굴에서 살고 있을지도 모른다. 나 자신이 보기에 당혹감은 단순히 실패가 아니다. 그것은 나를 당혹하게 하는 다른 사람들의 시선이자 견해들이다. 혼자 있거나 다른 사람들과 있을 때는 내가 자유롭게 수행할지도 모르는 똑같은 행동이 이 사람들과 있을 때는 나를 당혹스럽게 만든다. 그러므로, 우리는 세 번째 종류의 기준을 구별해야 한다. 이 기준은 다른 사람들의 견해에 좌우되지만, "객관적"이거나 도덕적이지 않다. 우리는 그것을 "대인관계의" 기준이라고 부를 수도 있다. 이것은 명백히 (자존심과는 대조적으로) 허영심에서 작동하는 것과 동일한 종류의 기준이다. 허영심은 다른 사람들이 우리를 보는 견해에 관한 (때로는 강박적인) 관심이다. 여기에 도덕 관념이나 개인 취향을 관련시킬 필요가 거의 없다.

5. 개인의 지위

사랑은 동등한 사람들을 찾지 않는다. 사랑은
그런 사람들을 만들어 낸다.

스탕달, 『연애론』

(인간 이하와 비인간과는 대조적으로) 인류의 영역 내부에서 우리
는 부단히 자리를 얻으려고 책략을 쓰고, 승인받고 수용되기를 추
구하며 우리 자신을 "개선하기" 위해서 노력한다. 동시에, 우리는
동료들을 판단하고 평가하며, 그들을 격려하거나 "억누른다." 가장
중요한 것은 우리와 동등한 사람들을 찾는다는 것인데, 이들은 우
리의 친구가 될 것이다. 우리는 또한 우리보다 우월한 사람들과 열
등한 사람들을 찾는다. 전자는 우리의 우상과 양심이 될 것이고,
후자는 우리의 아첨꾼이 되어서 그저 예예 하며 우리의 기분을 맞
춰 주고 우리를 돋보이게 함으로써 우리의 자아를 만족시켜 줄 것
이고 흔들리는 우리의 자신감을 지킬 수 있게 해줄 것이다. 만일
이런 그림에 우쭐해지지 않는다면, 단지 우리 자신을 정직하게 한
번 보기만 하면 된다. 지원과 안전을, 우리의 개인적인 가치를 입증

해 주는 것이나 적어도 우리의 약점을 보충해 주는 것을 부단히 그리고 때로는 필사적으로 찾는 우리 모습을 단지 한번 정직하게 보기만 하면 된다. 나는 다른 사람들과의 모든 관계가 사회적 지위를 얻기 위한 경쟁이고 상호 안전과 지원을 얻기 위한 "거래"라고 말하고 싶지는 않다. 하지만 그러한 경쟁적인 판단들이 우리의 개인적인 삶에서 수행하는 중심 역할의 진가를 인정하지 않는다면 우리는 감정의 논리를 이해 할 기회를 전혀 가질 수 없을 것이다. 이상적으로는, 개인으로서 모든 사람이 동등한 존재로 판단 받아야 한다고 강력하게 주장할 수도 있다. 하지만 이런 추상적인 이상이 실제로 우리의 일상적인 감정적 판단들에서 사례로 증명된다고 생각한다면, 틀림없이 우리가 우리 자신을 속이는 것이다.

동등을 **요구하는** 감정들이 있다. 낭만적 사랑이 가장 중요한 사례이다. 나는 인기 있는 영화배우나 왕자와 사랑에 빠질 수도 있지만, (그녀를 찬미하거나 숭배하는 것과는 대조적으로) 내가 그녀를 사랑하는 한 나는 그녀를 나와 동등한 사람으로 봐야 한다. 사랑은 우리가 사랑하는 사람들과 우리 사이의 동등함을 구성하기 때문에, 그 결과로서 다른 어떤 감정보다 더 효과적으로 자부심을 **높여 준다**. 그렇지만 (우리 자신을 강력한 적과 대등한 존재로 구성함으로써 그리고 우리 자신의 영웅적인 선함과 적의 가증스런 악함을 대조시킴으로써) 증오가 이 능력을 사랑과 공유한다. (그것에 반대되는 것이 그밖에 어떤 것이든 간에, 증오는 자신감과 사명감의 강력한 원천이다.) 화도 또한 서로를 동등하게 만드는 판단이다. 성인은 그가 성인으로 여겨지는 한도까지만 아이에게 화를 내는 것이 허용된다. 마찬가지로, 질투도 동등한 사람들 사이의 감정이다. "그는 내가 원하는 것을 가지고 있어"라는 똑같은 판단이 동등하지 못한 사람들에게 적용되면, 그 결과로서 시기나 경멸이 생긴다. 연민은 여기에서 가장 난처한 사례다. 니체는 연민을 상대방을 열등한 존재로 판단하는 감정으로 간주한다. 사실, 그는 이것을 이 감정의 목적으로 받아들인다. 하지만 여기에서는 흄의 견해가 진리에 더 가까운 것으로 생각될 것이다. 연민은 종종 동등한 사람들 사이의 감정이다. 그것은 "동료 의식"이고 "함께 느끼기"이다. 누군가는 열등한 사람들을 동정할 수 있다고 주장하거나 심지어 오로지 열등한 사람들만을 동정할 수 있다고 주장할지도 모른다. 물론 그 또는 그녀가 (또는 어쩌면 그것이) 딱한 사정에 처해 있고 자기 자신은 상대적으로 만족스러운 상태에 있을 때만 다른 사람을 동정할 수 있다는 점은 사실이다. 하지만 양쪽이 동등한 수준에 있다는 취지의 더 일반적인 판단의 틀 안에서만 행운과 불운에 대한 판단이 가능하다.

상대방이 확실히 우월하다고 생각하는 감정들이 있다. 흠모와 숭배, 원한과 시기가 그 예들이다. 상대방이 확실히 열등하다고 생각하는 감정들이 있다. 멸시하기와 소중히 여기기가 그 예들이다. (남자는 그의 아내를 소중하게 여길지 모르지만, 여자는 그녀의 남편을 흠모할 가능성이 훨씬 더 크다는 것은 남성이 지배하는 사회의 징후이다. 마찬가지로 사람은 고양이나 차를 소중하게 여길 수도 있지만, 둘 중 어느 것이든 흠모한다고 말할 수는 없을 것이다.) 만일 원한과 증오와 경멸, 이렇게 복수심에 불타는 세 요소들로 구성된 타인 지향의 부정적 판단들을 고려해 본다면, 상대방과 비교하여 자신의 개인적인 지위에 대해 내리는 판단에 따라서 상대방에 대한 유사하게 부정적인 판단들이 어떻게 완전히 다른 유형을 갖게 되는지를 알 수 있을 것이다. 원한은 십중팔구 아랫사람이 느끼는 나쁜 느낌을 인식하지조차 못하는 상사에 대해 품고 있는 절절하다고 하더라도 무능하고 소심한 불평이다. 니체는 원한의 예시로 독거미인 타란툴라를 적절하게 활용한다. 타란툴라의 사악한 외양과 유독한 물기, 계속되는 방어 자세 및 뒤쪽과 옆쪽으로 물러나는 움직임, 마지막에 내는 겁과 실제로 공격하기를 꺼리는 두려움은 모두 원한의 무능한 분노를 예증한다. 다른 한편으로 증오의 대상이 강력하고 객관적으로 우월한 사람인 경우에조차도 증오는 본질적으로 동등함의 태도이다. (원한은 종종 증오와 동일시되는데, 명백한 지위상의 이유들 때문에 원한은 증오인 척하는 것이다.) 다른 한편으로, 경멸이 우세하면 행동과 복수에는 무관심해진다. ("내가 경멸하는 사람에게 왜 신경을 쓰겠는가?") 씨근거리는 원한은 거머리처럼 상대방에게 달라붙는 반면에 경멸은 상대방을 완전히 하찮은 존재로 구성함으로써 상대방에게서 완전히 자유로워진다. 그렇지만 증오는 종종 사랑의 결속만큼이나 강력한 상대방과의 상호 결속을 수반하며, 상대방과 싸우고 심지어 그런 싸움을 환영하기까지 한다. 그런데 원한은 이러한 싸움을 두려워하고 경멸은 이런 싸움이 품위를 떨어뜨린다고 여긴다.

감정에 관한 신화들을 조직하는 모든 구조들처럼 개인의 지위는 우리의 판단들 속에서 **구성된다**는 사실을 다시 한번 강조하는 것이 중요하다. 친구와 동등한 사람을 아무리 찾고 또 찾는다고 하더라도, 궁극적으로 우리는 그들을 그렇게 **만들기로** 결정한다. 그들이 충족시켜야 한다고 우리가 요구하는 기준들은 우리 자신이 구성한 기준들이다. "우리의 기대들"을 충족하지 않는 누군가를 만나게 되면, 보기에는 많은 기간 동안 우리가 그토록 조심하며 떠받들어 온 똑같은 기준들을 바꾸거나 완전히 무시한다. 물론, 이것은 동등하지 못한 것들에 관해서도 마찬가지다. 반성해 보면 우리가 가장 소중하게 여기는 이데올로기들을 당혹스러울 정도로 인색하게 투자하는 것보다 우월감을 느끼고자 하는 욕구와 방어의 절박성이 더 강력할 수도 있다. 그렇지만 궁극적으로 동등함이 사려 깊은 이상일 뿐만 아니라 자부심의 이상이기도 함을 알게 된다. (모든 감정이 자부심을 극대화하는 경향이 있다는 개념은 우리 자신을 다른 사람들보다 우월하게 구성하고자 하는 일부 감정들의 욕망과 똑같은 것이 아니다.) 하지만 이러한 사려 깊은 이상을 실현하기 위해서는 깊이 뿌리내린 완강한 일군의 방어물들을 간파하고 극복해야 한다. 이러한 방어물들은 계속 "승자"와 "패자," 우월한 자와 열등한 자의 경쟁 관점에서 세상을 보는 것이 자신들에게 유리함을 오랫동안 알고 있었던 것으로 보인다.

나는 지위에 관한 판단들이 상황의 "사실들"과 무관함을 재강조하고 싶다. 상대방이 그에게 유리한 그러한 "사실들"(성공, 인기, 권력 등)을 꽤 많이 가지고 있다는 점을 인정하면서도 여전히 수량화할 수 없는 (아마도 도덕적인) 의미에서 상대방이 자신보다 열등하다는 판단을 내릴 수도 있다. 마찬가지로, 누군가가 우월하다고 판단하는 것은 그의 결점들과 약점들이 무엇이든 상관없이 그 사람을 권위자나 본보기로 받아들이는 것이다. (그가 우월하다는 판단이 내려졌기 때문에, 이러한 결점들과 약점들은 우월성을 나타내는 특색들이 될지도 모른다.) 다시 말하건대, 누군가를 동등한 존재로 판단하기 위해서 ―예를 들어, 그 사람을 사랑하거나 미워하거나 그에게 화를 내기 위해서 ―우리는 그가 하인이거나 노예라는 사실, 그가 얼간이거나 겁쟁이라는 사실, 모든 "객관적인" 의미에서 그가 자신보다 열등하다는 사실을 고려할 필요가 없다. 스탕달이 말하듯이, 사랑은 (그리고 모든 감정은) 동등한 사람들을 (그리고 동등하지 않은 사람들을) 찾거나 발견하는 것이 아니라 만들어 낸다(즉 구성해 낸다).

인간 이하라는 판단은 동등함을 획득할 수 있는 후보의 자격을 이미 배제한다는 점을 기억하는 것이 중요하다. 이런 까닭에 앞에서 나는 개인이 동등함을 획득할 수 있는 **후보자**가 되기 위해서는 인간이라는 판단이 필요하다고 강력하게 주장했다. 이런 까닭에 (다른 인종이나 계급, 정신적으로 허약한 사람, 아주 어리거나 아주 늙은 사람에게 적용되는) 인간 이하의 존재를 형상화하는 원형의 나쁜 점은 그것이 상호주관적인 소통 가능성을 처음부터 차단한 다는 것이다. (그러므로, 근소하게라도 인간과 닮은 것은 무엇이든 인간으로 간주되어야 한다는 자유주의적인 방침은 지위를 합리적 으로 고려할 수 있는 유일한 방침이다.)

6. 평가

모든 감정의 핵심에는 가치 판단, 이득과 손실에 대한 평가, 위반 행위 고발과 미덕 찬양, "좋음"과 "나쁨" 및 "옳음"과 "그름"에 대한 종종 대립적인 판단이 있다. 더 반성적인 순간에, 우리는 더 서술적이고 더 식별력 있으며 더 "균형 잡힌" 설명에 유리하도록 그러한 "흑백의" 판단을 최소화하려고 시도한다. (예를 들어, 정치에서 "옳음"과 "그름" 및 "좋음"과 "나쁨"의 대결은 결국 갈등과 전쟁으로 이어질 뿐이다.) 그렇지만, 반성에 앞서는 감정들은 정확성이나 공정성보다 우리 자신의 안전과 존중에 훨씬 더 관심이 있다. 따라서 그런 감정들은 종종 재빠르고 매우 지나치게 단순화되고, 크림이 이미 산패했는지 아닌지를 결정하는 요리사의 그럴싸한 확신을 가지고 사람들이나 복잡한 상황들, 또는 심지어 우주 전체를 판단한다. 그리고 늘 그렇듯이, 우리의 감정적 평가는 "사실들"과는 관계가 있을 필요가 거의 없다. 가치 판단이 사실들에 선행하는 경우가 빈번하다. (우리는 누군가에 대해서 아무것도 모르는데 그 사람을 곧바로 싫어한다. 어떤 것이 우리에게 전혀 쓸모가 없고 심지어 오랫동안 그것에 관심을 기울이지조차 않았다는 사실에도 불구하고 그것을 뺏기면 즉각 상실감을 느낀다.)

우리의 감정적 평가들은 감정 자체의 범위와 초점에 따라서 범위와 초점이 각양각색이다. 우리의 감정 중에서 많은 것들이 특정한 사건이나 세부 사항에 관심을 둔다. 예를 들어, 슬픔에서는 상실, 두려움에서는 미래에 발생할 수도 있는 손실, 감사에서는 이득, 희망과 믿음에서는 가능한 이득처럼, 손실과 이득을 산정하는 것에 관심이 있다. 개인 간 경쟁에서는 그러한 손실과 이득들 자체가 순전히 경쟁에 의한 것일 수도 있다. 예를 들어, 나의 경쟁자가 일자리를 제안받았을 때 그렇지 않았더라면 내가 그 일자리를 고려해 보지 않았으리라는 사실에도 불구하고 나는 그를 질투할지도 모른다. 혹은 내가 사실 같은 수단으로 막 돈을 번 도박대에서 큰 액수의 돈을 잃을 수도 있다. 이 경우에 모든 것을 고려해 보면 나는 손실을 입지 않았다. 그런데도 나는 분해 하고 그날 저녁에 돈을 딴 사람을 시기할지도 모른다.

일반적으로 손실과 이득에 대한 평가들은 순전히 개인적인 기준들에 근거한다. 우리의 감정적 평가들은 또한 도적적이거나 "객관적인" 기준들에 근거할 수도 있다. (자기 자신의 행위와 다른 사람들의 행위를 포함하여) 인간의 행위들은 자신의 개인적인 선호 사항들이 아니라 개인과 무관한 품행의 법들에 기초하여 "옳다"고 또는 "그르다"고 감정적으로 판단된다. 마찬가지로, "좋음"과 "나쁨"("악")은 보통 걸보기에 개인과 무관한 기준들에 기초한다. (그리고 항상 그런 기준들에 근거하여 옹호된다.) 또한 대인관계의 기준들에 근거하여 특정한 사건들을 판단하는 감정적 평가들도 있다. 예를 들어, 당혹감 속에서 구성되는 어색함, 허영심에서 과시되는 실제보다 좋아 보이는 세부 항목이 있다.

특수하고 부수적인 이러한 평가들은 단지 더 광범위한 고려의 초점일 뿐인 경우가 빈번하다. (물질적인 손실은 쉽게 자부심에서의 손실로 나타나기는 하지만, 보통 물질적 손실보다는 자부심에서의) 사소한 손실은 원한이나 시기의 경우에 어떤 상황이나 다른 사람에 대한 널리 퍼진 비난을 불러일으키는 구실의 기능을 할 수도 있다. 마찬가지로 사소한 이익은 몇몇 종교의 핵심인 과도한 감사와 찬미의 초점이 될 수도 있다. 그리고 가장 일반적으로는 하찮은 손해가 깜짝 놀랄 정도로 화를 표출하도록 자극할 수도 있다. 이러한 화는 명백히 그 대상과 균형이 맞지 않고, 그 대상이 사건 자체가 아니라 사건의 **유형**임을, 그 사건이 **의미하는** 것(하나의 무례한 언행이라기보다는 성격상의 특성, 분리된 하나의 행위라기보다는 눈에 띄는 재능이나 기술)임을 우리가 깨달을 때까지 이어진다.

많은 감정들이 평가적 범위와 초점에서 나타나는 차이들에 의해서 부분적으로 식별될 수 있을지 모른다. 예를 들어, 슬픔과 비애와 비통, 이 감정들의 경우에, 슬픔은 특수한 상실에 국한되고, 비통은 인격에 더 중심적이고 따라서 더 깊은 정신적 외상을 준다. 마찬가지로 질투는 더 특수하고, 시기는 더 일반적이며, 수치심은 더 특수하고, 죄책감은 더 일반적이며, 희망은 특수하고 믿음은 일반적이며, 두려움은 특수하고 불안은 일반적이다. 그렇지만 많은 감정들이 다른 크기의 평가들을 동시에 포함한다. 나는 사람이 목숨을 잃은 것 때문에 슬퍼지지만, 그 결과에는 감사할지도 모른다. 시기의 경우에는, 그 대상은 긍정적으로 평가하면서도 그것을 상실한 것은 부정적으로 평가하고, 나에게서 그것을 빼앗아 간 사람은 훨씬 더 부정적으로 평가한다. 증오의 경우에는, 나의 적을 매도하기도 하고 찬미하기도 한다. 구체적으로 말하면, 사람으로서는 그를 매도하지만 그가 가진 권력에 대해서는 그를 찬미한다. 헌신의 경우에, 나 자신을 비하하고 상대방을 터무니없이 높이 평가하는 것처럼, 독선적인 분개의 경우에는 상대방을 비난하고 나 자신을 칭찬한다.

그렇지만 가장 근본적인 가치 판단들은 부수 사건들에도 관심이 없고 사람이나 상황의 더 일반적인 측면들에도 관심이 없고, **종합적인** 평가에 관심이 있다. 파티가 열리고 있는 곳으로 걸어 들어가자마자 우리는 거북해 하고 방어 자세를 취하며 성이 난다. 그래서 우리는 심지어 자리에 앉기도 전에 이것은 "불쾌한" 파티라는 결론을 내린다. 그 대신에 어쩌면 그 남자 혹은 그 여자의 눈에 깃든

어떤 시선 때문이든, 옛 친구를 어렴풋이 닮았기 때문이든, 평판과
는 아주 다르게 보이기 때문이든, 우리는 "누군가를 마음에 들어"
할지도 모른다. 또는 똑같은 방식으로 누군가에게 즉시 반감을 느
끼거나 불신할지도 모른다. 그 사람과의 악수는 속임수로 느껴지거
나 끈적끈적하고, 불쾌하게 유혹의 시선을 보내거나 시선을 회피한
다고 느낄지도 모른다. 이러한 종합적인 평가들이 먼저 이루어지지
만, 이런 평가들은 가장 피상적인 세부 사항들이나 부수적인 사건
들을 제외하면 어떤 근거도 없다. 따라서, 우리는 이것들을 "기준
이 없는" 것들이라고 불렀다. 이런 평가들에 대한 정당화와 증거는
평가하기 전에 나타나는 것이 아니라 평가한 이후에 생겨난다.

그런데도 우리는 후속 경험과 반성의 관점에서 볼 때 그러한 사
례들에서 나타나는 우리의 "직관"이 가진 예리함에 종종 감명받는
다. 즉시 생기는 호감은 오래 이어지는 우정의 토대이고, 즉시 생기
는 적의는 오래 계속되는 반목의 토대이다. 하지만 다시금 나는 그
러한 "첫인상"이 후속 관계들을 예언하는 것이 아니라 구성한다고
조심스럽게 제안하고 싶다. 누군가를 **좋아하기로** 결정하면, 우리
는 그들과의 우정을 추구하고, 그들의 미덕을 장려하고, 그들의 허
물을 모른 척하면서, 우리가 "발견했다"고 생각하는 신뢰를 쌓아
올린다. 또는 싸움의 무대를 설치하고 나면, 우리는 일어날 적대
행위들에 대비할 뿐만 아니라 먼저 있었던 사건을 이유로 들어 그
런 적대 행위들을 합리화하기 위해서 적의 악덕들과 약점들을 열

심히 찾는다. 특히 사랑과 미움은 그런 종합적인 가치 판단들이 중심에 있다는 특징을 보인다. 그런데 이런 특징은 원한과 죄책감과 대부분의 분위기들에서도 나타난다.

이러한 종합적인 평가들을 개인의 지위에 관한 판단들과 구별하는 것이 중요하다. 나는 어떤 범죄자를 경멸하면서도 개인적으로는 그를 좋아할 수도 있다. 널리 알려진 영웅이나 신을 찬미하거나 숭배하면서도 그를 몹시 싫어할 수도 있다. (따라서 "너의 이웃을 사랑하라"라는 기독교의 이상은 철학적 요점을 약간 왜곡하여 대인관계에서 가리지 않고 아무나 승인하는 것을 조장하면서 무자비한 엘리트주의를 옹호하는 데 성공한다.)

종합적인 평가는 동일한 종류의 더 특수한 평가들을 필요로 하지는 않지만 "시작하는" 경향이 있다. 누군가를 좋아하기로 결정하고 나면, 우리는 그 사람의 가장 사소한 재능과 미덕을 칭찬하고 그들의 악덕은 조용히 넘어가거나 따뜻하게 꾸짖는 경향이 있다("당신은 아름다워요. 나는 당신을 사랑해요"가 아니라, 오히려 "나는 당신을 사랑해요. 당신은 아름다워요"이다). 반대로, 적들의 악덕들과 약점들을 찾아 비판하고, 그들의 재능들과 미덕들을 저절로 굴러들어 온 것들로 취급한다. 우리는 여러 가지의 특정한 부정적인 평가들에도 아랑곳없이 누군가를 계속 좋아할 수도 있고, 우리가 싫어하거나 경멸하는 누군가의 재능을 (아마도 질투의 기미가 조금 들어 있다 하더라도) 칭찬할 수도 있다. 이것은 또한 "자

신을 싫어하거나" 심지어 "자신에게 진저리를 내는 것"과는 대조적
으로 "자신을 좋아하는" 우리의 자부심에도 해당된다. 이러한 것들
도 또한 기준이 없는 종합적인 평가들이라서 어떤 특정한 세부 사
항들과 양상들, 자기 자신에 관한 사실들의 성취에 의존할 필요가
없다. 하지만 이것에서 찾아내어야 하는 교훈은 굉장히 중요하다.
우리 자신을 평가할 때 우리 자신을 높이 평가하기 위해서 그러한
세부 사항들을 아무리 자주 **이용한다**고 할지라도, 우리의 자부심
에 핵심적인 비결은 우리의 구성적인 판단들, 우리 자신을 좋아하
겠다는 있는 그대로의 **결정**에 놓여 있다. 그 후, 다른 사람들을 평
가하면서 종종 가차없이 그리고 마찬가지로 종종 무비판적으로 우
리 자신을 그들의 이상형과 강적으로 상상할 때, 우리는 자기애와
타인을 사랑하는 능력 (그리고 자기 증오와 사랑하지 못하는 무능
력) 사이의 상식적이고 부정할 수 없는 연관성을 이해 할 수 있다.
우리 자신에 대해서 미워하기로 결정한 요소가 정확히 우리와 가
장 닮은 (따라서 보통 가장 사이좋기도 한) 사람들에게서 우리가
미워하게 될 요소일 것이다.

7. 책임

우리의 감정들은 평가 그 이상의 것을 수반한다. 감정들은 또한 책임을 돌리는데, 이득에 대해서는 칭찬하고 손실에 대해서는 비난한다. 예를 들어, 화와 분개는 상실에 관한 판단뿐만 아니라 비난, 고발에 관한 판단도 수반한다. 누군가가 그 손실에 대하여 책임을 져야 하는데, 개인적으로 받아들이면 그 손실은 **기분을 상하게 하는 것**이 된다. 긍정적인 측면에서 찬미와 감사는 칭찬에 관한 판단을 수반한다. 내향적인 감정들도 또한 책임 돌리기를 포함한다. 수치심과 죄책감은 비난의 판단을 포함하고, (타인 지향의 찬미처럼) 자존심은 칭찬의 판단을 포함한다. 또한 옹호와 면죄를 짜넣은 감정들도 있다. 예를 들어, 당혹감은 내가 처해 있는 거북한 상황에 대한 책임이 나에게 있지 않다는 판단을 포함한다. (그러므로, "미안해요, 어쩔 수 없었어요"가 적합한 표현이다.) 마찬가지로, 연민을 느낄 때 나는 당신이 겪는 고통은 당신 탓이 아니라고 (또는 적어도 당신이 처한 곤경이 아무리 당신 탓이라고 할지라도, 그것에 상당하는 것보다 훨씬 더 큰 고통을 당신은 당하고 있다고) 판단한다. 따라서, 우리는 인간이 겪는 고통의 본질에 관해 오래 이어져 온 신학적인 논쟁들에서 연민이 그토록 중요한 역할을 해온 이유를 이해 할 수 있다. 예를 들어, 18세기 **철학자들** 사이에서 주장되었던 것처럼 "악의 문제"는 종종 연민의 문제 —그리고 관련되는 죄책감의 문제 —를 중심으로 하고 있었다. 1755년의 대지진 때문에 리스본 사람들은 동정을 받아야 했는가? 혹은 어떤 어마어마한 공동의 죄의 관점이나 "모든 가능한 세계들 중에서 가장 좋은 세계"를 위한 기본 설계의 관점에서 그들을 봐야 했는가? 다른 한편으로 니체와 몇몇 실존주의자들은 개인의 책임에 관하여 확고한 입장을 견지하는데, 이들은 조롱은 아니라 하더라도 의심의 시선으로 연민을 바라보는 경향이 있다. 연민이란 감정을 판단하는 방식은 인간의 자유에 관한 형이상학적인 견해에 좌우된다. 그 견해는 "우리는 항상 (또는 언제나) 자신이 겪는 고통에 책임이 있는가?"에 관한 것이다.

마찬가지로, 슬픔은 종합적인 결백에 관한 판단이다. 사람은 상실에 슬퍼하지만, 그가 화가 나거나 후회한다기보다 슬퍼한다는 사실은 그가 기꺼이 그 상실에 대한 책임이 그에게 없다고 보고자 한다는 점을 입증한다. 자존심과 달리 허영심은 자기 자신에게 책임을 돌리지 않는다. (사람은 자신의 외모에 대해 우쭐대지만, 그가 이미 **행한** 행위에 대해서는 자랑스러워한다.) 이 지점에서 사랑과 미움은 호기심을 끄는 감정이다. 사랑은 자주 미덕들을 칭찬하면서도 악행에 대해서는 책임을 면제해 준다.[128.] 미움은 악행에 대해서는 책임을 묻지만 미덕에 대해서는 칭찬을 하지 않는다. 마찬가지로, 숭배와 원한은 (각각) 어떤 특징이든 칭찬하거나 비난하는 경향이 있다. 그런데 숭배와 원한은 사랑과 미움과 중요한 유사점들을 일부 지니고 있지만(원한과 미움은 자신의 품위를 떨어뜨리는 감정들이다), 지위에 관한 판단에서는 근본적으로 다르다. (숭배와 원한은 결과보다는 권력을 향하는 것으로 보인다. 예를 들어, 숭배의 대상은 실제로는 아무것도 **행하지** 않더라도 칭찬을 받는다. 원한의 대상은 그것[그/그녀]이 실제로 한 것이든 아니든 상관없이 일어나는 모든 일에 대해서 [은밀히] 욕을 먹고 비난받는다.)

평가들이 도덕적 기준들에 토대를 두고 있는 경우에, 관련되는 책임은 도덕적 책임을 수반한다. 예를 들어, 죄책감과 도덕적 의분은 (각각 자기 자신과 다른 사람들에 대한) 강력한 도덕적 비난들을 포함한다. 수치심과 화는 더 특수하고 도덕적으로는 덜 두드러지지만, 여전히 도덕적 책임 돌리기를 수반한다. (여기에서 프로이트와의 차이에 주목할 만하다. 프로이트는 자신을 대상으로 하는 화를 우울증으로 간주했다.) 한편으로는 화와 수치심에서의 책임 범위와 다른 한편으로는 원한과 죄책감에서의 책임 범위는 중요하게 다르다는 점을 주목할 만한 가치가 있다. 친구에게 화를 내고

---

128. "사랑은 미안하다는 말을 결코 할 필요가 없다는 것을 의미한다"(?!).

부끄럽게 여기면서도 자부심을 계속 유지하는 것이 가능하다. 그렇지만 원한은 다른 사람들과의 모든 가능한 친교를 끊어 버리고, 죄책감은 자부심의 모든 가능성을 훼손한다. 따라서 화와 수치심은 대체로 건강한 도덕적 감수성을 보여 주는 지표들이지만, 원한과 죄책감은 대체로 병적인 과도함을 나타낸다. 이러한 병적인 과도함은 마찬가지로 도덕적이지만 또한 병적으로 독선적인 감정들인 분개와 악의, 그리고 이상한 "결백" 의식에 의해 보상받는 경우가 종종 있다.

8. 상호주관성

우리는 다른 사람이 우리와 동등하다고 판단 내리고 그 남자(여자)를 좋아하고 칭찬하면서도 그(그녀)와는 아무런 관계가 없을 수도 있다. 지금까지 나는 우리가 다른 사람들과 맺는 감정적인 **관계들**에 대해서는 아무런 말도 하지 않았다. 지위에 관한 우리의 판단들과 우리의 다양한 평가들은 관계의 매개변수들에 틀림없이 영향을 미치고 어떤 경우에는 그것들을 확정할지도 모르지만, 그것들이 관계들 자체를 정의하지는 않는다. 그것을 위해서는, 완전히 구별되는 구성적 판단들의 집합이 요구된다. 이것들은 "상호주관성," 신뢰와 "개방성," 공유와 연합에 관한 판단들이다. 예를 들어, 사랑은 단순히 다른 사람을 격렬하게 좋아하는 것에 불과한 것이 아니다. 이것에 더하여, 사랑은 동등과 상호주관성, 신뢰 의식과 공유하고자 하는 욕망을 필요로 하는데, 이러한 요소들은 "좋아함"의 다른 형태(존경, 찬미, 심취, 숭배)들에는 포함되지 않는 것들이다. 연민과 동정과 공감도 또한 상호주관성의 감정들이지만, 사랑에서는 용인되지 않는 유보와 "거리"가 있다. 그러한 감정들 모두에서, 우리는 다른 사람들에게 "우리 자신을 개방하고," 그들의 경험과 견해들, 세계관, 궁극적으로는 그들의 다른 감정들을 공유한다. 이상하게도, 상호주관성이라는 이 개념은 미움, 원한을 품고 있는 적들이 공유하는 기묘하지만 익숙한 동지애에서도 발견된다. 물론 그들이 공유하는 것은 상대방을 이기려는 욕망이고, 그들의 세계관은 상대방을 아주 많이 비추는 거울 이미지다. 따라서 미움은 공유되는 쉬르리얼리티의 견고한 토대를 자주 제공할 수도 있는데, 이 토대 위에서 사랑은 이례적으로 오래 이어지는 관계들을 구축할 수 있다.

상호주관성은 우리 대부분에게는 "단체정신"과 동지애와 긴밀한 연합으로서 익숙하다. 그것은 전문 직업상의 우정과 정치적 연합, 반 친구들, 팀 동료들, 좋은 결혼을 규정짓는 "우리 의식"과 공유 이익에 관한 판단이다. 어쩌면 (부모와 자식 사이의 사랑에서처럼, 혹은 키에르케고르의 신앙과 예배의 개념에서처럼) 엄청나게 동등하지 않음에도 불구하고 상호주관적인 관계를 구성하는 것이 가능할지도 모른다. 하지만 일반적으로는 동등한 지위가 공유 경험과 이익만큼이나 상호주관성의 전제 조건일 것이다. 사실, 상호주관적 감정들에 그토록 본질적인 "우리"라는 의식은 기껏해야 지위를 둘러싼 개인들 사이의 갈등과 절충하는 불안정한 타협 속에 존재한다. 그러므로 이익과 지위의 문제들이 **외부**로부터 그것에 맞설 때

팀이나 결혼이 지속될 가능성은 가장 희박하다. 단지 지위의 문제들이 (적어도 여러 해 동안) 발생하지 않으니까 익숙한 상호주관성이 가능한 것이다.

상호주관성에 대조되는 것은 방어이다. 여기에는 신뢰 대신에 의심이 있고, 개방성과 솔직함 대신에 비밀과 금지가 있다. 공유 경험 대신에 사생활이 엄청나게 강조된다. 상대방이 우월하다고 받아들이는 감정들은 필연적으로 방어의 감정들이다. 그러므로 원한은 쏩쏠하게 외부에 주의를 고정시키면서도 그토록 많은 것을 혼자 간직하는 유독한 비겁함을 나타낸다. 물론, 두려움은 자체에 내장된 방어 요소를 가지고 있다. 시기와 당혹감도 또한 그러하다. 시기는 핑계들을 비축해 놓는 것으로 유명하고, 당혹감은 바로 그 본성상 기꺼이 다른 데에 책임을 돌리고 무능한 결백을 주장할 준비가 되어 있다. 죄책감은 내향적이라고 하더라도 일반적으로는 외부를 향하는 원한과 분개, 독선의 방어적인 자세와 짝을 이룬다.

누구든지 자신을 열등한 사람으로 구성하는 모든 감정에는 궁극적으로 격하되는 것은 자기 자신이라는 사실에도 불구하고 보호 장치들을 비축한 창고에서 얻는 역설적인 보상이 있다. 따라서 그러한 정신분열증적인 감정들은 자기 경멸과 독선 사이의, 쓰라린 열등감과 거만한 우월감 사이의 기묘한 변증법을 수반한다. 방어는 상대적인 열등감과 무능력에서 **시작하기** 때문에 방어의 주요 무기는 심리적인 요새이다. 이 주관적인 방벽 뒤에 숨어 있는 상태로 조용히 그리고 안전하게 다른 모든 사람을 비난하고, 다른 사람들의 미덕을 악덕으로 바꾸고 자기 자신의 악덕을 미덕으로 바꿔버리며("무지는 축복이다"), 다른 사람들의 강점을 약점으로 판단하고("온순한 사람들이 지구를 물려받게 될 것이다"), 다른 사람들의 성취를 과시로 판단하고("그가 그것에 대해 으스댈 필요는 없어"), 다른 사람들의 아름다움을 허영으로 판단한다("겉만 그럴 뿐이야"). 이러한 가치의 전도는 자신들을 열등하다고 판단한 사람들로 하여금 그런 판단에도 불구하고 자신들을 우월하다고 보게 한다. 그런데, 니체는 이러한 가치의 전도를 그가 "노예 도덕"이라고 부른 그리고 원한에 의해 규정되는 "가치들의 가치 변화"라고 분석했다. 하지만 이 두 얼굴의 역설적인 입장은 언제나 그 자체와 불화를 일으키고, 자신의 기만을 유지하기 위해서 필연적으로 자신과 입장을 공유하지 않는 사람들과는 관계를 끊어버린다. 따라서, 이러한 감정들과 방어 요소는 숨겨진 상태로 있어야만 하고, 종종 아주 다른 감정들인 부풀려진 분개와 거짓 자존심, 연민(이런 이유 때문에 니체는 이 감정을 몹시 공격하고 싶어했다), 진정한 사람의 친밀함과 신뢰라기보다는 동맹자를 얻고자 하는 필사적인 욕구에 토대를 두는 익숙한 거짓 사랑을 가장한다. 역사에서 두드러진 질병들처럼, 원한 및 그것과 유사한 감정들은 무엇이든 거의 모든 증상들을 조롱함으로써 병약함을 감추는 능력이 있다는 점을 여기에서 지적하는 것이 중요하다.

(종종 그러하듯이) 열등감을 감추고 있는 가면들이 아닐 때, 우월성의 감정들은 또한 상호주관성을 배제하는 경향이 있다. 그럼에도 이런 감정들의 태도는 (사실상 항상 열등감의 표시인) 방어의 태도가 아니라 **무관심**의 태도이다. 하인이나 경멸하는 누군가와 어떤 목표들을 아무리 많이 공유할지라도, 자기 자신을 보호하기 위해서 필연적으로 언제나 불가피하게 신뢰와 솔직함을 어기게 되고, 비밀을 가지게 되고 조심해야 하는데, 열등한 쪽에서 먼저 이렇게 하고 그다음에는 우월한 쪽에서도 마찬가지로 이렇게 하게 된다.

9. "거리"

비록 친교는 상호주관성이 갖는 신뢰와 공유 이익 및 경험을 전제로 하지만, 상호주관성은 아직 친교는 아니다. 친교는 상호주관성에다가 "가까움," 심리적으로 뿐만 아니라 육체적으로도 바로 가까이 있고자 하는 강력한 욕망 및 욕구를 더한다. 이러한 욕망은 개방성과 솔직함을 상호주관성의 단순한 잠재력에서 친교의 필수품으로 바꿔 놓는다. 예를 들어, 전문직 동료들과 학급 친구들은 서로에 대해서 거의 알지 못할지도 모른다. 비록 **만일** 필요해지면 그들이 스스로에 대해서 솔직하고 정직할 것이라고 기대되고 당연시되기는 하지만 말이다. 반면에, 우정의 경우에, 그러한 정보 및 경험의 교환은 필수 불가결하고, 우정 자체가 당해의 "필요 요소"를 제공해 준다. 마찬가지로, 결혼은 당연히 강력한 상호주관적 관계이지만, 그럼에도 어떤 "거리"를 지니고 있을지도 모른다. 이 거리는 남편과 아내가 가능한 여러 해 동안 또는 평생 동안 서로에 관한 특정한 지식과 숨겨진 것을 가장 (그리고 종종 고통스럽게) 드러내는 공유 경험들을 피하도록 해준다. 사랑의 친교는 그러한 지식과 공유하는 정신적 외상의 폭로를 **요구한다**.

사랑은 연인의 이익을 자신의 이익보다 더 중요하게 여긴다고 사람들은 종종 말한다. 하지만 여기에서 다시 우리는 오히려 사랑은 연인의 이익을 자기 자신의 **것으로** 여긴다고 말하는 편이 더 나을 것이다. 미움의 경우에는 그 반대이다. 미움은 상대방의 안녕을 자신의 이익에 대한 부정으로 간주한다. 미움도 또한 친교를 요구하고 적으로부터의 거리를 무엇보다 고통스러운 것으로 여긴다. 사랑이 가까움을 원하는 것처럼, 미움도 그러하다. 만일 "내가 당신에게 아주 가깝다고 느낀다면"이 사랑의 친교를 나타내는 본질적인 표현이라면, 이것은 비록 결코 말로 표현되지는 않더라도 미움의 (표현은 아니고) 문구로도 응용된다. 사랑의 달콤하고 상호적인 호감처럼 적들과 정면으로 노려보는 적대적인 대면은 친밀한 사이에만 허용되는 방종이다. 이와 대조적으로 연민은 비록 상호주관적이기는 하지만 거리를 유지하고, 경멸과 원한은 비록 미움처럼 적대적이기는 하지만 마찬가지로 거리를 유지한다.

열등감과 방어의 감정들은 자신과 상대방 사이의 거리를 가능한 늘리려는 경향이 있다. 원한은 항상 물리적으로 그리고 더 중요하게는 심리적으로 안전한 거리에서 (비록 압제자를 시야 안에 두지만) 보이지 않는 상태를 유지한다. 질투와는 달리 시기의 경우에,

우리는 시기의 대상이 되는 사람과의 대면을 생각하지 않으려고 한다. 마찬가지로, 특히 그것들이 열등감을 감추는 가면들일 때, 우월성의 감정들은 "대상들"로부터 거리를 유지한다. 예를 들어, 경멸의 경우에, 반감은 대상들로부터 우리를 밀어내고, 우리는 그것들 가까이 있기를 원하지 않는다.

몇몇 감정들은 사랑과 미움의 친교도 아니고 원한과 경멸의 비개인적인 거리도 아닌 거리 개념을 수반한다. 질투하는 연인은 경쟁자를 두려워할지는 모르지만 그럼에도 그와의 대면을 피하려고 하지 않을 것이다. 시기가 되도록 먼 거리를 유지할 때, 질투는 대면을 환영하지만 친교는 금한다. 질투는 경쟁자를 "팔 뻗으면 닿는 거리에" 계속 둔다. 화는 "팔 뻗으면 닿는" 거리에 대한 이런 욕구를 공유하지만, 너무 가까이 다가가서 친교를 회복하고 고발에 필요한 권위 있는 거리에 대한 지배력을 잃지 않도록 조심하며 동시에 직접적인 대면이 불가능해질 정도로 멀리 물러서지 않도록 조심한다. 연민의 경우, 우리는 상대방과 "함께" 느끼지만, 안전한 거리에서 그렇게 한다. 너무 가까워지면 위험하고(고통과 불행은 쉽게 전염이 된다), 너무 멀어지면 인정이 없고 냉혹하다.

자기 자신에게 거리를 두는 경우에 일단의 극히 어색한 판단들이 발견되게 되어 있다. 물론, 어떤 점에서는 자기 자신으로부터의 거리는 있을 수 없고, 그것을 "친교"라고 부르는 것은 이상할 것이다. 그런데도 자기 소외라는 현상이 있다. 이것은 스스로 품위를 떨어뜨리는 많은 감정들에 공통적이고 품위를 떨어뜨리는 자기 자신에 덧붙어 있는 어떤 것이다. 특히 죄책감의 경우에, 사람은 "자신으로부터 도망치고" 싶은 강력한 충동을 느끼고, 자기 자신을 이질적인 존재로 바라보고 초월적인 자아나 "영혼"이라는 순전한 주체성 속에 피신한다. 물론, 헤겔의 고전적인 "불행한 의식"의 내용과 키에르케고르에게서 계속되는 음울한 기독교적인 정신 분열증의 주제가 그러하다. 더 협소하게 보면, 그러한 거리감은 다른 감정들, 예를 들어 도주에의 욕망이 "나답지 않다"는 순간적인 의식 때문에 더 커질 수도 있는 당혹감에 동반될 수도 있다. 유사한 거리가 때로는 허영심과 자존심, 적어도 "나는 정말로 이 모든 것을 받을 만한 자격이 없어"라는 성가신 의심과 뒤섞인 (자부심이 아닌) 불확실한 형태의 자존심에서 발견될 수 있다. 이러한 사례들은 우리의 감정들에 수반되는 "거리들"이 글자 그대로 공간적인 용어로 받아들여질 필요는 없다는 사실을 강조하고자 하는 욕구를 뒷받침한다.

10. 신화: 감정적 판단들의 종합

이러한 다양한 판단들은—각자 자신만의 방법으로—우리의 세계에 강조점들과 범위 및 초점, 가치들과 투자들, 우리의 지위와 관계들을 부여하면서 우리의 세계를 구축할 책임이 있다. 하지만 칸트의 "오성을 구성하는 범주들"의 첫 목록처럼, 그러한 판단들을 단순히 합친 전체는 우리의 쉬르리얼리티의 통일된 구조가 결코 아니다. 우리의 판단들은 내가 신화라고 지칭한 것, 우리가 몸담고 사는 다양한 이미지들과 은유들로 종합되고 극화된다. 우리의 신화들이 우리의 자아관을 규정한다. 그런 신화들에 따라서 우리는 자신을 영웅이나 순교자로 인식하거나, "마음씨가 곱지만 오해받는" 사람으로 또는 재능이 있지만 진가를 인정받지 못하는 사람으로, 사랑스럽지만 사랑받지 못하는 사람으로 인식하거나, 용감하거나 겁이 많은 사람으로 인식하거나, 관대하거나 인색한 사람으로 인식한다. 인간 이하라는 판단이 연루되는 감정들에는 우리의 적들을 독사와 용, 괴물, 우리가 쥐와 뱀과 트롤이라고 경멸하는 존재들로 취급하는 유사 동물 신화가 있을지도 모른다. 우리는 반려동물들에게 더 적절한 용어들로 우리 자신을 바라볼지도 모른다. 예를 들어, 꼭 껴안고 싶다거나 야수 같다고 여길지도 모르고, 제멋대로 구는 고양이처럼 버릇이 없다거나 골든 리트리버처럼 감동한 듯이 감사해 한다고 여길지도 모른다. 우리의 신화들에는 운명론과 다양한 형태의 신들과 악마들에게 드리는 초자연적인 간청, "귀신 들림"의 신화들, "다 잘 풀릴 거야"라고 굳게 믿는 낙관론이 포함된다. 우리의 신화들은 세계의 지루한 사실들을 흥분을 불러일으키는 개인적인 관련과 유의미로 체계화하면서, 감정적 판단들인 우리의 견해들을 하나의 통일성 있는 극적인 틀로 종합해 낸다.

11. 욕망과 의도, 서약

모든 감정은 또한 이데올로기, 일단의 요구들, "세계의 당위적인 방식"이기도 하다고 나는 주장했다. 감정은 우리의 세계에 대한 해석일 뿐만 아니라 미래로의 투사이기도 하며, 때로는 의도들과 서약들이 되는 욕망들로 가득 차 있다. 우리의 화는 위반 행위를 한 자는 처벌을 받아야 한다고 요구한다. 우리의 사랑은 친교의 노력들, 사랑은 정직과 접촉을 통해서 표현되어야 한다는 요구, 연인의 안녕과 행복을 위해서 가능한 것은 무엇이든 하려는 욕망을 필요로 한다. 당혹감은 숨기를 원하고, 질투는 되찾아오기를 원하고, 미움은 상처 내기를 원하고, 연민은 공감뿐만 아니라 자선을 요구한다. 그렇지만 이러한 모든 욕망이 행동으로 표현될 수는 없다. 직접적이고 효과적인 표현이 가능한 경우에 욕망은 의도로 바뀌고 (그리고 원칙의 문제들에 관해서는 서약으로 바뀌고) 행동으로 명백히 나타난다. 하지만 그러한 표현이 불가능한 경우에는 무능력 또는 내켜 하지 않는 마음 때문에, 우리의 감정들은 복잡한 주관적 전략을 채택할 수도 있다. 그런데 이 전략은 세계를 바꾸는 것이 아니라 우리의 세계관과 우리의 감정 신화들을 바꾸고 그리고 결과적으로 우리의 이데올로기들 또한 바꾸는 것을 목표로 한다. 우리의 모든 욕망의 (그리고 결과적으로 우리의 의도들과 서약들의) 궁극적인 목적은 개인의 존엄성과 자부심이다. 그렇지만 다양한 감정들의 특정한 욕망들은 우리의 다른 감정적 판단들과 상황의 "사실들"에 의해 결정되는 우리의 쉬르리얼리티의 구조에 좌우된다. 일반적으로, 열등감의 신화는 향상과 안전에 대한 욕망을 수반할 것이다. 반면에, 우월감의 신화는 그들의 것으로 추정되는 지위를 지키려는 방어적인 태도를 종종 보인다. 상실을 포함하는 감정들은 그 상실을 메우거나 보상하려는 것에 관련될 것이다. 다른 사람들에게 책임을 돌리는 감정들은 보상과 처벌에 대한 요구를 수반할 것이고, 반면에 자기 자신에게 책임 돌리기는 구제와 공로 인정에 대한 욕망을 수반할 것이다. 다른 사람을 좋아하는 것을 수반하는 감정들은 그 사람의 안녕을 바라는 욕망을 수반할 것이고, 반면에 적의를 수반하는 감정들은 해를 가하고자 하는 욕망을 포함할 것이다. 감정들은 도망치고자 하는 욕망을 수반할 수도 있고 다른 사람들을 당혹하게 하려는 욕망을 수반할 수도 있다. 그것들은 승인, 수락, 공감에의 욕망을 수반할 수도 있고, 절망의 경우에는 사실상 어떤 형태든 주목을 받고자 하는 욕망을 수반할 수도 있다. 특정한 감정에서 나오는 욕망들은 직접적이고 솔직할 수도 있고, 상황과 우리의 관심사에 따라서는 극히 뒤얽히고 복잡해질 수도 있다.

12. 능력

욕망과 의도를 결정하는 요인 중 하나는 힘, 즉 우리가 수행하고
싶은 행위들을 수행하고 우리의 감정을 표현할 줄 아는 능력이다.
사실 우리가 가지고 있는 힘이 우리의 주요 관심사는 아니다. 그것
이 행위를 성공적으로 수행하는가의 여부를 결정할지는 모르지만,
감정 자체는 오히려 능력에 관한 우리의 평가에 달려 있다. 질투하
는 연인과 시기하는 인기 없는 사람은 그들의 욕망 대상을 빼앗은
엽색꾼을 사실상 똑같이 주먹으로 칠 수 있을지도 모른다. 하지만
시기에는 없는 확신이 질투에는 포함되어 있다. 질투는 대면할 기
회를 환영하는 반면에, 시기는 처음부터 무능력을 가정한다. 그러
므로 질투의 전략과 표현은 어느 정도 직접적인 경향이 있다. 이와
대조적으로 시기는 사실상 항상 복잡하고 순전히 주관적이고, 자
기 자신의 무능력에 대한 어쩌면 그릇된 믿음에 근거하여 삶을 구
축하는 방어의 징후들을 생기게 한다.

"할 수 없다"와 "하지 않겠다" 사이의 구분은 겉으로 보이는 것처럼 그렇게 간단하지 않다. 객관적으로는 누군가 어떤 행위를 수행할 수 없을 수도 있다. 하지만 주관적으로는 시도해 보겠다고 결심할 수 없는 행위는 하나도 없다. 돈키호테의 전투 계획들은 터무니없는 것으로 보일지 모른다. 하지만, 그 명확한 부조리성이 그의 주관적인 의도에 스며들지 않았고, 능력이 있다는 추정은 피할 수 없는 좌절에도 불구하고 돈키호테로 하여금 계속 행동하게 하고 반복되는 실패가 그토록 자주 변명으로 내세우는 자기 연민과 자기 경멸과 원한의 징후들에 빠지지 않도록 하기에 충분하다. 주관적으로 우리는 항상 "할 수 없다"보다 "하지 않겠다"를 선호함에 틀림없다. 무능력하다는 평가는 항상 숨은 동기가 있으리라는 의심, 자부심을 위한 은밀한 전략들과 뒤따라 올 종종 사악한 징후들에 대해 책임지기를 내켜 하지 않는 마음이 있으리라는 의심을 받음에 틀림없다.

13. 전략

모든 감정은 개인의 존엄성과 자부심을 극대화하려는 주관적인 전략이다. 당해의 "전략"은 극미할지도 모른다. 공공연하게 감정을 상하게 되면, 나는 모두가 볼 수 있도록 내 감정을 해친 사람을 응징하면서 재빨리 그리고 효과적으로 되받아친다. 하지만, 우리가 살펴봤듯이, 자부심은 감정을 만족시키기보다는 감정을 유지하고 강화함으로써 더 잘 충족되는 경우가 빈번하다. 그러한 경우에, 감정의 전략과 표현의 전략 모두 굉장히 복잡해질 수도 있다. 어떤 여자는 한 가게가 자신을 속였음을 알면서도 계속 단골로 그 가게를 드나든다. 그녀가 입은 작은 손실은 계속되는 그녀의 분개를 독선적으로 충족시킴으로써 보상을 받고도 남는다. (하지만, 물론, 그것이 그녀가 그곳에서 물건을 사는 "이유"는 아니다. 오히려 "편하기 때문에" 또는 그렇게 사소한 어떤 구실 때문이다.) 또는 사랑하는 어떤 연인들은 서로에 대한 애정을 "완성하고" 표현할 모든 기회를 거부하는데, 그 목적은 오로지 낭만적 사랑에 관한 환상을 계속 생생하게 유지하고 적응과 가정생활이라는 재미없는 미래의 가능성을 회피하는 것이다. 원한은 대체로 불운으로 추정되는 것들을 효과적으로 시정하려고 시도하기를 확고하게 꺼리는 특징이 있다. 다른 말로 하면 감정의 전략은 자부심의 전략이고, 감정의 주관적 구조들뿐만 아니라 행동으로 시도된 표현들도 모두 특정한 각 사례에서 무엇이든 그 상황과 관련된 사실들과 사물들을 주관적으로 자기에게 유리하게 이용하면서 자부심을 극대화하는 책략들과 전술들로 이해되어야 한다.

8장

감정 등록부
: 정념 선별 목록

수치심과 당혹감의 차이는 무엇인가? 혹은 화와 분개, 시기와 질투, 두려움과 불안, 가책과 후회, 사랑과 흠모의 차이는 무엇인가? 사랑과 미움이 왜 그토록 전형적으로 함께 발견되는가? 자존심과 수치심, 연민과 화, 죄책감과 도덕적 의분이 그렇듯이 겉보기에는 "정반대되는" 모든 감정들이 그럼에도 불구하고 야누스 같은 한 쌍이기도 하다. 왜 우리는 어떤 감정들을 다른 감정들보다 ─예를 들어, 미움보다 사랑을, 시기보다 감사를, 복수보다 연민을 ─더 바람직하다고 여기는가? 전통적인 감정 모델들에 따르면, 이 질문에 적절한 대답은 찾을 가망이 거의 없다. 왜냐하면 감정은 몸에서 일어나는 생리적인 변화들이거나 정신에 들어 있는 힘이거나 "정동" 같은 느낌이라는 바로 그 관념이 다양한 감정들 사이의 지극히 중요한 **개념상의** 구분들과 연관들을 빼 버리기 때문이다. 따라서 감정들 사이의 변증법적 결합과 점진적 진행, 미묘한 차이들과 변천들에 관한 그러한 질문들은 심리학과 철학이 수고할 만한 가치가 없는 "비과학적"이고 "그저 우발적인" 진기한 것들의 집합으로 간주되어 시인들과 소설가들에게 맡겨져 왔다. 하지만 모든 감정은 구성적인 판단(들의 집합)이고, 형식에서는 개념적이고 따라서 앞장에서 개괄한 "논리"를 보인다. 각 감정은 그러한 판단들로 (그리고 욕망들과 의도들과 전략들로) 구성된 특색 있는 집합이다. 감정들 사이의 유사성들과 차이점들은 따라서 각각의 판단에서 나타나는 유사성들과 차이점들이다. (어떤 의미에서, 개별 감정은 하나도 없고, 단지 판단들의 시스템만이 있다. 우리는 개개의 감정 명칭을 사용함으로써 이 시스템으로부터 어떤 지배적인 판단 유형들을 분리하여 단순화하고 감정한다.)[129.]

얼마나 많은 감정들이 있는가? "기본적인" 감정들은 어떤 것들인가? 이것들은 원자론과 분류법, 관료주의 절차에 대한 우리의 집착에 근거하여 도서관 사서들이 묻는 질문들이다. 하지만 모든 사전과 심리학 입문서에 나오는 짧은 목록에 수록되어 있는 "기본적인" 감정들 —화와 사랑, 두려움, 미움, 죄책감, 슬픔, 질투 —은 우리 사회에서 가장 눈에 띄고 **우리가 우리의** 쉬르리얼리티를 대표하는 것으로 선정하는 가장 흔하고 가장 받아들일 수 있는 구조들이다. 하지만 만일 앞 장에서 연구한 논리적 범주들을 무심결에 한 번 살펴본다면, 기본적인 감정들 —서로 결합하여 다른 모든 감정들을 구성해 내는 감정들 —은 본질적으로 오도되어 있음을 알 수 있다. 다양한 판단들로 이루어진 순열들의 개수를 재빠르게 추

---

129. E. Bedford, "Emotions," in Gustafson, *Essays in Philosophical Psychology*, pp. 78ff.를 참고할 것.

산해 보면 감정들의 개수는 거의 불확정하다, 기꺼이 유사한 감정들 사이의 사소한 차이들을 얼마나 정교하게 분할하고 개별화하는가에 달려 있음을 충분히 알게 된다. (예를 들어, 프랑스 사람들은 더 냉정한 영국인들이 "사랑"과 "그와 같은 종류의 것"이라는 확실히 부적절한 개념들로 서투르게 요약하는 친교의 다양한 형태들을 많이 구별한다. 마찬가지로, 이디시어에는 반어와 폄하의 개념들이 더 많은데, 이것들은 고난을 견디는 많은 방법들을 구별하는 데 적합하다. 그런데 낙원 같은 남태평양 지역의 문화들에서 사용하는 언어에는 이런 개념들이 전혀 없다.) 얼마나 많은 감정들이 있는가? 우리가 구별하고자 하는 만큼 많은 감정들이 있다. (어쩌면 누군가는 듀이의 십진법 같은 분류법을 발전시킬지도 모르겠다.)

　"기본적인" 감정들을 찾으려는 탐색은 심리학에서 가장 오래된 놀이 중 하나다. 그리스인들과 중세시대 사람들은 빈번하게 그 놀이를 했고, 독일인들은 그것을 "과학"으로 바꿔 놓았다. 데카르트 이후로 죽 프랑스인들은 더 짧은 정념들의 목록들을 지칠 줄 모르고 구성해 왔다. 존 왓슨은 당대 미국인의 기본적인 감정 탐색 놀이의 기본 요소들을 설정했는데, 지금은 유명한 이 목록은 세 가지—두려움과 의존, 분노—로 이루어져 있다. 마치 감정들이 그저 서로 합쳐져서 그토록 많은 분자들을 구성할 수 있는 정적인 원자들에 불과하거나 한 것처럼 기본 감정 탐색 자체가 정념의 신화들을 구성하는 일부일 뿐인 경우가 종종 있다. 하지만 어느 감정들이

"기본적"인지는 "인간 본성"의 사실이 아니라 일부 특정한 사람들의 쉬르리얼리티에 관한 사실이다. **우리의** "기본적인" 감정들 중에서 얼마나 많은 것들이 개인주의적인지, 얼마나 많은 것들이 방어적이고, 얼마나 많은 것들이 지위에 관한 부정적인 평가와 주장을 두 개의 구성 요소로 삼는지를 주목해 보라. 그렇지만 적대적인 감정들을 인정하지 않는 사회들이 있다.[130.] 권위주의의 도덕률을 가지고 있는 사회에서, 의분은 개인의 화보다 더 "기본적"이다. 반면에 상대적으로 편안하고 내성적인 우리의 삶에서 우울은 사실 두려움보다 더 "기본적"이다. (늦은 밤에 맨해튼 위쪽 지역에 있는 암스테르담 가를 잠깐 걸어 보면 그 차이를 알 수 있다. 새벽 한 시에 97번가와 암스테르담 가에서 우울해지는 것은 불가능하다. 누구든 그저 살아서 집에 돌아갈 수 있기만을 바라게 된다.) 자존심과 허영심의 상관되는 역할들은 공훈과 업적을 강조하는 것과는 대조적으로 개인주의의 외부 장식들을 강조하는 것에 달려 있다. 친교가 두 사람으로 (그리고 그들의 자식으로) 구성된 "핵"가족에 국한되어 있는 사회에서, 낭만적 사랑과 질투는 부족과 공동체의 역할 및 책무들보다 더 기본적일 것이다. 그런데, 부족과 공동체의 역할 및 책무들은 낭만적 사랑과 질투가 전제로 하는 고립된 개인주의를 거부하는 사회에서 필수 불가결하다. "기본적인" 감정들이란 전

---

130. 유트카 에스키모인들이 있다. (예를 들어, J. L. Brigg, *Never In Anger* [Cambridge, Mass: Harvard University Press, 1970]를 참고할 것.) 하지만 그들도 또한 감정의 쉬르리얼리티를 일반화한다. "이상은 오직 하나만 있다. 이것은, 유트카인이든 아니든, 3살 정도 이상의 모든 인간에게 적용할 수 있는데, 바로 차분한 억제의 규칙이다."

혀 없다. 단지 특정한 사회에서―명목상으로든 실제로든―우세한 감정들만 있을 뿐이다. (우리 자신이 만든 목록은 유망해 보이지 않는다.)

　모든 감정들을 하나의 감정, 또는 한 쌍이나 한 집합의 감정들로 축소하고 싶은 유혹은 우리의 감정 생활의 풍요로움을 제대로 인식하지 못하게 만든다. 예를 들어, 우리의 모든 감정들을 사랑에 대한 요구로 간주하는 문학 비평의 멍청한 원칙들이나 모든 감정은 소유욕과 방어 자세를 나타내는 표현들이라고 말하는 냉소적인 도덕주의자들의 주장들, 또는 모든 감정들을 섹스와 공격성, 사랑과 적의, 삶과 죽음이라는 서로 상반되는 감정들의 쌍으로 축소하려는 프로이트의 상상력이 풍부한 다양한 시도들은―아무리 세련되고 편리하다고 해도―정당화할 수 없는 임의적인 추상 작용이다. 같은 맥락에서 "긍정적" 감정들과 "부정적" 감정들 사이의 흔한 구분은 버려야 한다. 나는 모든 감정은 그러한 용어들로 기술할 수 있을지도 모르는 여러 가지 다른 판단들(예를 들어, 지위와 상호주관성)에 더하여 다수의 평가들을 포함한다고 이미 주장했다. 예를 들어 많은 감정들이 (경멸에서처럼) 자신의 자아를 긍정적으로 평가하고 상대방의 자아를 부정적으로 평가하거나 (숭배에서처럼) 그 반대이다. 또는 (화나 배신에서처럼) 대상을 전반적으로는 긍정적으로 판단하지만 일부 세부 요소에서는 부정적으로 판단하거나 (원한에서처럼) 다른 사람을 우월하다고 판단하면서도 동시에 그를 비난한다. 이것은 마치 (프리쵸프 버그만에게서 다른 유추를 빌리면) 우리가 미술관을 관람하는데 각 작품을 "좋다" 또는 "나쁘다" 둘 중 하나로만 판정하도록 허가되어 있는 것과 같다. 우리의 감정들은 훨씬 더 복잡하고—훨씬 더 흥미롭다.

다음에 이어지는 부분에서 나는 추려낸 감정들로 구성된 색인을 제시하고, 어떻게 각 감정이 앞 장에서 논의한 다양한 판단들로 구성되어 있는지를 보여 주고자 한다. 감정들을 몇 개의 집단으로—예를 들어, (프란츠 브렌타노Franz Brentano처럼) "긍정적" 감정 집단과 "부정적" 감정 집단으로, (막스 셸러처럼) "자기 본위의" 감정 집단과 "사회적" 감정 집단으로—분류하고 싶은 흔한 유혹에 빠지는 것을 피하기 위해서 나는 독창적이지 않지만 과감하게 임의대로 감정들을 알파벳순으로 배열하는 방안을 택했다. 다음에 나오는 나의 선별 목록과 분석들 모두 때로는 논쟁을 불러일으킬 것이다. (본질적으로 나는 대략 500개 정도의 철학적 분석들을 다음 80쪽 정도의 분량에 밀어 넣었다.) 따라서, 나는 다음에 나오는 내용들이 완결된 이론이라기보다는 연구 노력이라고, 심리학자들과 다른 철학자들이 나의 주장들을 실증하거나 논박하기 위해서 제공할 경험적 분석들과 개념적 분석들을 격려하는 자극제라고 믿는다. 나의 주요 관심사는 내가 체계화한 이론이 일상생활의 구성에서 어떻게 적용되고 이해될 수 있는지를 어느 정도 자세히 논증하는 것이다.

화 ———

> 교활한 늙은 격분이 말했다. 내가 판사가 될 것
> 이다, 내가 배심원이 될 것이다.
>
> 루이스 캐럴Lewis Carroll, 『이상한 나라의 앨리스Alice in Wonderland』

화와 그 변종들은 (분노, 격분과 격노, 초조와 짜증, 성이 난, 짜
증이 난, 언짢은, 격앙된) 모든 감정 목록에 (예를 들어, 모든 주요
사전에, 세 개로 이루어진 왓슨의 짧은 목록에, 프로이트의 공식
들 대부분에) 아무리 축약되어도 적어도 한 항목을 제공한다. 지
금 유행하는 "자기표현"과 "감정표출주의"를 독점하고 있지는 않
다고 해도 그 중심에서 주목받는 것은 사실상 언제나 화의 감정이
다. (억눌린 화는 인격에 해독을 끼치고, 그러므로 "밖으로 배출되
어야" 한다고 말한다. 하지만 우리는 훨씬 더 유독한 시기와 원한
의 감정들에 관해서는 정직하게 표출하라는 권고를 거의 듣지 못
한다.) 화는 우리 세계의 감정적 구성을 보여 주는 이상적인 사례
이고, 이데올로기적인 책무들을 지닌 감정들의 판단상의 특징을 보
여 주는 이상적인 사례이다. 우리는 마음대로 그리고 빈번히 화의
"합리성"(그것의 타당성과 근거, 그것의 하찮음이나 도덕적 독선)
을 판단한다. 그리고 화는 "좋은" 감정도 아니고 "나쁜" 감정도 아니

며[131], "긍정적인" 감정도 아니고 "부정적인" 감정도 아니며, 개개의 경우에, 그 상황과 개인, "위반 행위"의 본질과 그 배경에 좌우된다는 점은 분명하다. 바로 이런 이유 때문에 나는 그토록 자주 화를 사례로 활용했다. 그리고 화는 또한 수역학 모델 이론가들과 행동주의 이론가들, 치료사들, 감정을 느낌으로 간주하는 데카르트를 따르는 정신주의자들이 가장 좋아하는 사례이기 때문에, 화는 어떤 이론이든 감정 이론에 이상적인 선례가 되는 사례이다.

화의 핵심은 **기소**와 **고발**의 판단이다. 화는 개인의 감정이 상했다는 판단이다. 화는 도덕적 효력을 가지는 경우가 종종 있지만, 반드시 그럴 필요는 없다 (그러므로 화와 의분 사이의 구분을 모호하게 한다). 화는 일반적으로 외향적이지만 때로는 내부로 방향을 바꿔 자신의 자아를 향할 수도 있다. 화는 적수를 자신과 대등한 사람으로 판단하여 서로를 동등하게 만드는 대단한 감정이라는 사실을 강조할 만하다.[132] (단순히 짜증이 나는 것과는 대조적으로) 아이에게 화가 나는 것은 그 아이를 (아마도 부당하게) 어른으로 취급하는 것이다. 윗사람에게 화가 나는 것은 당신 자신을 그 사람의 수준으로 끌어올리는 것이다("반항"이 적절한 용어이고, "건방짐"도 또한 적절한 용어다). 아랫사람에게는 화내는 것을 피하려고 하고,

---

131. 그렇지만, 화는 기독교 신화에서 "일곱 개의 죽음에 이르는 대죄" 중 하나로 목록에 올라가 있다.

132. 조지 바흐George Bach의 『친밀한 적*The Intimate Enemy*』을 참고할 것. 이 책의 주장에 따르면 화는 친밀한 교제의 필연적인 결과들 중 하나일 뿐만 아니라 친밀한 교제를 형성하는 적절한 수단이기도 하다

비웃거나 경멸하거나 성가시게 여기거나 짜증낼 가능성이 더 크다. 다른 그 어떤 감정보다도 더 화에 관한 신화는 심리와 판결, 죄와 처벌을 다루는 재판의 신화이다. 그러므로 그 판결의 본질은 모든 감정들 중에서 가장 명백한 것이고, 자기 자신은 기소와 논쟁, 평결과 선고가 (그렇지만 반드시 선고가 실행되는 것은 아니다.) 모두 묘사되는 법정이다. 화는 보통 우리의 개인적인 가치들과 기대들을 세계에 투사하는 데 있어서 직접적이고 노골적이다. 표현되든 그렇지 않든, 화는 우리 자신의 이상들을 집요하게 주장하는 것이다. 심지어 그 집요한 주장이 이상 그 자체에 대한 헌신보다는 자기주장이나 아집에 훨씬 더 근거하고 있을 때조차도 말이다. (그러므로 평가할 권리와 입법상의 자율권에 대한 욕구를 강력하게 주장하기 위해서 우리는 그것만으로는 우리의 관심을 전혀 끌지 않는 사소한 것에 화를 낸다. 우리가 한 말이나 몸짓 자체의 성질 때문이 아니라 단지 그것이 법정 **모독**이고 그의 권위를 부정하는 것이기 때문에 치안판사가 법정 모독에 대한 벌금을 부과할지 모르기는 하지만 말이다.) 화는 세계가 우리의 기대에 따르지 않는다는 불만을 가리키고, 아무리 사소하고 무의미할지라도, 혹은 아무리 의심할 바 없이 도덕적이고 감동적일 정도로 인도적이라 하더라도, 우리의 요구들을 따르지 않는 사람들을 처벌하고자 하는 우리의 욕망을 드러낸다. (그렇지만 화를 단순한 좌절이나 실망과 혼동하지 않는 것이 중요하다. 좌절과 실망과 달리, 화는 본질적으로 사법상의 기

소, 위반 행위와 죄의 선고를 포함한다.)[133.]

1. 방향 :

　일반적으로는 외향적이고, ("화나게 하는 행위" 대 "내
　감정이 상함" 사이의 상대적인 긴장에 따라서) 때로는 내
　향적이거나 양방향을 모두 향한다.

2. 범위/초점 :

　세부 사항들을 지각하는 사람의 능력만큼이나 옹졸하
　게 협소하거나 ("그는 **어떤** 것에든 화를 낼 수 있다.") 우
　주 그 자체만큼이나 포괄적일 ("그녀는 **모든** 것에 화를
　낸다.") 수 있지만, 보통은 일상생활에서 일어나는 일들
　과 사건들에 대한 것이다. (사소한 일들은 화보다는 통
　상적으로 짜증의 원인이다. 포괄적이고 도덕적인 위반
　행위들은 도덕적 의분이나 격분, 원한, 경멸의 대상이
　다.)

3. 대상 :

　(비록 날씨에게 내는 화이거나 열리지 않는 문에게 내는

---

133. Robert Gordon, "The Aboutness of Emotions," American Philosophical Quarterly, 1974
　를 참조할 것. 그리고 프로이트가 화를 "좌절"로 지칭하는 많은 사례들을 참조할 것.

화이거나 집을 먹어 치우는 흰개미들에게 내는 화라고 하더라도) **항상** 그 대상으로 책임을 져야 할 행위자를 필요로 한다.

4. 기준 :

일반적으로 도덕적 효력을 가지지만, 특정한 개인에 관한 것이거나 대인관계에 관한 것일 수도 있다. (의분 항목을 참조할 것.)

5. 지위 :

동등하다. (냉소, 원한, 경멸 항목을 참조할 것.)

6. 평가 :

항상 "화나게 하는 행위"라고 부정적으로 평가한다.

7. 책임 :

누군가 비난받을 만하다.

8. 상호주관성:

우리가 생각하는 그런 당위적인 세계가 아닌 세계에 대한 반사실적인 반응인 경우에는 항상 적어도 약간 방어

적이다. 기소인 경우에는 항상 상당한 불신을 불러일으
킨다.

9. 거리 :

"팔을 뻗으면 닿는 거리," 이 거리는 친교의 수단일 수도
있고 결과일 수도 있지만(앞부분을 참고할 것), 그 자체
로는 결코 친밀하지 않다. 이 거리는 개인적인 관계가 없
는 거리에 있는 사람들을 서로 접촉하게 할 수도 있고,
두 사람을 서로 동등한 사람으로 만들 수도 있다. 하지
만 너무 방어적이고, 너무 불신하고 너무 비판적이어서
엄밀한 의미의 친교를 허용하지 않는다. 동시에 이 거리
는 개인적인 것과 완전히 무관하지도 않다.

10. 신화 :

법정 신화 또는 올림포스 신화다. 자기 자신을 입법자이
자 판사로 여기고, 상대방을 피고로 여긴다. 자기 자신
은 가치들을 수호하는 사람으로, 상대방은 위반하는 사
람으로 본다.

11. 욕망 :

처벌하기

12. 능력 :

유동적이다. 때로는 직접적이고 효과적인 행위를 수행할
수 있고, 때로는 그렇지 않다. (후자의 경우에, 화는 결
국 원한으로 변할지도 모른다.)

13. 전략 :

자신의 가치들을 세계에 투사하고 세계를 자기 자신의
방식대로 정의한다. 그러한 가치들에 동의하지 않거나
그것들에 따라서 행동하는 데 실패하는 사람은 누구든
지 당연하게 비난받는다. 그러므로, 화가 자신에게 향하
는 경우를 **제외하면** 화는 항상 (그것의 도덕적 효력에
적합한) 독선의 기미를 가지고 있다. (수치심 항목을 참
고할 것.)

앙스트^{Angst}(번민, 불안) ─────

앙스트란 개념은 현대의 실존주의 철학에서 중심 역할을 하는 것
으로 가장 잘 알려져 있다. 하지만, 이 개념은 기독교 정신의 핵심
에서 멀리 떨어진 적이 절대로 없다. 철학에서 이 개념이 갖는 중요
성은 우리에게 다음과 같은 실마리를 하나 준다. 즉 **앙스트**는 감정

이라기보다는 기분이고, 특정한 사건이나 부수적인 일들에 더 한정되고 더 협소하게 집중된 판단이라기보다는 세상 일반에 대한 모든 것을 총망라하는 태도이다. 그렇지만 이 개념은 그것을 다루는 유력한 철학 논문들(아우구스티누스와 루소, 키에르케고르, 하이데거, 사르트르)에서 —기껏해야— 단지 암시적으로만 구분될 뿐인 경우가 빈번한 일련의 감정들과 기분들을 포괄한다. **앙스트**는 때로는 번민을 의미하고, 때로는 불안을 의미하고, 때로는 무서움을 의미한다. 하지만 이러한 용어들은 면밀하게 구분되지 않으며, 또한 각 용어가 일련의 의미들을 망라하기 위해 사용되기도 한다. 이 용어들은 때로는 몹시 괴로운 고충이나 고통을 나타내는 데 사용되고, 때로는 극도의 두려움을, 때로는 특별한 종류의 두려움을 나타내는 데 사용되기도 한다. 예를 들어, 미지의 것에 대한 두려움이나 모든 것에 대한 포괄적인 두려움, 또는 자기 자신이나 자신의 욕망이나 감정이나 정체성에 대한 두려움을 나타내는 데 사용된다. 실존주의에서 —특히 키에르케고르와 하이데거와 사르트르에서— 이 특별한 종류의 두려움을 느끼는 대상은 "**무**," 의미 또는 정당성의 결여다. 하지만 이 용어는 또한 이 세 저술가들에게서 아주 다른 의미를 갖는다. 더욱이, 프로이트와 정신분석 이론에서 "불안"의 개념이 추가되고 우세해지면서 의미가 더 증가했다. 그런데, 프로이트와 정신분석 이론에서 말하는 것은 거의 감정이라고 할 수 없고 오히려 감정 자체라기보다는 마음을 어지럽히는 감정의 증상

감정은 어떻게 내 삶을 의미 있게 바꾸는가

인 산만하고 대단히 괴로운 불쾌감이다. (6장의 4절을 참고할 것.)

　시종일관된 용어 사용법은 전혀 없다. 하지만, 어떠한 경우라도 우리의 관심을 끄는 것은 전문용어가 아니라 일군의 관련된 판단들의 구조적 편제이다. 나는 단지 극도의 고충을 나타내고 엄밀한 의미의 감정에만 주의를 기울이게 제한하는 의미의 **앙스트**(일반적으로는 번민)를 고려 대상에서 배제했다. 이 경우에 발견하게 되는 것은 두려움에 가까운 일련의 감정들이다. 때때로 이 용어들은 극독의 두려움만을 가리키지만(두려움 항목을 참고할 것), 그것들은 주로 더 극적인 실존주의자들에 의해 ─미지의 것에 대한 두려움, 모든 것에 대한 두려움, 자기 자신에 대한 두려움(또는 내향적 두려움)으로 ─사용될 때 흥미롭다. (무에 대한 두려움은 특별한 분석을 필요로 하는데, 이것은 감정이 아니라 전반성적으로 저질러진 철학적인 실수다.) 다소 임의로, 나는 (적어도 키에르케고르와 하이데거를 위해서 무에 대한 공포를 포함하는) 미지에 대한 두려움을 **무서움**으로(무서움 항목을 참고할 것), 모든 것에 대한 두려움을 (감정이라기보다는 기분인) **불안**으로, 자기 자신에 대한 두려움을 번민으로 (사르트르의 **번민** 개념에 가장 부합하는데, 사르트르의 개념은 "무"에 대한 두려움일지도 모르지만, 항상 **자기 자신의** "무"에 대한 두려움이다) 분류했다.

─────── **불안(앙스트**Angst**)**

1. 방향 :

   외향적이다.

2. 범위/초점:

   기분만큼이나 광대하다. 하나의 전체로서 우리의 세계
   를 향하고 다소 부차별적으로 우리의 세계 안에 있는 모
   든 것을 향한다.

3. 대상 :

   모든 것이다.

4. 기준 :

   반드시 기준이 있는 것은 아니다.

5. 지위 :

   _____

6. 평가 :

   모든 것이 위협이다.

7. 책임 :

8. 상호주관성 :

　　몹시 방어적이다. 전반에 걸쳐 모든 것을 불신한다.

9. 거리 :

　　가능한 한 멀다. 친교는 논외다.

10. 신화 :

　　지옥을 가장 바로크풍으로 묘사한다. 몸을 돌릴 때마다
　　고문을 목격하게 된다. 모든 존재가 게걸스레 먹는 괴물
　　이고, 모든 동반자가 고문하는 사람이고, 모든 공간이
　　감옥이고, 모든 움직임이 위험이다.

11. 욕망 :

　　숨고 사라져서 자기 자신을 안전하게 지키는 것이다.

12. 능력 :

　　완전히 무능력하다.

13. 전략 :

비뚤어진 형태의 자기 강화인데, 이것은 종종 편집증에 가깝거나 그 일부이다. 우주의 주의를 완전히 자기 자신에게만 집중시키는 방식이다. 뻔뻔하게 이기적이고 타인에 대한 배려심이 없는 것을 변명하고, 다른 사람들에게서 공감을 요구하면서도 그 공감을 활용하는 일 혹은 그 공감에 보답하는 일에 대해서는 어떤 책임도 인정하지 않는 것을 변명한다. 죄책감이나 번민을 벌충하는 경우가 자주 있다.

─── 번민(앙스트Angst)

1. 방향 :

    내향적이다.

2. 범위/초점 :

    초점은 아주 정확할지도 모른다(예를 들어, 사르트르가 예로 드는 절벽 가장자리를 따라 걷는 사람의 번민은 오로지 뛰어내리고 싶은 유혹에 집중되어 있다). 하지만 프로이트와 그의 동료들이 제공한 다른 많은 번민의 사례들에서처럼(그 초점이 "무의식적"이고 그 대상은 미지의 것인 "불안"에서처럼), 초점이 대단히 애매모호한 경우가 빈번하다.

3. 대상 :

자기 자신이다. 상술하면, 일반적으로 자신을 파괴할 가
능성이 있거나 원인을 제공한 행위자로 자신을 격하하
는 것을 포함하는 아주 기본적인 환상들과 의도들이다.
(사르트르의 경우 대상은 "우리의 자유"다.) 극단적인 경
우에(예를 들어, 선인장에서 채취한 환각제나 마약 엘에
스디에 취한 경우에), 불안한 이유는 초인간적인 힘을 자
기 자신에게 부여하기 때문이다.

4. 기준 :

미확정. 누구든지 부도덕한 행위나 자기로서는 역겨운
행위, 또는 당혹감을 불러일으키는 행위에 대해 불안할
수 있다.

5. 지위 :

───────

6. 평가 :

(외향적인 두려움에서처럼) 자기 자신의 잠재력을 부정

적으로 평가한다.

7. 책임 :

　　책임을 자기 자신에게 돌린다(잠재적인 비난이다).

8. 상호주관성 :

　　(자기 자신에 대한 불신이 다른 사람들을 믿기 어렵게
　　만든다.)

9. 거리 :

　　　　　　────────

10. 신화 :

　　자기 자신을 위험하고 어쩌면 통제 불가능할지도 모른다
　　고 여긴다. 마치 "무엇인가가 나를 제어해서 내가 그것을
　　하도록 만드는" 것처럼 어떤 것이든 "귀신 들림"의 한 종
　　류로 쉽게 윤색될 수도 있다. 혹은 실존주의적 자유주의
　　와 성서 쪽으로 더 가면, 번민은 사르트르의 "나쁜 신앙"
　　의 개념이나 기독교의 원죄 개념을 구성할 수도 있다. 이
　　것은 누구든지 무엇이든 그가 하는 일에 항상 책임이 있
　　고 그가 상상할 수 있는 가장 비겁한 짓들까지도 할 수

있음을 알고 있고 그런 짓을 할까 두려워하는 것이다. 바로 번민을 심하게 강조하기 때문에 사르트르와 전통적인 교회는 인간의 본성에 어떤 "침울함"과 "비관론"이 포함되어 있다고 여긴다는 정당한 비난을 받을 수 있다.

11. 욕망 :

자기 자신을 무능력하게 만드는 것, 자기 자신으로부터 자기 자신을 (그리고 세계를) 보호하는 것이다.

12. 능력 :

강력하다. 즉 두려움의 근원이다.

13. 전략 :

자신의 힘 강화하기. 지독하게 왜곡된 실존주의적 영웅주의. 과대망상증이 있는 독일 철학자들뿐만 아니라 집단 살해범과 정치 암살자들의 (심지어 나 자신에게조차도, 또는 적어도 나 자신에게) "나는 위험하다"는 야심.

 경멸 ─────

경멸은 타인에 대해 내리는 가장 가혹한 성질의 판단이다. 경멸은 타인을 불쾌한 것보다 더 나쁘고, 오히려 비열하고 역겹다고 느낀다. ("경멸할 가치조차 없다"는 훨씬 더 극단적으로 변형된 경멸이다.) 냉소처럼, 경멸은 상대방을 인간적으로 고려할 만한 가치가 없는, 인간 이하의 어떤 존재는 아니라 하더라도 단연코 열등한 존재로 구성한다. 경멸은 대단한 우월성을 자기 자신에게 부여하는 태도인데, 이것은 또한 늘상 그렇듯이 우리로 하여금 어떤 방어 자세는 아닌가 의심하게 만든다.

1. 방향 :
   외향적이다(내향적인 유사물이 있지만, 결코 양방향을 다 향하지는 않는다).

2. 범위/초점 :
   미확정. 바퀴벌레를 경멸할 수도 있고, 시시포스처럼 신들 자체를 경멸할 수도 있다.

3. 대상 :
   항상은 아니지만 보통은 사람들이다(사람들의 특수한 세부적인 요소들이나 모습들은 아니다). 인간 이하의 본성을 가지고 있다는 판단을 수반하는 경우가 종종 있다.

4. 기준 :

보통은 도덕적인 기미를 띤다(하지만 당해의 사람 혹은 존재는 도덕성을 발휘할 수 없다고 시사하기도 하기에 이중적이다).

5. 지위 :

상대방은 자기 자신보다 현저하게 열등하고, 심지어 인간 이하이다. (냉소는 열등한 인간의 지위에 관한 판단임에 반하여 경멸은 인간 이하의 지위에 관한 판단이라는 설이 계속 있다.)

6. 평가 :

사람을 (또는 존재를) 전면적으로 가혹하게 비난한다. 지독히 싫어한다.

7. 책임 :

상대방을 인간 이하로 판단할 때, 그에게는 책임 능력이 없음을 시사하는 경우가 자주 있다. 다른 한편으로, 경멸의 판단을 내리는 근거가 악명 높은 무책임일 수도 있다. 어떤 경우든, 그것은 상대방이 책임 능력을 가질 수 있는 수준에 미치지 못한다는 판단이다.

8. 상호주관성 :

　　사람은 질병으로부터 자신을 지킨다는 것과 동일한 의
　　미에서 방어적이다. (하지만, "친밀감은 …을 낳는다"는
　　점을 참조할 것.)

9. 거리 :

　　되도록 멀리 떨어져 있다.

10. 신화 :

　　상대방을 혐오스러운 존재로 본다(그리고 이와 대조적
　　으로 자기 자신을 순수하고 고귀한 존재로 본다). 전형
　　적인 은유다. 예를 들어, 상대방을 뱀, 파충류, 곤충, 벌
　　레, 거미, 점액이나 배설물에 비유하고, 퇴화했거나 타락
　　했다고 본다.

11. 욕망 :

　　(적어도 표면상으로는) 그 존재를 피하기를 바라고, 그
　　존재를 보거나 상기할 필요가 없기를 바란다.

12. 능력 :

　　상당하다. 무능력할 때, 경멸은 공포가 된다. (예를 들

어, 바퀴벌레는 오로지 그만큼 작고 무해하기 때문에 경멸할 만하다. 1950년대 미국의 공포 영화를 생각나게 하는 거대한 바퀴벌레는 경멸할 만한 대상이 아니라 끔찍하다.)

13. 전략:
특정한 개인에 관한 것이든 도덕적인 것이든, 자기 자신의 표준들을 극적으로 표현하기. 대조할 목적으로, 자기 자신을 우월하고 강력하고 고귀하게 보이게 만들기.

만족 ———

어쩌면 만족은 반드시 그 자체로 감정이나 정념인 것은 아니고 오히려 감정과 다른 정념들(특히 욕망들)을 충족시키는 것으로 보일 것이다. 그렇지만, 우리 이론의 핵심 주장을 강조하기 위해서는 만족이 당연히 포함되어야 한다. 감정들은 우리의 삶을 붕괴시키는 것이 아니다. 감정들은 교란을 초래하고 정신적 외상을 줄 수 있지만 내구성 있는 구조들로, 우리의 경험에 의미를 부여한다. 하지만 오로지 갈등과 불만족의 측면에서 세계를 구성하는 감정들에만 주의를 기울이고 기분들과 만족의 감정들을 무시하는 것은 터무니없다. 만족하지 못한다는 판단만큼이나 만족한다는 판단은 하나의 판단이다. 감정으로서, 만족은 상황을 긍정하고, 자기 자신 혹은 자신의 어떤 모습을 받아들이는 것이다. 그것은 마치 "이제 나의 세계는 마땅히 그래야 하는 모습을 갖췄다" 또는 "나는 나 자신에게 만족한다"고 말하는 것과 같다. 혁명적인 의미에서, 그러한 감정은 (반동적인 정치가는 이데올로기를 전혀 가지고 있지 않다고 말할지도 모른다는 의심적은 의미에서) 이데올로기를 전혀 가지고 있지 않다. 거기에는 바꾸고자 하는 욕망이 전혀 없다.

1. 방향 :

   외향적이거나 내향적이거나, 혹은 (관계에서는) 양방향이다.

2. 범위/초점 :

   미확정.

3. 대상 :

   무엇이든 다.

4. 기준 :

미확정.

5. 지위 :

미확정. (하지만 자기 자신을 열등하다고 판단하면서 [어쨌든] 만족하는 것은 불가능하다는 점은 경험상 합리적인 가설이다.) 우월감에 부속되는 방어 성향은 보수주의와 **무간섭주의**(현상유지주의이지만, 도저히 만족이라고는 할 수 없다)로 귀결될 수도 있다.

6. 평가 :

긍정적이다("마땅히 그래야 하는 대로의 상황이 갖춰져 있다").

7. 책임 :

(감사처럼) 칭찬이나 (자존심처럼) 자기 칭찬을 포함할 수도 있다.

8. 상호주관성 :

일반적으로 솔직하고 신뢰할 줄 안다.

9. 거리 :

미확정. 그렇지만 친교가 쉽게 형성될 수 있다.

10. 신화 :

    "행운"이나 자존심에 집중된 만족부터 "은총"이라는 신학
    적인 감사까지 포괄한다.

11. 욕망 :

    없음.

12. 능력 :

    관련성이 없다.

13. 전략 :

    세계를 바꿈으로써가 아니라 마땅히 그래야 하는 세계
    에 대한 자신의 견해를 바꿈으로써, 세계가 마땅히 그래
    야 한다고 생각하는 모습의 세계임을 사실로 **만들기** 위
    해서, 있는 그대로의 세계를 받아들이기. 무엇이 더 쉽
    겠는가? (그러므로 만족은 충족의 판단일 뿐만 아니라
    "회피"일 수도 있다.)

우울 ────

우울에 대한 일반적인 태도는 지나치게 의학적이고 반인간적인 정념의 신화를 조명해 주는 사례이다. 매주 전국에서 발행되는 가지각색의 대중 잡지들과 일간지들에 실리는 적어도 두세 편의 기사에는 "우울에 대처하는 법"과 같은 제목이 달린 기사가 하나는 있다. 그러한 가사에서는 우울 그 자체가 우리의 대처 방식이라는 점, 이것은 "그것을 극복하기"의 문제가 아니라 오히려 그것을 우리 자신의 것으로 받아들여 **활용하기**의 문제라는 점을 제안할 만한 가치가 결코 없다고 보는 것 같다. 우울은 심신을 쇠약하게 만들고 역효과를 낳는 마음의 독감이고, 정신적 바이러스의 침입이자 "질병"으로 취급된다. 우리는 그것을 제거하는 법, 그것으로부터 주의를 딴 데로 돌리거나 적어도 그것의 해로운 영향을 최소화하는 법을 듣게 된다. "그것은 지나갈 거야"라고 우리는 확신한다. 우울의 자기 비하를 진지하게 받아들이지 말고, 그것이 때때로 불러일으키는 자살 충동은 고려조차 하지 말라. "그것을 무시해. 바쁘게 지내. 집 밖으로 나가." 또는 감기에 걸리면 아스피린을 복용할 수도 있듯이 진정제 리브리엄을 복용하라.

　하지만 우울이 항상 의학적 "문제"인[134.] 것은 아니고 오히려 영

---

134. 나는 우울이 "병리적"일 수 있음을 부정하고 싶지는 않다. 그러나 화와 질투, 시기, 슬픔, 사랑, 심지어 만족조차도 그럴 수 있다. 나는 단지 우울이 본래 병리적이지는 않으며 정상적인 삶에

혼을 들여다 볼 수 있는 창문, 우리의 삶이 견딜 수 없고 살 만한 보람이 없게 되었을 때 삶의 구조들을 속이는 과격한 수단인 기분이라고 가정해 보자. 대부분의 예술가들은 우울의 힘, 처음에는 심신을 쇠약하게 함에도 불구하고 일반적으로 생산력과 창조력을 분출시키는 결과를 가져온다는 사실을 인정한다. 그리고 거의 모든 사람이 우울은 좀처럼 사라지지 않는 경향이 있다는 사실뿐만 아니라 우리가 그것을 계속 붙잡고 키우는 경향이 있다는 사실 또한 알고 있다. 웃음으로 그 마법을 깨 버릴지도 모르는 쾌활한 친구를 피하고, 우울에 빠져 허우적거릴 수 있는 자기만의 방이 주는 고독을 찾으며, 침울한 생각들과 자아비판으로 우울을 조장하고, 좋은 친구나 행운이나 좋은 때가 전혀 없는 우울이 지닌 카뮈식의 부조리와 무의미의 교리들을 만들어 낸다. 우울에 빠져 있을 때, 우리는 (글자 그대로) "우리 자신을 억누르고," 본능의 수준에서 데카르트의 방법인 보편적 의심의 짐을 우리 자신에게 억지로 떠맡긴다. 우리의 우울은 세계의 기성 가치들, 우리가 의심하지 않고 열중해 온 임무들, 무비판적으로 품어 온 견해들, 이의를 제기하지 않고 종종 의미 없이 수락해 온 관계들로부터 우리 자신을 떼어 내는 방식이다. 우울은 제가 좋아서 하는 정화이다. 만일 그것이 그저 무시되지 않거나 약물로 제거되지 않거나 혹은 회피 ─가장 극단적인 회피는 자살이다─ 요구에 굴복하는 것을 스스로 허용하지 않

정말이지 불가결하고 "자기를 극복하는 것"이라고 주장하고 싶을 뿐이다.

는다면, 우울은 자아실현의 시작이다. (가장 극단적이지 않은 회피는 철학이다.) 우울은 우리 자신과 삶에 대한 가장 괴로운 의심들에 우리 자신을 열어 놓으려는 가장 용감한 시도이다. 이것은 우리 자신과 삶에 대한 명민한 서약과 최소한의 조건부 승인에 선행하는 종류의 개방성이다. 우울을 일시적인 질병으로 취급하는 것은 우리 자신을 계속 닫아 두는 것이고, 우리가 무비판적으로 받아들였거나 스스로에게 부과했고 이제는 싫증나고 살 만하지 않고 자기 모멸적인 가치들과 구조들을 돈 후안의 독특한 의미에서 **꿰뚫어** "보기"를 회피하는 것이다. 우울을 거부하는 것은 자동적으로 그러한 동일한 가치들과 구조들을 지지하는 것이다. 우울의 고통은 자아실현의 고통일 수도 있다. 또는 애초에 우리의 의심을 자극한 바로 그 가치들을 똑같이 무비판적으로 그리고 똑같이 불행하게 계속 받아들이는 것이 주는 고통일 수도 있다.

1. 방향 :

   (기분처럼) 사방팔방 어느 쪽이든 향할 수 있지만, 주로 내부로, 자기 자신으로 향한다.

2. 범위/초점 :

   기분처럼 광대하지만, 다시 말하건대 자아가 그 중심 초점이다.

3. 대상 :

　　인간과 인간 이하의 모든 것을 대상으로 삼는다. 하지만
　　(친구이든 임무이든 나무이든 신이든) 그러한 대상들에
　　대한 자기 자신의 태도와 반응에 관련된다.

4. 기준 :

　　주로 특정한 개인에 관한 것이지만, 도덕적인 그리고 대
　　인관계에 관한 고려사항들을 포함할 수도 있다.

5. 지위 :

　　우월성의 방어적 판단들이 가미된 열등감. 하지만 (우울
　　을 일으키는 지위의 문제 — 질책이나 원치 않는 정체성
　　의식 — 일지라도) 우울은 주로 지위에 관한 것이 아니다.

6. 평가 :

　　전반에 걸쳐 부정적이다 — 모든 것이 "무가치"하다고 평
　　가한다.

7. 책임 :

　　미확정. 전형적으로 자기 비난과 죄책감을 포함한다. 방
　　어적으로 다른 사람들을 비난하는 모습을 보일지도 모

르지만, 기분에 필수 불가결하지는 않다.

8. 상호주관성:

극도로 방어적인데, 주로 자기 자신에 맞서 그리고 시야에 들어오는 통찰에 맞서 방어적이다. 이상하게도(즉 우울에 관한 다른 견해들에 따르면), 우울은 일반적으로는 아니라 하더라도 종종 타인에 대한 어떤 신뢰를 포함한다. 우울할 때가 환자가 심리요법를 시작하기에 이상적인 시기일지 모른다. 우울은 —다른 사람들을 불신하는 것이라기보다는 —다른 사람들에게 과민하게 반응하는 것인데, 이러한 과민 반응은 우리가 우울할 때 다른 사람들을 피하고 싶은 마음이 들게 한다.

9. 거리 :

겉보기에는 가능한 최장 거리를 유지하려고 시도한다. 하지만 사실은 모든 것과 모든 사람을 가깝지만 너무 가깝지는 않은 "팔 뻗으면 닿는 거리에" 두고자 한다. 이 거리는 가깝지만 너무 가깝지는 않은 거리로, 영향을 막을 수 있을 뿐만 아니라 개인과 무관한 무의미도 막을 수 있다. 우울한 기분은 이러한 양가적인 요소들로 가득하다. 이런 사실은 우울과 그 철학적 등가물인 데카르트적인 즉 방법론적인 의심을 비교할 때 쉽게 이해된다. 이러한 의심에서는 모든 것이 의심된다고 여겨지지만, 그럼에도 여전히 믿어진다. 우울할 때, 자신의 가치들과 이상들, 친구들과 야망들은 의심되지만 그럼에도 여전히 고수되고, 조망할 수 있는 거리로 밀려나지만 닿을 수 없는 거리로 물러나지 않도록 더 가까이 끌어당겨지고, 면밀하게 살펴보기 위해서 가까이 당겨지지만 너무 친밀해져서 무자비한 자아 탐구의 정신을 억누르지 않도록 밀쳐진다.

10. 신화:

"카뮈의 신화."(1장 4절.) 우주는 무관심하고 부조리하다. 우리의 임무들은 시시포스가 하는 일처럼 무의미한 싫은 일들이고, 우리의 가치들은 헛된 것들이고, 우리의 희망들은 착각들이다. 전도서에 나오듯이 "모든 것이 헛되다."

11. 욕망:

긍정을 바란다. 그런데 자신이 받아들이고 있음을 이제는 깨달은 얄팍한 서약들과 이념들과는 대조되는 확실한 긍정을 바란다. 절대적이고 확고부동한 어떤 것, 흠이 없는 연인, 영웅의 과업, 궁극의 탐색 여행을 추구한다. 또는 적어도 유의미하고 빠져들게 만드는 어떤 것, 좋은 영화를 (또는 심지어 나쁜 영화까지도) 바란다.

12. 능력:

한편으로는 받아들이기 위해서 이것이나 저것으로 정해야만 한다고 느끼지만, 동시에 그렇게 헌신할 마음을 먹는 것이 "불가능하다"(내키지 않는다)는 것을 깨닫기 때문에 혼란스럽다.

13. 전략:

무가치하다는 것을 이제는 깨달은, 낡고 오래된 침전물들로 뒤덮인 임무들과 가치들을 떼어 내고 자유로워지기. 그 방법은 데카르트적이다. 즉 여전히 이의를 제기할 수 없는 적어도 하나의 가치나 임무를 발견할 때까지 모든 것을 의심한다. (임무처럼 가치도 서약이고 [사르트르의 용어로] "기투," 그저 "발견하는" 무이기 때문에, 사람은 일반적으로 의심하지 않는다).

절망^{135.} ————

> 사람이 자신의 처지가 희망이 없음을 강하게 의
> 식할 때, 절망은 가장 강렬한 종류의 쾌락을 유
> 지할 수 있다.
>
> 도스토옙스키

절망은 우울과 번민, 불안, 무서움과 확실히 닮았다(**불안**은 때때로 "절망"으로 번역되기도 한다). 그것은 또한 세계로부터 물러나는 괴롭고 때로는 몹시 고통스러운 철수, 임박한 압도적인 위험에 대한 의식을 수반한다. 절망은 불행한 체념의 판단이고 무익하다는 결론이며 패배를 용인하는 것이다. 희망과 기대를 포기하는데, 그러한 희망들과 기대들 자체가 재검토될 수도 있는 판단들의 결과임을 결코 깨닫지 못하는 경우가 빈번하다. 구원을 기대하지 않는 사람들은 기대 상실에 절망하지 않는다. 정치적 권력을 희망하는 것을 배우지 않은 사람들은 그것의 결핍에 절망하지 않는다. 영원하고 부단한 낭만적 사랑에 관한 빅토리아 시대의 환상을 키우며 성장하지 않은 사람들은 그런 사랑이 정말로 있을 것 같지 않다는 것에 결코 절망하지 않을 것이다. 만일 만족이 무엇이든 주어지는 것

---

135. 알파벳 순서로 배열하는 것 자체가 조금 침울해지게 만들고 있다. 화와 번민, 불안, 경멸, 우울, 절망, 무서움에 만족이 딸려 있어야 우리가 침울해지지 않는다. 일반적인 사항 하나에 주목할 만하다. 우리는 옳은 것을 가리키는 감정들보다 우리 자신과 우리의 세계가 얼마나 옳지 못한지를 가리키는 감정들을 훨씬 더 많이 가지고 있다.

을 받아들이는 태도라면, 절망은 어떻게든 받을 수 있는 것보다 항상 더 많은 것을 기대하는 태도이다. 그 자체로 절망은 또한 활동 부진과 침체를 변명하는 편리한 구실이고, 카뮈의 "부조리"에서 나타나는 부조리한 것들로 가는 감정 디딤돌이다. 카뮈의 부조리는 부당하고 "무관심한 우주"의 신화로, 이것은 (우울에서처럼) 방법이 아니라 결론이다.

1. 방향 :

   외향적이지만 자기 자신의 행위와 관련이 있다.

2. 범위/초점 :

   보통 포괄적이고 범위가 넓다. 어떤 특수한 희망이나 기대와 관련되어 있을 수도 있지만, 자신의 삶 전체에 결정적이지는 않다고 하더라도 절대적으로 중심적인 경우에만 그럴 수 있다.

3. 대상 :

   미확정.

4. 기준 :

———————

5. 지위 :

_____

6. 평가 :

두려움처럼 절망은 미래에 대한 부정적인 평가인데, 이 경우에는 마치 그것이 이미 정해져 있는 결론인 것처럼 말이다. (두려움은 절망을 단지 하나의 가능성으로서만 가지고 있다.)

7. 책임 :

자기 자신에게는 책임이 없다. (자신에게는 실패의 책임이 없다고 부인한다 —비록 그것이 그 자신이 한 행위임에도 불구하고. 결국, 절망의 바로 그 본질은 어쨌든 성공할 가망이 없다는 추정상의 사실이다.)

8. 상호주관성 :

절망은 (성공을 막는, 책임을 막는) 방어이지만, 각별하게 방어적이지는 않다. (절망은 다른 사람들과는 거의 관계가 없다.)

9. 거리 :

절망은 교제를 매우 좋아한다.

10. 신화 :

"아, 잔인한 운명이여……"

11. 욕망 :

겉보기에는 바라는 것을 얻는 것이다. 하지만 "그것은
어차피 불가능하기" 때문에 실상은 그것을 얻기 위해서
어떤 것도 할 필요가 없는 것이다.

12. 능력 :

철저한 무능력.

13. 전략 :

행동으로 이어지는 길과 행동에의 동기부여를 차단하고
실패에 대한 책임을 부인하는 것이다. 자신을 운명의 희
생자로 보고 "자기 자신을 측은하게 보는" 방종에 빠지
기 위해서 모든 희망과 기대를 포기하고, 다른 사람들의
연민을 불러일으키는 것이다.

멸시하다 ——

(그 자체로 명사형은 아님): 경멸을 참고할 것

무서움 ——

"무서움"도 또한 **앙스트**의 번역어로 인기가 있고, 그러므로 더 우울한 기질을 가진 철학자들이 사용하는 어휘 목록에 들어 있는 또 하나의 주요 용어다. 이 책에서 내가 기술해 왔듯이(다시 말하건 대, 우리의 관심을 끄는 것은 용어의 일상적인 사용법이라기보다는 감정의 구조이다), 무서움은 **미지의 것**에 대한 심한 두려움이다. 따라서, 그것은 바깥쪽으로 뒤집힌 번민(자기 자신에 대한 두려움)이라고 의심받는 것이 당연하다. 때에 따라서 무서움인 것으로 보이는 것이 실제로는 불안일 수도 있다. (즉 모든 것에 대한 두려움으로, 모든 것을 포괄하는 겁을 미지의 것에 대한 단 하나의 두려움으로 가장하여 숨기는 것일 수도 있다.) "미지의 것에 대한 두려움"에는 호기심을 끄는 어떤 것이 있다. 여기에서 말하는 것은 개별 사례들에서 나타나는 어떤 특정한 미지의 것(예를 들어 보스턴에서 13명의 여성을 죽인 아직은 정체가 밝혀지지 않은 살인자나 덤불에 숨어 있는 미지의 존재)이 아니라 키에르케고르가 그토록 고통스럽게 그리고 하이데거가 그토록 모호하게 무서워한 그 보편적인 미지의 것이다. 누구든 무서움은 종종 내재적인 자기기만의 감정이고, 그것을 바깥 세계에 있는 어떤 공허 속으로 내던짐으로써 자기 자신에게 있는 번민과 결단력의 결핍을 인정하기를 거부하는 것이 아닌가 의심하기 시작한다.

1. 방향 :

　뚜렷하게 바깥을 향한다.

2. 범위/초점 :

　범위는 가변적이지만 일반적으로 무한하다고까지는 아니더라도 광대하다. 초점은 불분명하다고 단호하게 말할 수 있다(달리 어떻게 미지의 것이 계속 미지의 상태로 남아 있음을 확신할 수 있겠는가?).

3. 대상 :

　알려지지 않은 "어떤 것"이다.

4. 기준 :

　————————

5. 지위 :

　단지 그것이 알려지지 않은 것이라는 이유만으로도, 미

지의 것은 종종 우월한 것으로 간주된다.

6. 평가 :

일정치 않다. (신을 무서워하면서도 여전히 찬미하고 숭배할지도 모른다. 반면에 굴에 사는 존재를 무서워하고 역겨워 한다.)

7. 책임 :

조금도 없음.

8. 상호주관성 :

극도로 방어적이지만, 또한 자기 편을 필사적으로 필요로 한다.

9. 거리 :

혼란. 두려움은 되도록 먼 거리를 요구한다. 호기심은 되도록 가까이에서 보기를 요청한다. 문제의 "미지의 것"이 명백하게 신과 연관되는 경우에는, 무서운 친교 또한 요구된다 (키에르케고르의 후기 저작들에서 주요하게 다루어짐).

10. 신화 :

  "저기 어둠 속에 있는 것. 그런데 내가 무엇을 할 수 있지?"

11. 욕망 :

  피하거나 벗어나는 것.

12. 능력 :

  무능력.

13. 전략 :

  미지의 것이 가진 힘에 맞서 영웅 흉내를 내기. 무능하게 만드는 호기심을 변명하기에 적절한 구실. 위험의 정체를 밝히기를 거부함으로써 위험을 직시하지 못한다. 하지만 그것을 이해하려고 시도함으로써 거리를 두고 완전히 몰두한다. 학자들에게 선호되는 전략으로 다음과 같이 말한다. "우리는 아는 것이 거의 없다. 우리가 이해할 수만 있다면 좋을 텐데. 하지만 물론 우리는 이해할 때까지는 아무것도 할 수가 없다."

의무 ───

의무감은 좀처럼 감정으로, 정념의 신화가 주는 또 하나의 선물로 고려되지 않는다. 의무는 "열렬한" 것이 아니라 "합리적"이며, 칸트의 용어로 표현하면 "실천 이성의 명령"이고, 변덕스러운 성향에 **반대된다.** 더욱이, 의무감은 지성의 견고한 법이고, 정념이 아니라 원칙인 것으로 되어 있다. 하지만 이러한 주장들 모두에서, 우리는 악명 높은 신화의 대가를 보게 된다. 왜냐하면 구성적 판단으로서 감정은 합리적이면서 내구성도 있고, 정념일 뿐만 아니라 원칙이기도 하기 때문이다. 의무감은 종종 우리가 속이거나 훔치고 싶은 유혹을 느낄 때 우리에게 손짓하는 "양심의 소리 없는 목소리"일지 모르지만,[136.] 때에 따라서 의무감에는 가장 격렬한 정념에서 기대하는 그런 활발하고 열렬한 열의가 있다.

1. 방향 :

     내향적이다(비록 의무들 자체는 외향적이겠지만).

2. 범위/초점 :

[136.] "또 하나의 목소리"이고 "외부"에서 온다는 양심의 이미지는 단지 우리 자신의 투영들에 대한 책임을 회피하려는 우리의 연속적인 노력을 보여 주는 또 다른 사례에 불과하다. (이 주장은 하이데거의 『존재와 시간』에서 가장 강력한 ─그리고 가장 뚜렷한─ 주장들 중 하나이다.)

일정치 않다.

3. 대상 :

　　자기 자신의 행동들.

4. 기준 :

　　도덕적이고, "객관적"이며, 특정한 개인과 무관하고, 의
　　심할 여지가 없다.

5. 지위 :

　　＿＿＿＿＿＿ (하지만 우월성을 얻고자 하는 호소로 활
　　용될지도 모른다.)

6. 평가 :

　　가능한 행동 방침들에 근거하여 "옳고" 그리고 "그르다."

7. 책임 :

　　자기 자신이 한 행동에 대한 책임은 자신에게 지운다. (
　　칸트가 말하듯이, 자유와 책임은 도덕성의 전제 조건들
　　이다.) 원칙들 자체에 대해서는 자신에게 책임을 지울 필
　　요가 없다. (많은 개인들이 이것들을 신이나 민법에 속

하는 것으로 생각할 것이다. 칸트는 원칙들은 이성에 속하지만 그것들을 긍정하는 것은 자기 자신에게 달려 있다고 여길 것이다. 사르트르는 원칙들과 그것들을 긍정하는 것 모두 전적으로 자기 자신의 선택이고 책임이라고 주장할 것이다.)

8. 상호주관성 :

의무는 어떤 형태의 상호주관성을 요구할지도 모른다. 하지만 의무가 감정 자체의 일부는 아니다.

9. 거리 :

의무감은 개인들에게서 상당한 엄정성 그리고 친교와 감수성에 대한 불능으로 특징지어질 것 같다. 하지만 이것은 의무감의 일부도 아니고 결과도 아니다. (그렇지만, 이것들이 공통의 근원에서 발전되어 나올 수도 있다.)

10. 신화 :

"그리고 신께서 모세에게 말씀하시기를, 그대는 … 할지어다."

11. 욕망 :

복종하기.

12. 능력 :

복종하는 능력이 전제 조건이다("'당연히 해야 한다'는 '할 수 있다'를 함축한다").

13. 전략 :

올바르기 전략이다. 물론 감정은 온갖 종류의 방법으로 활용될 수 있다. 올바름은 독선으로 귀결되고, 자신의 "객관적인" 도덕률들은 의견이 맞지 않는 사람들을 열등하거나 도덕적으로 타락했다고 보게 한다. 그리고 니체가 매우 상세하게 알레고리로 주장하듯이, 어떤 도덕 원칙들은 명백히 우월한 힘들에 맞서는 무기로 활용될 수 있다(권력가들에게는 온화함을, 부자들에게는 자선을 주장하기). 개인의 존엄성과 자부심을 위한 (때때로 편협하지만) 강력한 전략.

황홀 ──

: 기쁨을 참고할 것.

당혹 ―――

> 그는 귀를 긁적거렸다. 이것은 당혹해 하는 사
> 람들이 쓰는 아주 확실한 방책이다.
>
> 바이런, 『돈 후안』

당혹은 감정들이란 우리의 평범한 삶에 일시적으로 끼어드는 것이
라는 견해를 낳는 감정들 중 하나다. 당혹은 보통 재빨리 지나가는
거북함이다. 잇따라 우리를 당혹하게 만드는 상황에 처하게 되는
경우는 아주 드물다. 만일 오래 전에 있었던 작은 사건에 대해 계
속 당혹감을 느낀다면 그것은 분명히 무엇인가를 나타내는 병리적
인 증상이다. 그렇지만 당혹의 논리는 이러한 증상을 보이는 이유
를 분명히 알 수 있게 해준다.

1. 방향 :

    내향적이다(그 또는 그녀가 자신을 그 또는 그녀와 동일
    시할 때에만 다른 누군가 때문에 당혹스러워한다).

2. 범위/초점 :

    보통은 사소한 특정한 상황과 사건들.

3. 대상 :

자기 자신의 행동과 상황.

4. 기준 :

대인 관계에 관한 것이다. 사람은 다른 사람들의 견해 혹은 그가 다른 사람들의 견해라고 간주하는 것에 당혹스러워한다. 그 견해들이 자신의 가치관과 일치하든 그렇지 않든 상관없이 말이다. (악한들이 모이는 술집에서 나는 대화를 나누는 사람들 중에서 나만이 그 누구에게도 강도짓을 한 적이 없는 유일한 사람임을 알게 되어 당혹스러워할지도 모른다. 이것 때문에 일어나는 일은 아무것도 없다는 점이 중요하다. 나는 그 장소에 맞지 않다고 느끼지만, 밖으로 나가서 나의 상태를 바꾸지 않을 수 없다고는 조금도 느끼지 않는다는 점은 분명하다.)

5. 지위 :

현저하게 열등하다. 하지만 이 순간 그리고 이 특정한 일이나 세부 사항에서만 그러한다. (나는 바지에 큰 구멍이 난 것에 당혹스러워할 수도 있다. 하지만, 그 결과로서 나 자신을 열등한 사람이라고 판단하지 않고, 다만 불편한 상황에 있는 사람이라고 판단한다.)

6. 평가 :

이 특정한 일이나 세부 사항에 대해 부정적이라고 평가
한다.

7. 책임 :

나 자신은 결백하다고 판단한다. (이것이 당혹과 수치를
구분하는 것이다. 만일 내가 찢어진 바지를 입고 있음을
알고 있는 상태에서 모임에 도착한다면, 나는 당혹스러
워하지 않고 창피하며, 나의 동기에 대해서 어느 정도 염
려할 것이다. 나를 당혹스럽게 만드는 사건에서는, 나에
게 어떤 동기도 없다.)

8. 상호주관성 :

방어적이다.

9. 거리 :

당혹은 확실히 우리로 하여금 어느 정도 거리를 두게 하
지만, 다른 사람들이 손을 뻗으면 닿을 수 있는 거리를
벗어나지는 않는다. 당혹이 상호적인 경우를 제외하면,
친교는 일시적으로 불가능해진다.

10. 신화 :

의심을 하지 않고 못된 장남에 당하는 희생자. 부지불식
간에 자기 자신을 광대로 만들고, 자신을 희생하여 다
른 사람들을 즐겁게 만든다.

11. 욕망 :

숨는 것이다.

12. 능력 :

마치 그다음 행동이 더 큰 당혹감을 느끼게 하고 자신
이 처해 있는 곤경에 다른 사람들의 이목이 더 쏠리게
할 것처럼 난감함을 느낀다.

13. 전략 :

자신의 거북한 상황에 대한 비난을 피하고, 더 극단적인
경우에는, 품위를 희생하면서까지 (하지만 임시로 나머
지 다른 사람들에게 배치되는 자부심에는 유리하게) 다
른 사람들을 즐겁게 해서 관심을 한 몸에 받기.

시기 ────

실제 생활에서 증명되듯이 우리의 사회적 관행의 주요 특징들은 악의와 시기다.

괴테

"일곱 가지 죽음에 이르는 죄들" (오만, 탐욕, 육욕, 화, 탐식, 시기, 나태) 중 하나로서, **시기**는 공식적으로 우리 세계를 이루는 야비하다고도 하더라도 더 일반적인 구조들 중 하나로 인정받아 왔다. 화와 다르게, 분명히 시기는 탐나지 않는 일곱 가지 죽음에 이르는 죄들에 속할 만하고, 그러한 대죄들이 지닌 불쾌한 양상들 중에서 많은 것을 공유하고 있는 것으로 보인다. 예를 들어, 약간 부적절하게 오만하고, 때로는 음탕하게 탐욕스럽고, 단지 나태하기 — 또는 행동하기가 두렵기 —때문에 실현되지 않을 뿐인 탐식의 경향이 있다. 시기는 본질적으로 사악한 감정으로, 원한을 품고 앙갚음하기를 벼른다. 그럼에도 불구하고, 시기는 자신에게 해롭다는 것을 제외하면 무해한 감정이다. 왜냐하면, 다시 말하건대, 화와 달리, 시기는 두드러진 무능력과 열등감의 감정이기 때문이다. 시기는 탐내는 것을 멀리서 유심히 바라보지만, 그것을 가질 만한 자격이 없으며 그것을 얻을 수 없음을 충분히 잘 알고 있다. 그리고 시기는 "녹색 눈의" 노려보는 시선과 그것을 훔치거나 파괴하는 환상으로 표현되고 이것보다 더 효과적으로 표현되는 경우는 좀처럼 없다. 그런데, 탐내는 대상을 훔치거나 파괴하려는 환상은 충족되지도 않고 훔치거나 파괴하려고 시도해 보지도 않는다. 시기는 경쟁이 가장 심한 감정들에 속하고, 따라서 (동료 패배자들과 연합하는 경우를 제외하면) 사실상 친교의 가능성을 완전히 닫아 버린다. (화와 질투와 다르게) 시기는 도덕적 지지를 전혀 얻지 못하고 상대방은 그가 가지고 있는 것을 가질 **만한 자격이 있는** 반면에 자기 자신은 그럴 자격이 없음을 완전히 기꺼이 인정할지도 모른다. 시기의 대상은 사실상 언제나 주관적인 자부심에 중요한 문제라는 사실과 결부되어 있기에, 시기하는 사람은 정말로 한심한 사람이라는 결론을 내릴 수 있을지도 모른다. 그렇다면, 왜 시기는 일시적인 격정이라기보다는 "죄"인가? 왜냐하면 시기는 불운일 뿐만 아니라, 무능력일 뿐만 아니라, 제가 좋아서 하고 제멋대로 굴고 자격이 없는 욕심이기 때문이다. 다시 말하건대, 기독교 심리학은 이 명제의 중심 학설을 내다본 몇 안 되는 출처 중 하나이다.

  1. 방향 :

      모든 감정처럼, 시기는 암암리에 양방향성을 띠고, 이 점에서 다소 직접적인 비교와 경쟁적인 대결을 수반한다. 하지만, 명시적인 구조에서 시기는 뚜렷하게 외향적인 감정으로, 상대방 그리고 경쟁에서 얻는 이익에 완전히 몰두하고, 탐욕스러운 욕망의 대상을 얻을 만한 자격이 자신에게는 없음을 공들여 무시한다.

2. 범위/초점 :

일반적으로 한 개인의 더 광범위한 측면들, 그의 기술들
이나 잘생긴 외모, 그의 아내 혹은 그녀의 남편, 그 혹은
그녀의 삶 전반. 시기는 (질투처럼) 특정한 세부 사항이
나 사건에 주목할 수도 있지만, 그것들이 더 넓은 범위
를 포괄하는 시기의 초점일 때에만 그럴 수 있다. 그렇지
만 (어쩌면 우주에 화가 날 수도 있는 것처럼) 우주를 시
기한다는 것은 말이 안 된다. 그래서 시기와 같은 종류
의 기분은 하나도 없다. (하지만 시기는 원한과 기분을
공유하는 경우가 가끔 있다.)

3. 대상 :

여기에서 "대상"은 애매모호할 수도 있다. 욕망의 대상
—직업이나 배우자, 생활 방식이나 기술—이 있고 감정
의 대상(상대방)이 있다. 무엇이든 다 욕망의 대상이 될
수 있다. 예를 들어, 물질적 대상(돈), 인간에게 독특한
속성(확고한 의무감 또는 죄의식의 전적인 결여), 재능(
바이올린 연주), 생활 방식(매달 다른 할리우드 스타와
함께 유럽 여행하기)이 욕망의 대상이 될 수 있다. 어떤

행위 능력도 부여될 필요가 없기 때문에, 다소 변질된 의미에서, 사람은 사람이 아닌 것을 시기할 수도 있다. 예를 들어, 비행 능력 때문에 새를 시기할 수도 있고, 질서정연함 때문에 곤충을 시기할 수도 있고, 내구성 때문에 돌멩이를 시기할 수도 있다. 그러나 시기의 대상은 보통 사람이다.

4. 기준 :

엄밀히 개인적이다. (이것이 시기가 원한과 다른 주요 차이점 중 하나이다.) 우리는 불법적인 권력이나 부정하게 얻은 부, 기만 당해 유혹에 넘어간 처녀들, 부정하게 얻은 재물과 노력하지 않고 얻은 온갖 종류의 명예를 시기할 수도 있다.

5. 지위 :

뚜렷하게 열등하다.

6. 평가 :

샘나는 대상에 매우 긍정적인 가치를 부여한다. (샘이 나는 사람에 대해서는 특정한 평가를 전혀 하지 않는다. 그를 시기할 수도 있을 뿐만 아니라 경멸하거나 칭찬할 수도 있다. [다시 말하건대 원한과 달리] 시기는 그 사람 전체를 평가하지는 않는다.)

7. 책임 :

시기의 경우, 우리는 책임보다 권리에 대해 더 많이 말해야 한다. 시기의 경우, 상대방에게는 샘나는 대상을 가질 권리가 있다는 점을 인정한다. 그가 그 대상을 얻을 때 책임을 이행했는지에 상관없이 말이다. 그리고 자기 자신에게는 그럴 권리가 있다고 보지 않고, 단지 강렬한 욕망이 있다고만 본다. 그런데, 이 욕망에는 그에게 샘나는 대상을 주지 않는 바로 그 권리 체계를 혁명으로 뒤집어엎으려는 잘 합리화된 소망이 뒤섞여 있을 가능성이 매우 크다. 부유한 기부자를 시기하는 거지를 생각해 보라. 그는 부자에게 돈을 가질 권리가 있음을 부정하지도 않고(사실 그는 부자가 그 돈을 벌기 위해서 한 노동을 찬미한다), 자기 자신에게 어떤 권리가 있다고 주장하지도 않는다. 하지만 그는 그 돈을 누구나 차지할 수 있는 반란을 환영할 것이다. 혹은 (시기의 자매로 시기보다 더 난폭한) 앙심을 품고, 부자를 가난하게 만들어 버릴 재난을 환영할 것이다.

8. 상호주관성 :

　　몹시 방어적이다.

9. 거리 :

　　개인과는 무관하다.

10. 신화 :

　　탐욕스러운 무정부 상태. "현행 제도들은 이 상황을 지
　　지한다는 것을 나는 알고 있지만, 나는 **그것을 원해!** ―
　　비록 그것을 얻기 위해서 무언가를 하는 것이 내키지 않
　　고 아무것도 할 수 없다고 하더라도 말이야." ("나 없이
　　혁명을 시작해. [나는 나중에 약탈을 할 테니까.]")

11. 욕망 :

　　욕심과 탐욕. 훔치는 것.

12. 능력 :

　　무능력

13. 전략 :

　　지나치게 주관적인 방종. 그렇지만 이것은 야망이나 성

취감과는 무관하다. 모든 형태의 우월성에 맞서 방어하기. 보통 원한으로 가장한다. ("그 돈으로는 아무리 해도 삶을 즐길 수 없을 거야.") 시기와 원한은 공생 관계에 있다. 시기는 우월한 사람에게서 그의 미덕과 재산을 빼앗으려고 하는 반면에, 원한은 그의 것을 빼앗는 것을 이데올로기상으로 정당화한다. ("만일 나에게 그 돈이 있다면, 나는 절대로 그렇게 경솔한 짓에 그 돈을 허비하지는 않을 거야. …")

행복감 ────
(기쁨에 해당하는 기분)
: 기쁨을 참고할 것.

믿음 ────
(숭배도 참고할 것.)

믿음은 너무도 빈번하게 인식론적으로 협소한 범주(흔한 정당화를 필요로 하지 않는 믿음의 형태)로 해석되어 왔기 때문에 그것이 감정이라는 점은 무시되어 왔다. 그렇지만 (예를 들어, 성 아우구스티누스와 파스칼에 의해, 키에르케고르와 동시대 신학자 여러 명에 의해) 감정으로 취급될 때, 그것은 보통 이성과 지식에 **대립되는** 것이었다. 여느 감정처럼 믿음은 판단이지만, 순전히 인식론적이거나 "인지적인" 판단은 아니다. 믿음의 감정은 말로 표현할 수 없는 "느낌"도 아니고 독특한 종류의 지식도 아니다.

믿음에 대한 분석은 불가피하게 믿음의 특별한 대상—즉 신—을 다루게 된다. 하지만 신앙심이 믿음의 유일한 종류는 아니라는 점, 다른 사람들이나 날씨의 운이나 매사추세츠 주의 복권, 또는 자기 자신을 믿을 수도 있다는 점을 지적해야겠다. 모든 종류의 믿음은 힘과 은혜에 관한 판단이다. 숭배는 믿음의 낙관론을 공유하지 않고 숭배와 달리 믿음은 보답으로 무엇인가를 **기대한다**는 점을 제외하면 믿음은 숭배와 밀접하게 관련된다. 말할 필요도 없이, 이 두 가지 감정 모두 ("자기 자신에 대한 믿음"의 경우를 제외하면) 계속 자기 능력을 축소하고 수동성을 유지한다. 이것은 자신을 비천하게 만드는 자세인데, (전투가 끝날 때까지 멈춰선 태양, 붕괴되는 도시의 방벽, 사후의 영원한 행복과 영생처럼) 웅대한 것들을 기대함으로써 강력하게 보상받을 수도 있다.

1. 방향 :
   ("자기 자신에 대한 믿음"을 제외하면) 외향적이다.

2. 범위/초점 :

　　일정하지 않지만, 종종 광대하다.

3. 대상 :

　　인간적인 힘이든 초자연적인 힘이든 때로는 (예를 들어,

　　"레이디 럭$^{Lady\ Luck}$"처럼) 적절하게 의인화되는 자연적인

　　힘이든, 대상은 항상 행위자이다.

4. 기준 :

　　(대상에 따라서) 개인적이거나 도덕적이다.

5. 지위 :

　　열등함(그렇지만 경쟁은 없음).

6. 평가 :

　　극히 긍정적이다. 큰 기대를 품는다.

7. 책임 :

　　자기 자신에게 어떤 책임도 지우지 않는다("결백"은 믿음

　　의 흔한 표어다). 책임은 전적으로 상대방에게 있다.

8. 상호주관성 :

　　절대적인 신뢰.

9. 거리 :

　　대상을 손에 넣을 수 없기 때문에 개인적인 것이 개입되지 않는다. (하지만 항상 그런 것은 아니다. 예를 들어, 키에르케고르는 믿음을 무서운 친교와 같다고 생각했다. 이 점에서 자기 자신이나 연인 또는 친구에 대한 믿음은 복잡해질 수도 있고, 너무 복잡해서 우리는 그러한 믿음의 사례를 "확신"—더 온건하고 훨씬 더 자율적인 감정—이라고 부르기를 더 선호할지도 모른다.)

10. 신화 :

　　자애로운 신성과 "선택받은 사람들"

11. 욕망 :

　　무엇이든 … 주어지는 것.

12. 능력 :

　　반드시 필요한 것은 아니다.

13. 전략 :

> 강력한 자애로운 힘과 협력함으로써 자신 자신에게는
> 없는 힘을 보충한다. 자기 자신은 사실상 완전히 무능
> 력하다는 것을 인정하면서도, 대리함으로써 전능하다고
> 느낀다. 이것은 아주 강력한 방어 전략이다. 극소수의
> 감정들만이 그렇듯이, 모든 객관적인 약점과 단점, 결함,
> 미모와 기술과 힘과 돈의 부족 … 등에도 불구하고 개인
> 의 존엄성과 자부심에 대한 엄청나게 강화된 의식을 자
> 기 자신에게 부여한다는 의미에서 말이다.

두려움 ———

부정적인 욕망으로 거의 다루어질 정도로, 두려움은 가장 복잡하
지 않은 감정 중 하나다. 아이들뿐만 아니라 대부분의 "고등" 동물
들은 (그리고, 만일 최근의 어떤 이론들을 수용한다면, 어쩌면 식
물들도) 두려움을 느낄 수 있다는 점은 의심할 여지가 없다. 두려
움은 무엇이든 —다른 개인들, 하늘이 무너지는 것, 죽음, 더 비싼
전화 요금, 환경미화원들의 또 한 번의 파업—모두 다 대상으로 취
할 수 있다. 두려움은 각양각색의 임박한 위험과 상대적인 무력감

을 망라하는 집합을 통칭하는 용어다. 예를 들어, 경악과 소름끼치는 공포, 가공할 공포, 공황을 포괄하고, 우려, 걱정, 염려, "신경과민," 불신, 경외를 포괄한다. (더 복잡한 유형의 두려움인 미지의 것에 대한 두려움[무서움 항목을 참고할 것]과 자기 자신에 대한 두려움[번민 항목을 참고할 것], 모든 것에 대한 두려움[불안 항목을 참고할 것]은 특별하게 다루어질 만한 가치가 있다.)

1. 방향 :

(번민을 제외하면) 외향적이다.

2. 범위/초점 :

미확정.

3. 대상 :

무엇이든 다 대상이 될 수 있다.

4. 기준 :

어떤 것이라도 기준이 될 수 있다(거미에 대한 두려움, 실패나 도덕적 태만에 대한 두려움, 당혹에 대한 두려움).

5. 지위 :

  미확정(하지만 항상 적어도 일시적인 열등감의 기미가
  있다). 아랫사람이 억울해 하며 상처를 줄까 봐 두려워
  할 수 있고, 가까운 친구나 연인이 배신할까 봐 두려워
  할 수 있고, 윗사람이 호되게 꾸짖거나 벌을 줄까 봐 두
  려워할 수 있다.

6. 평가 :

  임박한 사건이나 상황 등에 대한 몹시 부정적인 예감.

7. 책임 :

  미확정(보복에 대한 두려움 등일지도 모른다).

8. 상호주관성 :

  극히 방어적이다.

9. 거리 :

  되도록 멀리.

10. 신화 :

  임박한 재난(그 자체로 흥미로운 신화는 아니지만, 종종

괴물들과 상당히 창의적인 과대망상의 환상들로 재미있
게 꾸며진다).

11. 욕망 :

빠져나가는 것, 피하거나 도망치는 것.

12. 능력 :

무력감. 아마도 극복할 수 있으리라는 자신감이 없어서
달아나는 능력.

13. 전략 :

자기 보호(아마도 물리적인 생존일 것이다. 하지만 어쩌
면 자아상, 야망이나 경력을 지키려는 것일 수도 있고,
또는 자기 자신과 가까운 사람이나 상황, 대상을 지키려
는 것일 수도 있다).

우정 ———

친구들이 없다면, 그 누구도 살기를 선택하기
않을 것이다.

아리스토텔레스

둘 이상의 사람들 사이의 관계로서, 우정은 감정이 아니다. 하지만 "우정의 느낌"이라는 것도 있다. 이것은 실제 교우 관계에서 충족될 수도 있고 충족되지 않을 수도 있다. 그리고 이것은 사랑이나 미움이 감정인 것과 정확하게 동일한 의미에서 감정이다.

1. 방향 :

   양방향이다.

2. 범위/초점 :

   특정한 개인이나 여러 명의 개인들.

3. 대상 :

   엄밀한 의미에서 인간.

4. 기준 :

   미확정.

5. 지위 :

   동등함.

6. 평가 :

다른 사람(들)을 **좋아한다.** (그/그녀/그들의 전체 모습에서 특정한 측면들이나 세부 사항들을 좋아하거나 싫어할 수도 있다.)

7. 책임 :

상대방에 **대한** 그리고 우정을 **위한** 책임. 호혜 관계를 기대한다(또는 바란다).

8. 상호주관성 :

원칙상 신뢰.

9. 거리 :

친교.

10. 신화 :

쌍둥이 별자리. "형제들"과 "자매들."

11. 욕망 :

상호 간의 지지와 격려 등. 즐거움과 행복.

12. 능력 :

능력이 있다는 최소한도의 의식이 요구된다. (존경이나 흠모와 달리) 우정은 결코 단순히 수동적일 수가 없다.

13. 전략 :

자기 확장, 상호 보강. 그러므로 글자 그대로 자기 자신의 가치들과 사상들을 다른 사람에게 투사하고 그 사람의 가치들과 사상들을 자신의 것으로 만든다. 수적으로 강하고 서로 지켜 준다. 경쟁과 방어 성향을 극복한다 ("만일 그들을 이길 수 없다면, 그들에게 합류하라"). 다른 방법으로는 표현할 수 없는 감정들의 분출구를 제공하고, 이렇게 그런 감정들을 처리하고, "외부에서 가해지는" 그렇지만 지지해 주는 힘 덕분에 그것들에 대해 반성하게 된다. (물론, 모든 우정이 다 시기와 원한, 무력한 화, 질투를 제거하는 데 도움이 되지는 않는다. 이것들을 제거하는 데 도움이 되는 것만큼 많은 우정이 이것들을 서로 강화해 주는 데 소용된다. 하지만 이렇게 강화해 주는 것조차도 연대의 힘과 효과적인 표현 가능성에 대한 의식을 향해 확실하게 한 걸음 내딛는 것이다.)

좌절 ────

만족처럼, 좌절은 보통 말하는 그런 의미의 감정이나 정념이 아니라 오히려 감정들과 다른 정념들(주로 욕망들)을 충족시키지 **못한** 결과라고 주장할 수도 있을 것이다. 하지만 만족하지 못한다는 판단은 만족해야 하는 것이 당연하다는 판단만큼이나 판단이다. 감정으로서 좌절은 개인적으로 받아들일 수 없는 상황을 거부하는 것이고, (절망처럼) 가망 없음의 기미가 섞여 있지만 완강한 결의가 있다. 좌절을 표현할 때, 우리는 종종 우리가 바라는 것을 파괴하고, 친구나 연인을 찾으려고 했던 곳에서 적을 만들고, 가지려고 했던 대상을 부수고, 성취하고 싶었던 경력을 망친다.

그렇지만 그런 행동을 "자멸적"이라고 불러야 하는지 아닌지는 성공할 가능성에 관한 우리의 평가에 달려 있다. 그리고 복수심에 불타는 다른 많은 정념들(특히 앙심과 시기)처럼 가질 수 없는 것을 단지 절망감에 포기하기보다는 오히려 파괴하는 것이 좌절의 바로 그 본성이다. 그러나 (앙심과 마찬가지로 그리고 시기와 달리) 좌절은 파괴할 수 있는 힘을 가지고 있다.

1. 방향 :

   외향적이다(하지만 자기 자신의 욕망과 관련된다).

2. 범위/초점 :

   미확정.

3. 대상 :

어떤 것이든 자기 자신의 노력이나 바람.

4. 기준 :

보통 개인에 관한 것이다. 도덕적이거나 대인 관계에 관한 것일 수도 있다.

5. 지위 :

미확정.

6. 평가 :

대상을 몹시 원한다. 그 대상을 얻을 수 있는 가망은 점점 더 없어진다. 내가 그 대상을 갖지 못한다면 그것이 계속 남아 있는 것보다는 차라리 그것을 파괴하는 편이 더 낫다.

7. 책임 :

자기 자신의 책임(하지만 비난이나 칭찬은 없다).

8. 상호주관성 :

(다른 그 어떤 사람도 연루될 필요가 없다. 하지만 자신

의 실패에 대해서는 방어 자세를 취할지도 모른다.)

9. 거리 :

_____

10. 신화 :

석판을 깨버리는 모세^{Moses}. 고르디우스의 매듭을 잘라
버리는 알렉산더^{Alexander}.

11. 욕망 :

만일 손에 넣지 못한다면, 파괴하기.

12. 능력 :

소유하는 것이 아니라 파괴하는 힘.

13. 전략 :

체면 차리기. "만일 그것을 내가 가질 수 없다면, 그 누
구도 가질 수 없어." 실패에 직면하여 필사적으로 힘을
과시하기. (앙심 항목을 참고할 것.)

감사 ───

감사는 이익에 대한 평가로, 다른 누군가 덕분에 그 이익을 얻었다
는 판단과 결부된다.

1. 방향 :

   주어지는 선물과 대비하여 증여자에게 쏟는 상대적인
   주의에 따라서 외향적인 것부터 양방향적인 것까지 있
   다.

2. 범위/초점 :

   미확정.

3. 대상 :

   선물 자체는 무엇이든 상관없지만, 자발적인 (인간 또는
   초인간) 행위자이어야 한다. (감사의 변질된 형태가 있는
   데, 이것은 일반적으로 반어적이다. 이 변질된 형태에서
   는 내키지 않아 하면서 주는 사람에게 감사가 표현된다.
   예를 들어, 강도가 피해자에게 감사를 표하고, 쇠고기를
   먹는 사람이 소에게 감사를 표한다.)

4. 기준 :

　미확정.

5. 지위 :

　미확정. (고용주나 신처럼) 우월한 존재뿐만 아니라 (노
　예나 하인처럼) 열등한 존재에게도 감사해 할 수 있다.

6. 평가 :

　선물 자체에 관해서는 긍정적이다(어느 정도는 말이다.
　하지만 쓸모없고 심지어 멋없는 선물을 받기도 한다). 증
　여 행위에 관해서는 (감사에 관한 한) 무조건 긍정적이
　다. 증여자에 관해서는 열려 있다(친구들뿐만 아니라 적
　들과 경멸할 만한 지인들에게서도 선물을 받는다).

7. 책임 :

　자기 자신에게는 책임이 전혀 없다. 증여자를 칭찬한다.

8. 상호주관성:

　미확정("그는 무엇을 원하지?" 또는 편의로 제공되는 선
　물).

9. 거리 :

미확정.

10. 신화 :

섬김 받고, ("동방박사들의 선물," 공물을 받는 왕처럼)
선물 받기.

11. 욕망 :

감사하기

12. 능력 :

보통은 최소한도의 욕망에 어울리는 능력.

13. 전략 :

전략은 거의 필요하지 않다. 판단만으로도 주어지는 선
물을 받는 위엄 있는 지위에 놓이게 된다. 답례로는 정
중하게 "감사합니다"라고만 하면 된다. 대단한 전략이 전
혀 없어도 본래 자부심을 부여하는 감정들 중의 하나다.
(그렇지만 다음을 고려하라. 또한 "선물"은 오히려 뇌물
이나 유혹으로, 자신의 청렴을 해치는 것이나 자신의 능
력에 대한 존중 결핍으로 간주될지도 모른다[마치 자신

의 능력으로는 그것을 얻을 수 없었을지도 모른다는 듯이 말이다). 그럼에도 여전히 자부심을 부여하는 것은 객관적인 증여 행위나 선물 자체가 아니라 여전히 감사에 대한 자신의 판단이다.)

비탄 ———
: 슬픔 항목을 참고할 것.

죄책감 ———

> 나는 죄와 죄악의 개념들에 맞서 전쟁을 선포한다.
>
> 니체

다른 그 어떤 감정보다 (심지어 사랑보다) 죄책감에 관한 글들이 더 많이 쓰여졌다. 죄책감은 유대교와 기독교의 신학뿐만 아니라 심리학의 핵심을 형성한다. 그것은 모든 형사재판체계의 초석이고 윤리상의 의무와 법률상의 의무에 관한 모든 도덕론의 그늘진 부분이다. 그것은 다수의 정신병리학 징후들을 해소할 수 있는 실마리다. 프로이트와 대부분의 전문 치료사들은 심리 연구에서 죄책감을 이해하는 것에 줄곧 상위 우선권을 부여했다. 따라서, 나는 여기에서 죄책감을 간략하게 요약할 때 주제넘게 이 감정을 제대로 다룰 생각은 없고, 다만 기본 구조에 대한 분석만 제시하겠다.

죄책감의 주관적인 의미(감정)를 그것에 상응하는 여러 개의 객관적 대응물들과 구별하는 것이 중요하다. 예를 들어, 사람이 죄책감을 **느끼지** 않아도, 법에 따르면 죄를 범한 것으로 공정하게 밝혀질 수도 있다. 종교적 문맥에서, 사람이 실제로는 최소한의 죄책감조차 **느끼지** 않아도 신 앞에서는 자신에게 유죄 판결을 내릴 수도 있다. 심지어 그러한 법적 또는 종교적 제도와는 별개로, 사람은 죄책감을 **느끼지** 않아도, (작위뿐만 아니라 부작위의) 행동에 대해 죄책감을 (즉 책임이 있고 비난받을 만하다고) 느낄 수도 있다. 여기에서는 바로 이러한 죄의 "느낌"만을 관심 있게 다루고자 한다. 이것은 프로이트가 연구했고 때로는 불건전하고 병적인 것으로 나타나는 경험들이 아니라, 더 정상적이고 그럼에도 불구하고 여전히 우리를 압도하는 경험들로 사실상 우리 모두에게 익숙한 것들이다.

가장 흔하게 나타나는 죄책감의 표현 양태는 어떤 비행에 대해 자기 자신을 비난하는 것이다. 이것은 만일 다르다고 한다면 강도와 범위에서만 수치심과 다르다. 그렇지만 죄책감을 특징짓는 것은 한 사람 전체의 가치에 관한 의식을 망라하는 능력이다. 죄책감의 경우, 이 특정한 위반 행위에 대해서만 자신을 비난하는 것이 아니라 자신을 **전반에 걸쳐** 비난한다. 마치 특정한 행동뿐만 아니라 그가 존재한다는 바로 그 사실도 위반 행위이거나 한 것처럼 말이다. 죄책감은 수치심에서는 드물게 발견되는 부적절성과 절망에 관한 의식을 포함한다. 더군다나 죄책감은 원죄의 교리에서처럼 어떤 특별한 위반 행위를 **필요로 하지 않는다**. 위반 행위라는 것은 단지 그 또는 그녀 자신이 존재한다는 것일 뿐이다(이것은 어쩌면 식민 시대의 유산이나 압제자였던 선조들, 또는 [상징 차원에서든 실제로든] 전통적으로 죄를 범한 생물학적 종의 후손이라는 것처럼 유전된 죄의 속성에 의해 뒷받침될지도 모른다). 죄책감의 경우, 사람은 자기 자신을 심판하는 판사이고, 전형적으로 그가 찾을 수 있는 다른 어떤 판사보다 더 무자비하고 덜 합리적인 심판자다. 그는 아무것도 아닌 것에 대해 자신에게 죄를 씌우고, 자신을 모조리 비난할지도 모른다. 심지어 "객관적인" 위반 행위 또한 있고 (신이든 법관이든) 외부에 심판자가 있을 때조차도, 죄책감을 구성하는 것은 외부의 판단이 아니다. 개인이 "(신, 법정) … 앞에서 유죄일" 때, 이것은 죄책감에서 그가 채택하는 기준을 가리킬 뿐이고, 죄책감의 방향이나 근원을 가리키지는 않는다. 사람은 자기 자신 "앞에서"만 유죄이다.

1. 방향 :

　　내향적이다.

2. 범위/초점 :

　　처음에는 아마도 특정한 사건이겠지만, 궁극적으로는 자
　　신의 존재 전체다.

3. 대상 :

　　행위자로서 자신의 자아. 어쩌면 어느 정도까지는 특정
　　한 비행이나 위반 행위에 초점이 맞춰질지도 모른다.

4. 기준 :

　　도덕적이다. 추가로 외부의 권위나 종교의 교리나 국가
　　의 법에 호소한다. 하지만 항상 어떤 의미 —예를 들어,
　　도덕법은 이성의 명령이라는 칸트철학에서의 의미, 도덕
　　법은 "인간의 품위"라는 사회학에서의 의미 —에서 "객
　　관적인" 도덕법에 호소한다. (예를 들어 "응답 전화를 하
　　지 않은 것에 죄책감을 느끼는" 것처럼) 사소한 위반 행
　　위들을 "죄"라는 말로 지칭할 때조차도, 위반된 법은 근
　　본적으로 중요하고 양도할 수 없는 권위를 가진 것이라
　　는 의미가 함축되어 있다. (물론, 많은 그러한 사용법들
　　은 단순히 변명하기 위해서 사소한 위반 행위들을 과장
　　하여 표현하는 것에 지나지 않는다.)

5. 지위 :

　　누구보다 열등하다. (혹은 [자기 자신을 포함하여] 모두
　　가 열등할지도 모르겠다. 원죄의 교리를 참조할 것.)

6. 평가 :

　　극도로 자신을 싫어하고 비난한다. 반드시 그런 것은 아
　　니지만 아마도 어떤 특정한 행동을 비난하는 것과 결부
　　되어 있을 것이다.

7. 책임 :

　　몹시 자신을 질책하고 비난한다.

8. 상호주관성 :

　　극도로 방어적이다.

9. 거리 :

　　(고해성사를 제외하면) 말하기를 싫어한다.

10. 신화 :

　　원죄의 교리가 좋은 예이다. 기준을 제공하는 권위는 절
　　대적이고 의심할 여지가 없다. 특정한 위반 행위의 본질

은 하찮다. 기소 범위는 당사자 전체를 포괄한다. 죄의 무게와 처벌에의 요구는 당사자 자신에게 전가된다. 그래서 비난의 압박과 처벌에의 요구는 당사자 자신에게 전가된다. 그러므로 비난은 자기 비난이 되고 처벌은 자초한 처벌이 된다. 이것은 우스꽝스러울 정도로 적응력이 부족하고 무례한 존재가 되기의 신화다. (키에르케고르의 『죽음에 이르는 병Sickness unto Death』을 참조할 것.)

11. 욕망 :

자기 파괴까지는 가지 않고(자기 파괴는 추가 처벌의 가능성을 배제해버릴 것이다), 되도록 혹독하게 자기 자신을 처벌하기. 사람들 앞에서는 아니라 하더라도 적어도 신 앞에서 참회하고 자신을 낮추기. 구원 또는 (자기 자신에게서) 도망치기.

12. 능력 :

자기 자신을 회복시키거나 정당화할 수 없는 철저한 무능력. 오로지 자신에게 유죄 판결을 내리고 처벌하는 능력만 있다. (그렇지만 외향적인 원한으로 바뀌어 다른 사람들 또한 기소하고 처벌할 수 있는 능력이다.)

13. 전략 :

죄책감은 표면상으로는 너무도 완전히 자신을 비천하게 만들기 때문에, 처음에는 그것이 어쩌면 자부심을 위한 전략이 될 수도 있을 것이라는 점은 알기 쉽지 않다. 그렇지만 기독교 교회는 더 분별력이 있었고, 죄책감에는 쉽게 원한과 분개로 바뀔 수 있는 강력한 힘이 있음을 간파했다. 이것은 거짓 순결과 "이교 신앙"을 척결하려는 종교 전쟁에서 나타나는 독선의 신화다. 그렇지만 죄의식의 전략이 가진 교묘한 술책들을 가장 잘 배울 수 있는 것은 바로 프로이트에게서이다. 나는 여기에서 이 전략들을 단지 요약만 할 수 있을 뿐이다. 그렇지만 나의 요약은 죄책감을 "불필요한" 그리고 "자기 파괴적인" 것으로 간단히 처리해 버리기 전에, 먼저 그것의 전복적이고 부정직한 전략을 인식해야 한다는 점을 보여줄 정도로 충분하다.[137.]

죄책감이 가진 가장 명확한 이점은 극심한 방종이다. 이것은 행복한 방종은 아닐지 모르지만, 행복이 감정들의 목표는 아니다. 감정들의 목표는 자부심의 극대화이다. 그리고 자기 자신의 존재를 입증하고 한껏 즐기게 하는 가장 효과적인 수단은 자초한 고통일지 모른다. 우리는 살아 있다는 것을 입증하기 위해서 우리 자신을 꼬

---

137. 예를 들어, Walter Kaufmann's *Beyound Guilt and Justice* (New York: Wiley, 1973)를 참고할 것.

집는다. 무명 상태를 견딜 수 없는 개인들은 ─ 어떤 대가를 치르고서라도 ─ 오로지 그들 자신의 존재를 입증하기 위해서 끔찍한 범죄들을 고백하고 때로는 실제로 저지른다. 죄책감의 경우에는 자기 자신의 존재가 사람들의 쉬르리얼리티에서 유일한 사실은 아니라 하더라도 가장 중요한 사실이다. 죄책감은 개인들이 아주 이기적이고, 주변의 고통과 다른 사람들의 관심사를 안중에 두지 않도록 해준다. (결국, 다른 그 누구보다도 그가 가장 큰 고통을 받고 있지 않은가?)

죄책감은 또한 강력한 자기방어 수단이다. 어떤 사람은 사소한 도덕상의 불운 때문에 우리를 비판하지만, 우리는 태연하다. 죄책감의 경우, 우리는 이미 너무 호되게 그리고 철저하게 우리 자신을 규탄했기에 그 어떤 특정한 비판도 우리에게 심한 타격을 가할 수 없다. 미리 우리 자신을 기소하고 처벌했기에, 우리는 특정한 죄책감이 주는 괴로움에서 자유로워진다. 철저하게 죄책감을 느끼는 사람은 우리 모두보다 우위를 점한다. 그는 이미 자기 자신이 모든 것에 유죄임을 깨달았기 때문에 그 어떤 것에 대해서도 더 유죄로 밝혀질 수 없다. 이 말은 더 사소한 죄들과 불명예들이 주는 여러 가지 대수롭지 않은 고통을 느끼지 않기 위해서 자기 자신에게 극심한 고통을 가한다는 점에서 부조리하게 들릴지도 모르지만, 그 자체의 논리를 가지고 있다. 사람은 스스로 자기 자신에게 가하는 것에 더 쉽게 적응한다. 그 자신이 내린 판단으로서, 그는 이미 그 판단에 자신을 내맡겼고 기꺼이 그것과 함께 살고자 한다. 개인의 존엄성에 관한 측면에서 볼 때, 약간 부조리하게도 그는 스스로 자신에게 부과한 혐의들이 알맹이가 없음—고통의 무통—을 항상 알고 있다. 그는 자기 자신의 판단을 확신할 수 있지만, 다른 사람들의 판단을 확신할 수는 없을지도 모른다.

카뮈의 『전락』에서 클라망스는 다음과 같이 충고한다. "너는 심판받아서는 안 된다고 판결하라." 스스로 떠맡은 그리고 기준이 없는 죄책감은 그 전략의 패러다임이다. 세속적인 우월감으로는 자기 자신을 높이 평가하는 데 실패했기에, 그는 "전락하고"—더 정확하게 말하면 시궁창에 처박히고—자기의 말을 들으려는 모든 사람에게 그의 죄를 고백한다. 그러나 한편으로는 그가 존엄성과 자부심에 대한 추구를 포기하지 않았고, 단지 그 전략을 뒤집었을 뿐임을 우리는 안다. 죄가 없는 사람은 단 한 사람도 없다는 공리에서 출발하면, 처음으로 그리고 가장 격렬하게 고백하는 사람이 죄가 **가장 적은 것**

으로 밝혀지고, 그 결과 가장 우월한 사람으로 판명된다. 여기에 기독교 교회의 특질이 있고 —정신분석의 요점 또한 있다. 죄책감은 겉보기와는 정반대의 것 —방종하고, 자신을 보호하려 하고, 궁극적으로는 도덕과 무관하고, 몹시 강력한 우월성의 전략 —으로 판명된다. 스스로 판결하고 처벌했기에, 독선에 사로잡혀 그렇지 않은 모든 사람들보다 (특히 마치 자신들에게는 죄가 없기나 한 것처럼 어떤 사소한 세속의 위반 행위에 대해 뻔뻔하게 당신을 비난하는 사람들보다) 더 우월하다고 느끼기가 얼마나 쉬운가.

미움 ─────

미움에 관해서 무엇이 그토록 미운가? 물론, 미움은 —특히 그 대상에게 —위험한 감정이다. 그것은 만족하기 위해서 가장 잔인무도한 끔찍한 행위들에 탐닉할지도 모른다. 그것은 인격에 해독을 끼치고 사랑이나 친교를 맺지 못하게 만드는 탐욕스러운 정념이다. 혹은 그러한가? 사랑에 정반대되는 것으로서, 미움은 모든 감정들 중에서 최악의 평가를 받아 왔다. 인본주의 심리학의 이항 대립론에서, 미움은 정념들의 악당, 사랑의 재앙, 사랑하는 친밀한 관계의 품위를 통해서 정복되어야 하는 괴물로 제시되어 왔다. 하지만 사랑에서처럼, 미움으로 통하는 것은 아주 다른 감정, 보통은 원한인 경우가 빈번하다. 그 본성상, 원한은 만족을 모르고 악의가 있다. 미움은 그럴 필요가 없다. 화처럼 미움은 오랫동안 억제라는 일차원적인 윤리의 희생물이었다. 마치 미움의 모든 사례가 인격의 결점, 영혼에 깃든 어떤 악의, 사랑의 이름으로 용서받아야 하는 불필요한 적대감을 보여 주는 증거이기나 한 것처럼 말이다. 하지만 우리의 세계에서 **이상들**을 가지는 것은 또한 **보복**의 가능성을 열어 놓는 것이기도 하다. 우리가 (친구들과 연인들을 필요로 하듯이) 적들을 필요로 한다는 것은 아니겠지만, 이데올로기를 갖는다는 것은 적들이 생길 **가능성**을 필요로 한다. 미움의 가능성이 없는 사랑은 하나도 없다. 악의 가능성이 없는 선은 하나도 없다.

우리의 세계에 악이 있는가 아니면 없는가? (사르트르가 제이차 세계대전이 끝난 직후에 뉴욕 출신 사업가와 우연히 만났던 일에 대해 한 다음의 말을 참조할 것. "나눌 이야기가 더 이상 아무것도 없었다. 나는 세계에 악이 존재한다고 믿었고 그는 믿지 않았다.") 나의 요점은 미움을 조장하는 것이 아니다. 미워할 필요가 없다면 우리는 모두 더 잘살 것이다. 하지만 미움이 항상 정당화가 불가능한 것은 아니다. 해를 끼치고 독으로 출현하는 (일반적으로 원한이기도 한) 악의뿐만 아니라 "건강한 미움"도 있다. 원한과 분개 및 경멸과 다르게, 그리고 화와 유사하게, 미움은 상대방을 동등하게 대우하여, (경멸에서처럼) 상대방을 "인간 이하로" 격하하지도 않고 (분개에서처럼) 도덕적으로 열등한 존재이기 때문에 상대방을 무시하지도 않으며 독선적이지만 무능력한 원망을 품고 상대방 앞에서 (또는 멀리 떨어져서) 굴욕을 느끼지도 않는다. 심지어 미움에는 외향적인 적대적 감정들에서는 거의 찾을 수 없는 신뢰와 친교가 들어 있을 수도 있다. 바로 이런 이유 때문에 미움은 사랑과 그토록 가깝고, 아주 쉽게 사랑과 서로 맞바꿀 수 있으며, 너무도 당연하게 사랑의 일부분이다. 나보코프[Nabokov]의 소설이나 (훨씬 더 순한) 헵번-트레이시의 영화[138]에서처럼, 때로는 개인의 위엄성과 자부심뿐만 아니라 최대한의 친교와 상호주관성 또한 상호 적대 관계에서 가장 잘 나타날 수도 있다.

　1. 방향 :
　　　　양방향이다.

　2. 범위/초점 :
　　　　미확정. 하지만 보통은 특정한 사람이나 사람들이다.

---

138. 캐서린 헵번[Katherine Hepburn]이 여자주인공을 스펜서 트레이시[Spencer Tracy]가 남자 주인공을 맡은 영화들을 말함ー옮긴이주.

3. 대상 :

("시금치를 싫어하는 것" 등을 제쳐 두면) 사람.

4. 기준 :

개인적인 기준과 도덕적인 기준이 혼합되어 있지만, 개인 적인 기준만 있을 수도 있다.

5. 지위 :

(다시 말하건대, 시금치를 제외하면) 동등하다.

6. 평가 :

특정한 사람을 전반적으로 싫어하지만, 그 사람이 가진 다양한 기술들과 능력들, 예의범절, 인격에 대한 존경이 섞여 있다. 어쩌면 그 사람에 **대한** 특정한 것들은 **모두** 존경할지도 모른다. 하지만 그 사람을 존경하지는 않는 다.

7. 책임 :

관계에 대해서 서로 책임이 있다. 당신은 당신에게 무관 심한 누군가를 정말로 **미워할** 수는 없다(미워하기보다 는 분개한다). 미움에는 사람은 자신의 현재 모습을 책임져야 한다는 관념이 들어 있다.

8. 상호주관성 :

　　물론, 적대감은 당신이 정신을 바짝 차리지 않을 수 없
　　게 한다. 하지만, 중요한 의미에서, (1950년대 극우 공산
　　주의 단체의 팸플릿에 나오는 어구로 표현하면) "당신은
　　적들을 신뢰할 수 있다." 당신은 그들이 적이라는 **것을**
　　알고 있고 적으로서 그들을 받아들인다. 미움에는 서로
　　공유하는 결투의 예법이 있는데, 다른 적대적인 감정들
　　에는 이것이 없다.

9. 거리 :

　　친교.

10. 신화 :

　　당신이 적대자에게 품고 있는 종류의 존경에 좌우된다.
　　(그는 단순히 당신과 대립하기만 하는가, 아니면 그는 당
　　신의 영웅적 행위에 의해 타도되어야 하는 괴물, 악의 화
　　신인가?) 이 신화는 아킬레우스^Achilles와 헥토르^Hector의 관
　　계와 유사할지 모른다. 아킬레우스와 헥토르 둘 다 세상
　　사람들의 주목을 받고, 친구들과 속국들의 지지를 받

을 뿐만 아니라 신들의 관심도 받는다. 자기 자신의 관점에서 보면, 이 훌륭하지만 미운 적과의 전투가 세계의 중심 무대를 차지한다. 그리고 주변의 모든 것들이 멈춰서 지켜본다. 그러한 관계에는 분명히 상반되는 감정들이 병존한다. 한편으로는 적의가 있고, 다른 한편으로는 상호 존중이 있는데, 상호 존중은 어느 순간에 사랑으로 변할지도 모른다. 그러한 적을 이기고 나면 사실상 항상 의기양양함뿐만 아니라 공허함도 느낀다. 자신의 삶에 의미를 부여해 준 것은 바로 적이었다. 자신의 영웅적 자질을 훌륭하게 돋보이게 해준 인간적인 요소는 바로—오직 자신의 능력들만이 필적하는—적의 흔치 않은 능력들이었다.

미움의 두 번째 신화는 조지 성인과 용의 이야기, 또는 더 현대로 오면, "훈족"에 대한 처칠^{Churchill}의 경고를 더 닮았다. 되도록 오랫동안 싸우면서 자신이 가진 힘을 완전히 휘두를 수 있도록 적대자는 적어도 자기만큼 강력한 만만찮은 괴물이어야 한다는 점이 미움에 가장 중요하다. 그렇지만 아킬레우스와 헥토르와는 달리 조지 성인과 용 또는 처칠과 훈족에 관한 신화는 개인에 관한 관점뿐만 아니라 도덕적인 관점으로도 묘사된다. 이것은 단지 똑같이 영웅적인 의지들 사이의 싸움일 뿐만 아니라 선과 악의 싸움이기도 하다. 따라서, 여기에는 아킬레우스와 헥토르의 대결에는 없는 도덕적인 열정이 있고 ─상반되는 감정들의 병존은 없다. 그렇지만, 여기에서도 승리하고 난 다음에는 의기양양함뿐만 아니라 어떤 종류의 우울감도 뒤따라온다. 그토록 한결같이 그리고 오로지 자신의 고귀함과 미덕을 찬양하게 해주는 것은 바로 악의 현존이다. 일단 괴물이 패배하고 나서야, 어쩔 수 없이 자신의 괴물 같은 측면들을 보게 된다. 그래서 보통은 또 다른 괴물을 찾아 떠난다. (예를 들어, 아치볼드 매클리시^{Archibald MacLeish}의 희곡『헤라클레스*Her-akles*』를 참고할 것.)

11. 욕망 :

상처를 주거나 무너뜨리기. 승리하기.

12. 능력 :

약함에는 미움이 있을 수 없다. 너무 겁에 질려서 싸우지 못하고 상대방의 우월함과 장점들에 괴로워하는 경우, 종종 "미움"이라고 불리는 것은 아주 확신하건대 원한이다. 사랑처럼 미움은 강함의 감정이다. 그것은 견디는 힘을 필요로 하고, 표현하는 힘을 필요로 한다. 물론,

이 힘 덕분에, 미움은 우리가 추상적이고 먼 곳에 있는 (그러므로 안전한) 적대자들을 "미워함"으로써 우리의 에고를 그릇된 방식으로 보강하게 해준다. 익숙한 "낭만적인" 종류의 멀리서 사랑하기가 동일한 방식으로 동일한 목적에 공헌하는 것만큼이나 말이다. 미움은 항상 힘에 굶주려 있다. 왜냐하면 그것은 항상 자기 자신과 자신의 적 모두 가급적 더 강하기를 바라기 때문이다.

13. 전략 :

미움은 이미 상당한 정도의 자부심을 전제로 하기 때문에, 그 전략은 되도록 가장 강력하고 바라건대 가장 악한 적과 대결함으로써 자기를 더 확장하는 것이다. 따라서, 흑백의 관점에서 세계를 주조하여 상대방을 순전히 극악무도하게 묘사하고 이와 대조적으로 자기 자신을 순수한 미덕으로 보이게 만드는 것이 미움에서는 당연하다. 특히 절실한 사랑과 결합될 때, 이 목적을 달성하는 데 미움보다 더 성공할 수 있는 것은 아무것도 없다.

 희망 ———

믿음처럼(그리고 자선처럼), 희망은 종교적인 문맥, 기독교 신앙과 결부된 구원의 희망과 원대한 희망들을 내포하는 경우가 빈번하다. 예를 들어, 카뮈가 희망을 거부할 때, 그가 관여하고 있는 것은 바로 이 원대한 희망의 개념이다. 하지만, 우리가 삶을 구축할 때 그 중심이 되는 작은 희망들, 행복하지만 불확실한 기대들 또한 있다. 예를 들어, 건강한 자식들을 바라는 희망, 평화를 바라는 희망, 즐거운 비행기 여행이 되기를 바라는 희망이 있다. 희망은 불확실한 믿음이고 긍정적인 운을 수동적으로 기대하는 것으로, 자신이 직접 통제할 수 없지만 항상 일어날 가능성이 있는 것이다.

1. 방향 :
    외향적이다.

2. 범위/초점 :
    사소한 것(그 위스키가 제이앤비 위스키이기를 희망한다)에서부터 실물 크기의 것(딸이 대학원에 들어가기를 희망한다)을 거쳐 광대한 것(천국에 가기를 희망하고 우주의 평화를 희망한다)까지 걸쳐 있다.

3. 대상 :
    미확정.

4. 기준 :

   미확정.

5. 지위 :

   미확정.

6. 평가 :

   가능한 미래에 관해 긍정적이다.

7. 책임 :

   자기 자신에게는 책임이 전혀 없다.

8. 상호주관성 :

   _____

9. 거리 :

   _____

10. 신화 :

   절망이 없는 불확실성. 계산된 확률부터 믿음과 은혜 찬
   미까지 포괄한다.

11. 욕망 :

　　반드시 무언가를 꼭 하지 않고도 원하는 것을 얻기.

12. 능력 :

　　꼭 필요한 능력은 없다.

13. 전략 :

　　힘의 결핍에 대한 보상. 불확실한 시기에 파산하지 않기.

무관심 ────

단지 감정의 결핍일 뿐인 무관심이 있다. ("내가 너를 성가시게 하니?" 각다귀가 황소에게 물었다. "네가 물어보지 않았다면, 난 네가 거기 있는 것조차 몰랐을 거야"라고 황소가 대답했다.) 하지만, 대단한 자극을 받고 주관적 원칙의 문제이며, 미움만큼 잔인하고 경멸보다 더 효과적인 적의를 드러내는 태도인 무관심도 있다. 가정에서 앞에 있는 사람에게 말을 하지 않거나 다른 사람을 통해서 말을 하는 책략에서부터 국제 외교에서 당신에게 동의하지 않는 정부를 "인정하지" 않는 책략에 이르기까지, 아마도 무관심은 당신이 싫어하거나 당신의 총애를 잃은 상대에게 당신의 쉬르리얼리티에서 어떤 역할도 부여하지 않고 심지어 그 또는 그녀를 경멸하지조차 않음으로써 상대의 존재를 인정하지 않는 가능한 가장 효과적인 전략일 것이다. 그 또는 그녀는 너무도 하찮아서 미움을 받지조차 못하고, 심지어 너무도 보잘것없어서 경멸당하거나 인간보다 못한 또는 인간이 아닌 존재로 취급되지조차 못한다. 이것은 사르트르가 「타인과의 구체적인 관계"Concrete Relations with Other People"」에서 상당히 길게 논한 전략이다. 이것은 하나의 "방어 메커니즘"인데, 프로이트는 종종 이것에 대응하는 신경증을 "부인"으로 논한다. 누군가를 당신의 쉬르리얼리티 **바깥에** 구축하는 것은 그 사람을 당신의 쉬르리얼리티 안에 구축하는 다양한 방식들만큼이나 구성적인 판단이다. 사실, 그렇게 하는 데 노력이 더 많이 든다. 왜냐하면 마치 그/그녀의 무례한 짓들과 접근 행위들이 아무런 영향을 주지 않을 뿐만 아니라 심지어 아예 존재하지조차 않거나 하는 것처럼, 그 사람의 바로 그 존재 자체를 무시하고 피하기 위해서는 어마어마한 능력이 필요하기 때문이다.

1. 방향 :

   외향적이다.

2. 범위/초점 :

일반적으로 타인(혹은 그 사람을 제외한 다른 모든 곳이라고 말해야 할까?).

3. 대상 :

사람 (혹은 "사람의 존재를 부정하는 것"이라고 말해야 할까?).

4. 기준 :

미확정.

5. 지위 :

상대방에게는 아무것도 없다(심지어 열등함도 없다. 즉 "경멸할 가치조차 없다").

6. 평가 :

상대방은 선택하는 평가 기준이 무엇이든 그 기준보다 못하다. 중대한 위반이나 추잡한 인격.

7. 책임 :

일반적으로 어떤 중대한 위반 행위에 대한 책임이 상대방에게 씌워진다.

8. 상호주관성 :

극도로 방어적이다. 하지만, 대상에 맞서서라기보다는 대상을 인정하는 것에 맞서서 자신을 방어한다. (예를 들어, 무관심의 경우에는 희생자에 맞서는 최소한의 방어 반응조차 보이지 않는 것이 불가결하다. 그렇게 하는 것은 무관심이란 감정을 파괴하는 것이다.)

9. 거리 :

특정한 개인과는 무관하다(어딘가와 어디에도 없는 곳 사이).

10. 신화 :

모든 기록에서 그 이름이 빠져 있고, 어떤 자리도 허용되지 않고, 대화도, 돌봄도, 심지어 처벌조차 허용되지 않는 천민 신화. (세실 B. 드 밀Cecil B. De Mille의 영화에 나오는 모세? 보리스 칼로프Boris Karloff가 연기한 카리스?)

11. 욕망 :

상대방이 정말로 사라져 버리기를 바란다.

12. 능력 :

상대방을 사라지게 만드는 능력이 있다면, 이 감정의 독특하지만 잔인하게 효과적인 전략은 필요하지 않을지도 모른다. 그러나 적대자에게 처벌을 이행하지조차 않음으로써 그에게 순교의 기회를 주지 않으려는 때가 있다. 처벌보다는 무관심과 쉬르리얼리티에서 추방하는 것이 더 효과적이다.

13. 전략 :

(어떤 이유로든지 간에) 당신의 감정을 상하게 만드는 사람을 완전히 격하하기. 당신의 세계에서 그 사람을 너무도 하찮은 존재로 격하함으로써 아무런 말도 할 수 없고 최소한의 의미도 가질 수 없게 만들기. 쉽게 상처받는 경향이 크고 자신을 보호하는 능력은 극미할 때, 그토록 지독한 방책은 친밀한 관계에서 배신 당한 결과인 경우가 빈번하다. 그런 경우들이 발생하면, 대체로 상대방의 존재를 완전히 부정하여 어쩔 수 없이 그 또는 그녀와 맞서야만 하는 처지에 놓이지 않는 것이 가장 효과적이다.

의분 ──

의분은 그 기준이 권위적이고 그 결과 독선적이라는 점에서 화와 다르다. 그런데, 이 차이가 다른 차이들로 이어진다. (단순한 무례함과는 대조적으로, 화에서처럼) 상대방의 객관적인 죄에 대한 의식은 그 사람을 열등한 존재로 간주하고, 더 나아가서 자기 자신이 옳고 결백하다는 의식을 강화하고, 자신과 상대방의 차이를 확대하고, 상호주관성을 부숴버리고 경멸로 향하게 만드는 결과를 가져올 수도 있다.

1. 방향 :

   외향적이다(하지만 상대방의 부도덕성과 자기 자신의 결백을 은연중에 대조시킨다).

2. 범위/초점 :

   다른 사람이나 사람들. 다른 사람이나 사람들의 행위.

3. 대상 :

   인간의 행위

4. 기준 :

   대단히 도덕적이다.

5. 지위 :

　　자신은 우월하고 상대방은 열등하다.

6. 평가 :

　　다른 사람(들)의 행위를 매우 부정적으로 평가한다. (당
　　신이 그런 말을 해서 분개하고, 의회가 그 법령을 통과
　　시켜서 분개한다.) 그 행위를 저지른 사람이나 사람들에
　　관한 전반적인 부정적 평가로 흘러갈 수도 있지만, 반드
　　시 그렇지는 않다.

7. 책임 :

　　다른 사람(들)이 책임을 져야 하고 질책당해야 한다.

8. 상호주관성:

　　매우 방어적이다.

9. 거리 :

　　특정한 개인과는 무관한 경향이 있고, 심지어 무관심에
　　근접할 수도 있다.

10. 신화 :

감정이 상한 도덕주의자 신화다. 그는 개인으로서 격분하지만 어떤 개인적인 이유 때문이 아니라 오히려 원칙상의 이유들 때문이다. (네가 나를 모욕하면, 나는 화가 날 것이다. 하지만, 네가 나의 인종/종교/나라/직업/등을 모욕하면, 나는 "그 문제의 원칙" 때문에 도의에 따라 분개할 것이다.)

11. 욕망 :

처벌하기.

12. 능력 :

일정하지 않다(능력이 없는 의분은 원한과 합쳐지는 반면에, 능력이 있는 의분은 화와 마찬가지로 효과적인 행동을 통해서 충족되는 경향이 있다).

13. 전략 :

자신의 개인적인 약점들과 취약성에 집중하는 것을 피하고 다른 사람들의 도덕적 과실들과 위반 행위들에 주목하고, 이렇게 해서 그들과는 대조적으로 자기 자신은 상대적으로 도덕적이고, 선하고, 깨끗하다는 등 우쭐댄다.

결백 ———

법이나 신 앞에서 유죄**이다**라는 것처럼, 결백하다는 것은 감정이 아니라 객관적인 상태이다. 그러나 자기 자신은 결백하다고 생각하는 것, 모든 비행으로부터 자신을 면제하는 것, 결백한 시선을 통해서 세계를 보는 것 ―이것들은 감정이다. 아마도 이것이 도스토엡스키의 『백치*The Idiot*』에서 타인을 의식하기보다는 자신을 훨씬 더 의식하는 미쉬낀 공작^{Prince Myshkin}에게서 나타나는 주된 감정일 것이다(사랑에서처럼 말이다. 그래서 미쉬낀은 종종 좋은 의도이기는 하지만 마구잡이로 배려심 없이 소설에 등장하는 인물들의 일에 간섭한다). 결백은 의분과 짝을 이룰 수도 있고 그렇지 않을 수도 있다. 하지만, 의분은 스스로 지정한 은혜를 베푸는 지위로 자기 자신을 끌어올리는 편리한 지렛대가 된다. 결백하다는 것은 틀림없이 미덕이지만, 자기 자신을 결백하다고 보는 것은 일반적으로 자신을 기만하는 거짓이다. (이것은 정반대의 극단 ―클라망스와 원죄에서 나타나는 극단―으로 비약하는 것, 즉 우리는 전부 유죄라고 추정하는 것이 아니다!)

  1. 방향 :

     내향적이다(아마도 죄책감에서처럼 전적으로 내향적이

고, 어쩌면 외향적인 의분과 짝을 이룰 수도 있다).

2. 범위/초점 :

자기 자신 전체.

3. 대상 :

자기 자신을 인간으로 보고 행위자로 본다.

4. 기준 :

도덕적이다.

5. 지위 :

_____ (그러나 다른 사람들보다 우월하다는 의

식을 포함하고 있을지도 모른다.)

6. 평가 :

자기 자신과 자신의 행위에 대해서는 긍정적이다.

7. 책임 :

전적으로 자신을 옹호하고 사면한다("나를 사면하라").

8. 상호주관성 :

    어렴풋이 감지하는 것보다 훨씬 더 방어적이다(결국 우
    리 중에 누가 "죄가 없는가"?).

9. 거리 :

    ＿＿＿＿＿＿ (철수를 포함할 수도 있지만, [미쉬낀] 같
    은 사람일 필요는 없다.)

10. 신화 :

    늑대들에 둘러싸인 양, (헤겔과 노발리스가 말하는) "아
    름다운 영혼."

11. 욕망 :

    흠 없는 상태를 유지하기(그러한 사람으로 인정받기).

12. 능력 :

    (아마도 자기기만의 능력을 제외하면) 꼭 필요한 능력은
    없다.

13. 전략 :

    가능한 가장 직접적인 구성 행위에서 나타나는 개인의
    존엄성과 자부심. 간단히 자기 자신을 깨끗하고 이상적

이라고 **제정한다.**

질투 ───

질투는 시기의 "녹색의 눈을 한 괴물"이란 지위를 공유한다. 사실, 탐욕처럼 질투는 "일곱 가지 죽음에 이르는 죄들" 중 하나로서 시기가 가진 탐나지 않는 지위 또한 공유한다. 그렇지만, 다른 점들이 있다. 시기와 달리 질투는 자기와 상대방을 동등하게 본다. 시기가 조용히 그리고 무력하게 ─심지어 남의 이목을 끌지도 못한 채로─ 멀리서 노려볼 때, 질투는 상대와의 대면을 꺼리지 않고 심지어 열망하기까지 한다. (밀접하게 관련되는) 화와 미움처럼, 질투는 양방향성과 동등성의 감정이다. 시기와 달리, 질투는 상대방이 우화로 알려진 자신의 녹색 눈을 직시하기를 원한다. 더욱이, 질투는 보통 단지 하나의 소유물이나 사건에 제한된다. 반면에 시기는 종종 멀리 떨어져 있는 대상의 주요한 측면들이나 심지어 생활 방식 전체를 포함하는 경우가 빈번하다.

1. 방향 :
   양방향이다 (경쟁).

2. 범위/초점 :

   특정한 사건이나 일련의 사건들.

3. 대상 :

   경쟁에서 다른 사람이 얻은 이득.

4. 기준 :

   개인적이다(예를 들어 명성이나 주목을 얻고자 할 때처
   럼 대인 관계에 관한 것일 수도 있다).

5. 지위 :

   동등하다.

6. 평가 :

   경쟁에서 입은 손실.

7. 책임 :

   자신이 입은 손실에 대한 책임을 상대방이 져야 한다고
   여긴다. 하지만 시기처럼, 권리의 문제가 책임의 문제보
   다 더 중요하다. 질투의 경우, 사람은 자신이 탐내는 대
   상을 가질 권리를 — 적어도 상대방이 가진 만큼의 권리

를 —가지고 있다고 생각한다. (시기의 경우는, 자신이 그러한 권리를 가지고 있다고 생각하지 않는데, 이것은 시기의 무력감을 부분적으로 설명해 준다.)

8. 상호주관성:

대면하여 방어하고자 한다.

9. 거리 :

"팔을 뻗으면 닿는 거리." 그렇지만 친밀하지 않고 개인과 무관하지도 않다.

10. 신화 :

"정당하게 나에게 속하는 것을 당신이 탈취해 갔다." 파리스^{Paris}와 맞서는 메넬라우스^{Menelaus} 신화.

11. 욕망 :

("그것"이 무엇이든) 그것을 되찾기.

12. 능력 :

능력이 있거나 능력이 있다고 생각한다 —적어도 **시도하기에** 충분한 능력 말이다(그렇지 않다면 시기나 원한으로 진전되는 경향이 있다).

13. 전략 :

물건들에 자신의 도장을 찍기. "이것은 **나의 것**이다." 그
런데 이런 생각은 그것이 도둑맞을 수 있다는 가능성과
힘으로 그것을 되찾아 올 권리를 기꺼이 인정하지 않으
면 이해가 되지 않는다. (사유재산제도에 관한 헤겔과
마르크스와 로크의 논의가 여기에 관련된다.) (지금은
유명한 "영토 획득 방어 본능"을 포함하여) 소유권 주장
은 ─ 명확하고 뚜렷한 방식으로 ─ 자신을 확장하는 수
단이다. ("**가지고** 있는 것이 곧 자신이다.") 그러므로 사
람이 (남편이나 아내, 자식, 연인 같은 인간 "대상"을 포
함하여) 대상을 질투하게 되는 것은 드물지 않다. 그 또
는 그녀는 경쟁을 제외하면 이런 대상에 대해 어떤 것이
든 아무런 관심이 없다. 결정적인 것은 대상 자체가 갖
는 중요성이 아니라 바로 소유권 주장이다.

기쁨 ──

정념에 관한 논의에 스며들어 있는 "위쪽 -아래쪽"의 은유가 기쁨과

우울 사이의 대조에서보다 더 적절한 데는 없다(현대 통용어에서 "위쪽"과 "아래쪽"은 사실상 기쁨과 우울이란 두 개의 기분과 동의어인 인칭 형용사들이다). 종종 우울은 일상생활에서 우리를 떠받치는 가치 기준에 도달하지 못할 정도로 우리를 짓누르는 짙은 안개처럼 여겨지는데, 기쁨은 일상의 걱정거리들 위로 우리를 들어올려 날게 하는 것처럼 보이는 산들바람이다. 우울이 우리 세계를 의혹의 "괄호" 속에 둔다면, 기쁨은 은빛처럼 빛나는 의미들로 우리 세계를 에워싼다. 이러한 의미들은 개별 요소들에 의존할 필요가 없고, 우울처럼 기쁨은 세부 사항들을 염두에 두지 않는다. 기쁨과 상응하면서 더 개별적인 감정은 즐거움이고, 기쁨이 두루 퍼져 감돌며 형성되는 기분은 행복감이고, 기쁨이 더 강해지면 황홀의 형태로 나타난다. 이러한 것들을 다 포함하면, 기쁨은 우리의 세계를 만족스러울 뿐만 아니라 "경이롭게" 만드는 바로 그 행복한 정념이다. 만족처럼, 기쁨은 세계에 순응하는 가치들과 기대들을 공들여 만들어 낸다. 기쁨 그 자체로는 (현재 상태를 방임하는 무간섭주의 또는 변화에 대한 철저한 무관심을 제외하면) 어떤 이데올로기도 가지고 있지 않고, 어떤 구체적인 이상이나 가치도 가지고 있지 않다. (1960년대 후반에 티모시 리어리^{Timothy Leary}가 내세운 "황홀의 정치"는 사실 무정치적인 오락이자 도피였다.) 그리고 기쁨은 너무도 가벼운 공기 같기 때문에, 그러한 분위기들이 아낌없이 제공해 주는 달콤한 감상에 빠지지 않고서 기쁨을 묘사하거나 기쁨에 대해 말하기는 대단히 어렵다. (애처로운 우울의 너절한 것들에 냉정하기가 정말이지 훨씬 더 쉽다.)

1. 방향 :

기분으로서 기쁨은 사방을 다 지향한다.

2. 범위/초점 :

기분으로서, 기쁨의 범위는 광대무변하고, 아무거나 가리지 않고 초점으로 삼는다. 아마도 (새로운 연애나 어떤 화려한 성공이나 그저 맑은 날 같은) 즐거움의 핵심에 집중하기는 하겠지만 말이다.

3. 대상 :

모든 것이 대상이지만, 특별한 대상은 하나도 없다.

4. 기준 :

없음.

5. 지위 :

——————— (지위에 관해서는 질문조차 제기되지 않는다. 사람이 결백을 무기로 사용하듯이, 기쁨을 무기로

사용하는 경우를 제외하면 말이다. 하지만 기쁨을 무기로 사용할 때, 그것은 더 이상 기쁨이 아니다. 예를 들어, 윌리엄 슈츠^{William Shutz}의 『기쁨*Joy*』[New York: Grove Press, 1967]을 참고할 것.)

6. 평가 :

"모든 것이 굉장하다."

7. 책임 :

무관하다(광대한 감사 또는 자존심이 약간 섞여 있을지도 모른다).

8. 상호주관성 :

미확정.

9. 거리 :

미확정. 다른 사람들의 기분에 좌우된다. (기쁨과 우울은 서로를 피하는 경향이 있다. 그렇지만 우울처럼 기쁨은 자기 자신과의 친밀한 결속을 추구하고 형성하는 경향이 있다.)

10. 신화 :

   "모든 것이 완벽하다."

11. 욕망 :

   아마도 기분을 공유하는 것을 제외하면 아무런 욕망이
   없다.

12. 능력 :

   꼭 필요한 능력은 없다.

13. 전략 :

   꼭 필요한 전략은 없다.

사랑 ———

> 그것이 주는 교훈은 "오, 세상을 돌아가게 만드
> 는 것은 바로 사랑이야"다.
>
> 루이스 캐롤, 『이상한 나라의 앨리스』

사랑이 우리의 이론 전체의 궁극적인 목적이라는 점을 고려하면,

어떻게 내가 사랑에 대해 그토록 말을 하지 않을 수 있겠는가? 지금으로서는 정념들 중에서 가장 바람직한 이것의 구조만 개괄할 수 있을 뿐이다. 사랑은 황홀과 기쁨을 쉽게 포함할 수도 있지만, 그것들과는 다르게 그 세계를 구성하는 세부 사항들에 구체적으로 주목한다. 그리고 사랑은 우리의 세계가 당연히 어떠해야 하는가에 관한 이데올로기들을 포함하며, 자유롭게 떠다니며 아무것도 가리지 않는 자기 만족보다는 다른 사람들의 복지와 행복에 명백히 관심이 있다.

사랑으로 통하는 것 중 많은 것이 사랑이 전혀 아니다. 온기와 안전을 확보하려는 필사적인 노력과 의존의 정념들, 이러한 것들은 우리의 기분을 돋우지 않은 채 우리를 구속하고 서로 협력하기보다는 오히려 적대하게 만드는 종종 원한이 깃든 관계들을 형성한다. 사랑은 우리 모두의 이상이다. 구체적으로 말하면, 친교와 서로를 향상시켜 주는 동등함, 우리 자신들과 다른 사람들 모두에 대한 완전한 신뢰와 최대한의 존중이다. 그러나 취약해지고 사람을 신뢰하기가, 단순히 동등하다기보다는 우리 자신이 더 우월하다고 생각하고 싶은 그 많은 유혹을 물리치기가, 과거에 우리를 위해 그토록 훌륭하게 작동했던 성공적인 방어책들과 전략들을 포기하기가 얼마나 어려운가. 하지만 누가 그/그녀에 대해서 가장 깊은 후회 없이 "나는 사랑하기를 원하지 않아"라거나 "나는 사랑할 수 없어"라고 말할 수 있겠는가? 그래서 해결책은 대개 순전히 이름뿐인 사랑이다—사실, 꽤 많은 다른 감정들이 사랑인 척한다. 예를 들어, 원한과 질투심이 많은 소유욕, 거짓 애정과 겉치레뿐인 염려로 간접적이지만 효과적으로 표현되는 화와 미움, 사실상 익명의 친구를 찾는 추상적인 기쁨이나 우울, 배출구를 찾는 좌절과 사면은 아니라 하더라도 위안을 찾는 죄책감이 있다. 그러나 이러한 것들이 아무리 일반적으로 사랑으로 통할지라도, 그리고 "진정한" 사랑이 아무리 드물다고 할지라도, 이것들 중에서 어느 것도 사랑이 아니다. 사랑은 친교이자 신뢰이다. 사랑은 상호 존중이자 찬미다. 사랑은 상호 독립과 자율이고, 소유욕에는 구애받지 않지만 욕망으로 가득 차 있다. 사랑은 상대방의 복지와 행복을 자신의 것만큼이나 조건 없이 받아들이는 것이다. 다른 그 어떤 것도 사랑이란 이름을 가질 자격이 없다. (여기에서 나는 낭만적인 사랑과 동등한 사람들 사이의 사랑에만 관심이 있을 뿐이지, 엄마와 아이의 사랑이나 인간과 신의 사랑, 또는 위험이나 음악이나 초콜릿에 대한 사랑에는 관심이 없다.)

1. 방향 :

   양방향이다.

2. 범위/초점 :

   다른 사람 또는 사람들

3. 대상 :

　　엄밀한 의미에서 인간이다(반려동물이나 스포츠카처럼
　　어쩌면 동물이나 심지어 무생물 대상을 사람으로 취급
　　할 수 있을지도 모른다).

4. 기준 :

　　일정치 않다(개인적인 것과 대인 관계에 관한 것과 도덕
　　적인 것이 결합되어 있다).

5. 지위 :

　　동등하다.

6. 평가 :

　　상대방을 전반적으로 찬미하는데, 이것은 자기 자신에
　　관한 긍정적인 느낌과 조화를 이룬다. ("사랑은 자기애
　　와 함께 시작된다.") 개별적인 특징들에 대해 긍정적으로
　　평가한다.

7. 책임 :

　　건강한 관계에 대한 책임을 진다(그리고 상대방도 똑같
　　이 할 것이라고 기대한다).

8. 상호주관성 :

　　(자율성을 희생하지 않는) 무조건적인 신뢰.

9. 거리 :

　　친교.

10. 신화 :

　　플라톤 철학과 유사한 "천생연분"이라는 조화론. 궁극적
　　으로는 "우리"가 되고, 분리된 자아들 사이의 구분은 모
　　든 의미를 잃는다. 때로는 "세상에 맞서는 우리"라는 신
　　화다(여기에서 세상은 온화한 섬을 둘러싸고 있는 적대
　　적인 환경으로 구성된다). "우리"라는 의식이 계속 확장
　　되어, 궁극적으로는 제한 없이 모든 인류를 포함할 수
　　있기(기독교에서 가장 좋은 것)를 더 바란다. 그렇지만
　　닥치는 대로의 "사랑"과 친교나 정직이나 동등함이나 존
　　중이 없는 "사랑"은 사랑이 전혀 아니다. "보편적 사랑"
　　은 분리된 하나의 피상적인 태도가 아니라, 사실상 우리
　　의 관점과 방어 요소들을 전부 근본적으로 철저하게 정
　　밀검사하기를 요구하는 태도이다. 아마 지금까지 이것을
　　성취한 사람들이 몇 명 있었을 것이다. 하지만 사람들이
　　모방하는 것은 일반적으로 그들의 주관성이라기보다는

그들의 말과 이미지들이고, 사랑하려는 시도보다는 원한의 무기로서 그것들을 모방한다.

11. 욕망 :

상대방을 만족시키고 행복하게 해주기. 상대방의 욕망을 자기 자신의 욕망으로 받아들인다(그러므로 동시에 자기 자신을 만족시키고 행복하게 해주게 된다). 함께 있기. 공유하기.

12. 능력 :

약함에는 사랑이 전혀 없다. 불안정과 방어는 사랑을 불가능하게 만든다. 사랑은 힘의 감정이다. 사랑에는 인내하는 힘이 필요하고, 표현하는 힘이 필요하다. 가까이할 수 없는 상대를 향한 욕망은 가장 흔하게 사랑인 척하는 것이다. 하지만, 이런 욕망은—아무리 열정적이고 낭만적 환상들로 꾸며져 있다 하더라도—사랑이 아니다. 사랑은 소유 욕망이 충족되거나 소멸할 때 시작된다. (따라서 이단적인 "성 혁명"의 통찰과 같다. "먼저 함께 자자. **그렇게 하고 난 다음에 보자.** …") 빅토리아 시대의 "로맨스"에서는 오래 애태우며 좌절하게 하는데, 이것보다 더 사랑을 불가능하게 만드는 것은 없다. 오히려 동양의 중매결혼이 훨씬 더 낫다. 중매결혼은 안정적으로 시작할 수 있는 장점이 있고, 사랑에 대한 서약이란 실존적인 요건을 직시하지 않을 수 없다. 궁극적으로 사랑은 다른 어떤 감정보다도 더 많은 능력 —더 많은 자신감과 이미 있는 더 많은 자부심 —을 필요로 한다. 사랑은 다른 감정들이 있고 싶어하는 지점에서 시작하고, 거기에서 시작하여 —상호주관성과 친교를 통해서 —더 높이 부상하려고 시도한다.

13. 전략 :

이미 자부심을 상당히 획득한 상태에서, 사랑은 상호주관성을 통해서 자부심을 극대화하여 자아를 확장하려고 시도한다. 그런데, 개인의 자율성과 존엄성이 미리 전제되고 본래 그 상태로 유지되어야 한다. 상대방이나 상대방들에 대한 상호 지지와 격려를 통해서, 사랑은 공동의 주관적인 제국을 형성하는 데 성공한다. 사랑은 무한히 확장 가능하고 난공불락이 되고, 내부에서 전복이 일어나고 의심이 스며들고 불신하고 불공평하다는 주장이 나올 때만 무너지고 패배한다. 사랑은 폭발하기 쉬운데, 여기에는 과도한 자신감에서 생기는 흐리멍덩하고 늘쩍지근한 나태와 방심("그것을 당연하게 여기기")이 딸려 있다.

참회 ──────

: 후회 항목과 자책 항목을 참고할 것.

연민 ──────

"왜 아직도 거지들이 있는가?"

니체

연민은 극히 어려운 감정이다. 무엇보다 그것이 여러 개의 양심이 깊은 열등감의 감정들, 특히 원한을 감추는 방어용 가면인 경우가 흔하기 때문이다. 한편으로, 연민(동정과 동감)은 최소한의 인간애를 위한 확실한 선행 조건인 것으로 보일 것이다. 친구나 지인 — 또는 심지어 낯선 사람 — 이 아무런 잘못도 하지 않고 불행을 겪는다. 우리의 세계에서 이러한 일들은 어떻게 구성되는가? 그것들은 차단되고 부정되는가("그것은 나의 문제가 아니다")? 확실히 이런 견해는 끔찍하다. 분명히 완전히 자비롭지는 않은 계몽주의 철학자들을 본받아, 모든 비극은 그저 더 큰 호의적인 기획의 일부일 뿐인 "모든 가능한 세계들 중에서 가장 좋은 세계"라는 의심스러운 개념에 호소해야 할까? 그렇게 하는 것은 불합리하고 잔혹하다. 모든 현상들에도 불구하고, 피해자가 이 모든 것을 자초했다고 가정해야 할까(많은 사람들에게 현재 인기 있는 "나쁜 업보" 이론은 거의 이해 할 수 없는 이유 때문에 마찬가지로 중세 시대의 잔혹하고 야만적인 "신의 뜻" 이론보다 더 용인되는 것으로 보인다)? 인간애라는 명목으로 우리는 피해자와 같은 처지에 우리 자신을 놓고 그와 함께 괴로워하거나 (말 그대로 **함께 겪는 것**) 또는 더 훌륭하지만 모방하기에는 더 어려운 기독교의 가르침 중 하나처럼, 단지 그가 피해를 입었다는 이유 때문에 그를 사랑해야 하는가? 연루는 되지만 어느 정도 떨어져서 다른 사람들의 불행들을 직시하고, 그들을 피하지는 않지만 우리가 그들이 처해 있는 곤경에 완전히 몰두하지는 않도록 해주는 정념의 역할을 제대로 평가하는 것이 중요하다. 이 감정이 연민이다. 연민은 바로 그 본성상 양방향성의 감정이지만(가까운 동의어인 동-정, 동-감, 교-감에서 명백하게 나타난다), 상호주관성과 어떤 거리의 균형을 맞추는 감정이고, 운이 덜 좋은 사람이 나와 동등하다는 것을 인정할 수도 있는 (그렇지만 반드시 그렇지는 않은) 감정이다. "신의 은총이 없었다면 나도 저렇게 되었을 것이다." (사람은 익사 직전의 바퀴벌레 또한 불쌍히 여길 수 있지만, 터무니없는 어떤 환생 이론을 통해서 앞서 인용한 정서를 받아들일 때에만 그럴 수 있다.)

그럼에도 불구하고 "그런 일이 나에게 일어나는 것보다는 그에게 일어나는 것이 더 낫다"는 유쾌함이 뒤섞여 있는 "연민"을 누구나 알고 있다. 때로는 참으로 불쌍한 누군가와의 만남에 수반하여 생기는 그 활기찬 우월의식을 누구나 알고 있다. ("왜 아직도 거지들이 있는가?"라는 니체의 질문에 대한 경제외적인 대답이다.) 연민은 또한 누군가를 열등한 위치에 놓는 무례한 행위로 활용될 수도 있다. "나는 네가 불쌍해"는 심한 모욕, 화를 내며 비난하는 것보다 훨씬 더 강력한 모욕이 될 수도 있다. 왜냐하면 이런 말은 상대방이 인간 이하로 타락했다고까지는 아니더라도 적어도 열등한 인간이라는 의미를 함축하기 때문이다. 기독교 윤리학을 공격할 때, 니체가 부당하게 뽑아낸 것이 바로 이런 연민의 악용이다. (가톨릭 현상학자인 막스 셸러는 『원한Ressentiment』이란 제목의 책을 한 권 썼는데, 이 책에서 그는 분해하고 모욕적인 형태를 띠는 ["부르주아의"] 연민과 기독교에서 미덕으로 간주하는 연민 개념을 구별한다.) 불행에 근거하여 (또는 불행 때문에) 어떤 사람을 열등하다고 간주하는 것은 (예를 들어, 몸이 불편하거나 지능 발달이 더딘 누군가를 열등하거나 사람보다 못하다고 여기는 것은) 아무리 성공적이라 하더라도 자부심을 얻으려는 확실히 역겨운 시도이다. 하지만, 불행을 불행으로 인정하고 자신이 느끼는 두려움과 불안한 것들 때문에 불행한 사람들을 거부하거나 경멸하지 않으려고 하는 것, 이것이 우리가 가진 인간애의 본질이다. 우리가 동류 인간들을 보편적으로 사랑할 수 있는 힘을 끌어모을 수 있든 없든,

적어도 우리는 그들의 곤경들을 직시하고 함께할 수 있다. 그들을 위해서 우리 자신을 꼭 희생할 필요는 없지만, 적어도 그들을 우리와 동등하게 보고 존중하며 지지해 줄 수 있으며, 이렇게 하는 데 우리가 져야 하는 부담은 거의 없다.

1. 방향 :

양방향이다("함께 겪는다"). 타인을 지향하게 될 때, 연민은 오락으로 변질되어 동정으로서의 역할을 상실하고 역겹게 멍하니 바라보기만 하는 것이 될 위험이 있다. 이런 것을 우리는 자동차 사고 현장에서 보게 된다. 반대로, 내부로 향할 때, 연민은 "자기 자신을 불쌍히 여기기"가 되는데, 이것은 다른 사람들이 겪는 고통과는 전혀 무관한 완전히 다른 감정이다. (예를 들어, 다른 사람들이 걸린 중병에 대한 흔한 반응은 자신도 비슷한 질병에 걸릴 수 있다는 것을 병적일 정도까지는 아니더라도 예민하게 의식하는 것이다. 이것은 분명 연민이 아니다.)

2. 범위/초점 :

사람들, 사람과 유사한 존재들.

3. 대상 :

사람이나 사람과 유사한 존재에게서 나타나는 특정한
불행이나 무능력.

4. 기준 :

개인적이다(내가 손실로 상상할 수 없는 손실에 대해 사
람을 불쌍히 여기는 것은 불가능하다).

5. 지위 :

동등하다. 하지만 니체가 공격한 비뚤어진 유형의 연민
이 있다. 이 유형에서 문제가 되는 불행은 열등하다는
판단의 토대가 된다.

6. 평가 :

불행, 손실, 상해의 평가.

7. 책임 :

피해자는 결백하다. 연민을 불러일으키는 것은 바로 불
행의 부당성이다. 당연한 불행은 오히려 우리의 정의감
에 호소한다. 악인이 받는 처벌의 가혹함이 그가 저지른
범죄의 가혹함보다 훨씬 더 크지 않는 한 우리는 괴로워
하는 악인을 불쌍히 여기지 않는다. (그러므로 어느 정

도인지를 고려하지 않는 처벌을 응분의 처벌과 혼동하는 평범한 도덕주의자들의 몰인정은 무시무시하다.) **우리**는 결백하다. 만약 그렇지 않으면, 연민은 있을 수가 없고, 우리가 느끼는 것은 자책이나 죄책감일 것이다.

8. 상호주관성 :

방어는 최소한이지만, 측정할 수는 있다. 마치 우리 중에서 가장 이성적인 사람들이 불행은 전염성이 있다는 의심을 좀처럼 없애지 못하거나 하는 것처럼 말이다. 그렇지만, 니체의 개념에서는 (원한을 통한) 방어가 연민의 핵심이다. 우리의 개념에서는, 이것은 연민의 악용이지, 연민의 표준 구조가 아니다.

9. 거리 :

"팔을 뻗으면 닿는 거리." 비인간성은 몰인정하다(원한이 깃든 연민은 이것을 전혀 상관하지 않는다). 친교는 너무 불편하다. (사랑의 경우, 연민은 관련조차 되지 않는다는 점에 주목할 만한 가치가 있다. 사랑에서 공유 의식은 연민에서 나타나는 최소한의 방어와 거리를 부정하고, 사랑하는 사람의 고통을 자기 자신의 고통으로 만든다.)

10. 신화 :

> "신의 은총이 없었다면 나도 저렇게 되었을 것이다." 이
> 것이 바로 피해자의 결백이 이 감정에 그토록 불가결한
> 이유이다. (연민을 가능하게 만드는 것은 바로 감정이입
> 이다.) 그렇지만, 모든 불행을 응당한 것으로 봐야 한다
> 고 역설하는 중세 시대의 불행 개념이 있다. 이런 불행
> 의 개념은 "계몽주의"에서 폭넓게 논의되었고 여전히 대
> 중들의 이야기 속에서 "업보의 율법"으로 받아들여지고
> 있다. 항상 그렇듯이 **다른** 사람들에게만 적용되는 이 이
> 론 자체는 지능적인 원한의 무기다. 연민의 감정에 적용
> 될 때, 이 이론은 정말로 니체가 그토록 경멸한 바로 그
> 러한 결과들을 산출한다. 즉 다른 사람들의 부당한 불
> 행을 그들을 열등하게 (그리고 같은 이유로 자기 자신을
> 우월하게) 여기는 구실로 이용하는 결과를 낳는다.

11. 욕망 :

> 상대방을 달래거나 치유하거나 적어도 위로하기. (연민
> 이 내부로 향할 때는, 유사한 고통을 모방하거나 자기
> 자신에게 가하려는 노골적이고 궁극적으로는 부조리한
> 욕망 또한 생길 수도 있다. 그러한 경우에는, 죄책감을
> 추구한다 — 또는 "함께 괴로워하기"라는 왜곡되고 너무

글자 그대로의 의미를 추구한다.)

12. 능력 :

상대적인 무력함. 유능한 의사들은 환자들을 불쌍히 여기지 않고, 그들의 병을 치료해 준다. (불행하게도, 많은 무능한 의사들도 그들의 "환자들을" 불쌍히 여기지 않는다. [결국 그들은 "환자들"이다.])

13. 전략 :

가장 인정 많은 연민의 종류들에서조차 다른 사람의 불행에 대조적으로 자기 자신을 위한 행운을 몹시 바라는 의식이 들어 있다. 또한 아무리 조건부라고 해도, 상호주관성을 얻으려는 온갖 노력이 딸려 나오는 존엄성과 자부심에 관한 의식 또한 있다. 연민은 그러한 노력이다. 비록 친교를 용인하기를 꺼리고 위협이 되지 않는 상대방의 상황을 분명히 이용하는 소극적인 노력이기는 하지만 말이다. 그렇지만 연민이 원한과 결합될 때, 자기 자신의 행운에 대한 의식은 의심스러운 도덕 형이상학 이론의 비준을 받게 되고 우월의식을 위한 구실이 된다.

자존심 ───

> 자존심은 어떤 점에서 자기 자신이 가진 최고의
> 가치에 대한 확증된 신념이다.[139.]
>
> 쇼펜하우어, 「자존심에 대하여"On Pride"」

자존심은 일곱 개의 대죄 목록에서 첫 번째에 위치하는 것은 고사하고, "죽음에 이르는 죄"로 여겨질 만하지 않다.[140.] 물론, 흔히 전통적인 문학에서 보통 혼란에 빠진 여성들과 다양한 종류의 맵시꾼들에게 주어지는 "어리석은 자존심"이 있다. 하지만 화나 사랑이나 질투나 희망(이것들 중에 두 개가 또한 "죽음에 이르는" 대죄의 목록에 포함되어 있다)이 어리석지 않듯이 자존심도 본질적으로는 어리석지 않다. 반대로, 자존심은 모든 정념의 중심에 가까이 있는 감정이고, 개인의 존엄성과 자부심에 대한 주관적인 요구다. 그렇지만, 자존심은 존엄성과 같지 않다는 점을 강조하는 것이 중요하다. 이 둘을 구별해 주는 것은 바로 자존심에서 나타날 가능성이 있는 "어리석음"이다. 존엄성과 자부심은 자기 자신에 관한 종합적인 주관적 태도들이고, 우리가 가진 감정 신화들 전체의 결과로서 생긴다. 다른 한편으로, 자존심은 세부 사항들, 특히 우리가 성

---

139. 허영심을 참조할 것.

140. 일곱 개의 대죄 목록에는 "오만" 또는 "교만"으로 나와 있다. 하지만 이 두 낱말에 함축되어 있는 부정적인 의미 때문에 여기에서는 "자존심"으로 옮긴다 ─옮긴이주.

취한 것들과 우리의 객관적인 역할들과 아주 깊이 결부되어 있다. 물론, 이것과 관련하여 잘못된 것은 아무것도 없다. 우리 자신에 관한 잘못된 이해를 고수하고 이 오해 때문에 우리 자신을 격하시키는 경우를 제외하면 말이다. 그것이 잘못된 자존심일 때만, 보잘것없는 업적의 토대에 너무도 약하게 연결되는 부풀려진 자부심에 관한 환상일 때만 자존심은 죄가 된다. 이러한 환상은 존엄성을 얻으려는 정직한 호소로 활용되기보다는 우월성을 얻기 위한 자칭 노력에서 무기로 더 더 활용된다.[141.]

이상적으로 말하면, 자존심과 자부심은 서로를 보완한다. 구체적으로 말하면 자존심은 주관적인 자부심의 지지를 받아 우리의 객관적인 업적들과 명예들, 지위를 높이 평가한다. 하지만 4장에서 내가 주장했듯이, 우리 자신에 대한 주관적인 견해와 객관적인 견해가 항상 그렇게 조화를 이루지는 않는다. 객관적인 지위를 극대화하려는 경쟁이 치열한 쟁탈전은 자기 자신에 관한 주관적인 견해를 완전히 묻어 버리는 경우가 빈번하다. 마찬가지로 충분히 강력한 주관성의 의식은 자체의 신화들에 몰두하여 다른 사람들의 견해나 "세상의 이치"에 거의 또는 아무런 주의를 기울이지 않으면서 쉽게 (그렇지만 때로는 어리석거나 비극적으로) 객관성을 무시할

---

141. 예를 들어, "자존심"의 이중적 의미는 사전(*Webster's Third New International*)에서 명백하게 나타난다. 웹스터 사전에서 자존심의 정의는 두 부류로 구분된다. 하나는 "자존심이 있는 상태"와 "자기 자신의 가치에 대한 의식"이고, 다른 하나는 "과도한 자부심"과 "우월성에 대한 터무니없는 자만," "여봐란 듯한 과시"이다. "오만과 편견" 같은 문구는 그 평판에 도움이 되지 않는다. (스피노자가 한 다음의 말을 참조할 것. "자존심은 사람이 자기 자신을 **너무** 높이 평가하는 것에서 생기는 쾌락이다" [*Ethics*, Book III].)

수 있다. 따라서, 사람에게 자존심은 많아도 자부심은 거의 없을 수도 있고, 자존심이 없어도 상당한 자부심을 가질 수도 있다. 신앙심이 깊은 사람은 후자의 상태를 종종 열망하고, 바로 그러한 이상들 때문에 자존심은 죄로 여겨진다. 우리 대부분은 전자에서 나타나는 부조화의 함정에 빠질 가능성이 더 크다. 구체적으로 말하면, 우리 자신과 우리가 이룬 업적들을 자랑스러워하지만, 우리가 이해하기 어려운 방식으로 자신의 품위를 스스로 떨어뜨릴 가능성이 크다. ("결국, 나는 내가 하고 싶었던 모든 것을 성취했다. 그런데 왜 나는 우울할까?")

자존심이란 감정의 핵심은 그것이 우리가 세계에서 성취한 업적들에 관한 것이라는 점이다. "잘못된 자존심"은 그러한 업적들을 엄청나게 과대평가하거나, 어쩌면 심지어 결코 우리가 한 것이 아닌 어떤 것을 자신의 공로로 삼기까지 할지도 모른다. (자신을 아름답거나 건강하게 만들기 위해서 조치를 취한 사람은 그의 외모나 건강에 대해 자랑스러워할지 모른다. 꾸미지 않고도 아름답고 건강한 사람은 단지 감사해하기만 할 것이다 —또는 어쩌면 자존심과 짝을 이루는 수동적인 감정인 허영심을 느낄 것이다. 우리는 빈번히 자존심과 허영심을 혼동하는데 —사실은 우리가 느끼는 것이 허영심일 때 그것을 자존심이라고 말한다 —이것은 분명히 단순한 말실수가 아니라 그 이상이다.)

1. 방향 :

   내향적이다(자기 자신에 대한 것, 특히 명백히 보이는 ["객관적인"] 업적들에 대한 것).

2. 범위/초점 :

   일반적으로 어떤 특별한 업적이나 고도의 기술. 어쩌면 사람 전체까지 확장될 수도 있지만, 완전한 주관성까지는 항상 미치지 못한다.

3. 대상 :

   행위자로서의 자기 자신.

4. 기준 :

   미확정(하지만 보통은 대인 관계를 고려한다).

5. 지위 :

   어느 정도의 우월 의식. 그렇지만 반드시 경쟁적인 것은 아니다.

6. 평가 :

   자기 자신의 업적들에 대해 매우 긍정적이다.

7. 책임 :

자신의 작업에 대한 (칭찬의) 책임을 떠맡는다.

8. 상호주관성 :

업적들이 도전받으면 그 결과 방어 자세를 취할 수도 있고 방어용으로 활용될 수도 있지만, 본래 방어적인 것은 아니다.

9. 거리 :

_____ (외견상 자기 자신으로부터 거리를 두는 것처럼 보이는 경향이 있지만, 이것은 더 잘 보기 위한 것이다.)

10. 신화 :

"내가 그것을 했다." 일반적으로 개인적인 자존심의 신화들은 상당히 명시적이고, 닮고 싶은 추종 대상이나 현명한 조언자나 영웅들을 본으로 삼는다. 의심할 바 없이 부모를 즐겁게 하는 몫의 선물 또한 있는 경우가 빈번하다. 자존심의 신화는 업적의 신화이고, 무엇이 업적으로 여겨지는가는 개인의 야망과 그 자신의 성공 기준 (영웅적 자질, 창의력, 용맹, 부, 도의상의 용기)에 달려 있다.

11. 욕망 :

자신이 성취한 것에 대해 인정받기.

12. 능력 :

미확정. 물론, 자랑으로 여기는 행위를 하기 위해서는 성
공하고 완수하는 능력이 필요하다. 하지만 자존심 자체
는 이러한 능력을 포함하지 않는다. 자존심의 능력은 성
공을 주변에 투사하여 다른 사람들을 납득시키고 스스
로에 대한 자신의 견해에 필적하는 인정을 받는 능력이
다. "잘못된 자존심"은 종종 우리 자신이 성취한 것들에
대한 우리의 평가가 다른 누군가에게서 합리적으로 기
대할 수 있는 평가보다 우스꽝스러울 정도로 더 찬미하
는 평가라는 사실을 나타낸다. 다른 한편으로, "잘못된
자존심"은 (성취한 것이 무엇이든) 다른 사람들의 인정
을 받기 위해서 때로는 터무니없는 지경까지 간다.

13. 전략 :

외적인 업적들과 다른 사람들의 인정을 통해서 주관적
인 자부심을 극대화하기. 오로지 이것만 추구할 때를 제

외하면 나쁜 전략은 아니다.

격노 ———

: 화 항목과 의분 항목을 참고할 것.

후회, 자책 ———

"슬픔"이나 "참회"처럼 후회와 자책은 서로 우연히 만나는 경우가 종종 있다. 그러나 둘 사이의 차이는 당혹과 수치심 사이의 차이 — 책임감에서의 차이 — 와 아주 유사하다. 후회할 때, 사람은 책임을 떠맡지 않고, 어떤 실망이 수반되든 그것을 "자신이 통제할 수 없는 상황"의 탓으로 돌린다(그래서 "후회"는 완전히 정직하지는 않은 사교 예법을 처리하는 데 적합하다). 그렇지만 자책은 과거에 다른 사람들에게 가한 손해에 대한 책임을 받아들인다는 점에서 수치심과 죄책감과 더 닮았다. 그것은 일반적으로 단일한 사건이나 행위에 관한 것이라는 점에서 죄책감보다 훨씬 더 구체적이지만, 더 제멋대로이고 판단을 위한 "객관적인" 기준에 덜 관련된다는 점에서 죄책감보다는 훨씬 덜 사회적이고 덜 도덕적이다.

——— 후회

1. 방향 :

   내향적이다.

2. 범위/초점:

   특정한 사건, 특히 마땅히 해야 했지만 하지 않은 부작
   위의 일.

3. 대상 :

   행동 또는 (부작위의) 일. 그 행동이 꼭 자신이 한 행동
   일 필요는 없다.

4. 기준 :

   미확정.

5. 지위 :

   _____

6. 평가 :

   (자신이 저지른) 유감스러운 행동.

7. 책임 :

"내가 통제할 수 없는 상황."

8. 상호주관성 :

미확정.

9. 거리 :

_____

10. 신화 :

숙명론적이다. "… 로 가는 길에 불행한 일이 나에게 생
겼다. 그래서 나는 … 할 수 없었다." 방해받았다고 느낀
다. "… 하기만 하면 좋겠는데." 심지어 미래에 마땅히 해
야 하지만 하지 않을 부작위의 일에 관한 것일 때조차
(대관식에 참석하지 못하리라는 것을 유감스럽게 여긴
다), 마치 그것이 이미 정해진 결론이고 이미 과거에 일
어난 것이거나 한 것처럼 후회가 작동한다. 정해진 예정
이나 상황, 또는 운명의 노리개라는 느낌.

11. 욕망:

아무것도 놓치지 않았기를 (또는 놓치지 않기를) 바란

다. (누군가는 전쟁 때문에 고등학교를 마치지 못했던 것을 후회한다. 또 누군가는 그가 어떤 것도 실제로 놓치지 않았다는 것을, 손해는 전혀 없다는 것을, 더 이상의 손해 없이 보상받을 수 있다는 것을 보여 주기 따위를 바란다.)

12. 능력 :

미확정. 때로는 후회의 근저에 놓여 있는 손실이 상쇄된다는 주장을 펼칠 수 있고, 때로는 그럴 수 없다.

13. 전략 :

손해를 자신이 통제할 수 없는 것으로 구성하기. 환경의 노리개이고 환경에 의해 결정되어 있다는 느낌은 몹시 위안이 되는 느낌이고, 죄책감과 자책을 피하기에 더할 나위가 없다.

—— 자책

1. 방향 :

내향적이다.

2. 범위/초점 :

특정한 행위.

3. 대상 :

자신이 과거에 저지른 행위들로, 일반적으로 다른 사람
에게 해를 끼친 것들이다.

4. 기준 :

미확정.

5. 지위 :

──────────

6. 평가 :

해롭거나 어리석거나 큰 손해를 초래한 행동이라고 부정
적으로 평가한다.

7. 책임 :

자기 자신에게 책임을 돌린다.

8. 상호주관성 :

미확정.

9. 거리 :

_____

10. 신화 :

자기 비난과 처벌로, 죄책감과 아주 유사하다(장 폴 사
르트르의 『파리들*The Flies*』은 성가시게 괴롭히고 윙윙거
리는 골칫거리들은 자초한 것이라는 점을 강조한다).

11. 욕망 :

사면받기.

12. 능력 :

아무런 능력이 없는 무능력.

13. 전략:

특정한 죄책감으로서, 자책은 먼저 자기 자신이 스스로
에게 비난과 처벌을 가함으로써 다른 사람들의 비난과
처벌을 피하는 데 성공한다. ("그는 자신의 자책으로 충
분히 괴로워했다.") 자책은 아주 방종한 감정으로, 자신

이 저지른 어리석은 행위의 피해자를 걱정하기보다는 자신의 시선에서 자부심을 더 걱정한다.

원한 ———

> 지상에 존재하는 것들 중에서 원한의 정념보다
> 더 빨리 사람을 소모시키는 것은 없다.
>
> 니체, 『이 사람을 보라Ecce Homo』

원한은 정념들 중에서 악당이다. 원한은 감정들 중에서도 가장 집착이 강하고 오래 지속되는 감정들에 속하며, 그 독으로 주관성 전체에 해를 끼치고, 기분과 비슷한 범위를 획득하면서도 여전히 자신에게 적대적이라고 느끼는 무수히 많은 사소한 위반 행위들 각각에 날카롭고 심술궂게 계속 주목한다. 이상하게도, 원한은 일곱 가지 "죽음에 이르는 죄들" 중 하나가 아니다(원한과 가깝지만 더 특수한 동류 감정인 시기는 그 대죄들 중 하나인데 말이다). 그런데도 원한은 가장 치명적이고, 자부심을 침체시키고 우리의 세계를 단단히 압축된 방어 고리로 축소시키고, 심지어 자존심까지 축출하기 위해서 음모를 꾸미고 획책한다. 그리고 원한은 상호 방어에서 형성하는 언제나 신뢰할 수 없는 동맹을 제외하면 그리고 보통은 효과가 없는 복수 계획을 표현하려는 목적을 제외하면, 모든 신뢰와 친교, 상호 정체성을 불가능하게 만든다. 그렇지만 만연한 이 감정에 관하여 가장 비열한 것은 정도에서 벗어난다는 점이다. 그것은 좀처럼 자신이 원한으로 인지되도록 놔두지 않으며 사실상 다른 감정의 외양과 자격을 흉내 낸다. 원한은 도덕적 장비를 가지고 자신을 부풀려서, 의분과 질투와 화의 모습으로 나타난다. 현저한 열등의식을 인정하지 않으려고 하면서, 원한은 자신을 미움으로 묘사하거나 심지어 우월한 존재들에 대한 냉소나 경멸로 묘사한다. 위협받고 있음을 알아차리면, 원한은 뒤로 물러나 가혹한 죄책감과 자책 속에서 자신을 비하한다 — 하지만 단지 위험이 지나갈 때까지만 이렇게 한다. 다른 사람의 취약한 신뢰와 솔직함을 감지하면, 원한은 상대방을 통제하고 그 또는 그녀를 자신의 복수를 위한 도구로 이용하기 위해서 온갖 다정함과 관심의 책략들을 쓰면서 사랑 놀음을 한다. 원한은 사악한 감정이다 — 우리 영혼의 총안이 있는 흉벽에서 책략과 전략이 풍부함에도 항상 의심과 열등감에 사로잡혀 필사적으로 무자비하게 이길 가망이 거의 없이 싸우는 리처드 3세와 같은 감정이다. 승리한 적이 극히 드물기 때문에, 원한은 모든 수단이나 상황을 이용하고 모든 공과와 근거를 활용하여 적들이 당하는 불행 하나하나를 즐긴다. (독일인들은 이것에 적절한 단어를 가지고 있는데, 바로 샤덴프로이데Schadenfreude다 — 이것은 다른 사람들의 고통을 보고 느끼는 기쁨이다.) 전략을 더 교활하게 짜기 위해서, 원한은 연민을 표현하는 첫 번째가 될 것이다 —하지만 이것은 우리가 앞서 말한 원한이 악용하는 연민이다 —따라서 불쌍히 여기는 것처럼 보이지만 사실은 더 가까운 거리에서 자신의 부풀려진 우월성에 관한 병적인 의식을 만족시킬 뿐이다. 원한은 불행을 친구로 사랑한다.

원한은 자체적으로 구성한 빈약한 제한 조건들 너머를 보지 못하는 잘 확립된 감정적 전략의 패러다임이다. 우리에게 익숙한 "정반대의" 감정들은 사랑과 미움이지만, 사실 이 둘은 서로 아주 많이 비슷하다. 오히려 사랑과 원한이 우리의 감정 생활에서 나타나는 진정한 정반대의 감정들이다 —전자는 상호주관성과 친교를 터놓고 신뢰하여 받아들이는 반면에, 후자는 책략들과 악의, 자체의 상호주관성 관념, 왜곡된 홉스의 "만인의 만인에 대한 싸움" 개념으로 이루어진 폐쇄된 방어 요새다. 그런데 홉스의 개념이 왜곡된 이 유형에서는 "모든 사람이 혼자 힘으로 해 나가야 하고," "그 누구도 신뢰해서는 아니 되며," "손에 넣을 수 있는 것을 가져간다."

1. 방향 :

　　뚜렷하게 외향적이다. 자기 자신의 태도들과 성장 정도, 동기들과 의도들, 약점들과 업적(의 결여)에 대한 사람들의 주목을 일부러 피한다.

2. 범위/초점 :

범위는 사실상 전 세계적이다. (방어 목적으로 겁먹은 동물을 레이더를 통해서 자세히 살피고, 도처에서 위험이나 이득을 탐지하기 위해 주시한다.) 모든 지점에 열심히 주목한다. 원한은 거의 놓치지 않는다. (원통해 하는 사람들은 탁월한 경호원, 경찰, 사서, 학교 교사, 사무원, 탐정, 학자, 아기 돌봐 주는 사람이 될 수 있다.)

3. 대상 :

다른 사람들, 사실상 다른 모든 사람들. 어쩌면 신과 신의 피조물들, 나무들, 건물들, 돌들, 법들, 규칙들, (다른 사람들의) 성공들, 자명종 시계 등도 또한 원한의 대상이 될 수 있을지 모른다.

4. 기준 :

항상 도덕성을 띠고 있지만, 그 기원을 따져 보면 (예를 들어, 시기에서 생겨나거나 당혹감을 통해 생겨날 수 있다.) 특정한 개인에 관한 것이거나 대인 관계에 관한 것일 수도 있다. 항상 특정한 개인과는 무관하고 공평하다고 주장한다. (니체는 도덕성 자체가 원한의 발명품이라고 주장한다 [*Genealogy of Morals*, Essay 1]. 니체에 따르면, 도덕성은 약점에 관한 개인의 편견을 객관적인 주장인 척하는 것인데, 이것은 [물론 약자에게 유리하게] 강자에게도 적용하기 위해서 "예외 없는" 무조건적인 형식으로 객관화된다.)

5. 지위 :

견딜 수 없이 열등하다. 원한은 우월한 사람들―상사와 "반대쪽" 성별을 가진 사람들, 약자를 괴롭히는 사람들, 권위 있는 인물―과의 직접적인 대면에서 떨어져서, 영혼의 어둡고 축축한 그늘에서 번성한다. 원한을 가동하고, 어쩔 수 없이 변장하고 복잡한 전략을 채택하게 하는 것은 바로 견딜 수 없는 열등감이다―이 모든 전략들의 목표는 현재 상태를 극복하고, 자신이 (오히려) 우월하다고까지는 아니더라도 적어도 동등하다는 것을 입증하는 것이다.

6. 평가 :

다른 사람들이 겪는 고통을 제외하면, 모든 것에 부정적이다. 원한은 다른 사람들의 고통을 응당한 것으로 그러므로 자신의 이익을 나타내는 표시로 본다. 종종 대단히 논리 정연하고 지적인 (심지어 훌륭한) 형태들로 표현되는 불평들과 반대 의견들과 유독한 신랄함은 원한이 그 세계를 다루는 방식이다. 자기 자신을 칭찬할 수 없기에, 원한은 일반적으로 타당한 이유로 나머지 모든 것을 비하한다. (그러나 도대체 우리에게 타당한 이유가 없을 수가 있는가? —만일 우리가 인간적인 어떤 것에 반대하기 위해서 타당한 이유를 찾고 있다면 말이다.)

7. 책임 :

죄의식에 수반되는 자기 비난처럼, 원한에서 타인을 겨냥하는 고발은 뚜렷하지 않고 모호하고, 좀처럼 어떤 특정한 위반 행위에 의해 기술되지 않고 오히려 사실상 모든 사소한 위반 행위나 미심쩍은 업적에까지 적용할 수 있을 정도로 충분히 총괄적이다. 죄책감과 원한은 변증법적 형태 속에서 종종 함께 발견된다는 점에 주목할 만하다. 여기에서 죄책감은 자신의 열등의식을 조장하고 그것을 더욱더 긴요하게 만들어서 유사한 책임을 외부에 있는 다른 사람들에게 투사하여 그들을 자기 자신과 다름없게 만든다. 그렇지만 성공적일 때, 원한은 놀라울 정도로 자신의 죄책감을 뛰어넘고, 자신은 결백하다는 종종 아주 불쾌하고 독선적인 의식을 채택한다. 이러한 의식은 『전락』의 클라망스에게서, 키에르케고르의 담론에서, 모든 종류의 "고백"에서 발견된다. 이것은 마치 한 사람을 우월하게 만들기 위해서는 그것만으로도 충분하다는 듯이 죄책감을 인정함으로써 얻는 원통해 하는 결백이다.

8. 상호주관성 :

극도로 방어적이고 믿음이 없으며, 끊임없이 요새를 쌓고 복수할 음모를 꾸민다. "다른 사람들을 끼워줄" 때, 그 사람들은 자신과 비슷하고, 분명 자신보다 더 강하지 않고, 그래서 그들을 끼워준 것은 임시 동맹의 목적을 위해서일 뿐임을 확신해도 좋다. 이 임시 동맹은 상호 불신과 추종 의식과 보증에 의해 지켜질 것이다.

9. 거리 :

특정한 개인과 무관한 거리. 원한에게 친교는 견딜 수 없다. 그것은 그 자체로 너무도 당혹스러워, 취약성을 처리하지 못하고, 세계와 특히 다른 사람들을 향한 보편적으로 비판적인 자세를 포기하는 것이 불가능함을 깨닫는다.

10. 신화 :

억압과 공격의 신화. "그것은 부당하다!" 자신이 아무런 잘못을 저지르지도 않았는데 열등한 존재로 "던져졌다" 는 의식. 편집중적인 혁명적 관점에서 보는 세계관. "만 일 당신이 내 편이 아니라면, 틀림없이 상대방 편이다." 모든 사람은 다른 모든 사람을 (육체적이거나 정신적으 로) 죽이기 위해 나왔다는 홉스적인 그림. 신을 "멸시하 는" 시시포스처럼 어마어마하고 절망적인 역경에 맞서서 영웅적으로 싸운다는 의식. 그런데 시시포스의 유일한 무기는 "반항"이다(하지만 시시포스는 그의 지루한 일을 계속하기에, 순전히 주관적인 반항이다). 세계를 서로 싸 우는 진영들로 나누는 경향. 그리고 (결코 충분히 가지 지 못하는) 권력 및 "승자"와 "패자"에 대한 강박 관념.

11. 욕망 :

자신의 적들을 모두 파괴하고 확실하고 호적수가 없는 권력과 영향력을 가진 자리에 있기.

12. 능력 :

철저한 무능력이다. 이 무능력은 자신의 과대망상증적 욕망들을 부양하고 좌절시켜 절망과 자포자기에 이르게 한다. 그렇지만 능력에 관한 이런 의식도 또한 주관적이 고, 원한은 실제로 억압당하는 사람들뿐만 아니라 세상에서 그 누구보다 실제로 더 많은 힘을 가지고 있는 사람들도 괴롭힐 수 있다는 점을 주목하는 것이 중요하다. 참으로 원한과 결코 충분히 강력할 수 없을 무능력감은 정치적으로 억압받는 사람들 사이에서보다는 종종 정치에서 가장 강력한 지위를 획득하는 신경증 환자들에게서 더 발달된다고 주장할 수 있을 것이다. 정치적으로 억압받는 사람들은 권력 없이 그리고 권력에 대한 걱정 없이 사는 법을 배우는 경우가 종종 있다. 바로 무능력감이 원한과 열등감에 결정적이고, 이런 병적인 세계관을 구축하는 복수와 통제의 목적에 결정적이다.

13. 전략 :

어떤 감정도 원한보다 더 전략이 풍부하지 않다. 다른 감정들을 모방함으로써, 원한은 어떤 감정이든 그것들 중에서 한 감정의 전략들을 채택하여 자신의 목적들에 적합하게 수정할 수 있다. 의분처럼, 원한은 독선적인 도덕적 우월성의 자리를 차지하여 기소하고 고발할 수 있다. 연민처럼, 원한은 다른 사람들의 고통들을 즐기고 수상한 형이상학적 세계관들에 따라서 그 고통들을 자신의 정당성과 우월성을 옹호하는 주장으로 활용할 수 있다. 사랑처럼, 원한은 다른 사람의 마음속으로 미끄러져 들어가 세상 사람들에게 효과적으로 표현하고 싶지만 그렇게 할 수 없는 잔인한 환상들을 실연할 수 있다. 원한은 (『짜라투스트라는 이렇게 말했다』에서 니체가 사용한 은유를 차용하면) 무시무시하게 보이지만 자신감이 전혀 없는 고독하고 방어적인 동물인 독거미이다. 거미에게 물린 상처는 아프고 유독하지만, 치명적인 경우는 드물다. 거미는 굴에서 대부분의 시간을 보내거나 뒷걸음질을 친다. 원한은 단 하나의 원칙 ─**나머지 다른 사람들을 끌어내리기** ─에 근거하여 모든 전략을 세운다. 그것은 자신이 다른 모든 사람들보다 더 우월하다고 증명함으로써, 자신을 변화시키기보다는 다른 사람들을 억누르고 파괴함으로써, 자동적으로 완전무결한 자부심을 추구한다. 이 목적을 달성하기 위해서, 원한은 다음 한 가지를 제외하고 무슨 수단이든 쓸 것이다. 즉 원한은 그 출발점, 구체적으로 말하면, 스스로 맡아서 한 억압과 열등성의 판단을 절대로 고려하지 않는다. 원한의 모든 악의 있는 욕망들과 전략들은 바로 이런 억압과 열등성의 판단을 기반으로 한다. 바로 이 지점에서 반성이 우리에게 더없이 도움이 된다. 왜냐하면 누구든지 원한의 전략들을 보기만 하면 그것들을 간파하고 그것들이 얼마나 불필요하고 자멸적인가를 알 수 있기 때문이다. 그러나 원한 자체가 이러한 반성을 막기 위해서 가능한 것은 무엇이든 다 할 것이다. 바로 이런 이유 때문에 원한은 그토록 강박적일 필요가 있다. 만일 다른 사람들과 평화롭고 조화롭게 살기를 선택할 수 있다면 누가 계속 지고 모욕적인 싸움을 하며 살려고 하겠는가? 하지만 그렇게 말하기는 너무 쉽고, 우리 자신에게서 그런 것을 보기는 너무도 어렵다.

존경 ─────

존경이 다른 사람들을 향하는 것은 만족이 자기 자신을 향하는 것과 같다. 존경은 다른 사람들의 업적들과 자기 자신에 관한 그들의 견해에 만족하고 그들을 있는 그대로 받아들이며, 또한 어쩌면 그들을 찬미하고 칭찬할 것이다. 하지만 오래 이어지는 만족은 허약함과 침체를 의미하는 반면에, 다른 사람들에 대한 존경에는 자기 극복에 대한 실존적 요구가 없다. 물론 우리 자신에 대한 우리의 기대들이 변함에 따라서 다른 사람들에 대한 우리의 기대도 변한다. 우리는 새로운 우정과 새로운 역할 모델, 새로운 이상들, 새로운 불만 사항들을 갖게 된다. 하지만 다른 사람들을 변화시키는 것은 우리의 일이 아니며, 우리 자신을 변화시키는 것만이 우리의 일이다. 그러므로 만족을 신중하게 복용량대로 즐겨야 하는 반면에, 존경은 일반적으로 다른 사람들을 상대할 때 운용 가능한 구조이다. 물론 존경은 찬미일 필요가 없으며, 우리는 다른 사람을 단지 존경하는 것과 그 사람을 찬미하는 것을 면밀히 구분해야 한다—즉 다른 사람을 있는 그대로 인정하고 받아들이는 것과 그를 본보기이자 조언자, 본받아야 하거나 자신의 성취들과 실패들을 감정할 심사원으로 진지하게 간주되어야 하는 사람으로 받아들이는 것을 구분해야 한다.

1. 방향 :
   타인 지향적이다.

2. 범위/초점 :
   개인들.

3. 대상 :
   행위자로서의 다른 사람.

4. 기준 :
   미확정.

5. 지위 :

　　동등하다(어쩌면 상대방이 우월할 수도 있지만, 이 경우
　　에는 찬미 또한 포함한다).

6. 평가 :

　　긍정적이다. 승인에서부터 찬미까지 걸쳐 있다.

7. 책임 :

　　책임을 상대방에게 돌린다(오로지 칭찬할 의도만인 것
　　은 아니다).

8. 상호주관성 :

　　미확정(친구들뿐만 아니라 낯선 사람들도 존경할 수 있
　　다).

9. 거리 :

　　미확정(우정 관계에서는 친교, 직업상의 관계에서는 개
　　인 감정이 섞이지 않은 존경).

10. 신화 :

　　"사람마다 제각각이다." "모든 사람이 자기 자신의 삶을

살아야 한다." 궁극적으로, 우리는 모두 인간이다.

11. 욕망 :

평화와 선의.

12. 능력 :

_____ (상대방에 대한 존경과 지배력이 서로 충
돌한다.)

13. 전략 :

적대감을 제거하고 상호 존중을 통해서 상호주관성을
극대화하기.

슬픔 ——

슬픔과 비애와 비탄과 애도는 두려움처럼 지극히 단순한 감정들로
서 상실에 관한 판단들이다. 이것은 주로 상실의 심각성과 범위, 우
리 세계에서 그것이 차지하는 상대적인 위치에서 서로 다르다.

1. 방향 :

   (비록 항상 나의 [우리의] 상실이지만) 외향적이다.

2. 범위/초점 :

   일정치 않다. 특정한 것에서 일반적인 것까지 포괄한다(
   기념품 분실, 친척의 죽음, 지구의 95%가 파괴됨).

3. 대상 :

   미확정(물건, 경연 대회, 반려동물, 친구, 신).

4. 기준 :

   개인적이다.

5. 지위 :

   _____

6. 평가 :

   상실에 대한 평가(슬픔의 경우에는 작은 상실, 비애의
   경우에는 큰 상실, 비탄의 경우에는 정신적 외상을 주는
   상실, 애도의 경우에는 지속되는 상실).

7. 책임 :

전혀 없다(자기 자신에게 책임이 있는 상실은 슬픔이 아니라 자책을 구성한다. 다른 사람에게 책임이 있는 상실은 화 또는 질투를 불러일으킨다).

8. 상호주관성:

＿＿＿＿＿ (터놓고 대하거나 극도의 방어 태세를 취하는 기회가 될 수 있다.)

9. 거리 :

＿＿＿＿＿ (종종 친교를 맺을 기회가 될 수 있다 — 특히 상실을 공유할 때 말이다. 하지만 개인적인 상실은 또한 심지어 완전히 고립되고 자기 안으로 침잠할 지경에 이를 정도로까지 다른 개인들과 무관한 것으로 귀결될지도 모른다.)

10. 신화 :

애도의 신화. "나는 나의 일부를 잃어버렸다."

11. 욕망 :

잃어버린 것을 되찾기.

12. 능력 :

일반적으로는 무능력. 만일 당사자에게 상실을 벌충할 수 있는 기회가 실제로 있다면 슬픔은 불합리하다. 애도의 경우, 그 본성상, 당사자는 완전히 무능력하다.

13. 전략 :

슬픔의 전략은 상냥한 방종이다. 상실감은 진실하지만, 이 감정의 목적은 약간 그리고 불쾌하지 않게이기는 하지만 "자기 자신을 가엾게 여기는 것"이다. (상대방을 **위해서** 가엾다고 느끼는 연민과 동감과 동정과는 대조적으로 상실한 대상을 **위해서**가 아니라 상실한 대상에 **대해서** 가엾다고 느낀다.)

자기 경멸 ——

자기 혐오 ——

자기애 ——

자기 연민 ——
("자기 자신을 불쌍하게 여기는 것")

자존감 등 ──────

적어도 이름들을 보면 외향적인 감정들이지만 내부를 향하는, 즉 자기 자신을 향하는 것으로 보이는 광범위함 감정들의 종류가 있다. 이러한 감정들은 어느 정도 특별하게 언급할 만한 가치가 있다. 첫 번째 이유는 그 이름들이 오해를 불러올 수 있다는 점이고, 두 번째 이유는 그것들이 보통은 내향적인 감정들이 공유하지 않는 기묘한 정신분열증적인 구조를 보여 준다는 점이다. 그러한 감정들에서 우리는 마치 우리가 "다른 사람"이기나 한 것처럼 대한다. 예를 들어, 우리는 "우리 자신에게 화가 나고," "우리 자신과 사랑에 빠지며," "우리 자신을 혐오한다." 따라서, 그러한 감정들은 통상적인 의미에서 자기 자신을 지향하지 않지만, 타인을 지향하지도 않는다. (말할 필요도 없이, 명확하게 양방향의 감정들이 ─예를 들어, 자기애에서의 사랑, 자기 연민에서의 연민 등 ─연루될 때조차도, 그러한 감정들은 글자 그대로 "양방향을 지향한다"고 말할 수 없다.)

수치심과 "자기 자신에게 화남" 사이의 차이를 고려해 보라. 두 감정 모두에, 책임 돌리기와 자기 자신의 책임 수용이 있다. 처음에는, 마치 이 두 감정이 동일한 것처럼 보일지도 모르겠다. 하지만, 자기 자신에게 내는 화에는 없는 이데올로기와 자제심이 수치심에는 있다. 수치심을 느끼기 위해서는 자기 자신을 구제하려는 욕망이 필요하다. 반면에 자기 자신에게 내는 화는 오히려 "그것이 완전히 끝났다"라는 의식을 수반한다. 이것은 마치 후자의 감정에서 사람이 과거에 그가 저지른 비행에 대한 책임은 인정하면서도 현재에 그것을 교정하는 책임은 받아들이지 않는 것과 같다. 바로 이런 의미에서 나는 그런 감정들은 자기 자신을 다른 사람처럼 대한다고 말하고 싶다. 왜냐하면 그것들은 일반적으로 마치 당해의 주체들이 그들 자신이 **아니기나** 한 것처럼 타인 지향적인 판단들을 그들 자신에게 적용하기 때문이다.

자기애를 고려해 보라. 프로이트는 자기애를 **나르시시즘**narcissism이라고 불렀는데, 이것은 방종과 지나친 허영의 태도라고 매도되는 경우가 너무도 빈번하다. 나르키소스Narcissus는 물웅덩이에 비친 자기 자신을 찬미하고, 자신의 형상에 너무 매료된 나머지 꼼짝하지 못하게 되어 세상을 망각하고, 다른 사람들에 대한 욕망이 전혀 없고 그들을 사랑하지도 못한다. 이런 전형적인 나르키소스의 초상화는 어느 정도 떨어져서 자기 자신을 주체라기보다는 대상으로서 찬미하는 무책임하고 무력하게 만드는 판단들을 나타내는 적절한 알레고리다.[142] 사람이 자기 자신에 대해 "사랑하는" 것은 그 자신이 아니라 단지 그 **자신**의 이미지일 뿐이다. 따라서, "자기애"는

---

142. 프랑스 철학자 라벨L. Lavelle은 정확하게 이러한 의미의 철학적 정신분열증을 집중적으로 다룬 『나르키소스의 오류L'Erreur de Narcissus』 (Paris: Grasset)라는 제목의 글을 썼다.

사랑이 전혀 아니라, 오히려 내향적인 (또는 자신의 이미지를 향하는) 우상숭배의 종류에 이름이 잘못 붙여진 것이다. 이러한 자기 숭배는 진정한 사랑을 특징짓는 양방향의 친교와 상호 욕망 및 존경에 관한 의식과 거의 공통점이 없다.

자기 연민("자기 자신을 가엾게 여기기")도 유사한 구조를 가지고 있다. 문제는 사람이 겪은 불운이 연민을 받을 만한가(일반적으로는 받을 만하다)가 아니라, 오히려 연민에 수반하여 생기는 독특한 마비의 태도이다. 이 감정을 그토록 못마땅하게 만드는 것은 당사자가 그의 불운에 탐닉하는 것, 단지 그것을 받아들이는 것이 아니라 그것으로 자신을 묻어 버리고 그것을 극복하여 다시 일어서겠다는 이데올로기를 채택하기를 거부한다는 사실이다. 우리가 용납할 수 없는 점은 불운이 아니라 털고 일어나서 그것에 관하여 무엇인가를 하기를 거부하는 것이다.

자기 경멸에 대해서도 당연히 똑같은 말을 해야 할 것이다. 다른 사람들을 경멸할 때, 우리는 되도록 멀리 떨어져서 우리의 정체성들을 되도록 완전히 분리하여, 회피의 태도를 취한다. 하지만 자기 경멸의 경우, 자기 자신을 향하여 마찬가지로 부정적인 태도들을 취한다. 그래서 자기 연민에 빠진 사람이 ─이데올로기 없이, "자기 자신을 극복하려고" 시도하지 않고, 그것에 대해 무언가를 **하려고** 시도하지 않고 ─그의 불운에 탐닉하듯이, 스스로 부여한 역겨움에 탐닉하는 용납하기 어려운 결과가 생긴다. 이상한 의미에서, 자기 경멸은 자기 충족과 만족에 관한 그 자체의 왜곡된 관념을 지니고 있다. "나쁜 믿음"의 모든 형식들처럼, 자기 경멸은 적어도 수동적인 승인과 책임의 결여를 포함하는데, 우리는 —어떤 대가를 치르고서라도—이것을 우리 자신의 주관성에 대한 책임보다 더 선호하는 경우가 너무도 빈번하다. ("나는 그토록 끔찍하고, 이기적이고, 불쾌하고, 역겨운 사람이다. 하지만 그것에 대해 내가 무엇을 할 수 있겠는가? 당신은 나를 있는 그대로 받아들여야 한다.")

일반적으로, 이러한 감정들은 이런 종류의 "나쁜 믿음"과 무책임을 우리의 자아 개념에 끌어들인다는 의심을 틀림없이 받는다. 그것들은 모두, 심지어 자기애와 종종 "자존감"과 "자신감"이라고 불리는 것까지도 (이것들은 우리가 "자부심"이라고 지칭해 온 것과 똑같은 것이 **아니다**) 방어적인 감정들이고, 멀리서 우리의 존엄성을 구하려는 시도들이다. 마치 뒤에서 우리의 이미지들을 보강하거나 하듯이, 마치 우리 자신이 계속 무대 뒤에 남아 있을 수 있기나 하듯이 말이다. 하지만 사람이 그 "자신의 가장 좋은 친구" 또는 그 "자신의 가장 나쁜 적"이 되고자 시도할 때마다, 그의 자부심이 어딘가로부터 공격당한다는 것을 확신할 수 있다. "자기 자신에게 선물을 대접해야" 하는 사람은 자신을 다른 사람처럼 취급함으로써 (말 그대로 어떻게 자기 자신에게 "선물"을 줄 수 있겠는가?) 기운을 차리는 것이 꼭 필요하다고 느끼는 사람이다. 자기 자신을 불쌍하게 여기는 사람은 자신이 불운을 극복할 수 있도록 할 사람이 아니다. 그는 그것을 너무 많이 "즐긴다." 자기 자신을 혐오하는 사람은 격려와 조언에 반응할 사람이 아니다. 그는 반응하는 것보다 자신의 역겨움을 더 선호한다. "자기 자신을 사랑하는" 사람은 누구든지 우정이나 사랑, 또는 심지어 최소한의 조언이나 교제를 요청할 수 있는 사람이 아니다. 그는 너무 "자기 자신에게 몰두하고" 있어서 최소한의 상호주관성이 그의 미숙한 반성을 꿰뚫는 것을 허용하지 못한다.

수치심 ──────

> 우리 독일인들은 집단 죄책감을 느낄 필요가 없
> 지만, 적어도 집단 수치심은 당연히 느껴야 한다.
>
> 헤스[Th. Hess]

화와 자존심처럼, 수치심은 우리가 우리의 세계에 강요하는 도덕적 책임의 구조들에 대해 (반응할 뿐만 아니라) 책임을 져야 하는 감정들 중 하나이다. 화와 다르게 수치심은 **자기** 비난이고, 자존심과 다르게 그것은 자신이 성취한 것들에 대한 **불리한** 판단이다. 그것은 죄책감보다 더 구체적이고, 자책보다 덜 격렬하며, 범위가 한정되어 있고, 종종 같이 연상되는 당혹감과는 아주 유사하게 일반적으로 자기 비하적이지 않다.

1. 방향 :

   내향적이다.

2. 범위/초점 :

   특정한 사건들.

3. 대상 :

   자기 자신의 행위들.

4. 기준 :

   도덕적이다(비록 명백한 도덕적 기준이 아직 체계화되지
   않았을 때는, 당혹감의 경우처럼, 때로는 또한 몹시 대인
   관계에 관한 것일 수도 있지만 말이다).

5. 지위 :

   _____ 미확정(사람이 수치스럽게 여긴다고 해서
   반드시 열등하다고 느낄 필요는 없다).

6. 평가 :

부정적이다.

7. 책임 :

자기 자신이 책임을 져야 하고 비난받아야 한다.

8. 상호주관성 :

미확정. 수치심은 때로는 (고백에서) 솔직함의 토대이지
만, 또한 움츠러들고 익명성을 강요받는 이유일 수도 있
다.

9. 거리 :

미확정.

10. 신화 :

화에서처럼, 수치심은 법과 재판, 기소와 처벌의 법정 신
화를 수반한다. 그렇지만, 수치심의 경우에, 사람은 자기
자신을 판사보다는 피고인의 불편한 위치에 투영한다.
하지만 이 피고인은 죄를 솔직하게 인정하고 그 죄에 대
한 처벌을 기꺼이 감수한다.

11. 욕망 :

속죄하고 보상하기(하지만 반드시 변명하는 것은 아니다).

12. 능력 :

(위반 행위를 돌이킬 수 없는 것으로 보이는 죄책감과 자책과는 다르게) 미확정.

13. 전략 :

가벼운 수치심일 때, 그것은 자기 개선을 자극하는 요인이 된다(모든 부모와 교육자가 잘 알고 있는 사실이다). 자신의 행위에도 불구하고, 수치심은 전면적인 자기 비난이 아니다. 정반대로, 수치심은 자신의 자율성과 책임에 대한 확언인데, 이것은 자신의 기준들에 따라서 살 것이고 "어른답게" 책임을 받아들일 것이라는 확언이다. 비록 수치심은 자존심에 정반대되지만, 마찬가지로 자부심에 도움이 된다. 하지만 수치심은 그러한 제한된 자기 비난을 유지하기 위해서 상당한 힘을 필요로 하고, 더 철저한 기소이지만 바로 그 이유 때문에 확증하기가 더 어려운 기소인 죄책감으로 대체되는 경우가 종종 있다. 상당한 수치심일 때, 그것은 자기 비하의 감정이 되고, 극도로 방어적이고 무능력하며, 속죄와 보상의 이데올로기가 없다. 속죄와 보상의 이데올로기가 그것을 자아실현을 위해서 그토록 중요한 감정으로 만드는데 말이다. 또는 요구가 덜 벅찬 쉬르리얼리티를 갖기 위한 유사한 노력에서, 수치심은 결백한 당혹감인 척하거나, "자기 자신에게 화를 내며" 자학의 태도를 채택한다(그리고 수치심은 하나의 태도이다). 자학은 겉보기에는 수치심과 유사하지만 자기 자신에 만족하는데, 수치심은 결코 그럴 수 없을 것이다. 아무리 자기를 비하하는 감정처럼 보인다 할지라도, 수치심은 사실 자부심에 가장 도움이 되는 감정들 중 하나이다. 당신에게 아무런 가치도 없을 때나 당신의 행위에 대한 책임을 인정하기를 거부할 때, 또는 당신이 마침 어떤 잘못된 짓도 저지르지 않은 것으로 드러날 때, 당신 자신에 대해 "좋게 느끼기"는 쉽다. 하지만 자부심과 개인의 존엄성은 실수가 없는 삶의 행복한 우연이나 무도덕성과 무책임의 자기기만적인 편의에 의존할 수 없다. 우리의 실수들을 인정하고 속죄하는 능력은 다른 사람들을 사랑하고 우리의 세계를 그들과 공유하는 능력만큼이나 지혜와 개인의 존엄성에 본질적이다. 사실, 전자 없이 후자를 행하는 것이 가능하겠는가? (싸움과 학대, 실수와 위반 행위가 없다면 어떤 종류의 관계가 존재할 수 있을까?)

비애 ———

: 슬픔 항목을 참고할 것.

악의 ———

: 원한 항목을 참고할 것.

공포 ———

: 두려움 항목을 참고할 것.

소심 ———

: 두려움 항목을 참고할 것.

허영 ———

> 허영은 [자기 자신의 최고 가치에 관한] 확신을
> 다른 사람들에게 품게 하려는 욕망이다.
>
> 쇼펜하우어, 「자존심에 대하여」

허영의 자존심에 대한 관계는 당혹감의 수치심에 대한 관계와 같다. 허영은 축복들을 기꺼이 받아들이지만 (게다가 그것들을 자랑할지도 모르지만) 그것들을 자신의 공적으로 삼지는 못한다. 하지만 당혹감에서 책임이 없다는 것이 그 상황을 덜 거북하게 만들어 주지 않는 것처럼 공적이 없다는 것이 그 "선물들"에게서 허영심이 느끼는 즐거움을 방해하지 않는다. 그렇지만 그 대상들은 공과의 문제라기보다는 부채의 문제라는 사실을 알고 있기 때문에, 허영심은 자존심의 (때로는 오만한) 자신감에는 그토록 부족한 익숙한 방어 자세와 무능력감을 항상 지니고 있다. 자존심은 능동적인데 허영심은 수동적이고, 자존심은 공격적인데 허영심은 방어적이다. 자존심은 상대의 면전에서 자신이 이룬 것들을 과시할 수도 있지만, 허영심은 다른 사람들의 확인을 구하지 않을 수 없다고 느낀다. 그래서 자존심은 종종 대체로 도덕적인 자율성의 어조를 채택하는데, 허영심은 힘이 아니라 약함의 표시로서 승인을 구하면서 자신을 과시할 필요가 있다고 느낀다. (허영심과 자기애가 동시에 나타나는 것으로 보이는 나르키소스의 신화는 그리스 신화의 영웅 시대가 끝나고 오랜 시간이 흐른 뒤에 허영심이 아니라 자존심의 위험들이 전적으로 주의를 끌었던 시기에 체계화된 그리스의 신화라는 점에 주목할 만하다.) 허영심은 우리에 관한 것들 중에서 가장 피상적인 것에만 ─살갗이 흰 피부나 호화로운 머리카락, 코나 입의 모양 ─관심이 있다고 사람들은 종종 말한다. 하지만 우리는 그러한 피상성이 (자존심과 수치심에서) 우리가 책임을 인정하는 그러한 우리 자신의 모습들과 (허영심과 당혹감에서) 단지 우리에게 "우연히 생기는" 모습들 사이의 더 심오한 차이를 나타내는 징후임을 알 수 있다. 따라서 허영심은 실존주의자들의 골칫거리이다. 왜냐하면 그것은 우리의 야망과 업적들의 관점보다는 오히려 우리가 통제할 수 없는 사실들의 관점에서 우리의 자아를 확인하는 것, 우리가 우리 자신을 가지고 **만들어 내는** 것이기 때문이다. (질문: "모든 것이 헛되다"라고 말하는 것은 무엇을 의미하는가?)

1. 방향 :

　　내향적이지만, 추종자들을 계속 곁눈질로 본다.

2. 범위/초점 :

　　자기 자신의 특정한 속성과 특징들.

3. 대상 :

　　우리 자신의 수동적인 측면들이 허영심의 대상이고, 행위자로서의 우리 자신이나 우리의 행위들은 대상이 아니다.

4. 기준 :

　　대인 관계에 관한 것이다(비록 어쩌면 특정한 개인의 완고함 또한 있을 수도 있지만 말이다). 다른 사람들의 견해에 좌우된다.

5. 지위 :

———————

6. 평가 :

긍정적이다.

7. 책임 :

책임이 없다.

8. 상호주관성 :

다른 사람들의 의견에 그토록 좌우되기 때문에 방어 자
세를 취한다.

9. 거리 :

행위자에게 필요한 거리, 즉 보여질 수 있도록 충분히
먼 거리. 그러므로 친교에 정반대된다.

10. 신화 :

그의 아름다운 외모를 찬미하는 나르키소스. 이솝 우화
에 나오는 공작.

11. 욕망 :

　　선망의 대상이 되는 것.

12. 능력 :

　　무능력.

13. 전략 :

　　무엇이든 자신이 얻는 이익들을 ─심지어 그 자신의 노
　　력으로 얻은 것이 아니라 하더라도─다른 사람들의 주
　　목을 받고 찬미를 (또는 시기를) 끌어내는 데 사용함으
　　로써 자부심을 강화하려는 조금은 필사적인 시도. 불행
　　하게도, 허영심은 성공하는 경우가 드물다. 왜냐하면 다
　　른 사람들의 견해들은 자기 자신에 관한 자신의 견해들
　　을 뒷받침하는 튼튼한 토대가 결코 아니기 때문이고, 특
　　히 이 경우에 호소력의 근거가 뚜렷하게 낡았기 때문이
　　다. (로버트 그레이브^{Robert Grave}의 『남자는 행하고, 여자
　　는 있다*Man Does, Woman Is*』라는 반여성주의적 제목을
　　고려해 보라.) 개인에게 자부심과 존엄성 의식의 토대를
　　제공하는 것은 언제나 그가 행하는 것, 업적에 대해 느
　　끼는 자존심이다. 그가 운 좋게 지니고 있는 특징들에
　　대해서 다른 사람들이 느끼는 시기가 아니라 말이다.

숭배

숭배는 믿음과 매우 유사한 감정이지만, 믿음의 확신이 숭배에는 없다. 숭배의 대상은 언제나 사람이 도움을 호소하는 행위자(그 "행위자"가 돌로 만든 조각상이나 십자가 속에 숨어 있다고 하더라도)라는 사실에도 불구하고 숭배에는 기대가 없다. 사실, 숭배의 대상은 전형적으로 숭배자에게 무관심하거나 숭배자를 염두에 두지 않는다. 이것은 숭배를 뚜렷하게 자기를 비하하는 감정으로 만든다. 그렇지만, 사람이 자기 자신을 숭배의 대상과 동일시하는 한에 있어서, 숭배에는 보상들이 있다. 숭배의 대상은 전형적으로 너무 멀리 떨어져 있고 너무 무관심해서 그런 동일시를 부정하지 못한다. 숭배의 흔한 종교적 문맥들에 더하여, 숭배는 (더 온건한 숭배 형태인 우상화와 찬미 또한) 상호주관성과 친교가 전혀 없고 양방향성의 개념을 왜곡하는 도착적인 사랑으로 나타나는 경우가 종종 있다. (이런 이유 때문에 찬미와 심취, 소중히 여기기와 숭배하기는 사랑을 구성하지 않는다.)

1. 방향 :

   외향적이다. (자기 자신은 완전히 보잘것없고 극미하다.)

2. 범위/초점 :

(믿음과 달리) 항상 특정하다.

3. 대상 :

인간이나 신과 같은 행위자.

4. 기준 :

대상 선택의 기준은 정해져 있지 않지만, 일단 선택되
고 나면 숭배의 대상은 도덕적 권위의 근원이 된다. 그러
므로, 사람은 개인적인 이유나 대인 관계에 관련된 이유
이거나 도덕적인 이유로 종교를 선택할지 모르지만, 그
가 선택하는 신이 권위를 가지게 된다. (키에르케고르가
『두려움과 떨림*Fear and Trembling*』에서 제시한 아브라함
의 딜레마에 관한 논의는 개인의 선택과 그 결과로 생기
는 가치 체계의 권위 사이의 때때로 혼란스러운 이런 관
계를 보여 주는 훌륭한 알레고리다.)

5. 지위 :

다른 사람들이 굉장히 우월하고, 이와 대조적으로 자기
자신은 아주 보잘것없다.

6. 평가 :

다른 사람이 가지고 있는 특별한 능력이나 속성들에 대해 어떻게 생각하든 그 또는 그녀를 찬양한다. 비록 사랑에서처럼 일반적으로 전면적인 찬양은 또한 개별적인 요소들에 대한 찬양으로 귀결되는 경향이 있지만 말이다.

7. 책임 :

상대방이 책임을 져야 하는 행위자이지만, 숭배자에게 특별히 책임을 지지는 않는다. 이것은 이 감정을 특히 자기 비하적인 것으로 만든다. 상대방에 관해 어떤 기대들을 가지고 있든, 그 결과들이 무엇이든, 불평할 이유가 전혀 없다. ("신은 불가사의한 방식으로 일을 하신다.") 다른 사람을 향해 그런 태도를 취할 때, 그 결과들은 매우 처참하다.

8. 상호주관성 :

믿음과 결합될 때, 숭배와 신뢰는 조화를 이룬다. 만약 그렇지 않으면, 숭배는 공포와 무력한 방어와 결합될 가능성이 더 크다(구약성경과 신약성경을 참조할 것).

9. 거리 :

> 대단히 멀다. 상대방을 매우 압도적인 존재로 구성할 때,
> 숭배는 친교를 불가능하게 만든다(드 보브아르^{De Beauvoir}:
> "신들이 타락하면, 단순한 인간이 되지 않는다. 그들은
> 사기꾼이 된다"). 그렇지만, 키에르케고르의 무시무시
> 하고 자애로운 신이란 개념은 숭배와 친교를 조화시키
> 려는 수상한 시도를 한다. 아주 다른 방식으로, 마르셀
> ^{Marcel}은 기독교의 전통적인 숭배의 대상(즉 초월적인 신)
> 을 희생시키고, 헤겔처럼 기독교의 "정신" 개념을 강조하
> 면서, 기독교 신앙과 상호 친교를 동일시하려고 시도한
> 다.

10. 신화 :

> 어떤 종교이든 종교에 관한 신화이다. 보잘것없는 인간
> 은 전능한 (또는 아주 강력한) 신과 대비된다. 인간은 굉
> 장히 우월하고 무관심하지는 않다고 하더라도 대단히
> 불가사의한 힘에게 필사적으로 도움을 요청한다.

11. 욕망 :

> 기쁘게 해주고 달래기.

12. 능력 :

   완전히 무능력하다.

13. 전략 :

   숭배는 세 개의 상관되는 전략들을 펼쳐 보이는데, 다른
   감정들을 통해서 우리는 이 전략들을 모두 잘 알고 있
   다. 자기 자신의 중요성을 떨어뜨릴 때, 사람은 또한 (죄
   책감에서처럼) 자신의 책무들과 책임 또한 최소화한다.
   상대방의 비상한 능력을 인지할 때, 사람은 그의 실패들
   을 변명하는 구실들로 쉽게 이용할 수 있는 것들을 마련
   하게 된다. 이것은 모든 불운들을 외부로 투사하는 방식
   이다(비록 그것들에 대한 **책임**을 씌우지는 않는데, 이것
   은 이른바 악의 문제에 의해서는 결코 적절하게 해결되
   지 않는 흥미로운 역설이다). 그리고 마지막으로, 멀리
   떨어져 있는 힘과 동일시함으로써, 사람은 자기 자신에
   게 장엄함과 힘의 느낌을 부여한다. 그가 지명한 "동맹
   자"가 실제로 최소한의 관심이나 기꺼이 도와주겠다는
   암시를 한 번이라도 주든 주지 않든 상관없이 말이다. 죄
   책감처럼, 숭배의 감정은 자기 비하를 이용하려고 시도
   하는 감정이다.

결론

앞일을 내다보기

이 에세이 또한 무엇보다도 오락, 햇빛이 비치는
한 지점, 옆쪽으로 뛰기 … 이다.

니체, 『우상의 황혼』

이 책이 출판되고 난 이후, 감정이란 주제는 철학에서뿐만 아니라 사회과학에서도 중심 무대로 이동하기 시작했다. 윤리학에서 품성과 덕성을 강조하는 쪽으로 흐름이 바뀌면서, 감정들은 우리가 내리는 판단과 평가에서 근본적인 구성 요소로 부상했다. 사회과학에서 스트레스와 공격성 같은 일상적인 문제들에 대한 관심이 커지면서, 감정들 또한 주목받게 되었고, 감정 표현의 생리학에 관한 매우 상세한 연구와 단순히 국내에 국한되기보다는 많은 국제적인 감정 연구에 의해 보강되었다. 열성적인 국제 연구 집단인 국제감정연구학회(ISRE)는 감정에 관심이 있는 200명의 심리학자들과 인류학자들, 사회학자들, 신경학자들, 동물 행동학자들, 철학자들, 역사가들을 한곳에 모았다. 나는 그들로부터 많은 것을 배웠고 감정과 감정 생활의 다차원적인 복잡성을 더 잘 헤아리게 되었다. 되돌아보면, 이 책에서 나를 당혹케 하는, 즉 다시 쓰고 싶은 유일한 장은 심리학과 감정학에 관한 장이다. 확실히, 여러 명의 심리학자들이, 분명한 유보 조항을 달고서, 이른바 "과학적인" 감정 연구법에 대한 나의 다소 포괄적인 비판에 동의했다. 하지만 나는 이런 이유 때문에 사회과학들 자체가 얼마나 다채롭고 얼마나 갈등을 겪는지 그리고 우리 모두 서로에게 얼마나 많이 배워야 하는지를 이제는 알게 되었다.

이 점을 염두에 두고, 나는 협력을 호소하며 그리고 우리의 학문 분야들 사이의 장벽들을 부수는 것이 매우 필요하다고 호소하며 이 책을 마무리하고 싶다. 우리 자신의 감정들보다 더 매혹적인 주제는 없다고 말하는 것이 심원한 우주 철학과 경이로운 수학에 무례를 범하는 일은 결코 아니다. 이 책에 대해 생각하고 이 책을 쓰면서 내가 스스로 배우고 확인한 것은 우리의 감정들이 실로 창의적인 활동들이고 사유의 기능들이며(그리고 그 반대이기도 하다), 단순히 우리가 겪는 불행한 일들에 불과한 것이 아닌 정도이다. 마치 광기와 자멸적인 강박관념들만이 진정으로 "열정적"일 수 있고 공평한 이성의 냉정한 계산만이 합리적일 수 있기나 하듯이 이성과 정념들은 서로 반대되는 것으로 간주되어 왔다. 우리는 이러한 이성과 정념들 사이의 때로는 비극적이고 거의 항상 혼란스러운 대립 관계를 포기해야만 한다. 우리는 또한 우리의 집단의식과 그토록 많은 현재의 사회정치적 문제들을 유발하는 감정들 — 몇 개만 언급한다면, 시기와 탐욕, 원한, 경멸, 잘못된 자존심, 질투, 도덕적 의분 — 을 검토해야 한다고 나는 생각한다. 만일 우리의 감정들이 우리의 삶들을 유의미하게 만든다면, 감정들은 또한 우

리의 삶들을 서로 미쳐 날뛰게 만들 수도 있다. 따라서 감정 철학
은 일반론과 단편적인 분석들, 감정으로서의 감정들에 대한 옹호에
만족할 수 없다. 다소 광범위한 의미에서 감정 철학은 치유에 관한
것이어야 하고, 잘못된 것을 바로잡는 시각이어야 하고, 웅장한 감
정들을 계발하고 니체가 말했듯이 어리석음으로 우리를 몰락시키
는 종종 눈부시다고 하더라도 부정적인 감정들을 개조하는 데 도
움이 되어야 한다.

끝으로, 나는 지금까지 내가 너무도 많이 배운 좋은 철학자들과
저술가들, 사회학자들에게 감사드리고 싶다. 특히, 나는 슐라 소머
즈^{Shula Sommers}를 추모하는 헌정의 말로 이 책을 마치고 싶다.

감정,
삶의 의미를 구성하는
우리의 영혼

서양 철학에서 감정은 오랫동안 이성보다 열등할 뿐 아니라 이성의 질서를 교란하고 혼란에 빠뜨리는 것으로 여겨졌다. 20세기 중, 후반에 이성중심주의를 비판하는 사유들이 등장하고 나서야 감정 관련 주제들을 본격적으로 고찰하는 흐름들이 형성되었다. 지금은 우리나라에서도 감정, 정동, 느낌, 마음 등이 인문학과 사회학, 뇌과학 등의 분야에서 독자적인 연구 주제로 다루어지고 있으며, 사회와 문화, 예술, 정치, 심지어 경제 영역까지도 아우르는 탐구 대상으로 자리매김하고 있다. 그런데, 전문 학술 분야에서는 바뤼흐 스피노자에서 질 들뢰즈를 거쳐 브라이언 마수미로 이어지는 정동 연구와 안토니오 다마지오처럼 뇌과학이나 생물학의 관점에서 마음 및 느낌을 분석하는 연구의 흐름이 두드러지는 반면에 대중적인 인문 교양 분야에서는 심리 치료나 자기 개발에 초점을 두고 감정을 들여다보는 경향들이 강하다. 이렇다 보니 감정을 깊이 있게 다루면서 일반인도 이해 할 수 있도록 쉽고 흥미롭게 풀어낸 저서들을 찾기가 쉽지 않다. 감정을 철학적으로 해명하면서도 일상적인 삶의 문맥으로 가져와 감정과 삶의 의미를 탐구한 로버트 C. 솔로몬(1942~2007)의 이 책은 바로 철학 탐구와 인문 교양이 서로 교차하는 지점에 위치한다.

로버트 솔로몬이란 이름을 낯설어 할 독자들이 많겠지만, 솔로몬은 영미권에서 감정 관련 주제들이 거의 아무런 관심을 받지 못하던 1970년대에 이미 감정 철학을 체계화했을 정도로 감정 연구에 선도적인 역할을 한 철학자이다. 솔로몬은 미국 미시간 주의 디트로이트에서 태어났다. 펜실베니아 대학교를 졸업하고 미시간 대학교에서 철학과 심리학으로 석사 및 박사 학위를 취득했다. 몇 년 동안 방문 교수의 자격으로 여러 대학교를 돌아다니면서 강의를 했고, 1972년에 오스틴에 있는 텍사스 대학교에 자리를 잡았다. 당시 영미 철학계에서는 분석철학이 막강한 영향력을 행사하고 있었는데, 솔로몬은 분석철학이 인간의 본성을 부정하고 삶의 중요한 질문들을 포기해 버렸다고 비판했다. 대신에 그는 유럽 대륙의 현상학과 실존주의에 공명했고, 인지 이론의 관점에서 감정 철학과 비즈니스 윤리학을 연구하고 교육했다. 철학자가 비즈니스 영역에 관여했다는 점이 얼핏 이상해 보일지 모르지만, 솔로몬의 비즈니스 윤리학 연구는 삶의 현장에서 철학을 사유하고자 했던 노력의 일환이었다.

솔로몬은 개별 감정 또는 감정 일반을 탐구하는 다수의 저서들을 남겼는데, 그가 감정 철학의 이론적 틀을 세우고 체계화한 저서가 『The Passions: Emotions and the Meaning of Life』다. 1976년 더블데이 출판사에서 처음 나왔고, 초판본에서 현상학의 사변적인 내용들을 빼고 감정과 삶의 의미에 관한 논의를 더 부각시키는 방향으로 수정한 판본이 1993년에 해킷 출판사에서 나왔다. 이 책은 해킷 판본을 완역한 것이다.

이 책에서 솔로몬은 감정이란 비이성적이며 삶의 품위를 떨어뜨리는 문제이고 이 문제를 푸는 해답은 이성이라고 보는 서양의 뿌리 깊은 이성 우위론을 비판한다. 그가 보기에는 오히려 이성이 문제이고 감정이 그 해답이다. 그렇다고 해서 데이비드 흄처럼 감정이 이성을 지배해야 한다고 보는 입장을 지지하지도 않는다. 왜냐하면 이성 우위론과 마찬가지로 감정 우위론도 인간을 이성과 감정으로 분리하고, 둘 사이에 적대적인 대립 관계를 설정하기 때문이다. 솔로몬에 따르면 감정은 본질적으로 이성적이고 이성은 감정을 통해서 삶의 가치와 접촉한다. 따라서 이성과 감정의 불필요한 갈등들을 제거하고 우리 인간을 이성과 감정이 조화를 이루는 전체로 봐야 한다. 이를 위해서 솔로몬은 이성과 감정에 관한 기존의 철학적 범주들을 뒤엎고, 감정이 우리의 삶에서 얼마나 중추적인 역할을 하는지를 해명하면서 너무도 오래 부정당해 온 그 역할과 자리를 감정에게 되돌려 주고자 한다.

그렇다면 감정이란 무엇이고 어떤 역할을 수행하는가? 솔로몬에 따르면 감정은 맹목적이거나 비합리적인 힘이 아니며 이성의 통제를 받아야 하는 것도 아니다. 핵심만 간략하게 말하자면, 감정은 우리가 세계에 조율되는 방식이자, 우리의 현실에 형태와 구조를 부여하는 판단들이다. 판단으로서 감정은 삶을 구성하고 삶에 의미를 제공하며 우리의 관심사들과 목적들을 만들어 낸다. 더 나아가 솔로몬은 감정 자체가 삶의 의미이고 우리의 세계라고까지 말한다. 물론 여기에서 말하는 세계는 객관적인 세계가 아니라 우리의 주관적인 세계를 뜻하지만, 주관적인 세계는 객관적인 세계와 연동되어 있으며 주관적인 세계에서의 변화는 객관적인 세계에서의 변화로 이어질 수 있다. 따라서 감정은 수동적인 것이 아니라 우리가 능동적으로 하는 행동이고, 그러므로 우리 자신이 책임을 져야 하는 것이다. 이 책의 초판본이 나왔던 1970년대 당시에 아주 도발적인 감정 옹호론이었으며, 우리 시대의 관점에서 봐도 여전히 도발적인 견해이다.

그렇지만 솔로몬의 감정 옹호론을 이성의 역할을 인정하지 않으려는 견해로 해석하지 않도록 조심해야 한다. 오히려 그의 감정 옹호론을 이성과 감정 사이에 위계를 설정하지 않으며 이성을 부정하지 않고서도 감정의 진가를 인식하고 둘 사이의 조화를 회복하려는 노력으로 보는 것이 바람직하다. 솔로몬에 따르면 감정과 이성은 둘 다 세계를 이해하는 데 그치지 않고 세계를 구성하는 수단들이며, 궁극적으로는 둘을 구별할 수 없기 때문이다. 중요한 것은 '감정을 통해서 그리고 이성을 활용하여 어떤 사람이 되는가'이다. 이 문제에는 솔로몬의 감정 철학이 지향하는 궁극적인 목적이 압축되어 있다. 그 목적이란 바로 사람들을 이해하고 변화시켜 각자가 되고자 하는 사람이 되도록 돕는 것이다. 그리고 나와 너, 우리에게서 일어나는 변화가 사회와 세계의 변화로 이어지게 하는 것이다.

이 책에 나오는 솔로몬의 용어들 중에서 독자들에게 생소할 '정념'과 '쉬르리얼리티'에 관하여 짧게나마 설명해야겠다. 영어 단어 'passion'의 번역어인 정념은 원래 수난을 의미했고, '어떤 것이 우리에게 일어나고 우리는 그것을 겪는다'는 수동성을 떠올리게 한다. 예를 들어, 우리는 슬픔의 정념에 빠지고, 기쁨의 정념에 휩싸이고, 절망의 정념에 굴복하고, 사랑의 정념에 압도된다. 솔로몬은 이러한 정념의 전통적인 의미와 이미지에 반대하지만, 오랜 역사를 지닌 용어라는 점을 감안하여 '우리를 움직인다'고 말할 수 있는 것들을 총망라하는 개념으로 정념을 사용한다. 솔로몬의 감정 철학에서 정념은 감정과 기분, 욕망으로 세분되고, 감정과 기분과 욕망은 모두 삶의 실제 상황에 의미를 부여할 수 있는 능력을 공유한다. 그런데, 기분은 '일반화된 감정'이다. 욕망의 경우는 배고픔과 목마름처럼 감정과 기분에 우선하는 원초적인 것들도 있지만 대체로 욕망은 감정의 하부구조 위에 구축된다. 반면에 감정은 가장 정교하고 복잡할 뿐만 아니라 인간의 주관성과 주관적인 세계를 결정한다. 이런 점 때문에 솔로몬은 정념을 세분하면서도 감정 분석에 집중하며, 그의 철학에서 정념과 감정을 서로 바꿔 써도 되는 개념들로 이해해도 무방하다.

'쉬르리얼리티'는 솔로몬이 프랑스어에서 '위'라는 의미를 더하는 접두사 'sur-'와 영어 단어 'reality'를 결합하여 새로 만든 개념어이다. 솔로몬에 따르면 감정은 객관적인 세계가 아니라 '나'의 주관적인 세계에 관심이 있다. 이것을 저기 바깥에서 실제로 벌어지는 상황들과 실제로 있는 사실들, 즉 객관적인 리얼리티를 부정하는 견해로 오해해서는 안 된다. 솔로몬이 말하고자 하는 바는 객관적인 리얼리티가 있고, 감정은 리얼리티에 개인적인 관점과 가치들을 추가한다는 것이다. '쉬르리얼리티'는 바로 이 결과물을 지칭하는 용어로, '추가된 리얼리티'라는 의미를 나타낸다. 이런 의미에서 우리는 리얼리티가 아니라 쉬르리얼리티 속에 살고 있다. 감정이 우리의 세상을 만든다는 말은 결국 감정이 우리의 쉬르리얼리티를 만든다는 말과 같다.

마지막으로 번역 작업이 지연될 때마다 믿고 기다려 주고 촉박한 출판 일정에도 끝까지 꼼꼼하게 책을 잘 마무리해 준 오도스 출판사의 김하늘 편집장에게 감사의 마음을 전한다.

2023년 10월

오봉희

성숙하고 현명하며 도발적인 작품!
감정은 우리가 삶을 의미 있게 구성하는 방식이라는 것,
감정은 단순히 우리에게 일어나는 일이 아니라 어떤 중
요한 의미에서 우리가 하는 일이라는 것, 감정은 나름대
로의 합리성과 논리를 가지고 있으며 따라서 평가와 비
판의 대상이 된다는 것, 감정은 어떤 중요한 의미에서 평
가적 판단이라는 것 등의 주요 주장은 여전히 중요하고
신뢰할 만한 현대적 견해입니다. 솔로몬은 명쾌하고 영
리하며 깊이 있습니다(종종 재미있기도 합니다).

- 오웬 플래나간(Owen Flaganan), 듀크대학교 철학 교수

★★★★★ 아마존 독자 리뷰

— 저에게 솔로몬의 책은 인생을 바꾼 책이었습니다. 이 책이 30년도 더 전에 쓰여졌음에도 불구하고 아직도 이 책을 아는 사람이 거의 없다는 사실에 놀랐습니다.

— 이 책은 철학을 학문에서 벗어나 대중에게로 가져오는 데 큰 발걸음을 내디뎠습니다. 소크라테스도 자랑스러워했을 것입니다.

— 로버트 솔로몬은 자신의 심오한 철학을 잘 교육받은 일반인도 쉽게 이해 할 수 있도록 많은 노력을 기울였습니다. 핵심 메시지는 간단명료합니다. 우리 삶에 의미가 있다면 그것은 우리의 감정에서 찾을 수 있다는 것입니다.

— 이 책의 표지가 눈에 띄어 집게 되었고 나중에는 책을 사서 읽게 만들었습니다. 이 책을 읽고 저는 감정과 그 구성에 대해 더 잘 이해하게 되었고, 이는 제가 원하는 방식으로 감정을 '창조'하고 '관리'할 수 있다는 것을 깨닫게 되었습니다.

— 이 책은 사람들이 왜 그토록 자신의 감정에 '뒤로 물러나는' 이유에 대해 더 나은 통찰력을 제공해 줍니다. 또한 누군가의 마음을 부드럽게 만질 수 있는 정교한 터치 능력을 향상시키고 싶다면 이 책은 아주 훌륭한 감정 요리책이 되어 줄 것입니다.

감정은 어떻게 내 삶을 의미 있게 바꾸는가

발행일 초판 1쇄 발행 2023년 10월 28일 | **지은이** 로버트 C. 솔로몬 | **옮긴이** 오봉희 |
펴낸이 최현선 | **펴낸곳** 오도스 | **주소** 경기도 시흥시 배곧4로 32-28, 206호(그랜드프라
자) | **전화** 070-7818-4108 | **이메일** odospub@daum.net

ISBN 979-11-91552-21-8(03100) | Copyright ⓒ 오도스, 2023

odos 마음을 살리는 책의 길, 오도스